"神话学文库"编委会

“神话学文库”学术支持

上海交通大学文学人类学研究中心

上海交通大学神话学研究院

中国社会科学院比较文学研究中心

陕西师范大学人文社会科学高等研究院

上海市社会科学创新研究基地——中华创世神话研究

“十二五”“十三五”国家重点图书出版规划项目
第五届、第八届中华优秀出版物奖获奖作品

神话学文库
叶舒宪主编

巴比伦与亚述神话

MYTHS OF BABYLONIA AND ASSYRIA

[英] 唐纳德·A. 麦肯齐◎著
李 琴◎译

陕西师范大学出版总社

图书代号　SK23N1154

图书在版编目(CIP)数据

巴比伦与亚述神话 / (英) 唐纳德 · A. 麦肯齐著；
李琴译. — 西安：陕西师范大学出版总社有限公司，
2023.8
(神话学文库 / 叶舒宪主编)
ISBN 978 - 7 - 5695 - 3671 - 3

Ⅰ. ①巴…　Ⅱ. ①唐…　②李…　Ⅲ. ①神话—
研究—巴比伦　Ⅳ. ①B932.198.2

中国国家版本馆 CIP 数据核字(2023)第 110344 号

巴比伦与亚述神话
BABILUN YU YASHU SHENHUA
[英] 唐纳德 · A. 麦肯齐　著　李　琴　译

责任编辑　张旭升
责任校对　梁　菲　雷亚妮
出版发行　陕西师范大学出版总社
　　　　　　(西安市长安南路 199 号　邮编 710062)
网　　址　http://www.snupg.com
印　　刷　中煤地西安地图制印有限公司
开　　本　720 mm × 1020 mm　1/16
印　　张　24
插　　页　4
字　　数　357 千
版　　次　2023 年 8 月第 1 版
印　　次　2023 年 8 月第 1 次印刷
书　　号　ISBN 978 - 7 - 5695 - 3671 - 3
定　　价　145.00 元

“神话学文库”总序

叶舒宪

神话是文学和文化的源头，也是人类群体的梦。

神话学是研究神话的新兴边缘学科，近一个世纪以来，获得了长足发展，并与哲学、文学、美学、民俗学、文化人类学、宗教学、心理学、精神分析、文化创意产业等领域形成了密切的互动关系。当代思想家中精研神话学知识的学者，如詹姆斯·乔治·弗雷泽、爱德华·泰勒、西格蒙德·弗洛伊德、卡尔·古斯塔夫·荣格、恩斯特·卡西尔、克劳德·列维－斯特劳斯、罗兰·巴特、约瑟夫·坎贝尔等，都对20世纪以来的世界人文学术产生了巨大影响，其研究著述给现代读者带来了深刻的启迪。

进入21世纪，自然资源逐渐枯竭，环境危机日益加剧，人类生活和思想正面临前所未有的大转型。在全球知识精英寻求转变发展方式的探索中，对文化资本的认识和开发正在形成一种国际新潮流。作为文化资本的神话思维和神话题材，成为当今的学术研究和文化产业共同关注的热点。经过《指环王》《哈利·波特》《达·芬奇密码》《纳尼亚传奇》《阿凡达》等一系列新神话作品的“洗礼”，越来越多的当代作家、编剧和导演意识到神话原型的巨大文化号召力和影响力。我们从学术上给这一方兴未艾的创作潮流起名叫“新神话主义”，将其思想背景概括为全球“文化寻根运动”。目前，“新神话主义”和“文化寻根运动”已经成为当代生活中不可缺少的内容，影响到文学艺术、影视、动漫、网络游戏、主题公园、品牌策划、物语营销等各个方面。现代人终于重新发现：在前现代乃至原始时代所产生的神话，原来就是人类生存不可或缺的文化之根和精神本源，是人之所以为人的独特遗产。

可以预期的是，神话在未来社会中还将发挥日益明显的积极作用。大体上讲，在学术价值之外，神话有两大方面的社会作用：

一是让精神紧张、心灵困顿的现代人重新体验灵性的召唤和幻想飞扬的奇妙乐趣；二是为符号经济时代的到来提供深层的文化资本矿藏。

前一方面的作用，可由约瑟夫·坎贝尔一部书的名字精辟概括——“我们赖以生存的神话”（Myths to live by）；后一方面的作用，可以套用布迪厄的一个书名，称为“文化炼金术”。

在21世纪迎接神话复兴大潮，首先需要了解世界范围神话学的发展及优秀成果，参悟神话资源在新的知识经济浪潮中所起到的重要符号催化剂作用。在这方面，现行的教育体制和教学内容并没有提供及时的系统知识。本着建设和发展中国神话学的初衷，以及引进神话学著述，拓展中国神话研究视野和领域，传承学术精品，积累丰富的文化成果之目标，上海交通大学文学人类学研究中心、中国社会科学院比较文学研究中心、中国民间文艺家协会神话学专业委员会（简称“中国神话学会”）、中国比较文学学会，与陕西师范大学出版总社达成合作意向，共同编辑出版“神话学文库”。

本文库内容包括：译介国际著名神话学研究成果（包括修订再版者）；推出中国神话学研究的新成果。尤其注重具有跨学科视角的前沿性神话学探索，希望给过去一个世纪中大体局限在民间文学范畴的中国神话研究带来变革和拓展，鼓励将神话作为思想资源和文化的原型编码，促进研究格局的转变，即从寻找和界定“中国神话”，到重新认识和解读“神话中国”的学术范式转变。同时让文献记载之外的材料，如考古文物的图像叙事和民间活态神话传承等，发挥重要作用。

本文库的编辑出版得到编委会同人的鼎力协助，也得到上述机构的大力支持，谨在此鸣谢。

是为序。

前　言

本书主要讲述巴比伦（Babylon）及亚述（Assyria）的神话传说。神话传说孕育于文明，并反映文明。本书对于巴比伦与亚述神话的历史叙事，将一段始于早期苏美尔时代，终于波斯及希腊帝国时期的历史和盘托出；同时，回顾一段长达三十多个世纪的人类进步史。

在这段漫长的历史时期中，源自底格里斯河和幼发拉底河谷（the Tigro-Euphrates Valley）的文化沿着纵横交叉的贸易通道直达遥远的海滨地区，这是直接或间接受到美索不达米亚（Mesopotamian）文明影响的民族周期性大迁徙的结果。即使在今天的欧洲，也能看到早期东方文化的印记。比如，十二星座和以六十为基数测量时间和空间的方法，都起源于古巴比伦时期。

然而，在美索不达米亚平原，我们追溯不到以农业生活为主的史前文化，这一点与尼罗河流域的情况相同。人们所谓“历史的拂晓”，实际上是指后来文明进步时代的开端。因此，只有假设有一个更为久远的且比历史的拂晓时期更长的历史阶段，才能解释我们所知的最早历史时期的文明所达到的程度。虽然苏美尔（Sumer，早期巴比伦）文明呈现出独有的地方特色，但与埃及一样，它仍包含一些元素，暗示着某种模糊且遥远的影响。出于对这一问题的兴趣，巴奇教授（Professor Budge）经过深思熟虑，得出一个成熟的结论，即“苏美尔人和早期埃及人的原始神祇都来自相同且极其古老的源头”。这些独立民族的史前丧葬习俗十分相似，并且接近新石器时代欧洲人的习俗。这些证据累积起来使得我们不得不认可文化影响的假设，尽管这假设并不十分令人满意，也并非无可争辩。尤其是当我们发现像《金枝》（*The Golden Bough*）的作者弗雷泽教授①（Professor Frazer）这样的权威人士也倾向于承认“信仰同质”可能源于“种族同质”的时候，遥远历史时期存在种族间的联系不但具有可能性，而且还非常值得考量。本书第一章就展示了一些人种学家收集的相关数据，这些数据说明，新石器时代的欧洲人、原始埃及人（proto-Egyptians）、苏美尔人（Sumerian）、

---

① 弗雷泽教授：J. G. 弗雷泽（1854—1941），英国著名的人类学家和民俗学家。其著作《金枝》是一部阐述巫术和宗教起源的权威之作，被称为现代人类学奠基之作。——译注

南部波斯人和印第安人（Aryo-Indians）之间具有种族亲缘关系。

本书在研究美索不达米亚人的信仰时，做了对比性注释，目的在于帮助读者了解相关的神话与传说。作者从欧洲、埃及、印度和其他地区的各类宗教文献中找到一些有趣的相似点，并且发现巴比伦文明中某些具有独特地理意义的遗迹在其他具有地方特色的文明中同样存在。思维模式是生活方式的产物，其发展受人类经验的影响。文化发展受环境影响早已被世人认可，但我们也应该考虑形成特定生活习惯的民族对环境的选择。种族群体从承载他们文化的地区移居到适宜殖民的地区时，往往带着对古老信仰与风俗的传承。这种传承，就像他们的工具和家畜一样，对于幸福安定的生活来说必不可少。

鉴于原始宗教中存在的类似保守性因素，我们不难发现，即使是在迄今为止备受肯定的早期文明的最高阶段，宗教神话的发展也并非自发。但有一点很清楚，就是在每一个伟大的地方神话中，我们首先需要研究的，与其说是被符号化了的思想，不如说是被符号化了的、古老的民间信仰，这些信仰甚至与其他神话传说具有相同的渊源。我们不可能给那些广泛传播的、古老的民间神话下一个定论，比如关于龙的神话或文化英雄的神话。或许我们也不必过于在意有关龙的起源的观点，因为龙在一个国家象征严重的干旱，在另一个国家则象征肆虐的洪水。

民间传说中的龙也会被演绎为邪恶和原始混沌的象征。例如，巴比伦创世神话是一个被赋予地方色彩的、美化了的传说。传说中，英雄和他的部落被战神及其伙伴取代。战神英勇无畏，造福众人。如同欧亚民间英雄杀死邪恶女巫一样，米罗达[1]（Merodach）手拿兵器刺进了龙——提亚玛特（Tiamat，混沌母神）的喉咙，将其杀死。

> 他刺穿了她的身体，刺破了她的心脏。他战胜了提亚玛特，夺走了她的性命。
>
> 他把她的尸体抛在地上，并脚踩在尸体上面……
>
> 他手握无情的棍棒，敲碎了她的头骨。
>
> 他砍断她的血管，让北风把它带到秘密的地方。
>
> 之后他肢解了她的尸体，并策划了一个阴谋。

这些话出自 L. W. 金先生（Mr. L. W. King）的《创世的七块泥版》（*The Seven Tablets of Creation*）。他指出“库布”（Ku-pu）一词的意思并不确定，杰森（Jensen）建议作“躯干、身体”之意。显然，在“库布”被肢解，甚至可能被

---

① 米罗达：即马尔杜克，巴比伦城的守护神，被尊称为“贝尔（Bel）”，意为“主”，相当于“巴力（Baal）”的尊称。米罗达在希腊神话中与宙斯地位相当，在罗马神话中相当于朱庇特（Jupiter）。——译注

吃掉之后，米罗达茅塞顿开。他的阴谋是：砍断龙的身体，把它像比目鱼般分成两半，一半用来创造天空，另一半用来创造大地，然后重置宇宙的秩序。他的力量和智慧，就像造物主（Demiurge）一样，都来自残忍且强大的伟大母神提亚玛特。

在其他龙的故事中，英雄吞掉龙心之后，制订了计划。根据斐洛斯特拉图斯[①]（Philostratus）的说法[②]，阿波罗尼奥斯（Apollonius of Tyana）有两点值得纪念：一是游走于凶猛的强盗部落之间，且不臣服于罗马时表现出的英勇刚毅；二是像阿拉伯人一样学习鸟类和其他动物语言方面的天赋。斐洛斯特拉图斯解释到，阿拉伯人吞食了龙心才有如此成就，说出神奇语言的“动物”当然是命运三女神（the Fates）。《尼伯龙根之歌》中的齐格弗里德[③]（Siegfried）在杀死雷金龙（Regin）之后，通过沐浴龙血使自己变得坚不可摧。他吞食龙心后获得智慧：他一吃龙心，就能理解鸟儿的语言。鸟儿告诉他米麦尔（Mimer）正等着杀他。西格德[④]（Sigurd）同样也在吞食了法弗纳龙（Fafner dragon）的心后制订了计划。苏格兰神话中芬恩－麦克－库尔[⑤]（Finn-mac-Coul）通过吞食与“井龙”有关的第七条鲑鱼的一小块肉获得了知晓神之秘密的能力。迈克尔·斯科特（Michael Scott）和其他民间英雄吸食了白蛇身体中部的血液之后，变成伟大的医者。一位埃及民间传说中的英雄将一条“不死之蛇”一切两段，在体内放进沙子将其致死。然后，他从这条蛇守护的箱子中取出魔咒之书。他刚读完书的第一页，便知晓空中飞鸟、深水游鱼和山上野兽的语言。这本书赋予他施魔法于“天地、深渊、山脉和海洋”的力量。[⑥]

在巴比伦，魔法和宗教从不分离，无论是祭司还是神祇都主持魔法仪式。米罗达的父亲、“神中伟大的魔术师”埃阿（Ea）通过咒语打败了提亚玛特龙（the Tiamat Dragon）的丈夫阿普苏（Apsu）。米罗达肢解龙的身体“库布”的行为显然也具有强大的魔力：他通过食用或处理母龙身体的重要部分，使自己具有了龙的特性，因而能够创造天地万物。今天的原始部族，例如巴拉圭的阿比本斯人（Abipones of Paraguay），通过食用凶猛狡猾的动物肉体来增加自己的力量、勇气和智慧。

---

① 斐洛斯特拉图斯：古希腊罗马帝国时期的一个辩论家，大概生于172年，卒于250年。代表作有 *Life of Apollonius*、*Lives of the Sophists*、*Gymnasticus* 等。——译注

② *Life of Apollonius of Tyana*, i, 20.

③ 齐格弗里德：又译为“西格弗里德”或“齐格飞”，北欧神话中充满传奇色彩的英雄。——译注

④ 西格德：北欧神话中的英雄。——译注

⑤ 芬恩－麦克－库尔：爱尔兰众多的冒险故事和传说中最著名的一位传奇英雄，爱尔兰《芬尼亚传奇》故事集的中心人物。——译注

⑥ *Egyptian Tales* (Second Series), W.M.Flinders Petrie, pp. 98 et seq.

另一方面，当一个民族的经验无法解释异质环境中产生的神话的起源时，就会从文化接触产生的影响方面寻找缘由。在印度，龙象征着干旱，西部河流之神是女性。印度的马努鱼和洪水神话与巴比伦极其相似，并且似乎是巴比伦神话的进一步阐释。事实上，马努神话（the Manu myth）似乎源自失传的洪水神话，神话中埃阿以鱼的形式出现，是一位守护神。由此可见，巴比伦的埃阿崇拜和印度的伐楼拿（Varuna）崇拜有许多共同之处。

本书特别关注与美索不达米亚文明有直接联系并受其影响的各个民族，同时追溯了埃兰（Elam）王国、乌拉尔图（Urartu）王国［古亚美尼亚（Ancient Armenia）］、米坦尼（Mitanni）王国和赫梯（Hittites）王国的历史，以及《圣经》中描述的并在美索不达米亚碑文中提到的希伯来（Hebrew）文明的兴衰史（包括希伯来文明最早期，到新巴比伦时期被囚禁，直至波斯帝国时期的复兴）。另外，大国之间为控制贸易路线而进行的战争，以及决定帝国命运的游牧民族的定期迁移也有所涉及。不同地方宗教和神话发展的进程及影响也得到解释。还特别提到了伊什塔尔①-塔穆兹②神话（Ishtar-Tammuz myths）、塞米拉米斯传说（the Semiramis legends）、阿淑尔（Ashur）及其象征，以及占星术和天文学的起源和发展等内容，辅以比较性注释。

在某些特定的历史时期发生于幼发拉底和底格里斯河谷的种族骚乱并不总是有利于知识的进步和文化的发展。入侵者吸收了苏美尔文明，并通过联合当地各政治团体，确保了得以立足的资本，却阻碍了当地文化的发展。兰登博士（Dr. Langdon）写道："巴比伦宗教在苏美尔时期，或者至少不迟于公元前2000年，达到了巅峰。从那时到公元前1世纪，流行的宗教则艰难地维持着曾经的辉煌。"虽然人们习惯于认为美索不达米亚文明是闪米特人③（Semitic）的文明，但现代的研究表明，非闪米特的原住民才是美索不达米亚文明的始祖。正如原始埃及人、早期克里特人以及南欧和小亚细亚（Asia Minor）的佩拉斯基人（Pelasgians），他们也实现了对其征服者的文化征服，犹如远古时期与敌对的自然力量博弈时赢得胜利一样。现代的观点认为，崇尚女神崇拜的古时的农人具有共同的种族渊源。如果这一现代观点被人们接受，那么，我们就可以将在南欧、埃及、底格里斯和幼发拉底河谷奠定辉煌文明根基的功劳，归功于最具代表性的地中海人种。

---

① 伊什塔尔（Ishtar）：希腊神话中的阿佛洛狄忒（Aphrodite）相当于巴比伦神话中的伊什塔尔。——译注

② 塔穆兹（Tammuz）：伊什塔尔的丈夫；又译坦木兹，表示犹太历的月份。——译注

③ 闪米特人：由一位德国籍学者在1781年创造，用来表示特定人群，即语言学上属于亚非语系闪语族的人群，灵感来自《圣经》，汉译为闪米特人或闪族人。——译注

目　录

导　言 / 001

第一章　巴比伦的种族与早期文明 / 013

第二章　河流之地与深渊之神 / 027

第三章　对抗的诸神和典型神祇 / 040

第四章　恶魔、精灵与鬼魂 / 053

第五章　塔穆兹与伊什塔尔的神话 / 067

第六章　苏美尔与阿卡德的城邦之战 / 085

第七章　创世传奇：屠龙勇士米罗达 / 101

第八章　神化英雄：埃塔纳和吉尔伽美什 / 115

第九章　洪水神话、幸运岛与冥府 / 131

第十章　巴比伦的建筑、法律和习俗 / 149

第十一章　巴比伦王国的黄金时代 / 162

第十二章　赫梯人、米坦尼人、加喜特人、希克索斯人和亚述人的崛起 / 174

第十三章　占星术与天文学 / 190

第十四章　阿淑尔——亚述的主神 / 214

第十五章　贸易与霸权之争 / 232

第十六章　种族迁移摧毁帝国 / 244

第十七章　亚述历史上的希伯来人 / 256

第十八章　塞米拉米斯时代 / 271

第十九章　亚述的辉煌时代 / 288

第二十章　亚述和巴比伦的最后时期 / 309

术语表 / 322

导　言

在基督教徒的想象中，古巴比伦比古埃及更具吸引力，因为它与希伯来人被囚有关，而希伯来人的悲伤则铭记于熟悉的《诗篇》中：

> 我们曾在巴比伦的河边坐下，
>
> 一追想锡安就哭了。
>
> 我们把琴挂在那里的柳树上。

在《圣经》中，骄傲的巴比伦成为反基督教的城市，是邪恶、残酷和人类虚荣的象征。早期遭受迫害的基督徒将自己比作被压迫和亵渎的希伯来人。和基督徒一样，希伯来人为耶路撒冷——新耶路撒冷连连叹息。当圣约翰预见基督教的最终胜利时，他称基督教的敌人，即怀疑和迫害基督徒的异教徒，为世俗的巴比伦公民，并判处其死刑。他严厉地宣判：

> 巴比伦大城倾倒了，倾倒了！成了鬼魔的住处和各样污秽之灵的巢穴，并各样污秽可憎之雀鸟的巢穴……
>
> 因她的罪恶滔天，神已经想起来她的不义……地上的客商也都为她哭泣悲哀，因为没有人再买他们的货物了。

一提到原来的巴比伦，耶利米[①]就哭道："因巴比伦被取的声音，地就震动，人在列邦都听见呼喊的声音……其内必永无人烟，世世代代无人居住。"面对眼前这座荒凉的废城，这位基督教圣徒回忆起昔日巴比伦的美丽、喧嚣与贸易的繁荣，流露出更加深切的忧思：

> 弹琴、作乐、吹笛、吹号的声音，在你们中间绝不能再听见。各行手艺人在你中间绝不能再遇见。灯光在你们中间绝不能再照耀。新郎和新妇的声音，在你们中间绝不能再听见。你的客商原来是地上的尊贵人，万国也被你的邪术迷惑了。先知和圣徒，并地上一切被杀之

---

① 耶利米：先知、祭司，属于希勒家家族。他是《圣经》中犹大国灭国前最黑暗时的一位先知，《圣经·旧约》中《耶利米书》《耶利米哀歌》《列王记上》及《列王记下》的作者。他被称作"流泪的先知"，因为他明知犹大国远离上帝后所注定的悲哀命运，却不能改变。——译注

人的血，都在这城里看见了。[①]

所以，近两千年里，基督教文学一直围绕着对巴比伦的回忆——这个曾经盛极一时的城市，如今只剩下残垣颓壁，破旧的庙宇与宫殿被掩埋在黄沙之下。关于巴比伦这片作为都城的古老土地的历史记载十分稀少，而且残缺不全，其中还夹杂着各种神话与传说。一本薄卷就能囊括所有源于《圣经·旧约》的文献和古典作家作品集的有关巴比伦的历史记载。

仅在过去的半个世纪中，发掘者和语言学家就已逐渐拼凑出早期东方文明的精彩故事。他们猛然推开了历史之门，探索被历史尘封的秘密。如今，我们对“巴别塔之地”的了解不仅超过了希腊人和罗马人，甚至超过了那些曾预言巴比伦毁灭的希伯来作家。我们还了解到犹大王国的俘虏在巴比伦芦苇丛生的河岸边吟唱哀歌之前的三千多年中巴比伦的日常生活及风俗习惯。19 世纪早期，欧洲官员和东方游客就发现了一些巴比伦和亚述的古城遗址，但是仅有少数文物被运往欧洲。英国考古学家奥斯丁·亨利·莱亚德[②]（Sir A. H. Layard）在 19 世纪 40 年代开始挖掘古迹之前，就写道：“一个不到三平方英尺的盒子里，封存的不仅是辉煌古城尼尼微（Nineveh）的所有遗迹，而且是巴比伦的所有遗迹。”[③]

著名的亚述历史研究的先驱莱亚德是一名胡格诺（Huguenot）教派的英国人。他出生于巴黎，母亲是西班牙人，因此继承了一半的西班牙血脉。年幼时，莱亚德住在意大利，并在那里接受了早期教育，随后到法国、瑞士和英国求学。他勤奋好学，大胆无畏且个性独立。他不仅是一位潇洒的作家，还是一位卓有成就的美术评论家。此外，他还是经验丰富的旅行家、奋发的政治家和能干的外交家。1845 年，在旅居东方时，他开始探索亚述古城。起初，他在凯尔奇（Kalkhi，《圣经》中的卡拉赫）工作。早在三年前，法国驻摩苏尔领事保罗·埃米勒·鲍塔（M. P. C. Botta）就已经开始研究尼尼微土墩。但他忽略了霍尔萨巴德（Khorsabad）附近的一座土墩，这土墩后来被证实是以赛亚（Isaiah）提到的“萨尔贡王”（Sargon）修建的城市遗址。鲍塔和他的继任者维克多·普雷斯（Victor Place）发现的遗迹均保存在卢浮宫中。

---

① *Revelation*, xviii. 一般认为《启示录》中的巴比伦象征着罗马，或是罗马的神秘指称。

② 莱亚德：英国东方学家和考古学家，对揭示巴比伦和亚述的古代文明有重要贡献。——译注

③ *Nineveh and Its Remains*, Vol. i, p. 17.

在凯尔奇和尼尼微，莱亚德挖掘出几位亚述赫赫有名的君主的宫殿，包括《圣经》中的撒缦以色（Shalmaneser）和以撒哈顿（Esarhaddon）。此外还有巨像、浮雕和其他珍贵古物。这些文物均保存在大英博物馆内，成为该博物馆亚述馆藏中无可比拟的核心收藏品。他还指挥挖掘巴比伦和尼费尔（Niffer，即尼普尔 Nippur）。后来助手霍姆兹德·拉萨姆（Hormuzd Rassam）接手他的工作。拉萨姆是尼尼微附近城市摩苏尔当地的基督徒，在牛津大学学习过一段时间。

莱亚德和鲍塔的发现激发他人纷纷效仿。19 世纪 50 年代英国考古学家洛夫特斯（W. K. Loftus）参与拉尔萨（Larsa）和埃雷克（Erech）古迹的挖掘工作，并发掘出重要的古建筑、装饰品、泥版、石棺墓和葬礼容器。J. E. 泰勒先生（Mr. J. E. Taylor）也展开挖掘工作，一处是月亮崇拜的发源地和亚伯拉罕①（Abraham）的出生地乌尔（Ur），另一处是被广泛称为早期巴比伦文明摇篮的埃利都（Eridu）。

1854 年，亨利·罗林森爵士（Sir Henry Rawlinson）指挥比尔斯－尼姆鲁德（Birs Nimrud，即波尔西帕 Borsippa，巴比伦附近）的挖掘工作，并挖掘出《圣经》中的尼布甲尼撒（Nebuchadrezzar）遗址。这位著名的考古学家起初在东方的孟买军队中担任军官，以出色的政治和外交能力闻名于世。定居巴格达②（Baghdad）时，他利用闲暇时间研究楔形文字。罗林森最著名的成就之一就是抄誊大流士一世（Darius the Great）刻在波斯库尔德斯坦（Persian Kurdistan）的贝希斯敦（Behistun）悬崖上的，用三种语言写成的铭文。悬崖高一千七百英尺，浮雕和铭文都刻在距地面三百英尺的位置，他冒着极大的生命危险完成了抄誊工作。

大流士是其家族中第一位使用波斯楔形文字的君主。不仅如此，他还结合使用更为古老和复杂的亚述－巴比伦字母和音节字符，记载其在位时期的部分历史。罗林森翻译了这些著名的铭文，为解读亚述和巴比伦的楔形文字著作做出了巨大贡献。

对辉煌的美索不达米亚文明进行的长达十二年之久的探索工作于 1854 年结束。由于这片古老土地上的政治争端尚未解决，加上与土耳其官员的交涉障碍，进一步的挖掘工作被迫延迟到 70 年代进行。在此间隔期间，考古学家和语言学

① 亚伯拉罕：原名亚伯兰，《圣经·旧约》中的希伯来人族长，其事迹见《旧约·创世记》。——译注
② 巴格达：伊拉克首都，同时也是巴格达省首府，伊斯兰世界历史文化名城。——译注

家全力投身到对已挖掘文物的研究工作中。亨利·罗林森爵士代表大英博物馆开始发行其撰写的巨著《西亚楔形文字铭文》(*The Cuneiform Inscriptions of Western Asia*)。

顾斯比(Goodspeed)称早期考古工作为研究的“英雄时期”,而“现代科学时期”则始于1873年乔治·史密斯(George Smith)对尼尼微的考察。

乔治·史密斯和前希腊文化研究的先驱亨利·谢里曼一样,出身卑微,自学成才。史密斯,1840年出生在切尔西,十四岁时随他人学习雕刻。他勤奋好学且极具创造力,对莱亚德和其他探索者的发现充满浓厚兴趣。他经常到大英博物馆钻研亚述铭文,于是引起了亨利·罗林森爵士的注意。史密斯的热情和聪慧令亨利爵士折服,于是亨利爵士决定让史密斯使用自己的私人办公室,并提供铭文的印刷版和拓印供其研究。史密斯进步迅速,他首先推断出以色列(Israel)王耶户(Jehu)向亚述王撒缦以色进贡的日期。亨利爵士在这位年轻研究者的协助下,出版了《西亚楔形文字铭文》的第三卷。

1867年,史密斯收到大英博物馆亚述学部门的任命邀请。几年后,由于翻译拉萨姆送往伦敦的泥版上记载的巴比伦洪水传说残篇,史密斯在基督教界声名大噪。诗人兼东方学者爱德温·阿诺德(Edwin Arnold)爵士时任《每日电讯报》的编辑,他代表报社派史密斯到尼尼微搜寻古巴比伦史诗的其余部分,此举对现代学术界做出了令人难忘的贡献。

拉萨姆从崇尚学术的亚述王阿淑尔-巴尼-帕尔(Ashur-bani-pal,《圣经》中“尊大的亚斯那巴”)的大图书馆中得到泥版。[①] 如他自己记载,他欣赏埃阿的智慧、声乐艺术和科学珍宝。

这位学识渊博的皇家赞助人把巴比伦帝国的泥版副本及其译文收入自己的图书馆中加以收藏,其中有些内容当时已有两千多年的历史。的确,巴比伦文学遗产之于阿淑尔-巴尼-帕尔,就像这位君王收藏的文物之于我们一样,非常古老而珍贵。

国王召唤智慧与学识之神尼波来保佑“书籍”,他祈求道:

> 噢,尼波,天地间的君主,请保佑这阿淑尔-巴尼-帕尔图书馆吧!他是您的牧羊人,永远敬畏您的神性。[②]

---

① *Ezra*, iv, 10.

② *Langdon's Sumerian and Babylonian Psalms*, p.179.

1873年，乔治·史密斯带领的探险队在尼尼微取得了极其丰硕的成果。他们发现并翻译了更多泥版书。次年，他代表大英博物馆回到古老的亚述城。他取得的学术成就不仅提高了自己的声誉，还丰富了全世界对于远古时代人类历史的了解。1876年初，他开始最后一次探险活动，但在回家途中由于发烧而日渐羸弱，并于8月19日逝于阿勒颇（Aleppo），时年三十六岁。与此同时，一项伟大的事业就此终止。

拉萨姆继续从事史密斯留下的伟大工作。1877年至1882年，他在亚述和巴比伦有了许多令人瞩目的发现，其中包括亚述王撒缦以色大殿的青铜门、西帕尔（Sippar）的太阳神庙、《圣经》中因“空中花园”闻名的巴比伦王尼布甲尼撒的宫殿、巴比伦王那波尼德斯（Nabonidus）的圆柱形缸，以及五万多块泥版书。

驻巴士拉（Bassorah）的法国领事德萨尔泽（M. de Sarzec）1877年在古苏美尔拉格什城（Lagash）开始发掘工作，该项工作持续至1900年结束。其间，他发现了数以千计的泥版书，其中大多数刻有浮雕，还有安置在神龛里供诚心祈祷时用的小雕像。显然，这是礼拜者所为。他还发现了国王恩铁美那（Entemena）的银花瓶、国王古地亚①（Gudea）的雕像，以及其他各式珍宝。如今，这些珍宝都收藏于法国卢浮宫。

英法两国的发掘者的拓荒之举激起世界各地人们的兴趣。1888年，美国宾夕法尼亚大学派遣一支探险队到尼普尔进行勘探。目前，一直以来在语言学领域颇为活跃的德国人也组成了一支探险队开始对巴比伦遗址进行系统探索。就连土耳其政府也鼓励研究工作，该国发掘者在君士坦丁堡挖掘出大批文物。各国的考古学家和语言学家都积极投身于古代亚述和巴比伦相关文献的研究工作，逐渐揭开古代东方文明的面纱。近年来，最有趣的发现之一就是大英博物馆L. W. 金发现的创世传说的碎片。L. W. 金的学术著作《创世的七块泥版》是有关这一主题的杰出作品。

在波斯、小亚细亚、巴勒斯坦、塞浦路斯、克里特岛、爱琴海和埃及进行的考古工作使各种古代文明之间的关系逐渐变得明朗。赛斯教授②（Professor

---

① 古地亚：美索不达米亚南部拉格什州的统治者，统治期为公元前2144年至公元前2124年。他娶拉格什统治者乌尔巴巴（Ur-Baba）的女儿尼娜拉（Ninalla）为妻，从而进入拉格什王室。——译注

② 赛斯教授：英国亚述学和语言学的先驱。——译注

Re. A. H. Sayce）由于在赫梯的伟大发现而被认为是这一领域的先驱。除此之外，米坦尼王国（Mitanni）和乌拉尔图王国（Urartu）（古代亚美尼亚）的文明也被揭开，这有助于我们形成对古代历史的认识。《圣经》中有关希伯来王国兴衰的叙述也得到了充分的阐发。

在这本主要研究美索不达米亚文明的书里，历史叙事为相关神话和传说提供了合宜的背景。必须提醒读者的是，早期历史年表并不准确，目前大多数欧美国家普遍采用的还是大概的日期。苏美尔时期的早期巴比伦历史大概始于公元前3000年以前，阿卡德（Akkad）的萨尔贡王国约在公元前2650年达到鼎盛，而汉谟拉比（Hammurabi）[①] 王国则是在公元前2000年前后实现了繁荣。埃及默纳的历史被前置于公元前5500年，萨尔贡王国的历史被前置于约公元前3800年。这样夸张的计年方法，除了弗林德斯·彼特里（Flinders Petrie）教授外，已被大多数优秀的考古学家抛弃。最近的考古发现似乎支持新的历史年表系统。霍伊斯（H. B. Hawes）写道："人们越来越坚信在克里特岛，尤其是在该岛东部地区发现的证据支持埃及历史年表的最小（柏林）计年系统。根据埃及历史年表，第六王朝开始于约公元前2540年，第十二王朝开始于约公元前2000年。"[②] 而彼特里认为，第十二王朝开始于约公元前3400年。

对研究比较神话学的学生而言，巴比伦神话和传说中有许多引人入胜的故事。这些故事非常古老，但流传甚广。然而，我们不能因为某一欧洲传说与楔形文字泥版书上翻译过来的传说相似，就认为它源自巴比伦。有些信仰，以及基于这些信仰的神话，甚至比底格里斯河和幼发拉底河谷的文明还要久远。它们看上去都是对远古时代某个不确定的文化中心的文化的传承。此类观点已在弗雷泽教授的《金枝》中有所提及。弗雷泽教授就不同国家在某些古老节日中呈现出的相似性发表评论，指出相似性可能是由于"史前时期，贯穿欧洲南部和亚洲西部的文明具有显著的同质性"。他又补充说，"对于文化人类学者而言，文明的同质性在何种程度上被当作种族同质性的依据，仍是个问题"。[③]

第一章主要介绍人种学相关问题，指出现代研究的结果倾向于认为巴比伦苏美尔人、史前埃及人和新石器时期（石器时代晚期）的欧洲居民，以及南部

---

① 汉谟拉比：古巴比伦王国的第六位国王，因编纂《汉谟拉比法典》而闻名，被称为古代立法者。——译注

② *Crete the Forerunner of Greece*，C. H. and H. B. Hawes，1911，p.18.

③ The Scapegoat Vol.，p.409（3rd edition）.

波斯人和印度的“雅利安人”之间存在某种遥远的种族联系。

在研究美索不达米亚各种族的习俗、宗教信仰、神话和传说时，我们给出了比较性的注释，以帮助学生对楔形文字泥版书上的某些文学片段进行阐释和部分的修复。印度神话和巴比伦神话中的相似之处非常有趣。作者利用古代传说的“巨大仓库”、浩如烟海的印度史诗以及《摩诃婆罗多》[1]（*Mahabharata*），发现印度神话中的迦楼罗神鹰（Garuda eagle）、苏美尔神话中的祖鸟（the Sumerian Zu bird）及埃塔纳神鹰（the Etana eagle）之间的确存在联系；而有关“阿卡德的萨尔贡”（“Sargon of Akkad”）、印度英雄卡尔纳（Karna）、塞米拉米斯（Semiramis，即亚述女王萨穆－拉玛特）和夏琨塔拉（Shakuntala）的故事之间也存在相似性；印度天神伐楼拿和苏美尔天神埃阿之间也存在诸多相似之处。无疑，马努鱼和洪水传说似乎都是对巴比伦神话的直接传承。有趣的是，在《罗摩衍那》[2] 的神猴哈努曼寻找王妃悉多（Sita）的故事中，依然有一部分《吉尔伽美什》[3] 史诗的踪影。其他具有相似人物形象的历史遗迹表明，有关吉尔伽美什和哈努曼的历史叙事部分地来源于某个极其古老的神话。《吉尔伽美什》史诗中也有印度神话中的形象，例如阎摩（Yama），即第一人[4]，他探索通向被称作“先辈之地”（“The land of Ancestors”）的天堂之路，并居住在那里，成为天神。其他巴比伦神话也与在埃及、希腊、斯堪的纳维亚、冰岛、英伦三岛和爱尔兰发现的神话之间存在联系。例如，萨尔贡神话与希尔德（Scyld）神话极为相似，希尔德是史诗《贝奥武夫》（*Beowulf*）中的族长；这两则神话似乎都是塔穆兹－阿多尼斯故事的变体。塔穆兹在某一方面很像凯尔特（Celtic）英雄迪尔米德（Diarmid）。迪尔米德被大地之母的“绿色野猪”所杀，就像希腊战神阿瑞斯（Ares）幻化成野猪杀害阿多尼斯[5]（Adonis）。

在研究这些相互关联的神话时，得出所有的相似性都源于种族同质性这样的结论，与假定民间传说和神话故事缺乏人种学元素一样，都显得仓促和鲁莽。

---

①《罗诃婆罗多》：印度一部以英雄传说为核心的百科全书式的史诗。现代学者认为，其内包含印度民族的集体无意识，堪称“印度的灵魂”。——译注

②《罗摩衍那》：梵语为 Rāmāyaṇa，意思为“罗摩的历险经历”，与《摩诃婆罗多》并列为印度两大史诗，主要讲述阿逾陀国王子罗摩（Rama）和他的妻子悉多的故事。——译注

③《吉尔伽美什》：目前世界上已知的最古老的英雄史诗，在苏美尔人和巴比伦人中流传。——译注

④ 第一人：《吉尔伽美什》史诗中讲到宇宙大洪水后逃生的人类始祖，名叫乌特那庇什提牟（Utnapishtim）。——译注

⑤ 阿多尼斯：希腊神话里掌管植物每年死而复生的神，也是诸神中最具吸引力的美男子之一。——译注

因此必须考虑文化交流产生的广泛影响。我们也必须承认，在世界上的不同地方，当人们面对类似的问题时，有可能在完全独立的情况下得出非常相似的结论。

但是尽管相距甚远的民族在信仰、神话和风俗方面有许多明显的相似之处，人们依然不能忽视还有明显的区别需要加以解释。人类的经验随聚居地的变化而变化，古时人们在日常生活中遇到的相同的问题并不能全面地反映人性。例如，大自然赋予一些民族充足的食物，因此他们没有经历过食物匮乏的艰难，而其他民族则不得不经常与严酷的自然环境做斗争，以争取足够的食物和满足休闲享乐的需求。世界上不同地方的人们有不同的生活习惯，由此产生了不同的思维方式。所以，我们发现所有原始宗教体系形成的背景都是自然现象。神话故事反映其形成地区的地理、动植物和气候条件。

因此，和其他地方一样，我们期望在巴比伦能够发现具有明显地方特征的神话——一个能够反映河流山川美景、民族生活习惯，以及文明发展不同阶段的神话。作为远古时代遗迹的原始思想的痕迹也应该有迹可循。事实上，巴比伦神话在这一点上最大限度地满足了我们的期望。

希罗多德[①]（Herodotus）说埃及是尼罗河的礼物。同样，巴比伦王国可能被视为底格里斯河和幼发拉底河的礼物——那些流动、泛滥的大河从亚美尼亚高地搬运大量泥土到波斯湾[②]（Persian Gulf），经过长年累月的沉积，泥土形成了一个人类宜居的国家。巴比伦最具代表性的神祇是埃阿，他是丰饶的水域之神。

埃阿被刻画成全身覆盖鱼皮的形象，正如其他地区的神被刻画为披着动物的皮毛一样。这些动物往往被视作祖先，或需要平息怒气的恶魔。起初，埃阿看起来是一条鱼——幼发拉底河神的化身或河里的生命之源。他的崇拜中心在古老的海港埃利都，那里显然是史前巴比伦人最早开始利用溪流来灌溉干涸河床的地方。其中一个创世神话使人联想到产生早期地方信仰的那些早期人类经验：

> 噢，河流啊，你创造了世间万物。诸神掘土引流，两岸繁荣，深

---

① 希罗多德（约前480—前425）：古希腊作家、历史学家。他把旅行中的所闻所见，以及第一波斯帝国的历史记录下来，著成《历史》一书，成为西方文学史上第一部完整流传下来的散文作品。他也因此被尊称为“历史之父”。——译注

② 波斯湾：阿拉伯海西北伸入亚洲大陆的一个海湾，介于伊朗高原和阿拉伯半岛之间，长九百七十多千米，宽五十六至三百三十八千米，面积二十四万一千平方千米。——译注

渊之神埃阿创建住所居于其中。[①]

苏美尔人发现这片土地因芦苇而成：芦苇阻挡泥土的去路，从而使泥土积聚在此。当他们开始思索生命的起源时，认为造人的过程与此类似：

马杜克（Marduk，埃阿的儿子）置芦苇于水面，

他造尘土，四散堆积于芦苇旁……

他创造了人类。[②]

随着时间的流逝，神匠埃阿被赋予不同的特性，这些特性反映了文明的缓慢发展：人们认为，埃阿教授人类开凿运河、控制河流、耕种田地和建屋造房。

尽管埃阿成为仁善之神，但是随着文明的发展，他也具有了恶魔的形态，也需要平息怒气。鱼神的崇拜者保留了古老的思维方式和迷信风俗。

底格里斯河－幼发拉底河流域最早的定居者是农民，就像原始埃及人和新石器时代的欧洲人一样。在离开其生长之地的原始部族之前，他们已经获得了一些文明因子，养成了基于农业生活方式的思维习惯。像其他的农业部落一样，他们崇拜“世界之母”，即创世之母（Creatrix）。她是人世间所有美好事物的馈赠者，是“保护者”，也是“破坏者”——自然现象反映着她的情绪变化，四季之神灵也倾慕她。

苏美尔人在宜居的冲积河谷接触到不同生活习惯和思维习惯的人。这些人来自北部草原的游牧民族，他们形成了关于宇宙起源的独特见解，这些见解反映其独有的经历和居住地特有的自然现象。其中，最具代表性的是小亚细亚的“哈提”（Hatti）族，他们具有阿尔卑斯山或类亚美尼亚人（Armenoid）的血统。早期游牧民族像亚伯拉罕及其追随者一样，分成了小的部落单位，依靠勇猛的男性寻找食物。他们的主神是天空与山脉之神，即“世界之父”（World Father），也称造物主。他拥有雷霆之力，与风暴或干旱恶魔作战，以确保其崇拜者的食物供给。

在历史的拂晓到来之前，巴比伦崇尚神祇崇拜的民族正处于融合的过程中。这一点与埃及和南欧的情况相同。因此，底格里斯河－幼发拉底河流域各城市出现了各自独立的万神殿，这反映了当时的城邦政治：神祇代表城市的政治影响力，因此需要得到认可。可事实上，广大民众仍延续着与农业有关的风俗习

① *The Seven Tablets of Creation*, L.W.King, p.129.

② *The Seven Tablets of Creation*, L.W.King, pp.133-134.

惯。巴比伦王国主要依靠丰收确保其繁荣，因此尽管征服者大力推崇引进的神祇，但是保持早期定居者的宗教信仰看上去仍是民心所向。

巴比伦宗教信仰具有两面性，它包括神庙崇拜和个人崇拜。神庙崇拜是统治阶级的宗教信仰，特别是人民的守护者国王的宗教信仰。个人崇拜在家里、芦苇屋里，或者公共场所进行，保留了早期流传下来的最原始的迷信思想。《圣经》里提到的巴比伦“火祭”和献祭无疑与个人崇拜中的农业宗教有关。被耶利米谴责的耶路撒冷等城市街道上为天后（Queen of Heaven）烘焙蛋糕的仪式也是如此。个人崇拜不需要神庙。克里特岛没有神庙：世界即为神祇的“家”，神祇四季栖息于山顶、树林和洞穴等地。在埃及，希罗多德目睹了官方泥版中未提及的节日和游行，这些显然是从早期就开始延续下来的做法。

埃及的农业宗教主要表现为奥西里斯（Osris）和伊希斯[①]（Isis）崇拜，并影响着当地整个宗教体系。此类神祇崇拜在巴比伦以塔穆兹和伊什塔尔为代表。伊什塔尔和伊希斯一样，融合了许多当地女神的神力。

根据古代农民的信仰，女神是永垂不朽的。她既是宇宙之母，又是食物之源。她的儿子谷物之神被埃及人称为“母亲的丈夫”。他年年重生，迅速成年，然后被凶猛的敌人，例如带来瘟疫的灼灼烈日之季，或者雨季，抑或是食肉野兽杀死，他也可能是被儿子杀死，像克洛诺斯[②]（Cronos）被宙斯（Zeus）杀死、帝尤斯（Dyaus）被因陀罗（Indra）杀死一样。于是，新的一年取代了旧的一年。

人们基于宗教信仰而形成的社会风俗是根据神祇的作为形成的，他们的情绪随自然之神波动，时而悲伤，时而欢欣。崇拜者根据不同的仪式暗示神祇在不同季节应有的作为，据此他们相信神祇对人类有神奇的控制力。

在巴比伦，与伟大母神和青年男神相关的农业神话有许多不同的版本。其中一个版本是这样的：塔穆兹像美男子阿多尼斯一样，深受两位女神的爱慕。这两位女神代表自然界的两极，一个是天界女王，另一个是冥界女王。塔穆兹受命将一年的时间一分为二，分别用来陪伴两位女神。同时，塔穆兹身为族长，统治多年，并留下许多子嗣。他去世后，灵魂变为行星、恒星或是星座，出现在特定的时间和季节。他既是年老神祇死后的灵魂，也是每年降生的年幼神祇。

---

① 伊希斯：古埃及主神之一，也是最原始的女神，深受古埃及人民的崇拜。——译注

② 克洛诺斯：希腊神话中的第二代众神之神，又称众神之王。——译注

《吉尔伽美什》史诗中的族长传说主要表现为“文化英雄”或人类先师的故事。他发现了通往祖先神灵之地的道路。在埃及，英雄族长是阿普阿图（Apua-tu），即“开路者”，奥西里斯（地狱的冥神和鬼判）的前身。在印度，阎摩（阎罗王）是为大家“发现并开拓道路”的第一人。

作为族长的国王生前被当作文化之神的化身，死后与文化之神融为一体。阿卡德的萨尔贡王是古时农业族长的化身，他自命出生不凡，备受女神伊什塔尔的青睐，理应开启宇宙的新纪元。

儿子取代父亲的传说或许可以解释那些象征大自然消极和积极力量的老年和青年神祇为何同时存在于巴比伦的城市神殿中。

由于农业宗教的影响具有持久性和累积性，因此大多数巴比伦神祇具有塔穆兹的特征，就像大多数埃及神祇具有奥西里斯的特征一样。虽然本土或外来神祇在巴比伦敌对的城市里都得以发展并且被习俗化，但他们依旧保留原始的特征。他们以各种不同的形式存在，如年轻的神祇取代年长者，又变成年长的神祇，或是年长的神祇教化年轻者并使他们成为自己的代言人，抑或在不同的季节变成不同的天体和自然现象。巴比伦之神米罗达（Merodach）在汉谟拉比时代是国家万神殿的首领，受人推崇。他和塔穆兹相似，同为神祇之子，因此也是埃阿的一种形态，即恶魔杀手、战争之神、丰饶之神、谷物之神、族长，以及世界的统治者和保卫者。与塔穆兹一样，他也有太阳、月亮、星体和大气的属性。米罗达和塔穆兹复杂多样的特性不仅是“一神论”倾向造成的，因为最古老的神祇往往非常神秘，他们既代表万物有灵论的神灵群体，也代表自然论的“自我力量”（Self Power）。

善于创建理论的祭司推测生死之谜和万物之源。他们必须借助普遍流行的信仰与民众沟通，利用不断变化的神话达到这一目的。由于早期许多文化中心都有各自的神祇，因此改编后的神话也多种多样。流传下来不同版本的神话不仅反映当地信仰，而且反映不同时期的文化层级。然而，不能误以为最新的神话就是最高级、意义最深刻的神话。巴比伦宗教的历史分为生长期和衰败期。个人宗教的影响总是与起源于祭司制度的、最新和最高等级的教义相悖。在政治动荡期，个人宗教信仰便淹没于古老的信仰和习俗的废墟中。民众个人信仰的逆向发展趋势往往因异邦人的定期入侵而不断加强，因为这些异邦人并不尊重官方神祇与宗教教义。

我们必须避免过多地用进化论来解释像巴比伦这样的国家中的宗教现象。

古老民族的文明时代与地质时代无法相提并论，因为在文明时代，不管是不是为了发展，人们用意志指挥着一切力量。信仰之战即思想之战。人们应该意识到，人类在巴比伦宗教历史中的重要性恰似丹麦王子在《哈姆雷特》剧本中的重要性。我们不仅要关注故事情节，也要关注故事里的人物角色，他们的愿望和胜利、偏见和失误，汇聚成一股汹涌澎湃的力量，勾勒出人类故事的海岸线，同时书写着人类历史。

本书展现了巴比伦生活和文化的各个方面，指出其科学和艺术是在原始粗糙的宗教迷信的刺激下得以发展的。人类智慧在丰饶的河谷吸收阳光，结出最娇艳的花朵，其周围却杂草丛生。例如在埃及，充足的财富使得有闲阶层能够致力于学习和研究，因此文明得以发展进步。主持神殿仪式的祭司是教化民众的师者，也是文化的赞助人。对于他们的宗教信仰，我们知之甚少，或者只了解皮毛，目前所发现的只是裹着珍珠的贝壳碎片，或是曾经娇美的玫瑰褪色的花瓣。但我们必须认识到，正是这些碎片和花瓣为艺术家和雕刻家提供了灵感，他们的作品令我们惊叹和钦佩，也促使政治家们创立并执行人道主义律法，使正义高于武力。

这些旧世界的文明，其中的美索不达米亚文明和尼罗河文明，都建立在非常坚实的基础之上。这些文明造就了“光荣的希腊和伟大的罗马”。直至近年来，我们才开始意识到现代世界欠了古老文明多么庞大的一笔巨债。

第一章　巴比伦的种族与早期文明

史前巴比伦—苏美尔与阿卡德联盟—苏美尔的种族亲缘—蒙古人与乌拉尔－阿尔泰人起源论—俄属土耳其斯坦史证—农业的起源—埃及史前陵墓中的重要证据—苏美尔与地中海种族—现代西亚种族类型—颅骨史证—阿卡德人的起源—闪米特的种族融通—古巴勒斯坦各种族—亚美尼亚人的南下迁徙—《圣经》中的利伐音人—阿卡德人在巴比伦北部夺取政权—苏美尔文化的影响—文明的起源—新石器时代的发展—早期社会群体中女性的地位—女性在古巴比伦的法律地位—社会与宗教生活的影响—女性语言—启迪诗人的女神

历史的拂晓到来之前，古巴比伦分裂成许多独立的城邦。这些城邦与史前埃及城邦非常相似。后来，它们统一成一个松散的联邦。北方城市被划入阿卡德版图，南方城市则成为苏美尔领土的一部分。这样的划分不但具有重大的地理意义，而且具有深远的种族意义。阿卡德人姗姗来迟，他们之前在北方取得政治优势，占领了乌里［Uri，或叫基乌里（Kiuri）］地区，苏美尔当时被称作肯基（Kengi，苏美尔语）。阿卡德人是闪语族的一个分支，其方言与闪米特语近似。在早期雕刻家的手下，他们被赋予浓密的头发，下巴长满胡须，鼻子高挺，嘴唇丰满。这种长相常使人联想起相貌独特的犹太人。他们身着缝有荷叶边的长袍，长袍从左肩垂坠而下，直达脚踝。但苏美尔人脸上和头上的毛发被刮得很干净，鼻子更像埃及人和希腊人的，而非犹太人的。他们上半身裸露，像古王国时期的埃及贵族那样，下半身着褶裥短裙。他们不说闪族语，是我们所知甚少的最古老的巴比伦居民。苏美尔文明根植于农耕生活，在闪语族数量变得壮大和具有一定影响力之前，似乎就已经很发达了。城市主要由太阳晒过和火烧过的砖块建造，独具特色的陶器经高超的技艺制作而成。人们受人道主义法律的约束，而这正是《汉谟拉比法典》的核心内容。人们使用的文字源自早期象形文字，且仍处于发展中的楔形文字。苏美尔农业模式的突出特点是利用工程技术建造灌溉沟渠来扩大种植面积。此外，有迹象表明，他们还掌握一定的航海知识，并与波斯湾有贸易往来。原先的港口埃利都成为他们的种族发源地。闪语族阿卡德人定居之后，吸收了苏美尔人特有的文化，并对该文化后来的发展壮大产生了深远影响。

苏美尔人的发源地及其代表的种族类型一直颇受争议。有一种理论将他们与毛发稀疏且不留胡须的蒙古人联系在一起。该理论得到早期浮雕的佐证，浮雕中他们都是斜着眼睛看人。而且，他们都讲一种黏着语[①]（agglutinative language），这表示他们与生活在古帕提亚（Parthian）土地上的中国人有着同一个祖源。然而，如果这种斜眼并非原始艺术的粗糙所致，那么显然蒙古人并未在底格里斯河和幼发拉底河流域幸存下来，尽管他们一直在进行种族融合。因为人们在后苏美尔时期更加精致的雕塑作品中发现，其统治阶层的眼睛与古埃及人和南部欧洲人的眼睛更为相似。苏美尔人的其他面部特征则表明他们与蒙古人不大可能存在联系。例如，苏美尔人高挺的鼻子就与中国人小巧的鼻子大不相同。仅仅依据我们手中贫瘠的语言学证据是不可能得出意义深远的结论的。尽管苏美尔人与长形头颅的中国人的语言都属于黏着语的变体，但是这样的黏着语也被宽头颅的土耳其人、匈牙利的马扎尔人（Magyars），以及长宽头颅和黑白肤色均有的芬兰人，还有深色皮肤、梨形脸的矮身巴斯克人（Basques）使用。他们都被认为是地中海人种的变体，且具有鲜明的特征。因此，语言无法确切地表明种族起源或者亲缘关系。

另一种理论将苏美尔人与分布在西亚平原和高原的宽头颅的人种联系在一起。他们被模糊地归入乌拉尔－阿尔泰（Ural-Altaic）种族，以当今土耳其人和芬兰人为代表。人们推测，在远古时代，他们因多变的气候而被迫向南迁徙，放弃畜牧业，过起了农耕生活。苏美尔后期的雕刻作品再一次证明这种联系面临重重困难，因为作品中人物的面部轮廓和凸出的后枕部都说明他们长着长形头颅而非宽形头颅。此外，新的生活习惯改变头骨形态的理论不再流行，因为头骨的形态通常与骨骼构造的其他鲜明特征有关。这些长着宽形头颅的草原游

---

① 黏着语：日语、土克曼语是典型的黏着语。语法意义主要由加在词根的词缀来表示，词缀分为前缀、中缀、后缀。——译注

牧民族与鞑靼[1]（Tatar）民族类似，通过其浓密的卷发和胡须就可以与纯粹的蒙古人区别开来。事实上，苏美尔人剃发净面就是一个显著特征。从最久远的时代开始，大多数人种就习惯于强调自己的种族特征。有人认为这样做是为了便于分辨敌友，这一说法得到了人种学家的认可。例如，巴斯克人会刻意刮干净尖下巴上的胡须，再蓄上短的络腮胡以突出宽颧骨形成的梨形脸。他们的近邻安达卢西亚人（Andalusians）则正好相反。他们下巴上蓄着的胡子，使本就相当圆润的下颌与巴斯克人形成更为明显的区别。[2] 另外一个类似的例子来自小亚细亚。在那里，长形头颅的库尔德人（Kurd）将孩子的头颅变窄；而圆形头的亚美尼亚人（Armenians）通过在摇床中放上木板，给孩子后枕部持续的压力，使其头骨变宽。通过这些方法，两个对立的种族突出了他们头形上的差别。因此，当人们发现苏美尔人像古埃及人一样有剃须习惯时，就应当在天生皮肤光洁的人种里，而非胡须浓密的人种里寻找他们的种族亲缘。

近期，随着许多考古细节的发现，苏美尔文化的中亚渊源受到重视，并开启了一个新鲜有趣的领域。在俄属土耳其斯坦（即俄罗斯西南）和中国新疆，科考队搜集到重要的考古资料，清楚地证明很久以前，广袤的沙漠地带曾青翠肥沃，并且居住着组织性强、人口众多且文明进步的社群。后来，由于渐趋严重的风沙侵蚀与水资源短缺，这里的人群被迫不断迁徙。在俄属土耳其斯坦的安诺（Anau），拉斐尔·庞佩利[3]（Raphael Pumpelly）带领的科考队发现了一个古老文明的大量遗迹，这一文明可以追溯至新石器时代，但被人们遗忘已久。科考队发掘的陶器装饰着几何图案，与远在苏萨（Susa）的其他新石器时代的陶器样本相似。苏萨城是古代埃兰王国的首都，与巴比伦和小亚细亚的博阿兹-柯伊城[4]（Boghaz Köi）交界，位于黑海以北、巴尔干半岛南部区域的中心，是赫梯政权的所在地。这些零散的证据表明，早期的种族迁移发生在中亚地区逐渐变得不适宜居住之后。在安诺发现的铜器时代文物，是一些许愿泥塑，与在苏美尔用于宗教目的的塑像非常相像。然而，这些文物并不能用来证明种族上的联系，但重要的是，它们可以证明这里早期曾经有过贸易往来，而且在历

① 鞑靼：对欧亚草原突厥-蒙古系统民族的泛称。——译注

② *The Races of Europe*, W.Z.Ripley, p.203.

③ 拉斐尔·庞佩利：19 世纪美国地质学家。——译注

④ 博阿兹-柯伊城：赫梯王国的都城。——译注

史的拂晓到来之前，文化影响已经可以延伸至如此长的距离，仅此而已。因为至今尚未发现可以明确解读这段神秘的中亚文明的碑文，也无法从早期苏美尔的图画文字中找到暗示，更无法证明庞佩利先生的观点，即苏美尔人和埃及人最初从安诺地区获得大麦、小麦和一些家畜。爱略特·史密斯教授（Professor Elliot Smith）认为，如果古埃及人最先使用了铜，那么关于这种金属的知识很可能是经过苏美尔到达了安诺，也就是说，早期的文化可能源自同一个地方，但采用了间接的途径进行传播。关于这一点，在埃及获得的证据颇具趣味性。例如，在前王朝时期的坟墓里躺了六千年的晒干的尸体（sun-dried bodies），其肠胃里留有大量食物。经过检测发现，这些食物中包含大麦和小米的外壳，以及哺乳动物的骨头残片。毫无疑问，其中还包括那些陶器上绘制的家畜，如绵羊、山羊和牛的骨头残片。[①] 因此，农业知识显然在极其遥远的时代就已经传遍了埃及，而且我们有理由相信同时代的苏美尔居民也共享了这些农业知识。

目前提出的多种关于苏美尔文化外部渊源的理论都基于一个假设，即它开始得非常突然，但发展却很成熟。苏美尔文化的开端并不在两河流域，尽管没有在苏美尔与阿卡德的城市遗迹中发现早期图画文字的样本，类似的样本也并未在任何其他地方找到。因此，早期巴比伦文化的本土性依旧可靠。爱略特·史密斯教授说："许多学者已经提出大量的独创巧思，他们试图将苏美尔人视为从其他地方迁至苏美尔的移民；但没有充足的理由昭示，苏美尔人在波斯湾上游定居了多年之后才开始登上历史舞台。因此，尚未发现早期遗存这一论点毫无价值，不仅仅是因为比起尼罗河三角洲，苏美尔这样的国家更难以保留证据，而且更为普遍的理由是，这类否定的说法不能被认定为种族迁徙的有力证据。"[②] 这位杰出的人类学家坦率地表示，苏美尔人与地中海史前埃及人或棕色人种属于同族，东部分支远到印度，西部分支远至不列颠群岛和爱尔兰。这古老的大家庭还包括阿拉伯人，他们的外貌特征将其与犹太人种的闪米特人区别开来。

对当今西亚种族格局的思考能给予苏美尔问题一些启示。在其他地方也一再强调这一特征的重要性。例如，C. S. 迈尔斯博士（Dr. C. S. Myers）查明，埃及现代农民与他们前王朝时期的祖先的头骨形状相同。霍伊斯先生也证实，在

---

① *The Ancient Egyptians*, by Elliot Smith, pp.41 et seq.

② *The Ancient Egyptians*, by Elliot Smith, p.140.

克里特岛这座著名岛屿上，现在仍可寻得远古时代居民的影子。更令人惊讶的是，占据法国多尔多涅河谷（Dordogne Valley）旧石器时代洞穴的特殊人种，在时隔两万年之久的今天依然存在。[1] 值得一提的是，当今的亚洲西南部生活着一个特殊的种族，他们在各种族中处于统治地位。里普利教授（Professor Ripley）总结了大量相关数据后，将这一种族称为“伊朗人”（Iranian），并且解释道：“这里所说的伊朗人包括波斯人（Persian）和库尔德人，可能还有生活在高加索的奥塞梯人（Ossete）和远至东部从阿富汗到印度的大量亚洲部落。这些种族基本上都长着长形头颅而且肤色深暗。尽管生活在不同环境的种族身高不同，但他们都很喜欢苗条的身材。因此，我们看到他们时，便会立即辨认出他们与欧洲地中海人种属于同族。通过与其同源的埃及人，他们将生活区域延伸到了非洲。不仅是现代各民族，古埃及人和腓尼基人（Phoenician）也可以追溯至同一个祖源。迄今为止，西亚最大的一块地盘上居住着这个地中海种族的东部分支。”宽形头颅的人种类型也零星地出现在叙利亚（Syria）和美索不达米亚的一些种族中。[2] 通过对伦敦与剑桥收藏的成千上万个古代头骨的研究发现，由于早期通婚而具有异族人特征的地中海人种，分布在埃及与印度旁遮普（Punjab）之间。[3] 在种族融合之时，早期人种明显占据优势，现在他们在西亚等地仍表现出自己的种族特性。因此，值得怀疑的是，苏美尔人是否与埃及史前居民、佩拉斯基人和欧洲伊比利亚人（Iberian）之间存在种族差异。的确，位于今天伊拉克境内特洛（Tello）的苏美尔拉格什城出土的一尊小雕像，明显呈现出地中海人种的头骨形态和面容。然而后期一些身材丰满的雕像则昭示，在埃及和其他一些地方出现了某种外族血统，而且“总是与渐趋肥胖有关”，“与代表棕色人种的精瘦健壮的身形特征形成鲜明对比”。[4] 巴比伦北部出现的闪米特人可以用来解释这一变化。

那么，入侵闪族阿卡德人的犹太人从何而来？人们普遍认为他们与从阿拉伯流出的一支游牧民族密切相关。因为，阿拉伯会在自然资源受制于连年异常的旱灾时，鼓励繁衍更多的人，甚至多到其国内无法承担。可是，在追溯阿拉

---

① *Crete the Forerunner of Greece*, C.H.and H.B.Hawes, 1911, pp.23 et seq.

② *The Races of Europe*, W.Z.Ripley, pp.443 et seq.

③ *The Ancient Egyptians*, pp.144-145.

④ *The Ancient Egyptians*, p.114.

伯的阿卡德人历史时，我们一开始就遇到困难，因为无论是史前居民还是现代居民都不具有闪米特人的特征。而古埃及的陶器和纪念碑上，阿拉伯人与尼罗河流域和其他一些区域的地中海代表人种非常相似。他们与历史上的苏美尔人和埃及人相同，既不剃发也不刮脸，只是留着淡淡的髭须和山羊胡，像北方的利比亚人和尼罗河流域史前坟墓中的大多数人一样。爱略特·史密斯教授写道："如果人们普遍接受的观点是正确的，那么阿拉伯半岛就是闪米特人原始的家。阿拉伯人的身体特征在离开家乡、还未到达巴比伦之前，一定发生了一些深刻的变化。"权威观点认为，阿拉伯人首先迁移到了巴勒斯坦和叙利亚北部地区，在那里融合了一些从小亚细亚南下的亚美尼亚人。"这个由阿拉伯人、古埃及人和亚美尼亚人同族融合而成的民族就是大鼻子、长胡子的闪米特人。这些特征不仅常见于古巴比伦和古埃及的遗迹当中，而且还常见于现代犹太人群体之中。"① 上述看法与雨果·温克勒博士（Dr. Hugo Winckler）的观点一致，他认为移民潮在席卷整个美索不达米亚平原之前，先向北流向叙利亚。涌入定居区的外来者并未导致不同种族类型的融合，也未产生具有中型颅骨以及明显面部特征的亚变种。

来自巴勒斯坦与埃及的证据对这一问题有特殊的意义。巴勒斯坦一直深受周期性种族骚乱与变革之苦。其种族历史始于新石器时期。在巴勒斯坦发现了数量庞大的旧石器时代的燧石和其他原始样本，其中更具研究价值的文物被保存在耶路撒冷的法国博物馆中。人们认为，在北方洞穴中发现的石器时代晚期前段的粗陶残片与长毛犀牛骨有关。根据著名的巴勒斯坦权威专家麦卡利斯特教授（Professor Macalister）的说法，位于基色（Gezer）的曾有人居住过的山洞属于石器时代晚期后段。这些山洞曾被一群身材矮小的非闪米特人占领，他们的头盖骨较厚，有着野蛮社会必不可少的强健体魄。② 这些人通常被认为是地中海人种的代表，广泛分布在叙利亚和小亚细亚的部分地区。③ 然而有趣的是，在其中的一个洞穴中发现了火葬尸体的证据。这并不是地中海人的风俗，也不像是基色以外的地区流行的习俗。然而，如果无法表明古埃及人的同族人与前人有任何联系，那么焚烧的可能就是后来种族的尸体。这不明身份的人种很可能

---

① *The Ancient Egyptians*, p.136.

② *A History of Palestine*, R.A.S.Macalister, pp.8-16.

③ *The Mediterranean Race* (1901 trans.),G.Sergi, pp.146 et seq.

就是闪米特人中的混合人种。叙利亚北部和小亚细亚的地中海人种与宽头颅的亚美尼亚人融合，亚美尼亚人在欧洲的代表是阿尔卑斯人种。最终，他们组成了伟大的赫梯联盟（Hittite confederacy）。这些亚美尼亚人在埃及历史初期便向南迁移，但没有人知晓他们最终征服了哪里，并在哪里定居。他们的先驱可能是商人，并且似乎在旧石器时代晚期结束之前就已经进入三角洲地区。[1] 最早的阿拉伯移民外迁潮可能是在同一时间发生的。亚美尼亚人早期南迁也许能够解释为什么在巴勒斯坦南部，早在铜器时代就存在《圣经》中提到的利伐音人（Rephaim）和亚衲人（Anakim）这样的高大种族，"他们的政权只有在希伯来人入侵时才被削弱"[2]。约书亚[3]（Joshua）将他们逐出了希伯伦城（Hebron）[4]，亚伯拉罕在附近从赫梯人（Hittites）埃夫隆（Ephron）手里买来了一块埋葬撒拉[5]（Sarah）的墓穴。[6] 显然，巴勒斯坦此时正流行土地法律制度。我们特别应该注意到，亚伯拉罕时代之后，利伐音城中的土地所有者与来自小亚细亚的外族人一样，都是赫梯联盟中的高大人种的变体。

毫无疑问，这些阿拉伯人逗留在巴勒斯坦和叙利亚期间，遇到了其他种族，即使不是纯种的亚美尼亚人，至少也具有亚美尼亚人的一些特征。随之而来的部落繁衍以及来自阿拉伯和小亚细亚不断涌入的移民压力，一定使西亚的这部分地区处于持续动荡的状态。过剩的移民重新朝埃及涌进，或向两河流域迁移。闪族阿卡德人很可能征服了先期占领这一地区且文明程度更高的苏美尔人。他们取得成功也许是因为拥有更先进的武器。爱略特·史密斯教授指出，阿拉伯人能够熟练使用铜这种金属，这得益于与西奈半岛（Sinai）的埃及人之间的往来。可是没有证据证明苏美尔人在开始使用金属制造的兵器之前曾受到攻击。而更有可能的是，入侵的游牧民族军事组织能力强，与相互分离的部落单独作战的经验丰富。另外，他们或许早就发现，苏美尔北部的一些城邦之间正处于交战状态，于是趁其不备之时，团结起来对付共同的敌人。蚕食希腊的多利安

---

① *The Ancient Egyptians*, p.130.

② *A History of Civilization in Palestine*, pp.20 et seq.

③ 约书亚：《圣经·旧约》中的一个人物，继摩西后成为以色列人的领袖，带领以色列人离开旷野进入迦南美地。——译注

④ *Joshua*, xi. 21.

⑤ 撒拉：亚伯拉罕同父异母的妹妹，同时也是他的妻子。——译注

⑥ *Genesis*, xxiii.

人（Dorians），以及粉碎罗马帝国的哥特人（Goths）同样都征服了比他们文明程度更高的民族。

无论如何，苏美尔人最终以自己的文明征服了征服者。尽管入侵的首领可能在所占领的城市中形成了军事贵族，但大多数游牧民族在安定之后仍须朝新的方向拓展。鉴于此，闪族阿卡德人接受了苏美尔人的生活习惯，因其更有利于国家发展，后来还接受了苏美尔人的思维方式。事实证明，在历史的拂晓到来之后，古苏美尔本土语言仍然是巴比伦宗教和文化的官方语言，就像中世纪欧洲一直使用拉丁语一样。几个世纪以来，相互融合的种族使用的一定是双语。类似的情况有爱尔兰、威尔士的居民，还有如今的苏格兰高地。但是，闪米特语最终成为苏美尔和阿卡德地区普遍使用的语言，这是北方民族取得政治优势的直接结果。然而，经过了很长一段历史时期，巴比伦才完全被闪米特化。灿烂的历史文明充满活力且稳定发展，这无疑是闪米特人杰出的组织才能成就的，但是其基础则是足智多谋、想象力丰富的苏美尔人建立起来的，是他们让荒芜的沙漠如盛放的玫瑰般欣欣向荣。

苏美尔文化是石器时代晚期的产物，而这个时代未必是野蛮的时代。在这漫长的岁月里，亚洲、非洲和欧洲的各个地区都有伟大的发明和发现。新石器时代的人会制作陶器和砖块；他们还发明了纺织技术，因为在基色洞穴中发现了纺轮，而且在埃及前王朝时期，埃及人死后会被包裹在精心编织的亚麻布中；他们精心雕琢的火石器是其艺术和机械技艺的最好说明；他们的计算能力必须归功于石锤制作者，这些石锤被打磨光滑，平衡性好，可以围绕着一个重力中心旋转。在埃及和巴比伦，人们耕作的土地也因灌溉而变得非常肥沃。人类在与大自然抗争的过程中总是能够快速进步，因此我们发现，早期的伟大文明根植于新石器时代农民的田地之中。这样的生活方式要求人们对自然法则有所了解，他们需要记录季节的更替以及测算时间。因此，埃及诞生了历书，巴比伦制定了划分时间的标准——将每周分为七天，每天又分为两个十二小时。

农业生活促使人群大规模居住在河谷地带，自身的进步繁荣需要和平和秩序，这些定居下来的群体必须接受法律规则的约束。所有伟大的文明都是由定居者的习惯和经验演化而来的。法律与宗教关系密切。石圈和神殿的遗迹提供了证据，教职人员在组织和分配劳动力方面影响力突出。事实上，早期的统治者都是祭司国王，他们自诩为神的化身，拥有土地，并能测算人的寿命。

新石器时代的人们并非过着田园诗般的生活，他们的成就是缓慢且逐步取得的。他们用鲜血撰写律法，在逆境中组织机构。然而，法律培育了人道主义理想。由于受法律约束，新石器时代的人们，特别是隶属于地中海人种的那些人，发展出高度的文明。他们早期活动的遗迹历经漫长的岁月后才被发现。我们发现，古苏美尔、古埃及和古克里特岛上的这一人种类型，面容精致优雅，富于智慧，且十分现代。他们的头骨证明，在石器时代晚期，人脑已经非常发达，种族类型多已固定。在欧洲国家，我们仍然可以发现古地中海种族的直属后裔，以及在铜器时代初期便向西横扫亚洲的文明程度较低的征服者的后代。此外，各地都有不同程度的种族融合的证据。新石器时代人们文化生活的影响甚至留存至今。神话与民间信仰的对比研究揭示，我们从遥远祖先那里继承了某些固有的思维方式，我们的祖先与古苏美尔人和古埃及人是同族。特别值得一提的还有，在两河流域南部平原相遇并融合的早期人类的社会理想，以及当时女性的地位问题，这些问题在今天仍然引起了人们的广泛关注。

在闪米特人及其他游牧民族中，女性被视为帮手而非同伴，无法与男性享有平等地位。例如，男孩的诞生会引来人们的欢呼雀跃，而“生下女孩却是件悲惨的事情”，印度教的圣人如是说。而且，将新生女婴抛弃、任其死去，是许多国家的风俗。妻子只享有丈夫赋予的权利，其生死也掌握在丈夫手中。儿子可以继承家族财产；女儿不仅不能获得任何财产，还得任由父亲和兄弟买卖。在崇尚男权的民族中，社会生活往往反映在有控制力的男性神祇的思想观念中，女性神祇只不过是一种虚幻的形象而已。

相反，古苏美尔人与埃及和克里特岛的地中海人种一样，在社会和宗教生活中十分尊重女性。妇女享有法律地位，国家也颁布了婚姻法。妻子有权拥有自己的私人财产，就像亚伯拉罕的妻子——巴比伦的撒拉一样，她就有自己的埃及奴隶夏甲（Hagar）。[1] 如果和丈夫的婚姻破裂，女性有权拿回在结婚时父母亲给予的全部嫁妆。一些未婚女性或妇女还习惯与男性或者同性建立商业伙伴关系，可以提起诉讼，也可以被诉上法庭。兄弟姐妹是家庭财产的共同继承人。女儿享有财产，且父亲无权对此进行控制。当她们达到解事责任年龄时，也可以与父母签订有关商业事务的法律协议。现存的记录显示，立志于独身主义和

① *Genesis*, xvi. 8, 9.

在宗教机构供职的年轻女性还可以进行商业投资。苏美尔女性登上王座的例子是埃及女王哈特谢普苏特（Hatshepsut）。由此可见，女性并未被排除在仕途生活之外。早期苏美尔国王敦基二世（Dungi II）就曾任命两个女儿统治叙利亚和埃兰。类似的例子还有埃及法老示撒（Shishak），他将征服的基色城交给女儿，即所罗门①（Solomon）的妻子管理。② 女性在古苏美尔人的宗教生活中具有不容置疑的影响力，如一些庙宇中设有女祭司。在古老的赞美诗中，人们称呼“女人和男人”，和现在演讲者用“女士们、先生们”一样，表示对女性的尊重。但值得注意的是，后来闪米特人把这一常用的说法变成了“男人和女人”，但这样的改变并没有影响女性的地位，因为汉谟拉比编纂法典时，女性的权利获得了显著认可。

古苏美尔有两种方言，但这首祈愿赞美诗是用熟悉的女性语言创作的。但是，不能据此推断苏美尔的女性建立了区别于男性的语言体系。这种方言更为温柔、朴实，也许更为古老，它能把诗歌中的情绪完美地表达出来。不论是古代还是现代，女性理想一直是诗人灵感的主要来源，这首赞美诗的艺术高潮便是向巴比伦的维纳斯（Venus）——伊什塔尔祈祷的部分。下面这首赞美诗就是献给瓦尔基里③（Valkyrie）一样的女战神伊什塔尔的，其更为女性化的特点没有被遮蔽：

致伊什塔尔的赞歌

为了您我哭泣，
啊！众神的女人，
女人中的女人，
没有女神能与您相比，
创造了万物的伊什塔尔，
您是世间尊贵的女王，
是天空的君主，

---

① 所罗门：古代以色列王国第三任国王，在位期间，把首都耶路撒冷建成圣城，成为犹太教、基督教、伊斯兰教的膜拜中心。——译注

② *1 Kings*, xvi. 16.

③ 瓦尔基里：北欧神话中奥丁神的婢女之一。——译注

是天界的统领——
您的名字叫辉煌……
啊！神圣的光芒
柔和地洒遍大地——
月亮英勇的女儿，
哦！听
您掌控武器、裁决激战——
仍愿将王冠给予胜者。
伊什塔尔、伊什塔尔至高无上，
您的力量超越众神，
您的悲叹，
激励同胞去战斗；
力量是您赐予的礼物；
您的意愿刻不容缓；
您的手是暴力之手，
作为战争女神，被争斗束缚，被恐惧裹挟……
拥有毁灭魔杖的您，
天与地都由您主宰。

每一个神圣的地方都崇拜您，
庙宇、神居、圣地，
在哪里您的名字不被称颂？
在哪里您的意愿曾被忽视，您的形象未被展现？
何处的庙宇不曾供奉您？
啊！您又在何处不是独一无二、至高强大的？

安努（Anu）、贝尔和埃阿将您升至最高级，赋予您威严与权力，
他们将您列于众神之上，
啊！高贵的女王，
在您的想象中世界充满恐惧，

天堂的众神震怒，
地上的神灵停滞，
所有的生灵都臣服于您的威名之下……

啊！女审判官，
您的道路是正确而圣洁的，
您投向罪人的目光充满怜悯，
每个早晨都通向正直的道路。

不要再徘徊，快来吧！
啊！公平的女神，万物的牧羊女
您不知疲倦……
您要打破这些侍女的镣铐……
当您发动恻隐之心时，她们便活了下来；
当发现被您注视之时，她们便得以痊愈。

听听您仆人的声音吧！
听一听我的祈祷，
我满是悲痛和苦难
我在哭着等待您。
仁慈的我的夫人
请赐予怜悯并回答：
“这已足够，安心吧。”
我的心还要悲伤多久？还需要不安地呻吟多久？
我的家还要陷于黑暗多久？还需要悲痛哀悼多久？
啊！天上的母狮，
请带给我和平与安宁。
听一听我的祈祷，
愤怒就是同情吗？
愿您带着温柔和祝福的目光向下看，

看一看您的仆人。
啊！施与怜悯吧，
听到我的哭泣，并将我从邪恶的诅咒中解救出来，
这样我便能看到您的荣光……
啊！我的仇敌还要追赶我多久?
使我患疾又夺走我的喜乐……
啊！恶魔又会在我左右多久?
使我遭受无止境的苦难……
我崇拜您——
力量是您赐予的礼物，
脆弱造就坚强，但是我仍然软弱…
啊！听一听我的呻吟吧！
我满是悲痛——
邪风带来悲伤的洪流使我苦恼；
我的心早已逃离了我，就像安上翅膀的鸟，
而我仍然在呻吟。
我眼里流下的泪水好似天空坠落的雨滴，
我处赤贫并且满怀悲哀。

我做过什么才使您对我心生厌恶?
是我曾忽略了对神灵和女神您的敬意吗?
啊！请拯救我并宽恕我的罪过，
这样我才能受您垂爱，才能安享您的怀抱。

您的怒火何时才会熄灭
听一听我的哭泣吧，
然后使我的道路变得繁荣——
啊！请您收回您的愤怒，就像撤回一条溪流。
之后猛击我的敌人，并剥夺他们降灾于我的能力，
使我能与之抗衡。

听一听我的祈祷，
保佑着我，
我会让目之所及的人都赞美您的名字，
我会赞美您的能力——
伊什塔尔、伊什塔尔是至高的！
伊什塔尔、伊什塔尔是女王！
伊什塔尔、伊什塔尔是月亮无双的女儿！

第二章　河流之地与深渊之神

富饶的古巴比伦—河流、运河、季节和气候—早期贸易和外来影响—当地的宗教崇拜—与波洛修斯①的俄安内②相似的深渊之神埃阿—圣鱼的起源—与梵天③和毗湿奴相比较—巴比伦和印度的洪水传说—巴比伦和埃及的鱼神—鱼神即谷物之神—作为创造者的河流—神匠埃阿及其与埃及和印度的关系—作为希伯来耶和华的埃阿—水神、天空之神埃阿和伐楼拿—巴比伦的达甘和非利士的大衮④—腓尼基、希腊、罗马、苏格兰、斯堪的纳维亚、爱尔兰和埃及的水神和丰收之神—埃阿的配偶达姆金娜—巴比伦和印度的海洋恶魔—天空之神安努—如同阿达德和奥丁的尼普尔风暴之神和战神恩利尔—巴比伦和亚述早期同源的神祇—作为苏美尔文明摇篮的埃阿的城市

古巴比伦在长达四千年的时间里，一直是西亚的花园。在希西家（Hezekiah）和以赛亚统治时期，古巴比伦被北方年轻的亚述文明统治，且被称为“五谷新酒之地、面包和葡萄园之地、橄榄油和蜂蜜满溢之地”⑤。希罗多德发现这里依然欣欣向荣并且极度富饶。他写道：“这片土地是目前我们知道的最适宜种植粮食的地方；在这里，土地的产量是平均水平的两百倍；若处于最佳状态，产量甚至能达到三百倍；在这里，小麦和大麦的叶片可以长至四指宽；小米和芝麻长得像一棵树那么高。这些我了然于胸，却不会记录下来，原因在于我已

① 波洛修斯（Berosus）：也称“贝若苏”，巴比伦城的马杜克神的大祭司，公元前2世纪（或公元前3世纪中期）用希腊文编写《巴比伦－迦勒底史》，记有巴比伦关于创世和洪水的神话，贝若苏的洪水故事是在泥版书出土之前唯一为人所知的美索不达米亚洪水传说。——译注

② 俄安内（Oannes）：半人半鱼的可怕怪物。据说在洪荒时代，他曾将文明和各种技艺传授给巴比伦人。

③ 梵天（Brahma）：亦称造书天、婆罗贺摩天、净天，华人地区俗称四面佛（印度佛教中的大梵天王诸神众，特指色界初禅天之主，又称大梵天王），是印度婆罗门教的创造之神，梵文字母的创制者。与毗湿奴（Vishnu）、湿婆并称三大主神。——译注

④ 大衮（Dagon）：非利士人的主神，形象为人鱼，传说是伊勒神的儿子，巴力神的父亲。——译注

⑤ *2 Kings*, xviii, 32.

清楚地意识到，对于那些从未踏足过巴比伦的人来说，这样的产出足以引起他们的怀疑。”[①] 而如今，曾经一年两到三产的土地已是大片起伏的荒原，夏天甚至变成荒野、丛林和芦苇密布的沼泽地。曾经人口稠密、繁荣兴盛的城市现已变成贝都因人（Bedouins）帐篷旁的沙堆，极具影响力的伟大族群也已然被缩减得只剩些零星残余，在土耳其税吏的压迫下竭力维持着极不稳定的生活。这些税吏比起抢劫掠夺的游牧民族更为恶劣。

这个历史悠久的国家东临波斯，西界阿拉伯沙漠。其版图形似一条鱼，位于两条伟大的河流——幼发拉底河与底格里斯河之间。两河距离最宽的地方达一百英里，在靠近巴格达即接近“鱼尾”的地方距离缩减至三十五英里；两河下游汇集指向巴士拉（Basra），并形成阿拉伯河（Shatt-el-Arab）。阿拉伯河在与卡伦河（Karun）汇合后注入波斯湾。巴格达距巴士拉大约三百英里，由于两河流域淤泥的持续累积，这片阿拉伯河横穿而过的区域正在以每三十年一英里的速度缓慢扩大。在苏美尔繁荣之初，这两条河流有各自独立的出水口。一向崇拜海神埃阿的城邦埃利都，曾经是波斯湾上游的一个海港，现坐落于距离海岸一百二十五英里的内陆地区。当亚历山大大帝（Alexander the Great）摧毁波斯帝国时，从幼发拉底河到底格里斯河只需一天的时间。

在巴比伦兴旺之际，幼发拉底河被誉为“大地之魂”，底格里斯河则被冠以“幸福赐予者”的称号。能工巧匠们通过引水灌溉被太阳强烈炙烤的地区，解决了水资源的分配问题，并成功地预防了洪水泛滥形成沼泽的问题。人们修建了遍布全国的运河网络，成功遏制了幼发拉底河和底格里斯河可能造成的破坏，也使河流的整体灌溉能力大大提高。在整个运河网络中，最大的那条曾是古老的河床。其中一条运河，北部称为尼罗河（Shatt en Nil），南部称为卡尔河（Shatt el Kar），自巴比伦开始向东蜿蜒流过尼普尔，呈“S”形向拉尔萨城流去，之后汇入河流。这条路线被认为是苏美尔早期幼发拉底河流经的路线。幼发拉底河绵延向西数英里后，离曾建在其河岸上的古代城市遗址越来越远。另一条重要的运河是海姆河（Shatt el Hai），源自底格里斯河，越过平原流入一条比它水流更缓、位置更低的姐妹河。人工运河建造在为其提供水源的河流之上，水位因“沙杜夫”[②]（shaddufs）的发明而提高：把水桶或者装水的皮囊拴在承重梁上，待水注满后，借助人力的吊运将水注入运河。河流沿岸从事种植业的

---

① *Herodotus*，i，193.

② 沙杜夫：古埃及等地汲水用的桔槔。——译注

居民很可能已将这种费力的灌溉方式替换成为沿用至今的水车灌溉。

巴比伦有两个季节——雨季和旱季。雨季从每年的 11 月一直持续到次年 3 月。春天来临时，广阔的平原上满是翠绿的草木和鲜艳的野花。然而旱季一到，强烈的太阳炙烤着植被，目之所及全都是棕黄色的沙漠，看得人眼睛疲惫。偶尔的沙尘暴将整个天空笼罩，沙尘越过贫瘠的荒原，堆积出形态万千的土丘，这些土丘标记出古代城市的遗址。与此同时，北边山脉的积雪融化后成为河流的补给，使得河流的水量不断增加。底格里斯河流速快，总长一千一百四十六英里，其水位自 3 月初开始上涨，于 5 月达到峰值，在 6 月结束前又再次下降。长达一千七百八十英里的幼发拉底河的水位变化则相对迟缓，其水位上涨要比底格里斯河晚两个星期，但显然它的汛期更长，9 月初之前不会回落至最低水位。通过控制这些大河的水量，古巴比伦人不仅有效防止了灾难性洪水的发生，而且储蓄并分配了多余的水资源。他们将本国的自然资源善尽其用，并且将巴比伦打造成为——还有可能再次成为——世界上最美丽且宜居的地方。大自然对他们的辛勤劳作给予慷慨的回报，巴比伦的贸易和产业蓬勃发展，城市也愈发强大和壮丽。然而在整个漫长的夏季，天气异常炎热，空气极度干燥，幸而天空总是极度的干净透彻。夜晚凉爽而迷人，明亮的月光洒满大地，时而繁星点点，点缀着池塘和运河，使早期天文学家的故土熠熠生辉。

巴比伦全境无树。很久以前，木材就需要进口。正如广泛种植的葡萄树和无花果树一样，海枣树和棕榈树很有可能也是经人引进而来的，这种现象在北方地区尤为突出。建筑用的石料也非常稀缺，像石灰石、大理石、玄武岩和雪花石必须在美索不达米亚平原北部才能采得，那里的山脉还富含铜、铅、铁等矿物质。除了能够从海洋状的山脊上开采砂岩的埃利都，其他所有城市都是用砖块建造的。这种黏土砖的原材料储量非常丰富。砖墙一旦涂上沥青，就能产生很强的稳固性。这种树脂质的材料在北方和南方都被发现。它从河岸的岩石裂缝中冒出来，形成小的沥青池。幼发拉底河有两处在远古时代就被开采的著名的沥青泉。一位旅行家记录道："其中一条不断地流着黑色的液态热沥青；另一条则断断续续地流着沥青。暴雨过后，会排出沥青或者冷水……平原上凸起的岩石中满是蕴藏沥青的岩层。"① 现在的阿拉伯人称沥青为"凯亚瑞"（kiyara），他们将其出口，作为船只和屋顶的涂层；他们也将沥青用作防腐杀菌剂，治疗患有皮肤病的骆驼。

---

① Peter's *Nippur*，i，p.160.

苏美尔的富余产品包括玉米、无花果、陶器、细羊毛及编织的衣服等，他们将这些商品与其他城邦进行交换以获得更为必需的物品，因而在那个极为遥远的时代，海外贸易必定非常繁荣活跃。毋庸置疑，大量的外来商人被吸引到这座城市，或许正是他们诱惑或鼓励闪米特人和其他入侵者推翻政权并建立军事贵族统治，这样他们就能获得一定程度的政治优势。农民阶层在这样的周期性革命中并未受到很大影响，因为对于他们而言，结果无非是更换了统治者而已。国家的发展要求传承农业生产方式和严格遵守现有土地法，而这些确实为苏美尔的繁荣奠定了基础。征服者不仅掠夺战利品，而且迫使被征服者提供服务。在巴比伦北部，入侵者明显意识到必须安抚民众，并确保土地耕种者继续效忠于他们。由于宗教与法律密切相关，因此人们不得不改变他们的信仰来适应社会以及政治组织的要求。游牧民族的神祇必须具备能够代表农业的属性，其农业属性也必须进行改变以应付城市生活的多样化需求。此外，本地神祇由于其大众性和流行性，是不容忽视的。因此，对于外来的信仰和宗教习俗，人们会根据其与当地生活模式的相关程度加以吸收和融合。某些神灵具有复杂的特征，也许就是在适应新环境的过程中产生的。

苏美尔的小王国似乎源起于部落。每个城市都有一个主神，名义上主神是周围耕地的所有者。农田的出租或是购买都要通过祭司，牧场则是共有的。例如，像我们在埃及发现的那样，造物神卜塔（Ptah）在孟菲斯（Memphis）地区具有至高无上的地位，太阳神拉[1]（Ra）主要在赫里奥波利斯（Heliopolis）受到崇拜，而布巴斯提斯（Bubastis）则是祭拜猫头神巴斯特[2]（Bast）的中心。苏美尔和阿卡德的各个地方神祇都有鲜明的特色，同时也都表现出吸收对手属性的倾向。一个国家的主神是万神殿的核心人物，他有政治属性，并对当地的神学发展产生影响。然而，城市通常不以神祇的名字命名，这表明一些城市在建立时，正值苏美尔宗教处于早期万物有灵论[3]（animism）的阶段，并且神灵群体中的各神和女神并没有明确的界定。

埃阿是一个极具特色的苏美尔神祇，他在古代港口城市埃利都享有至高无

---

① 拉：古代埃及人崇拜的宇宙创造者，太阳神。——译注

② 巴斯特：布巴斯提斯地区的女神，太阳神的女儿，既是温和的母猫巴斯特，又是凶猛的母狮塞赫美。在埃及的坟墓当中，她主要负责驱赶邪灵，守护墓主人的安宁。——译注

③ 万物有灵论：又称泛灵论，是发源并盛行于 17 世纪的哲学思想，后逐渐演变为宗教信仰种类之一。泛灵论认为，天下万物皆有灵魂或自然精神，并在控制间影响其他自然现象。倡导此理论者认为，该自然现象与精神也深深影响人类的社会行为，一棵树和一块石头都跟人类一样，具有同样的价值与权利。——译注

上的地位。他被视为波洛修斯的俄安内，被称为“一种理性的生物，长着鱼一样的身体，人类的双脚，以及长长的鱼尾”①。这样的描述使我们想起了身着能赋予他们神力的动物皮毛的埃及诸神和祭司，天鹅少女和男人的神话传说，以及能够蜕去皮肤展现人形的海豹和其他动物。埃阿最初可能是一条圣鱼。印度的造物神梵天和毗湿奴也都曾为鱼形。在梵语文学中，人类始祖摩奴（Manu）就受到化身为鱼的毗湿奴的警示，在整个世界将要被洪水毁灭之时建了一艘船来保全自己。埃阿以相同的方式帮助了巴比伦的挪亚（Noah）——毕尔－纳比斯汀（Pir-napishtim），建议他造一艘船以抵挡即将到来的滔天洪水。事实上，印度神话传说是在阐明苏美尔人对于埃阿的原始构想。当小鱼在水流中面临被大鱼吞噬的危险时，就会向摩奴请求保护。此时，圣人摩奴就会马上将其捞起放进水缸，随着小鱼的渐渐长大，摩奴将其转移到另一个罐中并最终放归恒河。一段时间过后，鱼儿向摩奴抱怨河流太过狭小，于是摩奴就将它放入了大海。因为摩奴善意的举动，化为鱼形的神灵毗湿奴告知摩奴即将会有洪水来临，并在洪水来临时引导摩奴的船穿越翻滚的水流直至山巅。②

倘若这个印度神话起源于巴比伦，那或许幼发拉底河的神——“大地之魂”就是那条迁徙的鱼儿。鱼儿的成长暗示着洪水的上涨。在凯尔特神话传说中，人们将潮水上涨和河谷洪水泛滥归结为江河湖海中有巨兽存在。在此类与阿塔加蒂斯③（Atargatis）有关的传说中，罗伯森·史密斯教授（Professor Robertson Smith）写道：“一方水域的神灵往往附着在该水域神圣的鱼儿身上。与希拉波利斯（Hierapolis）和阿斯卡隆（Ascalon）的传奇故事相似，阿塔加蒂斯和她的儿子纵身跳入水中——正如希拉波利斯跳入幼发拉底河，阿斯卡隆跳入城镇附近庙宇的圣池——变成了鱼。神灵一旦死去，就不再以人形存在，他的生命也变为埋葬他的水域。这也仅仅是一个将圣水或者神鱼拟人化的说法。拟人化的神祇生于水中的故事还有其他的说法，例如阿佛洛狄忒④源自海上的泡沫，幼发拉底河传说中的阿塔加蒂斯出生于该河中的一颗蛋，被神鱼发现并推至岸边。”⑤

作为“沙尔－阿普斯”（Shar Apsi）的埃阿是“深水之王”。根据莫里斯·

① 即贝尔－米罗达在巴比伦的一位祭司。公元3世纪，他用希腊文记录了故乡的历史，原作已毁，部分内容经尤西比乌斯，约瑟夫斯及阿波罗多罗斯等人流传下来。

② *Indian Myth and Legend*, pp.140, 141.

③ 阿塔加蒂斯：北叙利亚古典时期主要的神祇。她是主要保佑农业生产的神灵，还肩负保佑市民安全和健康的义务，为鱼身。主要祭祀场所位于希拉波利斯。——译注

④ 阿佛洛狄忒：希腊神话中爱与美之女神，亦称维纳斯。——译注

⑤ *The Religion of the Semites*, pp.159, 160.

贾斯特罗[①]（M. Jastrow）的说法："这里所说的水并非海水，而是为河流补给水源的地下淡水，通过河流和运河灌溉田地。"[②] 巴比伦因河流的浇灌而愈发肥沃，故鱼神埃阿也是灌溉之神。在埃及，"门德斯之母"（Mother of Mendes）被描绘为头上顶着一条鱼的形象，她与伊希斯和哈索尔（Hathor）关系密切。其丈夫名叫巴-内布-特图（Ba-neb-Tettu），是卜塔、奥西里斯和拉三位神祇的一种形态，也是丰饶之神，以公羊为象征。另一个埃及鱼神是雷姆（Rem），他的名字是哭泣的意思，他的眼泪充满肥力，因此每当他悲恸之时，人们就会播种谷物，大获丰收。他也被看作代表原始深渊的埃及原始神祇雷米（Remi），即鳄鱼神塞贝克（Sebek）的一种形态。当我们想到在巴比伦和埃及，丰收被认为是河流赐予的礼物时，鱼神与谷神之间的关联也就不那么遥远了。

事实上，幼发拉底河被誉为岸上万物的创造者。

啊，幼发拉底河，你创造了万物，
当伟大的神将你发现之时，
他们赐予你河流两岸的繁荣，
深水之王埃阿安居在你的怀抱……
由你来评判人类的事业！
啊，强大的幼发拉底河！
啊，无上的幼发拉底河！
啊，正义的幼发拉底河！[③]

巴比伦人侍奉水神埃阿，引领他，就像印度的摩奴引领化为鱼形的造物主、"守护神"从河流到水缸，再到池塘或运河，最后返回河流以及海洋。因而，巴比伦人成为建筑专家和经验丰富的农学家、砖块的制造者、城市的建造者以及法律的制定者。的确，巴比伦文明正是崇拜埃阿的结果，埃阿是他们名副其实的导师。波洛修斯说道：正如俄安内一样，埃阿住在波斯湾，每天上岸指导埃利都的居民如何修建运河、种植谷物、加工金属、制造陶器和砖块，以及建造神庙。他是工匠之神——"陶工之神"努瑞（Nun-ura）、"金匠之神"库斯卡-班达（Kuski-banda）——艺术与手工艺神圣的守护神。"埃阿无所不知"，赞美诗诗人如此吟诵道。他指导人们创造并使用字母符号，教授人们算术以及制定

① 贾斯特罗（1861—1921）：宾夕法尼亚大学闪族语教授。——译注

② *Religion of Babylonia and Assyria*, M.Jastrow, p.88.

③ *The Seven Tablets of Creation*, L. W. King, Vol. i, p. 129.

法典的方法。就像埃及的造物神卜塔与链接之神克赫努姆（Khnumu）一样，埃阿也是“神与人的创造者”。卜塔在他的陶轮上创造出第一个人，接着造出日、月、宇宙，最后用锤子敲打出铜制的天空。埃阿创造世界，就像“建筑师建造房子”一样。① 类似的还有《吠陀经》② 中的因陀罗，他像卜塔一样挥舞着锤子，以雅利安人建造木屋那样简单的方式创造了宇宙。③

像卜塔一样，埃阿也从一个工匠之神晋阶为崇高的造物神，而非仅仅是农作物的生产者。他的话具有创造性的力量：他命名那些他渴望的东西，之后它们便存在于世。一位祭司诗人大声说道：“唯有埃阿可以创造万物。”这种从工匠神向造物神的转变，或许是因为早期宗教崇拜倾向于赋予主神其他地方神祇的属性而引起的。

埃阿的名字也常表示为 Aa、Ya、Ya'u，或者 Au，也就是希伯来人口中的耶和华（Jah）。平奇斯教授（Professor Pinches）写道：“在雅 - 大港（Ya-Daga-nu），耶和华就是大衮。我们颠倒了语序来表示耶和华就是大衮，而非大衮就是耶和华。同样有趣的还有 Au-Aa，将 Jah 等同于 Aa，因为这两个名字从词源学角度看有相关性。”耶和华的名字是构成亚述和巴比伦语言中“上帝”一词的一部分。④

埃阿就是“世界之主”恩奇（Enki），艾玛 - 阿娜 - 库（Amma-ana-ki）是“天堂与大地之主”，萨 - 卡拉玛（Sa-kalama）是“土地之主”，恩古拉（En-gur）是“深渊之神”，那曲布（Naqbu）是“深渊”，鲁格 - 利达（Lugal-ida）是“河流之王”。当雨水从苍穹落下，水神就变成天地之神。

同样的，在印度婆罗门（Brahmans）祭司将伐楼拿降职、命其永居海底之前，伐楼拿也是天神和海神。这也许说明，半人半鱼的埃阿和伐楼拿有着相同的渊源。

巴比伦的另一位神祇达甘被认为是等同于埃阿的神。人们对他的崇拜有悠久的历史。平奇斯教授写道：“汉谟拉比似乎认为幼发拉底河是‘达甘的边界’，并称达甘是创造者。在后期的碑文里，人们发现更接近西闪族人拼写形式（Da-

① *Religious Belief in Babylonia and Assyria*, M.Jastrow, p.88.

②《吠陀经》：印度最古老的文献材料和文体形式，主要文体是赞美诗、祈祷文和咒语，是印度人世代口口相传、长年累月结集而成的，是婆罗门教和现代印度教最重要和最根本的经典。“吠陀”又译为“韦达”，是“知识”“启示”的意思。——译注

③ *Cosmology of the Rigveda*, Wallis, and *Indian Myth and Legend*, p.10.

④ *The Old Testament in the Light of the Historical Records and Legends of Assyria and Babylonia*, T. G. Pinches, pp.59-61.

gon，非利士人的大衮）的 Daguna 出现在一些人的名字中。”①

非利士人的神大衮很有可能是古埃阿的一种特殊形式，要么是从巴比伦引进的神，要么是多个地中海种族分支崇拜的海神。权威人士对于大衮的形态和属性存在意见分歧，而我们对他的了解主要通过《圣经》。他不是城邦之神，而是民族之神。目前，我们发现了关于伯－大衮②（Beth-dagon），即“大衮之城或大衮之殿”的资料。而且，他曾在加沙（Gaza）有一座神庙。后来，大力士参孙③（Samson）推倒了中央的两根承重立柱并将其毁坏。④ 还有一座神庙在亚实突（Ashdod）。当非利士人把从以色列人那里缴获的挪亚方舟放在大衮的神像前时，“大衮的神像轰然倒塌，头颅和双手折断在门槛上，只剩下残体”。⑤ 其余有关“大衮的门槛”的资料暗示大衮的双足就像半人半鱼的埃阿一样。那些认为大衮身形像鱼的人是从大衮的名字得出结论的，因为闪米特语“dag”意为“鱼”。而且他们还暗示大衮的神像倒塌之后，只有像鱼的部分被保留下来。另外，还有人认为，大衮是谷物之神，大衮（Dagon）和达甘（Dagan）两个字字形上的相似是偶然的。赛斯教授将牛津阿什莫尔博物馆中一枚刻有“Baal-dagon”字样的腓尼基水晶印章作为参考。“Baal-dagon”旁边刻有一穗玉米和其他诸如带翼的太阳圆盘、瞪羚、星星等符号，但没有鱼。当然，巴力大衮（Baal-dagon）也可能代表神祇的融合。正如我们在半人半鱼的神埃阿和门德斯诸神身上看到的，鱼神也可能是谷物之神、陆栖动物之神和海天之神。非利士人认为，用金老鼠做贡品代表着“你的老鼠糟蹋了土地”⑥，这暗示着他们认为误将以色列的挪亚方舟放在亚实突的神庙中已经使大衮作为丰饶之神的神性削弱了。非利士人来自克里特岛，如果他们的神大衮是从那里舶来的，那么大衮也许和遍及希腊的海神波塞冬（Poseidon）崇拜有些许关联。这位海神很像罗马神话中的尼普顿（Neptune），手拿带闪电的三叉戟，还能引发地震。他是宇宙之王宙斯的哥哥，天空和大气之神，外形像公牛和马。为了追求大地和谷物女神德墨忒耳（Demeter），他变成马；像埃阿一样，他指导人类，尤其是在驯服马匹方面。

---

① *The Religion of Babylonia and Assyria*, T.G.Pinches, pp.91, 92.

② *Joshua*, xv, 41; xix, 27.

③ 大力士参孙：以色列的大力士参孙被情人非利士人大利拉出卖，以色列人的统治者是非利士人，他们弄瞎了他的双眼。参孙念念不忘复仇。后非利士人逼迫参孙演武，参孙推倒庙宇，与敌人同归于尽。——译注

④ *Judges*, xvi, 14.

⑤ *I Sam.*, v, 1-9.

⑥ *I Sam.*, vi, 5.

人身鱼尾的海神特里同（Triton）和海中仙女涅瑞伊德斯[①]（Nereids）也受训于他。公牛、公猪、公羊都被进贡给这位繁殖力很强的海神。海之女神安菲特律特（Amphitrite）是他的配偶。

苏格兰赫布里底群岛（Hebrides）有一个无名之神肖尼（Shony），他也是半人半鱼的形象，被那些依靠他赐予的肥沃海藻获得丰收的人祭拜。他在马丁（Martin）的《西部群岛》（*Western Isles*）中被提及，尚未被人遗忘。《埃达》（*Eddas*）中记录的诺欧通[②]（Noatun）的海神尼约德（Njord）就是丰饶之神弗雷（Frey）的父亲。爱尔兰神话中的谷物之神达格达（Dagda）的配偶是水神波安（Boann），即博伊奈河（Boyne）的女神。埃及的神祇奥西里斯和伊希斯都与尼罗河有关联。农业和供水之间的关联已是不争的事实。

埃阿的“忠实伴侣”是女神达姆金娜（Damkina），她也被称为宁基（Ninki），意为“大地女王”。祭司曾吟诵道：“愿埃阿能使你愉悦，愿深渊女王达姆金娜能用她的容貌照亮你；愿强大的天神之首马杜克能使你高昂着头。”马杜克是他们的儿子，后来成为巴比伦万神殿的主神。

就像印度的海神伐楼拿一样，半人半鱼的埃阿能够掌控深渊的鬼魂和恶魔。守护死亡之河的引渡人叫作阿拉德 - 埃阿（Arad-Ea），意为“埃阿的奴仆”。也有资料提及海中仙女、巴比伦美人鱼或是海之女神涅瑞伊德斯。再来看一下与印度的檀那婆（Danāvas）和达伊提耶（Daityas）相似的海中巨人，赞美诗里这样唱道：

> 他们是七个，是七个，
> 他们位于海洋深处，
> 于天上发育，
> 于深海繁殖……
> 他们七个中第一个是南风，
> 第二个是张着大嘴的龙……[③]

类似吠陀神话中的恶神弗栗多[④]（Vritra）和他手下那一群恶魔。

---

① 涅瑞伊德斯：古希腊神话中的海洋女神。——译注

② 诺欧通：意即“船城”。在北欧神话中，是近海之神尼约德的居所。尼约德在此的工作是抚平古老海神埃吉尔引起的狂风暴雨，让陆地的人民过着安稳的生活。——译注

③ *The Devils and Evil Spirits of Babylonia*, R.Campbell Thompson, London, 1903, Vol. i, p.xlii.

④ 恶神弗栗多：在印度神话中由来甚古，据《梨俱吠陀》（*Rigveda*）记载，在宇宙初始的混沌中产生了宇宙秩序的破坏者——恶神弗栗多，其无父有母，母即束缚、限制之神达努，与他们对立并相持不下的是宇宙秩序的建立者和维护者——众善神阿底。——译注

这七个恶魔也是“安努的使者”。尽管安努在多个神殿中被奉为天神，但似乎与埃阿在苏美尔早期就有紧密的关联。他的名字意为“至高无上者”，源于“阿纳”（ana）、“天堂”（heaven）。他是埃雷克城的主神，可能是一个被赋予了太阳和月亮属性的大气神。那七个恶魔是他的使者——使人们想起因陀罗的追随者——暴风神马尔殊（Maruts）。他们被描述为：

利用致命的风暴开拓前路，
强大的破坏者，
风暴之神带来的倾盆大雨
潜伏于其右手之中。[1]

当我们讨论一个神祇的古老形态时，总是很难将他与恶魔区分开来，即便是仁慈的埃阿，也与怪物和暴怒有关。巴比伦的一首赞美诗吟诵道：“邪念是众神苦涩的毒液。”那些附属于神祇的“侍者”似乎代表着万物有灵论时期的众神，被侍奉的神祇则从众神中进化而来。在每一个地区，神祇的性情都是依据当地的自然环境塑造而成的。

在苏美尔和阿卡德模糊且又不断移动的边界线之间，有一个城邦叫尼普尔。恩利尔（Enlil）是该城的主神，他的名字被不同的权威学者翻译成“雾气之王”“力量之王”“恶魔之王”。他是风暴之神和战神，如同埃阿和安努一样，也是“天地之主”。作为一位大气之神，他与印度的雷神和雨神因陀罗、风神伐由（Vayu）具有共同的属性；同时还和闪族的神祇阿达德（Adad 或 Rimman，阿卡德神话中译为拉姆曼）相似。位于尼普尔的恩利尔神庙的名字被译为“山中小屋”或“好像一座大山”。曾经有一种理论认为，神必须由来自山上的人引入。但是正如金博士所说，“山”和“土地”作为表意文字很早就被人们使用，用来指外邦。[2] 因此，更有可能的是，恩利尔被升级为世界之神，他不仅统治苏美尔和阿卡德两地，还统治早期巴比伦人的敌人和对手占领的土地。

为了与巴比伦的贝尔 - 米罗达（Bel Merodach）区别开来，恩利尔被称为“老一代贝尔”（Bel），贝尔的意思是“主”。恩利尔作为大地之神，与天空之神安努、深渊之神埃阿并称为万神殿中的三大主神，他在其中扮演着主要的角色。这样的分类暗示着尼普尔的政治地位在上升，且统治着埃雷克和埃利都两个城邦，或者暗示着尼普尔的祭司在掌管数个城邦的统治者的宫廷里面极具影响力。

---

① *The Devils and Evil Spirits of Babylonia*, R.C.Thompson, Vol. i, p.xliii.

② *A History of Sumer and Akkad*, L.W.King, p.54.

贝尔－恩利尔的配偶是“贝尔提斯”（Beltis），后被称为“贝图女士”。她和伊什塔尔、娜娜（Nana）、萨尔帕尼图[①]（Zerpanitu^m）等伟大的女神一样，是“伟大的母亲”，或是早期一位神祇的配偶，并且与这位神祇享有平等的权利和尊严。

在巴比伦后期更为系统化的神学中，我们似乎只能依循模糊而简略的原始神话碎片展开追溯，因为对于原始神祇的界定并不清楚，而且他们群居在一起。埃及的九柱神（Enneads）是将一位本土的神作为主神，与其他八位年长的神祇放在一起形成的。太阳神拉是最早的赫里奥波利斯（Heliopolis）万神殿的主神，而赫尔莫波利斯（Hermopolis）的主神是月神透特（Thoth）。巴奇教授认为：“苏美尔和早期埃及的原生神都是从相同且极其古老的源头衍生出来的”，因为他发现，在巴比伦与尼罗河河谷地带的两个早期族群“过于相似，并非偶然如此”。[②]

埃及神祇（八元神）包括四对雌雄双神——努（Nu）和配偶努特（Nut），希户（Hehu）和配偶希户特（Hehut），库克（Kekui）和配偶卡乌凯特（Kekuit），胡（Kerh）和配偶哈乌赫特（Kerhet）。巴奇教授说：“人类总是按照自己的形象塑造并且不断地塑造众神。在达到一定阶段时，就会为神添上妻孩；但是神的妻子的地位则取决于那些撰写神话的作者家中女性的地位。笔者相信，埃及最古老的神祇的伴侣是由那些家中女性地位很高的人创造的，比起东方民族的传统，她们拥有更多的权力。”[③]

我们无法肯定地说出这些神祇代表的意义。努是原初深海之神，努特是天界水域之神，也是日月星辰的母亲。其余的则代表着光明和黑暗的变相，以及自然界在活跃或休眠期的力量。

在巴比伦神话中，阿普苏－日什图（Apsu-Rishtu）代表努，提亚玛特（Mummu-Tiamat）或提亚马斯（Tiawath）代表努特，下一对神祇是拉赫穆（Lachmu）和拉哈穆（Lachamu），安沙尔[④]（Anshar）和基沙尔（Kishar），还有一对已经缺失，但是创世神话的第一块泥版中提到了安努和埃阿的名字，第三块泥版上的名字也缺失了。巴奇教授认为，亚述的编撰者用安努、埃阿和恩利尔这三位古老的神祇代替了在埃及发现的那些成对的神祇。最初，安努和埃

① 萨尔帕尼图：米罗达的配偶。——译注

② *The Gods of the Egyptians*, E. Wallis Budge, Vol. i, p. 290.

③ *The Gods of the Egyptians*, E. Wallis Budge, Vol. i, p. 287.

④ 安沙尔：天神安努的父亲。——译注

阿的配偶有可能是八个原始神的组成部分。

毫无疑问，于我们而言，埃阿是在第一对象征深渊的神祇之后被刻画出来的。这位仁慈之神的属性反映了文明的进步，以及文明进步的过程中人们的社会理想和道德理想。埃阿奖励那些祭祀和崇拜他的人们，做他们的引领者，帮助他们战胜自然界毁灭性的力量。简而言之，埃阿是弑龙者，尽管这一荣耀后来被归于他的儿子——巴比伦主神米罗达，但他仍因战胜雌龙的丈夫而备受称赞。

前巴比伦时期的众神包括三元神——贝尔 - 恩利尔、安努和埃阿。埃阿类似于守护神毗湿奴，恩利尔类似于毁灭之神湿婆（Shiva），还有安努类似于创造之神和万物之父大梵天。他们之间的差异也许是由于苏美尔政治条件的变化造成的。

如我们所见，埃阿是水之善行的象征，雌龙提亚玛特和她的丈夫——众神的主要敌人阿普苏代表着破坏性的力量。在之后的章节中，我们将一一向大家介绍这些巴比伦创世神话中的恶魔。

古苏美尔城邦埃利都，意为“海岸之上”，早期就被赋予了无上的神圣性。巴比伦早期历史中，祭司扮演魔术师用咒语作法时，常常援引埃阿的名字，因为埃阿被称作“众神中伟大的魔术师”。考古资料显示，埃利都被一堵遗存下来的砂石墙保护着，当时房屋都是用这种材料建造的。砖砌的寺庙里有大理石的阶梯，而且有证据表明，苏美尔后期的建筑均配以丰富的装饰。保留至今的早期文学作品片段中提到，“那壮丽的房子，如森林般绿树成荫，且无人能进”。后期埃利都的神话咒语暗示苏美尔文明很大程度上要归功于埃阿的崇拜者们。圣城埃利都诞生了第一个人，无数死者的灵魂从这里走向深渊。埃利都靠近大海，而埃阿作为“水手之神”，很容易与其他人和其他文明产生交流。就像早期埃及人一样，早期苏美尔人与蓬特（Punt，即索马里兰 Somaliland）有了接触，蓬特被一些人认为是地中海种族的摇篮。埃及人从这片神圣的土地上获得了香木，这种树木具有神奇的药效。巴比伦的一段咒文中就提到了埃利都的圣树或者圣木。赛斯教授认为，这就是《圣经》中伊甸园里的那棵“生命之树”。可是他对一些重要词语的翻译受到大英博物馆 R. 坎贝尔 · 汤普森先生（Mr. R. Campbell Thompson）的质疑，因为汤普森先生并不接受赛斯教授的说法。① 埃阿的圣树或者圣木很可能是树木和水崇拜的遗存物。

如果埃利都不是苏美尔种族的摇篮，那它很可能是苏美尔文明的摇篮。农学家们很早就已学会利用干涸的河床控制并分配河水来灌溉土地。无论人们将什么样的功绩归于埃阿，他们的导师和守护神，埃阿都毫无疑问的是努迪穆德（Nadimmud），即万物的“创造之神”。

① *The Devils and Evil Spirits of Babylonia*, Vol. i, *Intro. See also Sayce's The Religion of Ancient Egypt and Babylonia* (Gifford Lectures, 1902), p.385, and Pinches' *The Old Testament in the Light of Historical Records*, *&c.*, p.71.

第三章　对抗的诸神和典型神祇

各地主神因何至高无上—生命起源论—水中的生命之源—哭泣之神的眼泪—流传甚广的吐唾习俗的意义—血中圣水与水中圣血—肝脏即生命之源—饮蜂蜜酒及血液等获取的灵感—呼吸乃生命之源—“邪风阵阵”的巴比伦鬼魂—火神—巫术仪式上的水与火—乌尔和哈兰的月神—月亮女神与巴比伦的“杰克和吉尔”—太阳崇拜的古老历史—塔穆兹和伊什塔尔—掌管战争、瘟疫和死亡的太阳神—“伟大的审判者”沙玛什—他的密特拉之名—雅利安人的密特拉或密斯拉—比较伐楼拿与沙玛什的赞美诗—生命源于女性—生育女神—巴比伦的托尔—善恶神祇

谈及苏美尔和阿卡德城邦中的宗教崇拜，就必须考虑神话体系因相互冲突而产生的相关问题。各城邦的万神殿不尽相同，殿内的主神也各不一样。一个城邦的主神在另一个城邦也许就成了次神。例如，埃阿在埃利都被奉为至高无上的神，且明显具有苏美尔人的特征；在乌尔，月神南纳[①]（Nannar）地位最高；而拉尔萨和西帕尔的主神则是太阳神（Sun God），其闪语名字为沙玛什（Shamash）。其他城邦尊崇的神祇也不尽相同。

如前文所述，城邦的政治对神话体系必定会产生深刻的影响。若想统治某一族群，必须官方承认这一族群中的各阶层崇拜的神祇，这样才能保证各阶层始终效忠于统治者。因此，外来神祇与本土及部落神祇融合，游牧民族崇拜的神与农业民族崇拜的神融合，目不识丁之人崇拜的神与学识渊博之人崇拜的神融合。虽然前文已经讲过，征服者会引进陌生的神祇，但引进的方式并非总是通过暴力手段强加于某一族群。有事例表明，一些城邦欢迎且鼓励外来神祇的崇拜者定居本地。当这些人作为军事盟友帮助城里的居民抵御凶狠的外敌时，自然就会受到尊重和赞扬，赢得妇女和诗人的称颂，并获得统治者的奖赏。

① 南纳：西恩（Sin）。——译注

在有关《吉尔伽美什》，即巴比伦的大力神（Hercules）的史诗中，我们认识了荒野巨人埃阿－巴尼（Ea-bani）。埃雷克受到围困之时，该城的神祇无力帮助人民抵御外敌，就请埃阿－巴尼施以援手。

四面围墙之城埃雷克的诸神变成苍蝇在街上嗡嗡乱飞，长着双翼的公牛变成老鼠从洞中逃走。

人们把一个美貌的女子送与埃阿－巴尼当妻子，将他引诱到埃雷克。诗人赞美他，民众也赞美他。我们可以看到那些身形苗条、面容光洁的苏美尔人好奇和钦佩地注视着他们这位粗犷而英勇的盟友。

> 他混身是毛，头发象妇女，跟尼沙巴一样（卷曲得如同浪涛）
> 他不认人，没有家，一身苏母堪似的衣着。
> 他跟羚羊一同吃草，
> 他和野兽挨肩擦背，同聚在饮水池塘，
> 他和牲畜共处，见了水就眉开眼笑。①

如同入侵史前不列颠民族的同名先祖巨人奥尔本（Alban），埃阿－巴尼似乎代表着巴比伦民间传说中定居本地的那一类外来者。毫无疑问，城中居民对毛发浓密、英勇健壮的战士颇有好感，也乐意承认他们的战神的伟大并准许战神进入万神殿。接下来的信仰融合必定会激发出奇妙的思想观点。贾斯特罗教授评论说："高级文化形式的出现必定离不开不同种族元素的融合。"

我们还必须考虑到西帕尔著名大祭司恩威－杜尔安奇（En-we-dur-an-ki）这样的精神领袖带来的影响。他的虔诚对于提高太阳神沙玛什崇拜的声誉贡献颇多。例如，佛陀的教义和范例革新了印度的婆罗门教。

神话是为了解决宇宙之谜，协调人类与代表各方力量的神祇之间的关系。祭司将现存的民间信仰系统化，然后设立官方宗教。为保证国家的繁荣昌盛，必须因时、因势对神祇表示应有的敬意。

因此，某个特定族群的宗教态度必定在很大程度上取决于该族群的需求和经验。食物供给是首要考虑的问题。正如前文所述，在埃利都，人们信仰埃阿，听从他的教诲以保证粮食充足。然而在其他地方，埃阿的恩赐则可能遭遇某些限制性或阻碍性的力量——比如发怒的暴风雨之神，或引发瘟疫和炙热的太阳神。因此，对人们来说，赢得看似最强大的神祇或女神的青睐，继而将这位神祇视为本地至高无上的神，这一点十分必要。雨神掌控一个族群的命数；疾病

① 参见赵乐甡译著：《吉尔伽美什》，辽宁人民出版社 1981 年版，第 18 页。——译注

与死亡之神则掌管另一项；毫无疑问，由于突袭频发，而且战争和征服让城市强大而繁荣，战神便成了第三显赫的神。在整个巴比伦，一个神的声誉，主要依靠其崇拜者的成就及其主宰城市的文明程度。贝尔－恩利尔享有战神的盛誉可能就归功于他的城市——尼普尔拥有的政治霸权；赋予太阳神代表行政和法律的形象也就有据可依，他或许掌控着秩序森严的族群的命运，在这类族群中，法律、秩序和权威备受推崇。

在解释各具特色、互为对手的城邦诸神是如何兴起的时候，我们也应考虑融合的族群中对生命起源的不同构想所带来的影响。族群中每一个外来元素都有各自的精神生活与古老的部落传统，这些传统既反映古老的生活习惯，也传承着与部落同名的先祖的生活信条。对于巴比伦的农业阶层而言，直接影响他们的生活习惯和劳作的民间宗教必定从本质上保留着巴比伦的特点。相反，城邦设立官方宗教时，外来思想更容易被引进，特别是当这些思想受极具影响力的祭司推崇的时候更是如此。因此，和埃及一样，在巴比伦发现关于生命起源的观点，和什么样的自然元素代表生命本原的观点存在分歧，便不足为奇了。

以埃阿的崇拜者为代表的某一地区似乎相信生命的本原存在于水中。埃利都的神是“生命之水”的源头。他通过河流和灌溉水渠给干涸、焦灼的荒地灌溉，赐予人们源源不断的“生命的粮食”。当生命走到尽头之时——

> 将为你提供死亡之食……将为你提供死亡之水……

向死者提供水和食物是为了喂养鬼魂，防止他们骚扰活着的人。神祇也需要水和食物，他们之所以能永生，是因为饮过琼浆，食过生命树上的果实。当女神伊什塔尔在死亡国度——冥界之时，埃阿的奴仆呼喊道——

> 夫人万岁！愿水井能赐予我它的水，使我可以饮用。

冥界女王吩咐她的仆人：“用生命之水洒向伊什塔尔，让她离开。”圣水或许也能在河流的交汇处找到。埃阿命令他的儿子米罗达，“从两条河流的河口处取水，然后对所取之水施加纯洁的咒语”。

许多国家盛行的河流和水井崇拜与生命起源于水的信仰有关。在印度，醉人的苏麻汁赋予水生命力，能启发祭司说出预言，让他们心中充满宗教热情。饮酒这一习俗起初是具有宗教意义的。印度人相信植物的汁液受月亮的影响。月亮是植物汁液的生命力之源、神的蜂蜜酒的隐藏地。日耳曼的神也饮用这种蜂蜜酒，诗人从中获得灵感。不同的民族之间会有相似的信仰，因此对月亮和水的崇拜是紧密相关的。动物的血液、植物的汁液由生命之水赋予生命，并受月亮控制。

神与恶魔身体中的水分有赋予生命力的特性。印度的造物主——生主（Prajápati）开始哭泣时，“落入水中的泪水变成了空气，那些被他拭去的泪向上变成了天空”。[1] 古埃及人认为，除了黑种人来自何露斯[2]（Horus）身上的其他部位以外，其他人都诞生自何露斯的眼睛。[3] 太阳神拉具有创造力的眼泪潸然落下，像是洒落到大地的光芒。当拉神年岁增大，嘴里流下涎水，伊希斯便用尘土混合着他的唾液捏造了一条毒蛇。蛇咬伤了拉，致使这位伟大的太阳神瘫痪。[4]

埃及其他的神祇，包括奥西里斯和伊希斯的泪水也具有创造力。恶神流下的泪水会生出各种毒株和邪恶动物。希腊神话中的巨人俄里翁（Orion）就来自神祇体内的水分。人们深信与农业仪式有关的哭泣仪式具有神奇的效力，能促使神祇流下具有创造力的眼泪。

埃阿，深渊之神，也是“生命之主”恩提（Enti）、“河流之王”鲁格－利达（Lugal-ida）以及创造之神努迪穆德。人们通过魔法咒语祈求他的援助。作为众神中伟大的巫师，他是所有巫师的保护神。他亲口念出咒语。其中一个咒语如下：

> 我是埃阿的男巫、祭司……
> 来复活……生病的人
> 伟大的主埃阿派我而来；
> 他将他纯净的咒语加于我，
> 他将他纯净的声音加于我，
> 他将他纯净的唾液加于我。
>
> R. C. 汤普森的译文

唾液与眼泪一样具有创造力，可医治疾病、驱逐或攻击恶魔，并且带来好运。古埃及的宗教文学中曾提及吐唾仪式。当赛特[5]（Set）使拉的眼睛失明之后，月神透特将唾液吐向拉的眼睛使其重见光明。太阳神图姆（Tum），与拉并称为“拉－图姆”（Ra-Tum）。他将唾液吐在地上，生成了大气之神舒（Shu）

---

① *Indian Myth and Legend*, p.100.

② 何露斯：古代埃及的太阳神，也是古埃及神话中法老的守护神，是王权的象征，同时也是一位战神。——译注

③ Maspero's *Dawn of Civilization*, pp.156 et seq.

④ *Egyptian Myth and Legend*, pp.i et seq. 体弱者和老人的唾液是有害的。

⑤ 赛特：古埃及神话中的力量、战争、沙漠和风暴之神。——译注

和雨水之神泰芙努特（Tefnut）。冥界的邪恶巨蛇阿佩普（Apep）遭到吐唾而被诅咒，祭司为其所做的蜡像也同样被唾弃并诅咒。①

一些非洲部落通过吐唾液来订立契约、宣布友谊和实施诅咒。

探险家帕克（Park）在他的游记中提到，搭载他的船的人往平坦的石头上吐唾液以祈求一帆风顺。阿拉伯的圣人与穆罕默德（Mohammed）的后裔用唾液治病。穆罕默德在孙子哈森（Hasen）出生之时就向他的嘴里吐了口唾液。忒俄克里托斯（Theocritus）、索福克勒斯（Sophocles）和普鲁塔克②（Plutarch）都证明古希腊有用唾液治病、诅咒以及给小孩取名赐福的习俗。普林尼③（Pliny）相信，空腹时的唾液具有治病的功效，他还提到通过吐唾液避免巫术的习俗。在英格兰、苏格兰还有爱尔兰，吐唾液这个习俗沿用至今。英格兰北部的男孩常常会说"吐出他们的灵魂"。纽卡斯尔（Newcastle）的矿工们最早举行罢工时，通过往一块石头上吐唾液表示达成协议。如今苏格兰北部仍有吐唾石。在农村地区，人们谈成生意握手之前，会先向手上吐一口唾液。渔妇以及其他商贩每天挣了第一笔钱之后，会往上面吐唾液祈求财源滚滚。布兰德（Brand）谈到各种各样吐唾液的习俗时，会引用雷吉诺·史考特（Reginald Scot）《巫术探索》④（*The Discovery of Witchcraft*）中用唾液治愈国王罪孽的方法。而且这一习俗在赫布里底群岛流传至今。同普林尼一样，史考特也将仪式性的吐唾行为视为抵抗巫术的符咒。⑤ 在中国，吐唾液驱赶恶魔这种行为十分常见。我们还把轻率的人称为"唾火之人"（烈性子），将诽谤者称为"唾毒之人"（毒蝎子）。

正如前文所述，人们认为树木的生命源自神祇流下的泪水。在印度，树汁被称为"树木的血液"，"流血之树"这样的说法十分普遍。罗伯森·史密斯教授写道："在古代，血液通常被视为生命的起源或载体。所以圣水被解释为神祇体内流淌的血液。"因此，正如弥尔顿⑥（John Milton）所写的那样：

> 那时奔流的阿多尼斯河水变为红色，传说是塔穆兹伤口的血所染

---

① *Osiris and the Egyptian Resurrection*, E. Wallis Budge, Vol. ii, pp. 203 et seq.

② 普鲁塔克：罗马帝国时期的希腊作家、历史学家以及诗人。——译注

③ 普林尼：盖乌斯·普林尼·塞孔都斯（拉丁语：Gaius Plinius Secundus），世称老普林尼（与其养子小普林尼相区别），古代罗马百科全书式的作家，以其著作《自然史》一书著称。——译注

④ 英国作者雷吉诺·史考特，魔术师。《巫术探险》写于1584年，该书是历史上第一本魔术书，写作此书的目的是为拯救魔术师的命运。——译注

⑤ *Brana's Popular Antiquities*, Vol. iii, pp.259-263（1889 ed.）.

⑥ 弥尔顿：英国著名诗人。代表作为长诗《失乐园》。——译注

成的，从河源的山崖上奔流到海。

《失乐园》，第一卷，450 行

在特定的季节，从土壤流出上涨的河水会变成血红色，这是因为神的血液。那年彼时，这位神在黎巴嫩受了致命的伤，就埋葬在这圣水的源头旁。[1]

在巴比伦，河流既是生命之血的源头，也是灵魂的住所。毋庸置疑，这一说法基于一个事实，即肝脏约存贮人体六分之一的血液，是人体内用血量最大的一个器官。耶利米使“母亲耶路撒冷”感叹道：“肝胆涂地，都因我众民遭毁灭。”这说明她的生活充满伤痛。

饮血以及饮用使人兴奋的烈酒——众神的蜂蜜酒，能激发灵感。印度人相信，印度的巫师喝下献给女神卡莉（Kali）的山羊血，就会暂时被女神的灵魂附身，从而说出预言。[2] 马来亚人（Malayan）的驱魔师在吮吸被割下头颅的家禽的鲜血时驱赶恶魔。[3]

类似的风俗在古希腊也广为流传。传说，女人喝下献祭的羔羊或公牛的血之后就能预言。[4]

尽管大部分巴比伦人似乎认为生命的本源蕴藏在血液之中，显然仍有人不赞同。他们认为，生命的本源蕴藏在呼吸——生命所需的空气之中。一个人停止呼吸，便会死去。所以有人认为，灵魂相当于大气——流动的风，因而源于大气神或风神。《吉尔伽美什》写道：英雄向死去的埃阿 - 巴尼求助，埃阿的鬼魂像是“一阵风”似的升起。有一个巴比伦咒语是这样说的：

附着于人体的神灵
从坟墓中出来；
邪恶的强风
从坟墓中出来，
要求举行奠酒祭神的仪式，
他们从坟墓中出来；
宿主体内的邪恶，
就像旋风一般，

---

① *The Religion of the Semites*, pp.158, 159.

② *Castes and Tribes of Southern India*, E.Thurston, iv, 187.

③ *Omens and Superstitions of Southern India*, E.Thurston (1912), pp.245, 246.

④ Pausanias, ii, 24, 1.

从坟墓中出来。[①]

希伯来语“nephesh ruach”和“neshamah”（阿拉伯语“ruh”和“nefs”）的意思由“呼吸”变成“灵魂”。[②] 埃及的大气神克赫努姆被称为“圣灵”（Kneph）。在一些巴比伦城邦中，风暴神和风神占统治地位，也许就是因为人们相信他们是“生命之气”的源头。这一观点极有可能是由闪族人（Semites）推广而来。根据我们从其他地方获得的证据来看，人们也许是在给神祇焚香时受到启发，从而得到预言的启示。向众神祈求也是通过焚香。洪水神话中巴比伦的挪亚就曾焚香，“众神闻到馨香，就像苍蝇一样聚到献祭者身边”。在埃及，吸入阿庇斯神牛[③]（Apis bull）气息的信徒就有了预言的能力。

除水神和大气神之外，巴比伦还有火神吉鲁（Girru）、吉什·巴尔（Gish Bar）、吉比尔（Gibil）和努斯库（Nusku）。他们的起源尚不清楚。至于他们的信徒是否像印度火神阿格尼（Agni）的信徒那样，相信火——“生命的火花”是生命之源，表现为人体的温度，这一点仍值得怀疑。信仰拜火教[④]（Fire-worship）的雅利安人将逝者的尸身火化，以此将逝者的灵魂用火焰送到天堂。这一做法并未在波斯拜火教中流行开来，也未在苏美尔和阿卡德流行过。然而，火在巴比伦曾被当作一种法术，摧毁恶魔，驱赶疾病。经火净化灵魂的仪式在《圣经》中有所提及，可能与迦南人（Canaanites）行的仪式类似，亚哈斯（Ahaz）“又照着外邦人所行可憎之事，使他的儿子经火”。[⑤] 以西结（Ezekiel）宣告说：“你们奉上供物使你们儿子经火的时候，仍将一切偶像玷污自己。”[⑥]《利未记》（*Leviticus*）中是这样记载的：“不可使你的儿女经火归与摩洛克[⑦]（Moloch）。”[⑧] 巴比伦的经火净化灵魂仪式与苏格兰、德国和其他国家在五朔

---

① *Devils and Evil Spirits of Babylonia*, R.C.Thompson, Vol. ii, tablet Y.

② *Animism*, E.Clodd, p.37.

③ 阿庇斯：最早将神性表现在动物身上的埃及神祇，象征丰饶及生产力，是戴有太神盘及圣蛇的公牛神。——译注

④ 拜火教：世界最古老的宗教之一，是依其主要宗教礼仪特征而得名。又称琐罗亚斯德教，以其创始人古波斯先知之名名之。3 世纪中叶，东传入中国，其神被名之为“胡天”。——译注

⑤ *2 Kings*, xvi, 3.

⑥ *Ezekiel*, xx, 31.

⑦ 摩洛克：原意为“王”，也有“泪之国的君主”“涂上了母亲的血和孩子们的泪的魔王”的称呼。在古老的闪族文化中，摩洛克是一个与火焰密切相关的神祇，因而常被翻译为火神。因为与其有关的迦南及巴比伦信仰伴随着将孩童烧死献祭的习俗，故其被后世称为邪恶丑陋的魔鬼，现代人更多地将之翻译为炎魔。——译注

⑧ *Leviticus*, xviii, 21.

节[1]（May Day）举行的仪式相似。人祭也被当作燔祭品。来自苏美尔城市乌尔的亚伯拉罕，就曾准备将萨拉[2]（Sarah）诞下的第一个儿子以撒（Isaac）献祭。巴比伦的火神从未像印度的阿格尼那样位居统治地位，他们最大的相似之处在于均与太阳有关。努斯库和阿格尼一样，都是“众神的使者”。巴比伦的米罗达被奉为万神殿的主神时，就是努斯库将他的神示带给了埃阿。米罗达有太阳的属性，所以象征着太阳的光芒。在埃利都，即便是水的信徒都可能相信从原始深渊升起的太阳和月亮来源于埃阿管辖的海底世界中永不熄灭的火。印度神伐楼拿位于海洋的家中燃烧不熄的“阿修罗[3]（Asura）火”（恶魔之火）虽然受到“束缚和限制”，但不会熄灭。据说，此火靠水给养，将一直燃烧到世界末日，并迸发出来吞噬整个宇宙。[4] 类似的信仰在条顿人的神话中也能找到。巴比伦的咒语崇拜（incantation cult）吸引了很多神祇，但贾斯特罗说：“仪式中最重要的部分采用的是水和火，据此推测，水神——尤其以埃阿为代表的水神，和火神……是仪式中的主要神祇。”一些神庙设有“清洗房”（a bit rimki）和“光明房”（a bit nuri）。[5]

当然，一些城市的宗教崇拜将火视为生命之源，可能是受外来思想的影响。如果真是这样的话，那么这一信仰从未盛行过。对巴比伦宗教影响最持久的是苏美尔人。由于苏美尔人的思维模式来源于民族性格形成的生活习惯，因此，他们迟早会对定居在“西亚花园”的外族人的思想产生深刻影响。所以，发现外来神祇具备巴比伦人的特征，并且与之后皇家万神殿中的巴比伦神祇相似或相关，这一点不足为奇。

正如我们所知，对月亮的崇拜和对水的崇拜密切相关，且有着同样古老的历史。月亮崇拜曾在巴比伦广泛流行。月神南纳的主要所在地是古城乌尔。亚伯拉罕由此迁到哈兰（Harran）。在哈兰，巴力也是月神。乌尔位于苏美尔南部，幼发拉底河西岸和与阿拉伯沙漠接壤的低矮的丘陵之间，距海岸边上的埃利都不远。毫无疑问，同埃利都一样，乌尔城也起源于很早以前，在那里开展的挖掘工作证明，其在史前时期曾一度繁荣。

---

① 五朔节：一个欧洲传统民间节日，通过向农业之神祭祀庆祝丰收以及春天的到来。每年的 5 月 1 日举行。

② 萨拉：亚伯拉罕的正室，以撒的母亲。——译注

③ 阿修罗：梵文为 Asura，亦译为阿须罗、阿索罗、阿苏罗、阿素落、阿须伦、阿须轮，直译为“非天”，意思是“果报”似天而非天之义，也就是相对于“天人”（即天众、提婆）的存在。——译注

④ *Indian Myth and Legend*, p.65.

⑤ *Religious Belief in Babylonia and Assyria*, M. Jastrow, pp. 312, 313.

与阿拉伯、埃及还有整个古代欧洲及其他地方一样，苏美尔的月神被当作人类的朋友。他掌管着大自然，使其丰饶多产；能促进草木、庄稼生长；使牛羊繁殖；让人类繁衍。在乌尔，月神南纳比“众神之主、万物之父”的埃阿地位更高，他被称为“伟大的安努”，这表明天神安努曾拥有月亮的属性。人们认为月神是太阳神的父亲：他是长着“威武的犄角和健硕的四肢的大公牛”。

南纳的阿卡德语名字西恩被认为是“Zu-ena”的变体，意为“知识的主人”。[①] 如同埃及的月神奥西里斯，他显然也是人类的导师。月亮能够测算时间、掌控季节。在月亮特定的相位播种，收获月[②]（harvest moon）时作物就会成熟。西奈山与西恩戈壁就是根据这位月神命名的。贾斯特罗认为，南纳是“纳纳”（Narnar）的变体，意为“发光者”，能驱散黑暗，减少夜晚带来的恐惧。他的灵魂栖息于月石上，所以对月亮的崇拜和对石头的崇拜密切相关；他的灵魂还进入树木和作物中，如此把对月亮和对土地的崇拜联系起来，这两种崇拜也都与对水的崇拜有关。

南纳的配偶是宁－乌努瓦（Nin-Uruwa），乌尔的女人，也叫作宁－伽勒（Nin-gala）。她与伊什塔尔合称为宁（Nin），就像埃及的伊希斯与其他母神的关系。月神的双胞胎孩子为一男一女，分别是玛舒（Mashu）和玛什图（Mashtu），就像条顿人神话中的月亮男孩和月亮女孩，他们在儿歌中以杰克和吉尔的形象永存。

太阳崇拜在巴比伦是一个非常古老的风俗，但在早期阶段似乎是季节性的。天神安努与埃阿无疑都既有月亮的属性，也有太阳的属性。春日的太阳被拟人化，成了年轻的牧人塔穆兹。大地女神伊什塔尔和她的对手、冥界女王厄里西－基－加勒（Eresh-ki-gal）——巴比伦的珀尔塞福涅（Persephone），都爱着塔穆兹。冬天塔穆兹住在冥府。春天到来之际，伊什塔尔就下到冥府，在幽暗之中寻找他。[③] 而夏季炎炎的烈日象征着破坏者、屠夫，因此是战神。恩利尔的儿子尼尼普（Ninip）或者尼瑞格（Nirig），被塑造成与安努相似的外形。他向大地之神挑起战争，对外来居民的神祇充满敌意，十分凶恶，很符合其战神的形象。他的父亲都惧怕他，去尼普尔的时候，他派遣神的使者努斯库用甜言蜜语安抚这个暴怒的神祇。尼尼普的象征是野牛，与印度的破坏之神湿婆一样，

---

① *The Religion of Babylonia and Assyria*, T.G.Pinches, p.81.

② 收获月：最接近秋分时的满月。——译注

③ 早期这两位女神曾在不同时间去寻找塔穆兹。

与石头崇拜有关，他还是命运之神。他与拉格什的神宁 - 吉尔苏（Nin-Girsu）有很多共同点，而宁 - 吉尔苏被视为塔穆兹的一种形态。

另一个太阳神尼格尔（Nergal）会带来疾病和瘟疫。按照延森（Jensen）的说法，一切不幸都是因为过度的炎热。他还是冥王，冥府女王厄里西 - 基 - 加勒的丈夫。作为战神，他渴望人类的鲜血，被描绘成一只强壮的狮子。他是古他城（Cuthah）的主神，贾斯特罗认为，古他城像埃及的阿比多斯城[1]（Abydos）一样，位于一块著名的墓地旁边。

古巴比伦的两大太阳之城是阿卡德的西帕尔和苏美尔的拉尔萨。太阳神沙玛什或巴巴尔（Babbar）是这两座城的守护神。沙玛什还是命运之神、生死之主，他被尊为伟大的审判者、立法者，且主持正义。他是邪恶的敌人，喜好正义，疾恶如仇。他鼓励信徒们扬善惩恶。太阳神照亮世界，光芒穿透每一寸土地：他能看透万物，读懂人们的心思，没什么能逃过他的眼睛。他有一个名字叫密特拉（Mitra），与印度《梨俱吠陀》中记载的与伐楼拿有关的神祇相似。密特拉和伐楼拿掌控人类的寿命时长，所有天赐的礼物都由他们赠予。日月风水，还有四季都受他们掌管。[2]

> 这些神建立了庄严的皇权，因为他们聪慧，他们是智慧之子，也因为他们善于执掌权力。
>
> ——阿诺德教授翻译自《梨俱吠陀》中的赞美诗

密特拉和伐楼拿是家园的保护者，他们严惩有罪之人。莫尔顿教授（Professor Moulton）说："在《摩诃婆罗多》一个有名的段落中提到的印度思想与道德观念最为贴近，即便是国王犯错也会被提醒：太阳知晓一切秘密的罪恶。"[3]

波斯神话中的密特拉，也称密斯拉（Mithra），是真理的守护者，也是天地之间的"调解人"[4]，深受曾经统治过亚述一段时间的米坦尼（Mitanni）的军事贵族们崇拜。在罗马时代，对密斯拉的崇拜由波斯传入欧洲。密斯拉的雕塑被刻画为一个宰杀丰收公牛的谷物之神，其中一块纪念碑上写着"秸秆而非血液从刀割的伤口中流出"[5]。在亚述语中，"metru"表示"雨"。[6] 作为天空之神，

---

① 阿比多斯：古埃及名城，是埃及非常重要的王室陵墓地。——译注

② *Indian Myth and Legend*, p.30.

③ *Early Religious Poetry of Persia*, p.35.

④ *Early Religious Poetry of Persia*, p.37.

⑤ *The Golden Bough* (Spirits of the Corn and Wild, Vol. ii, p.10), 3rd edition.

⑥ *Early Religious Poetry of Persia*, p. 37.

密特拉同伐楼拿一样，与苍穹之上的水有关，因此，雨水是丰收之神密特拉赐予的礼物。巴比伦的洪水神话讲到，天空将在夜晚下起暴雨，造成毁坏时，太阳神沙玛什规定了时间，并且命令毕尔-纳比斯汀“进到船中央，关上门”。因此，太阳神似乎是天神与大气之神安努的一种形态。安努掌控季节和自然界的各种力量。城里万神殿中其他互为对手的主神，不论是月神、大气之神、大地之神抑或水神，都同样被视为地位最高、掌管宇宙的神祇。当人类需要获得奖赏或因其罪行遭受报复时，他们就会颁布指令。

或许印度和伊朗高原（Iranian plateau）讲雅利安语的人信奉的密斯拉或密特拉，与巴比伦人信奉的太阳神——闪族人的沙玛什、苏美尔人的乌图（Utu）——极为相似，因为双方经由埃兰古国较早地相互接触，并进行文化交流，产生文化影响。波斯的密斯拉，作为太阳神和谷物之神，与塔穆兹有关；作为天神和大气神，与安努有关；作为真理之神、正义之神和法律之神，他又与沙玛什有关。我们似乎可以在印度雅利安人为密特拉和伐楼拿写下的令人赞叹的吠陀赞歌中找到巴比伦宗教思想的印记：

无论是大地还是天空中存在的一切，
甚至是超越天地的一切，
伐楼拿神都能感知到……

《梨俱吠陀》IV，16①

啊！伐楼拿，
不论是什么罪行，
我们人类反抗天族，
当我们欠缺考虑，
违反了律法时，
神啊，
请勿因这罪孽惩罚我们。

《梨俱吠陀》VII，89②

巴比伦的赞美诗也同样称赞沙玛什：

那些行事不义之人的后代不会繁盛。他们说你将要被耗尽枯萎，

---

① *Indian Wisdom*, Sir Monier Monier-Williams.

② *A History of Sanskrit Literature*, Professor Macdonell.

他们说你将要被摧毁消灭。你知道他们的恶行罪过，你拒绝了他们的邪恶计划。无论他们是谁，全都在你的关怀之中……不收受贿赂、关心受压迫之人，将获得沙玛什的青睐——他的生命将被延长。①

在旁遮普，伐楼拿和密特拉的崇拜者不像崇拜火神阿格尼的信徒那样将尸身火化。对他们而言，坟墓是逝者肉身的家，就像巴比伦一样。密特拉相当于阎摩，掌管着“彼特利斯之地”（Land of the Pitris）的逝者的灵魂。要到达彼特利斯之地，需要翻越死亡之山，蹚过湍急的死亡之河。② 如前文所述，巴比伦的太阳神尼格尔也是死亡之神。

作为“天空之船”，沙玛什与埃及的太阳神拉有关。拉的三桅帆船白天在天界穿行，夜晚就驶入充满黑暗和死亡的地府。沙玛什的妻子是阿尔（Aa），仆人是克特图（Kittu）和麦萨鲁（Mesharu），分别代表“真理”（Truth）和“正义”（Righteousness）。

与赫梯人一样，巴比伦也有太阳女神，她叫宁-桑③（Nin-sun），贾斯特罗将其译为“毁灭女神”。埃雷克天神安努的神庙中有一个她的神龛。

如同在埃及一样，我们在巴比伦也可以找寻到宇宙生命起源于女性的早期信仰。宁-桑和伊什塔尔有关。伊什塔尔似乎等同于埃及女神哈索尔。哈索尔以塞克特（Sekhet）之名屠杀了太阳神拉的敌人。她还是母神，和伊希斯及其他相同身份的女神一样，被描绘成给婴孩哺乳的形象。另一位巴比伦女神是阿玛（Ama）、玛玛（Mama）或玛米（Mami），被称为“人类种子的女性创造者”，因为她“可能是所谓的万物之母”。④

拉曼（Ramman）是一位独特的大气之神，即《圣经》中的临门（Rimmon），闪族人称阿杜（Addu）、阿达德、哈达德（Hadad）或是达杜（Dadu）。他并非任何万神殿的主神，但被等同于尼普尔的恩利尔。拉曼手握战锤，被闪米特人从山地引进。他还是风神、雷神、雨的使者和谷物神，以及和托尔（Thor）、朱庇特、塔尔库（Tarku）、因陀罗等天空之子一样的战神。

通过对早期巴比伦代表性神祇的简要介绍可以看出，大多数神祇都与安努、埃阿和恩利尔有关联，他们以多样的形式表征着这些神祇的特性。每位神祇的

---

① *Religious Belief and Practice in Babylonia and Assyria*, M. Jastrow, pp. 111, 112.

② *Indian Myth and Legend*, pp.xxxii, and 38 et seq.

③ 宁-桑：传奇英雄吉尔伽美什的母亲，拉格什的守护女神。——译注

④ *The Religion of Babylonia and Assyria*, T.G.Pinches, p.94.

声望都取决于当地的条件、经验以及影响力。庆典仪式无疑在各地都不尽相同。尽管这一地区尊崇埃阿，另一地区尊崇沙玛什，但就整体而言，人们的宗教信仰并未表现出明显的差异。他们依照神的荣耀侍奉神，以期延长寿命、生活富裕，因为死亡和“不归”之地被认为是充满阴郁和痛苦的地方。

当巴比伦的早期历史出现在我们眼前时，就已经达到了伊索克拉底[①]（Isocrates）《演说词》（*Orations*）中生动描述的那样一个发展阶段：“那些于我们来说是美好事物源头的神，被赋予奥林匹斯众神的头衔，那些掌管灾难与惩罚的神，他们的头衔则比较逆耳——对于前者，国家和个人都为他们设立祭坛和神庙，对于后者则无人崇拜或是燔祭，反而举行仪式以求摆脱他们。”[②]

苏美尔人与古埃及人一样，创造出能够反映他们文化发展的神祇。这些神祇源自起初对人类怀有敌意的一群幽灵。那些能够被抚慰的幽灵升级为仁慈的神祇，难以被安抚的幽灵则降级为邪恶的神祇（女神）。因此，通过研究恶魔和邪灵，我们可以更好地了解巴比伦神祇的特征。

---

① 伊索克拉底（前436—前338）：希腊古典时代后期著名的教育家。他写了很多著名的演说词，多为抒发自己的政见。——译注

② *The Religion of Ancient Greece*, J.E.Harrison, p.46, and Isoc. *Orat.*,v,117.

第四章　恶魔、精灵与鬼魂

无处不在的万物之灵—幸运与不幸的制造者—预见微生物理论（Germ Theory Anticipated）—早期神魔难以分辨—天神埃阿的可憎之态—作为众神侍者的幽灵—埃及、印度、希腊和日耳曼人的相似之处—古神亦恶神—动物恶魔—巴比伦"鬼火"—"异域恶魔"—精灵与仙女—恶魔恋人—"亚当的第一任妻子，莉莉丝"—佩戴符咒对抗邪灵的孩童—梦魇邪神—生者的敌人：鬼魂—巴比伦、印度、欧洲和墨西哥逝去的复仇母亲—葬礼对比—召唤逝者—无子游魂的命运—宗教所需的后代—女巫、巨人及复合怪物—暴怒的恶魔—阿达帕和风暴恶魔的传说—古不列颠的风之女巫—蒂罗尔风暴少女—祖鸟传说和印度迦楼罗神话—巨蟒与神鹰的传说—蛇母女神—恶魔与月神—瘟神—幽灵的分类以及埃及、阿拉伯和苏格兰关于幽灵分类的相似之处—万物有灵论到一神论的发展轨迹

保罗（Paul）站在"战神之山上"向雅典人布道，布道内容令人难忘，可能也同样适合宣讲给古苏美尔人及阿卡德人。他说："众位雅典人哪，我看你们凡事很敬畏鬼神……创造世界和万物的神，既是天地的主，就不住人手所造的殿；也不用人手服侍，好像缺少什么；自己倒将生命、气息、万物赐给万人……我们生活、动作、存留，都在乎他，就如你们作诗的，有人说，我们也是他所生的。我们既是神所生的，就不当以为神的神性像人用手艺、心思所雕刻的金、银、石。"①

巴比伦神庙的字面意思是神的住所，众神应住在神庙之中，神灵已附在雕像或石块之上。和古埃及人一样，巴比伦人可能也认为神有多个灵，就像有多种属性。如前所述，众神从早期的一群幽灵中演变而来。世间遍布幽灵，他们栖身于石头、树木、山岳、沙漠、河流、海洋、空气、天空以及星辰之中。这

① *The Acts*, xvii, 22-31.

些幽灵掌管大自然：他们带来光明与黑暗、阳光与风暴、夏季与冬季，他们表现为雷雨、沙尘暴、落日的霞光、沼泽上空缭绕的雾气。他们还掌控人类的生命。善灵带来幸运，恶灵招致不幸并试图危害巴比伦人。黑暗中遍布恶魔及死者的鬼魂。病魔则长期潜伏，伺机杀人。

关于“智慧的巴比伦人”是否真的相信幽灵伴着雨水降临，钻进土壤，并在人们眼前长成大麦或小麦的茎秆，一些倾向于用20世纪的视角去看待古代人类的现代作家表示强烈怀疑。他们的看法是正确的。早期人们形成的理论都是基于经年累积的知识。他们对水和大气的成分，闪电和雷鸣产生的原因，土壤中细菌活动带来的化学变化一无所知。他们将一切自然现象归结为幽灵或神的操作。于他们而言，认为某种恶魔导致某种疾病已经算是取得了明显的进步，因为他们显然已经预见到了微生物理论。他们也有其他发现，这些发现在后来点燃圣火、沐浴圣水，用油和草药驱散瘟疫之时得到了验证和阐发。事实上，很多最初与巫术仪式有关的民间疗法至今仍在沿用。尽管早期的观察者无法解释为什么这些疗法有效及如何起效，但他们像现在的科学调研者一样，发现这些民间疗法确有疗效。

和其他古代民族一样，巴比伦人让宇宙中遍布幽灵，从而表现出将人脑中的所有事物符号化的趋向。画家、诗人和雕塑家的伟大之处在于将自己的理想、观念及印象以象征手法表现出来，且使我们对他们的思想感情做出反应。他们的“美丽与恐怖都是崇高的”，但在我们看来充满诗意的作品，却是巴比伦人严峻现实的真实写照。雕塑和画像并不只是一件艺术品，更是神灵或恶魔的具体表现。前文已提到过，他们相信神灵栖身于神像中，相信黄铜雕像皱眉，就是邪灵在皱眉。他们和如今那些协助挖掘工作并试图将这些守护王宫入口的人首双翼的公牛雕塑从堆积了几个世纪的沙土中解救出来的阿拉伯工人一样，心存敬畏。

如果神像被入侵的军队从城中掳走，人们便会认为神灵被俘，已无力护佑其子民。在苏美尔文化的早期阶段，神祇与恶魔很难区分。他们的界定很模糊，而且形式多变。当人们试图去描绘他们时，他们则表现为多种形式。有的是长着翅膀的公牛，有的是长着人首的狮子，还有的是更为神奇的复合体。例如，神庙壁画中“巴比伦龙”长着蛇头，全身覆盖鳞片，拥有狮子的前腿和鹰的后腿，还有一条很长的蛇尾。埃阿有几种怪兽的形态，下面是对其中一种令人厌恶的形态的描述：

头颅似蛇脑，鼻孔中流着黏液，嘴里的唾液混着海水；耳朵似蛇怪，犄角扭曲成三圈，头箍上缠绕着面罩；身体却是布满星点、闪闪发光的鱼身，双足踩鳌，一足无脚跟。此海怪名曰 Sassu-wunnu，是埃阿的形象之一。

R. C. 汤普森译 ①

尽管众神被赋予慈善的特性以彰显人类文明的进步，并被赋予人性，但仍保留了许多野蛮特征。在巴比伦神话中，贝尔 - 恩利尔和他残暴的儿子尼格尔都是人类的毁灭者；风暴神使土地荒芜；天空之神以暴雨淹没大地；海神大发雷霆，渴望吞噬人类；烈日击垮居民；洪水冲毁堤坝和人类家园。同样，埃及太阳神拉是“灾难的制造者”，复合怪物索卡尔神② （Sokar） 是 “恐惧之主”。③奥西里斯在史前时期就是“危险的神”，一些法老在坟墓中刻上符咒以躲避他的侵害。④ 印度的湿婆在古老的宗教诗歌中也具有类似“毁灭者”的原始属性。

苏美尔的众神从未失去与早期幽灵群体之间的联系。这种联系一直体现在神的侍从身上，侍从执行诸神严厉的复仇法令。巴比伦的一张符咒中提到恶魔即为“神的怒气”——这就是他们性情暴烈且充满复仇欲望的象征。空气和大地之神贝尔 - 恩利尔由病魔“贝尔挚爱的儿子们”服侍，他们从地狱出来袭击人类。尼格尔是阴沉、愠怒的死亡与破坏之神，一直具有恶魔的特性。在瘟疫、暑热、困倦和破坏等魔鬼的跟随下，他袭击了大地。天神安努在造物时创造了掌管寒冷、雨水、黑暗的魔鬼。即使是天神埃阿及其妻子达姆金娜也由成群的魔鬼和巨人侍奉。这些魔鬼和巨人常在夜幕降临之时，在昏暗荒凉的地方捕食人类。在海中的居所，天神埃阿养育着暴怒的“七邪灵”——张着大口的龙、捕食孩童的豹、巨大的野兽、骇人的蛇等。

在印度神话中，因陀罗身后跟随的是风暴神马尔殊，凶狠的楼陀罗神（Rudra）身后跟随的是暴怒的陀罗们。条顿人神话中的奥丁神（Odin）是“暴怒之地的野蛮猎人”。希腊神话中复仇女神服侍着反复无常的海神波塞冬。像这样的例子不胜枚举。

第二章中我们已经提到，同埃及一样，巴比伦最早的神祇可能由四对雌雄之神构成。第一对是阿普苏 - 日什图（Apsu-Rishtu）和提亚玛特，他们是原始深渊的化身。如今在大多数神话中，如“祖父”和“祖母”、“父亲”和“母

---

① *Devils and Evil Spirits of Babylonia*, Vol. ii, p.149 et seq.

② 索卡尔神：孟菲斯的墓地守护神，常以猎鹰形象或猎鹰首木乃伊身出现。——译注

③ *Egyptian Myth and Legend*, xxxix, *n*.

④ *Development of Religion and Thought in Ancient Egypt*, J. H.Breasted, pp.38, 74.

亲”等老一辈的神祇，都是权力最大、复仇心最强的神祇。他们似乎代表了未开化思想的最低“层”。希腊神话中的克洛诺斯甚至吞下了自己的孩子。正如已故英国历史学家安德鲁·朗格[①]（Andrew-Lang）指出的那样，世界各地的原始族群中都流传着许多与此相似的故事。

朗格将希腊文化遗产看作“宗教本能的保守主义”的例证。[②] 条顿人的神话中，独臂战神提尔（Tyr）的祖母是一位有九百颗脑袋的凶猛巨人，他的父亲则是众神的敌人。在苏格兰，掌管冬季、风暴和黑暗的巫母阻碍万物生长，是众生的敌人。她引来风暴，遏制草木生长，残杀动物幼崽，并阻止其子与妻子结合。与之相似的还有巴比伦的混沌之神阿普苏和提亚玛特，他们是众神的父母，为整顿宇宙的秩序而下决心毁灭后代。雌龙提亚玛特比丈夫阿普苏更为强大，阿普苏为儿子埃阿所杀。提亚玛特召唤邪神来帮助她，并创造出一群怪兽——巨蟒、恶龙、毒蛇、鱼人、怒犬等——来制造广泛而持久的混乱与邪恶。直至提亚玛特被摧毁，善良仁爱的神祇才建立起律法与秩序，使大地美丽且宜居。

虽然提亚玛特被杀，但巴比伦的善恶之战永无休止。有时某些恶灵被释放出来后，会竭力毁灭人类及其作品。这些无形的敌人要么通过巫术仪式加以驱赶，要么借助神祇的力量加以阻挠和约束。

其他的幽灵栖身于动物体内或在周边盘踞。死者的鬼魂、雌雄恶魔都是鸟类，如同神话中向齐格弗里德啼鸣的鸟儿。当猫头鹰在暗夜中悲鸣，就好像已故母亲的鬼魂在哭诉着寻找她的孩子。黑夜中鬼魂和邪灵在街道游荡，他们出没于空荡的房屋，如蝙蝠般在夜空中盘旋，发出凄惨的呜咽，匆忙穿过不毛之地寻找食物或是静静地待在那里等待过客。他们对人类肉体的渴望如同狂怒的狮子和咆哮的豺狼对猎物的渴望。舍杜[③]（Shedu）是肆意残杀人类且极具攻击性的公牛，亦是神庙的保护者。与之形象相似的拉玛苏被描绘成人首带翼的公牛形象，他是宫殿的保护者；阿鲁（Alu）也是一位形似公牛的暴风恶魔。此外，神话中还有许多形象扭曲或模糊的复合怪物，他们被含糊地称为“掠夺者”或“颠覆者”，闪米特语称之为“labashu”或“ach-chazu”，苏美尔语称之为“dimmea”或“dimme-kur”。“gallu”或恶魔在方言中被叫作“mulla”。平奇斯

---

① 安德鲁·朗格：英国著名文学家、历史学家、诗人、民俗学家。他以研究神话、民间传说闻名于世。他认为，通过民间传说中的惊异和恐怖的故事可以看到人类过去真实的痕迹。代表作有《朗格童话》。——译注

② *Custom and Myth*, p.45 et seq.

③ 舍杜：亚述神话中人头牛身有翅膀的怪物，常同拉玛苏（Lamassu）一起保卫寺庙和宫殿。——译注

教授认为，“mulla”与“mula”（意为“星星”）可能相关，意指“鬼火”。[1] 一篇古老的诗文中写到，在这些岛屿上——

有人叫他好人罗宾、小鬼霍布或是生气的克里斯普，还有人直接把他唤作幽灵家族的威尔。

其他的名字还有“基蒂”（Kitty）、“佩格”（Peg）或是“打着灯笼的杰克”（Jack with a lantern）。“可怜的罗宾”（Poor Robin）唱道：

在这薄雾弥漫又不见星辰的夜晚，我十分期待很快能看到佩格——打着灯笼指引我回家的路。

在莎士比亚（Shakespeare）的作品《暴风雨》（*Tempest*）[2] 中，一名水手说：“如你所言，你这无辜的精灵啊，与我们在一起总好过陪杰克一起。”约翰逊（Johnson）博士注释说，这里的杰克指“打着灯笼的杰克”。弥尔顿也写过一些有关“游移的火焰”的文章。

他们说，有些邪灵出现时，周身散发着魅人的光，邪灵盘旋着，在夜晚把人们从正途引入沼泽和泥潭，或引领人们穿过池塘，去到那些孤立无援任其吞噬的地方。[3]

迈克尔·德雷顿[4]（Michael Drayton）唱道：“当我们陷入沼泽，他（指邪灵）便大笑着离开。”这些焰火也被称为“坠落的星星”“死亡的火”或“火龙”。

所以我曾看到，人垂死前眼前有一条火龙在滑翔，它会为死者指明墓地所在并藏匿其中。[5]

普林尼指出，游移的火光就是星星。[6] 苏美尔的“mulla”无疑是一位恶灵。在一些国家，“火龙”是指胸脯闪闪发光的鸟。在巴比伦，恶灵以公牛的形象示人，并被认为与伊什塔尔的公牛有所关联。就像印度的达湿由（Dasyu）和达沙[7]（Dasa）[8]，伽卢（Gallu）具有“外来恶灵”的含义，是某些君主的人类和

---

① *The Religion of Babylonia and Assyria*, p.108.

② Act iv, scene 1.

③ *Paradise Lost*, book ix.

④ 迈克尔·德雷顿：伊丽莎白一世时代的著名诗人，代表作有长诗《多福之国》（*Poly-Olbion*）、《阿金库尔歌》（*The Ballad of Agincourt*）。——译注

⑤ Chapman's *Caesar and Pompey*.

⑥ *Natural History*, 2nd book.

⑦ 达沙：又称“达湿由”。达沙婆罗门教圣典《梨俱吠陀》中众神的敌人，也就是恶魔。——译注

⑧ *Indian Myth and Legend*, 70, n.

超人类敌人。一些超自然生物类似于精灵、仙女或是印度的罗刹[①]（Rakshasas）。他们偶尔伪装成容貌端正的人类，其他时候则是模糊的怪物形象。其中最著名的便是莉莉丝[②]（Lilith），根据希伯来人的传统说法，犹太法典《塔木德》（*Talmud*）对她的记载称她是亚当的魔鬼情人。但她在但丁·加百利·罗塞蒂[③]（Dante Gabriel Rossetti）的笔下永垂不朽：

> 据说，亚当的第一任妻子莉莉丝（接受夏娃这个礼物之前亚当爱过的女巫），在蛇诱惑亚当之前，莉莉丝的甜言也足以诱惑他。莉莉丝令人心醉的秀发是世上第一缕金发，她就那样一直坐着，地球已然变老，可她依旧年轻。在她狡黠的沉思中，男人们就被她吸引，前往其编织的明亮的牢网直到身心与整个人生都被控制。玫瑰与罂粟是属于她的花朵。哦！莉莉丝，哪个人能躲过那满是你香气与柔吻、能与你共眠的陷阱呢？瞧！当那青年的炽热目光在你身上集聚，你就用咒语控制他的身体，迷惑他的心灵，而后用漂亮的金发缠绕其笔直的脖颈将其扼杀。

莉莉丝，即巴比伦神话中的莉莉斯（Lilithu），恶魔利鲁（Lilu）的女性形象，苏美尔神话中的里拉（Lila）。莉莉丝与《罗摩衍那》中的首哩薄那迦[④]（Surpanakha）以及魔王希底姆瓦（Hidimva）的妹妹很像。首哩薄那迦爱上了罗摩和拉克什曼[⑤]（Lakshmana），而魔王希底姆瓦的妹妹倾心于《摩诃婆罗多》中的英雄怖军[⑥]（Bhima）。[⑦]莉莉丝还同欧洲那些爱好引诱男人的各种仙女一样，当男人们完全受到她们的影响变得疯狂之后，便被永久地囚禁在山中或永远消失不见。莉莉丝的男性形象是利鲁，精灵利鲁同样会迷惑年轻女性，就像“奇妙的玫瑰园”中的日耳曼人劳林（Laurin）[⑧]，将美丽的昆希尔特（Kunhild）带去他在蒂罗尔（Tyrolese）山下的住所，让她们无法忘记与他相会的地方，并苦

① 罗刹：印度神话和印度宗教体系中一种主要的魔怪。《梨俱吠陀》说，罗刹是夜间活动的怪物，侵袭人类，妨碍祭祀。——译注

② 莉莉丝：来自希伯来文“Lailah”，意为“夜”。她被认为是《旧约》中的人类祖先亚当的第一任妻子，撒旦的情人，夜之魔女。——译注

③ 但丁·加百利·罗塞蒂：英国画家、诗人和翻译家。——译注

④ 首哩薄那迦：楞伽魔王拉瓦那之妹，为罗刹女。其名字意为“爪如扇子般的女人”。——译注

⑤ 拉克什曼：罗摩的弟弟和助手。——译注

⑥ 怖军：《摩诃婆罗多》中般度族的一员，哈斯蒂纳普尔的国王，风神伐由之子，哈努曼同父异母的兄弟。——译注

⑦ *Indian Myth and Legend*, pp.202-205, 400, 401.

⑧ *Teutonic Myth and Legend*, pp.424 et seq.

苦徒劳地寻找他：

> 野蛮的地方，既神圣而又着了魔！好像有女人在衰落的月色里出没，为她的魔鬼情郎而凄声号哭！……他飘动的头发，他闪光的眼睛！织一个圆圈，把他三道围住，闭上你双眼，带着神圣的恐惧，因为他一直吃着蜜样甘露，一直饮着天堂的琼浆仙乳。
>
> 柯勒律治《忽必烈汗》

另一位与此类似的物化神灵是阿黛特·莉莉（Ardat Lili），她与欧洲神话中的天鹅少女、美人鱼、海洋女神涅瑞伊得斯①，还有《摩诃婆罗多》中一度成为福身王②（King Shantanu）妻子的恒河女神一样，嫁给了人类。③

我们提到的拉巴尔图（Labartu）是出没于山野和沼泽的女神，类似于欧洲的精灵和女巫。她会偷走或折磨小孩，因而孩子们不得不在脖子上佩戴护身符以求保护。人们曾普遍认为，这些女性神灵中，有七位是天神安努的女儿。

风暴神阿鲁也是会带来噩梦的神灵。他和斯堪的纳维亚的女巫玛拉（Mara）一样，竭力使睡眠者透不过气来，剥夺他们活动的能力。在巴比伦，这位邪灵可能会在床边徘徊，导致人们失眠甚至死亡。在外形上，他可能同埃及那些致使儿童因受惊或呼吸不畅而死亡的鬼魂一样可怕，令人厌恶。

神灵世界里大多数的鬼魂都是生者的敌人，死者的鬼魂亦是如此。死亡冷却了人们的情感，使爱慕变为仇恨。生前越是爱得深沉，死后鬼魂就会生出更深的仇恨。若碰巧某些鬼魂来自不洁之人，人们会认为这些鬼魂特别恶毒，也更为邪恶。在巴比伦，最可怕的鬼魂当属那些因分娩而死亡的女性。她既令人怜悯又令人畏惧，悲痛使她疯狂，她注定要在黑暗中哀号，不洁如同毒药紧紧将其缠绕。没有哪个鬼魂比她更容易对人类造成伤害，她的敌意往往伴着最悲惨的痛苦。同古巴比伦人一样，印度北部的印度教徒也认为，怀孕时或孩子出生当天死亡的女性鬼魂是可怕的恶魔。④ 在墨西哥也流传着类似的迷信。在欧洲，有许多关于死去的母亲向疏于照顾孩子的残酷父亲复仇的民间传说。

蒙古的布里亚特人（Buriats）则与之相反。他们关于神灵世界的观点没有

---

① 涅瑞伊得斯：古希腊神话中的海洋女神。——译注

② 福身王：古印度神话人物，与恒河女神生毗湿摩。相传，衰老者经他双手触摸便可恢复青春。——译注

③ *Indian Myth and Legend*, pp.164 et seq.

④ *Popular Religion and Folk Lore of Northern India*, W. Crooke, Vol. i, p.254.

古巴比伦人那么悲观。据乞米亚可丁[①]（Jeremiah Curtin）先生的记载，这个有趣的种族常常举行仪式诱使鬼魂重回死者的身体。这种做法在苏格兰高地颇受敬畏。[②] 布里亚特人呼唤鬼魂，说道："你应该安息，回归为自然的灰烬。你要怜悯亲友，你要过上真实的生活，不要在山间游荡，不要成为恶灵，回到你安静的家……回来吧，为了你的孩子而工作。你怎么能离开这个小家伙呢?"如果鬼魂是一位母亲，这些话将大有作用，有时鬼魂会悲叹啜泣。布里亚特人说鬼魂重回了尸身确有实例。[③] 在《阿拉伯沙漠》（*Arabia Deserta*）[④] 一书中，道蒂（Doughty）提到阿拉伯的妇女和儿童会模仿猫头鹰的叫声。有人向他解释说，"这是一位寻找丢失的孩子无果而化生孤鸟的女人"。这样远古的观念在当今社会仍旧存在。

巴比伦未婚男女以及没有子嗣之人的鬼魂也是黑夜中郁郁寡欢的游荡者。还有那些远离家园、战死沙场未被妥善安葬之人的鬼魂，迷失在沙漠未被埋葬之人的鬼魂，从水中漂起的溺水者的鬼魂，被处决或饿死的囚徒的鬼魂以及早亡的横死者的鬼魂都在四处游荡。死者需要被关怀，须供祭酒水和食物，这样他们才不会在街上徘徊或是进到房子里寻找残羹剩饭和饮用水。给死者奉上祭品的责任显然得由近亲承担。比如在印度，葬礼仪式是由长子主持的。因此，对巴比伦那些没有子嗣的鬼魂来说，这无疑是可怕的结局。梵语文学提到，尽管祭司已经完成严格的苦修，但因为他们没有子嗣，所以死后是不允许进入天堂的。[⑤]

还有栖身于山岳、沙漠、河流与海洋中的女巫和巨人。恶魔们可能还会控制着猪、马、山羊、狮子、朱鹭、渡鸦或鹰。来自海洋深处的风暴、火和毁灭等七邪灵，以及那些如果没有神灵的帮助，人类便难以制服或打败的恶魔，他们大多是无性的，也没有后代，不具备宽容和慈悲之心。他们无处不在：

> 无论是高的围墙还是宽的围墙，他们都能像洪水一般滔滔不绝地

---

① 乞米亚可丁：美国学者，著有《蒙古人史》《俄国的蒙古人》《南西伯利亚旅程》。——译注

② 无论是年轻人还是老人逝世时，近亲都不能叫他的名字，以防其魂魄从灵界返回。类似的说法还流传于苏格兰低地，当地女性尤其信奉。作者曾目睹一个孩子快要死去时，他的母亲悲痛万分，突然喊出了孩子的名字，孩子的魂魄很快便回来了。本想阻止孩子母亲的两位老妇人摇了摇头，说："她已经喊出来了！孩子的魂魄回来后，在现世不会做任何好事。"这种说法也流传于英格兰、爱尔兰和苏格兰的一些地方。当地人认为，如果一个垂死之人的魂魄被"喊回"，他的魂魄会再逗留二十四小时，在此期间，这个人会非常痛苦。

③ *A Journey in Southern Siberia*, Jeremiah Curtin, pp.103, 104.

④ Vol. i, p.305.

⑤ *Adi Parva section* of *Mahàbhàrata*, Roy's trans., p.635.

往来其间。没有能将他们关在外面的门，没有能使他们折回的门闩。他们像蛇一样滑行并通过房门，如狂风般猛袭铰链，把妻子从丈夫的怀抱中分开，把这个自由民从他的家中带走。[①]

这些恶魔的狂暴行径不止针对人类：

他们猎杀栏舍中的鸽子，将鸟儿从其巢窝中赶走，从洞穴中将貂儿驱逐……夜里，他们在黑暗的街道漫游，袭击羊圈和牛棚，像插上门闩一样轻易将大地笼罩。

R. C. 汤普森译

巴比伦诗人，像苏格兰诗人彭斯（Burns）一样，对遭受风暴袭击的动物们充满同情：

听到门窗吱吱作响，我想起了那些倦怠的牛和无助的羊，它们面临着过冬之战……偶然遇见的每只小鸟，你们多无助啊！春日的那几个月听到你的啼鸣使我感到愉悦。你经历了什么啊？你在哪里挥动着打着寒战的翅膀并闭上了眼睛？

在巴比伦信仰中，“从天而降的巨大风暴”是恶魔造成的。人类听到鬼神们“有的在天上大声咆哮，有的在地下叽里咕噜地议论”。[②] 巴比伦神话中长羽毛的风魔舒兹（Shutu）兴起南风。古冰岛文学集《埃达》中的赫拉斯瓦尔格（Hraesvelgur）与其相似：

吞食尸体的鹰形巨人就坐在天堂的尽头。他们说，从其翅膀间生出的风，可吞噬地球上所有的居民。[③]

在北欧神话中，雷神托尔捕鱼的时候，钩住并刺伤尘世巨蟒[④]耶梦加得（Jormungandr，Midgard Serpent），这个故事在埃阿之子阿达帕[⑤]（Adapa）的传说中有所提及。在他捕鱼时，风魔舒兹吹来南风打翻了他的船，被激怒的阿达帕立即攻击舒兹并拔光了他的羽毛。天神安努因此十分生气，于是召唤他到天庭受审。鉴于阿达帕诚心忏悔，安努原谅了他，并赐给他“长生之食”与“长生之水”。但是阿达帕谨记父亲埃阿的告诫——安努很可能会赐予他“死亡之

---

① *Jastrow's Aspects of Religious Belief in Babylonia*, &c., p.312.

② R.C.Thompson's trans.

③ *The Elder or Poetic Edda*, Olive Bray, part i, p.53.

④ 尘世巨蟒：北欧神话中的怪物。该巨蟒头尾相衔，象征永恒。——译注

⑤ 阿达帕：古代美索不达米亚厄里杜城的传奇英雄，因折断南风的翅膀而被天神安努传召受审。因拒绝领受安努赐予的“长生之食”和“长生之水”而失去永生。——译注

粮”与“死亡之水”，因而拒绝接受安努的赐予，错失了得到永生的机会。

另一位可怕的大气恶魔是西南风魔，他常带来毁灭性的风暴和洪水，像古冰岛的“吞尸者”一样，给很多人带来灾难。她瞪着无睑的双眼，长着宽扁的鼻子，张着可怕的血盆大口，露出长长的獠牙，颧骨很高，眉毛浓密，前额低平却很突出。

苏格兰的西南风女巫同样是一位嗜血成性、可怕至极的恶魔，春天时的她最为恶毒。在克罗默蒂（Cromarty），她被渔民打趣地叫作“温柔的安妮”，渔民们重复吟唱着：“当温柔的安妮戴着白色的翎毛（实际上是大海巨浪造成的泡沫）装饰的帽子，在海角附近大声呼喊时，恶灵就会出来抢夺挂钩上的食物。”也就是说，春天下暴风雨的时候，吊钩上悬挂的捕鱼笼常常是空的，这是在阻止渔民们出海打鱼。在英格兰，风巫婆被叫作黑安妮丝[①]（Black Annis），她居住在莱斯特郡（Leicestershire）郊外的山洞。她可能与爱尔兰的女巫阿奴（Anu）相似。根据盖尔人的传说，春天的风魔是个“老太婆”。在苏格兰高地的日历上，她用自己的名字命名晚春的暴风雨季。她制造一场又一场的大风来阻挡夏季的到来。冰岛的女巫安格尔伯达[②]（Angerboda）同样也是风暴恶魔，不过她代表的是东风。蒂罗尔人的神话讲述了三个住在山间的魔法少女，她们在那里“酝酿风”。她们的恶魔情人分别是“制造恐惧”的艾克（Ecke）、“引起惊恐”的瓦绍尔特（Vasolt）和傲慢的迪特里希（Dietrich），即神话中的雷神托尔。

另一位苏美尔风暴恶魔是祖鸟，它幻化为飞马座与金牛座之间的星辰。有一个传说：这个“作恶之人”“邪恶头领”曾渴望统治众神，于是从“万神之主”贝尔那里偷来命运的泥版，拥有了控制宇宙的权力，成为万物命运的主宰。祖带着泥版逃走，避居在阿拉伯半岛的山顶上。安努命雷神拉曼去袭击祖，但是拉曼感到害怕，其他神似乎也对此避之不及。目前关于众神如何制服反叛者祖鸟仍不得而知，因为流传下来的传说已不完整。然而，还有一个版本可供参考：月神启程去往阿拉伯半岛，目的是要以智取胜，打败祖鸟，找回丢失的泥版，但他是如何成功的尚不清楚。在“埃塔纳（Etana）传说”中，母蛇对太阳神沙玛什说：

---

① 黑安妮丝：传说中居住在苏格兰高地的沼泽地或山坡上的食人巫婆。——译注

② 安格尔波达：意为“悲伤使者”。北欧神话中，她是邪神洛基（Loki）的第二任妻子，魔狼芬里尔、尘世巨蟒耶梦加得和死之女王海拉的母亲。——译注

你的罗网如大地般广阔，
你的罗网能达到天界！
有谁曾从你的罗网中逃脱？
即使是邪恶的制造者，
使邪恶抬头的祖也没能逃脱！

L. W. 金译

印度神话中半人半鹰的迦楼罗夺走给予众神力量并使他们长生不老的甘露。他全身金色，明亮如太阳。雷神因陀罗降下雷电袭击迦楼罗，却是白费力气。他根本伤害不了迦楼罗，只是打掉了他的一根羽毛。后来，他偷走了盛满甘露的月亮酒杯，迦楼罗曾将这酒杯交给他的敌人众蛇神，以便助其母亲摆脱束缚获得自由。据《摩诃婆罗多》记载，迦楼罗成了毗湿奴的坐骑——“因其飞快的速度而嘲笑风”。

这样看来，巴比伦的祖鸟似乎象征着来自阿拉伯沙漠的夏季沙尘暴。雷神与雨季有关，因而可以假定雷神无力对抗沙暴恶魔。月神也曾追踪过他，但最终是太阳在穿透渐渐昏暗的沙流，使天空和大地重现光明时，“网”住了这个企图建立恶魔秩序以统治众神和人类的反叛恶魔。

与印度迦楼罗相关的另一位恶魔是“埃塔纳传说”中的鹰，猎蛇之魔，他吞食了母蛇的一窝后代。鹰的这一行为触犯了神圣的律法，太阳神沙玛什预示了鹰的毁灭。沙玛什指引母蛇杀死一头野牛，然后藏在野牛的内脏之中。当鹰飞来啄食野牛尸体时，他的一个孩子提醒他说“这只野牛体内藏着蛇”，但是他并没有理会。

鹰俯冲而下，落在野牛的旁边，仔细地检查着野牛的尸体。他前前后后认真地察看，又检查了一遍尸体，再次环顾四周，然后迅速钻入野牛体内。当他刚进到中间部位的时候，母蛇抓住了他的翅膀。

鹰向母蛇祈求宽恕，但只是白费力气，母蛇必须执行沙玛什的命令。她扯下鹰的羽毛、双翼及爪子，将其扔进深坑，任其在那里饥渴而死。[1]这个神话可能参考了带翼病魔由于献祭的公牛而被毁灭的故事，其中的母蛇似乎等同于古老的生育女神，与埃及布巴斯提斯的地方神祇母蛇巴斯特非常相似。在苏美尔人的信仰中，女神玛（Ma）的另一种形式——宁图（Nintu）——是半人半蛇的神，头上长着犄角，束着腰，左手怀抱一个婴孩，正在吸吮她的乳汁：

---

① *Babylonian Religion*, L.W.King, pp. 186-188.

腰部以上是裸露着的女性身体，腰部以下则满布蛇的鳞片。

R. C. 汤普森译

在一则晦涩难懂的神话中，揭示了众神与恶魔之间的紧密联系，这则神话可能提及月食或雨季开始时夜晚的风暴。恶魔们在雷神阿达德、太阳神沙玛什和伊什塔尔的协助下前去攻打众神。他们渴望摧毁天界，也就是安努的家：

他们愤怒地聚集在月神的新月船上，并赢得了强大的沙玛什、战神阿达德，以及天界女王伊什塔尔的帮助。伊什塔尔和安努一同建立了华丽的住所。

“人类的种子”月神西恩已被恶魔黑化，恶魔们叫嚣着要像风一样“迅速而放肆地席卷大地”。众神之主贝尔召唤他的使者，命其去给深海中的埃阿捎信，说道：“我儿子西恩的思想已经变得极其混乱模糊……”埃阿对此感到十分遗憾，于是派儿子米罗达用“童子的头发及母羔羊的毛发编成的双色粗绳”，再施以魔法去捉拿恶魔。①

在印度，孟加拉天花女神喜塔腊（Shitala）控制的恶疾变成流行病时，她便会受到人们的祭拜。同样，在巴比伦，人们通过敬拜掌管疾病的神灵寻求庇佑以免于难。有一块泥版讲述了瘟魔乌拉（Ura）曾下决心毁灭所有的生命，但最终饶恕了那些称赞他并歌颂他勇气和力量的人们。要被饶恕，只须吟诵一些常规套话即可。印度崇拜蛇的人们相信，他们的虔敬能“抵御蛇带来的所有危险”。②

同古埃及人一样，巴比伦人也有仁善的神灵，他们能带来好运及生活中的各种欢乐。一位善良的“黑夜女神”会像印度或是欧洲的家庭侍女一样照顾人类；友善的舍杜会保护家庭免遭残忍的恶魔与人类敌人的攻击。即便是效力于天神安努的命运之神、天空之神、北欧神话中掌管命运的“诺伦三女神”③（Norn），还有冥界女王厄里西－基－加勒，有时候也是仁慈的。如果祈求神灵的愿望应验了，就能改变命运。神会惩罚那些带来疾病和厄运的邪灵。友善的精灵女神达穆④（Damu）备受爱戴，因为她带给人们愉快的梦境，减轻痛苦的折磨，受到她青睐的病人也能够恢复健康。

---

① *The Devils and Evil Spirits of Babylonia*, R.Campbell Thompson, Vol. i, pp.53 et seq.

② *Omens and Superstitions of Southern India*, E.Thurston, p.124.

③ 诺伦三女神：又名诺恩，北欧神话中的命运女神。乌尔德（Urd）司掌“过去”，薇尔丹蒂（Verdandi）司掌“现在”，诗寇蒂（Skuld）司掌“未来”。——译注

④ 达穆：苏美尔神话中的植物和转世之神、健康之神。——译注

埃及的《亡灵书》[①]（*Book of the Dead*）中，善良的神灵都被邪恶神灵的阴影笼罩，因为记录的许多巫术咒语都是针对那些与人类作对的恶灵的。同样在巴比伦，保存下来的此类文学残片也主要讲述邪恶且报复心极强的恶魔的故事。然而，情商很高的苏美尔人和阿卡德人有时会像古埃及居民一样乐观。尽管他们身边都是企图戮害人类、嗜血成性的复仇鬼魂，而且夜晚到处是令人恐惧的鬼魅幽灵，但这些都无法阻止他们在结束巫术仪式后，在“受神力保护”的房子中分享轻松舒适的安全感。聚集在摇曳的灯火旁，倾听古老的歌谣与故事，闲谈作物和贸易，畅聊皇室成员或是熟识故友的家务事，就足以让他们感到快乐。

就像大家将看到的那样，巴比伦的神灵性格复杂。巴比伦神话中包含无数神灵，但常常定义含糊，且相互关联。如同欧洲民间信仰中的小精灵一样，在某些季节，巴比伦的神灵极不友善且无法抵御。他们善变无常、倔强乖张，即便是有意与人类友好，也难以取悦。同样，他们也时不时地表现出不同的形态，有时清秀美丽，有时狰狞恐怖。现今阿拉伯人的神灵也拥有这样的特性，他们可能是云彩、巨人或美丽的女人，也可能是蛇、猫、猪或山羊。

巴比伦神话中的一些复合型怪物，可能是人们在黎明或芦苇丛生的沼泽看到出没的野生动物受到惊吓之后产生的模糊夸张的印象。但并非所有复合型怪物都可以以这种方式加以解释。尽管动物时常被视为超自然的生物，外来者被叫作“魔鬼”，但因此宣称神灵世界反映了民间对于人类与兽类敌人的混乱记忆，这无疑是有误导性的。即便一个恶魔被赋予人形，其本质仍是非人的：没有哪件普通的武器会对其造成伤害，也不受自然法则控制。象征疾病、风暴和黑暗的神灵都是幻想出来的，他们象征着情绪，亦是事件的成因。雕刻家或作家希望表达风暴神或瘟神在其脑海中的印象，于是便创作出怪物的形象，制造恐怖。凶猛又具毁灭性的恶魔意外造访，是因为他们都有着如鹰一样的翅膀，如瞪羚一般敏捷灵活的步伐，亦像蛇一样狡猾机警。他们用爪子抓，用角抵，用前腿扑倒猎物。此外，他们还像渡鸦一样饮血，像鬣狗一样吞尸，但半人半兽的怪物更令人厌恶。人首蛇身的蛇或蛇首人身的人，以及长着公牛角或者山羊腿的人都是极为恐怖的。邪灵有时通过欺骗的手段达成目的。他们可能会以美女俊男的样子现身，死命地抓住无辜的受害者，或使受害者陷入悲伤且精神

---

①《亡灵书》：古代埃及从第十八王朝（约前1580）至罗马时代置于死者墓中的一种书册。内容为关于丧礼的戏曲、诗歌、祷文、咒语、神话等。——译注

错乱的状态，抑或是变成鸟儿飞来，然后突然变成非常恐怖的样子。

仙女、精灵以及其他半人形的恶魔有时被认为是堕落的神。我们将会发现，有些幽灵变成了神祇，有些则是介于这两者之间的超自然生物。他们可能侍奉众神，也有可能单独行动，一会儿攻击人类，一会儿对付神祇。例如命运之神纳姆塔鲁（namtaru），他是贝尔－恩利尔和冥界女王厄里西－基－加勒的儿子。平奇斯教授写道："很显然，纳姆塔鲁执行给予他的关于人类命运的指示，也拥有高于某些神的权力。"① 那些悖逆仁慈之神的邪神，则属于中间阶层。在赫布里底群岛的民间信仰中，堕落的天使被分为三类——仙子、"敏锐的人"（北极光）、"明奇海峡的忧郁者"。在《贝奥武夫》中，"该隐（Cain）的后代"，即"怪物、精灵、海洋巨人和魔鬼，他们长期与神并肩战斗，因而获得奖赏"。②巴比伦的幽灵同样也可以层层细分。各种类别可以被当作从原始的万物有灵论向崇高的一神论发展的过程中不同阶段的遗存：我们在断断续续的传说中搜索零散的资料，从中建构起伟大的神话传说。

① *The Religion of Babylonia and Assyria*, p.110.

② *Beowulf*, Clark Hall, p.14.

第五章　塔穆兹与伊什塔尔的神话

形态万千的塔穆兹—哭泣仪式—塔穆兹、族长与垂死之神—塔穆兹与其他神祇的共同渊源—地中海种族神话—丰收之神的动物形态—关于塔穆兹之死的两种传说—阿提斯、阿多尼斯和迪尔米德被野猪杀死—塔穆兹的挽歌—他的灵魂徘徊于地狱与深渊—少年海神传说—萨尔贡神话版本—日耳曼族的麦束之子希尔德—塔穆兹与弗雷、海姆达尔、阿格尼等的联系—《伊什塔尔冥府之行》（*The Descent of Ishtar*）的亚述传说—苏美尔神话版本—姐姐贝利特-雪莉与母亲伊什塔尔—埃及神话中的伊希斯与内普特斯—作为母亲、姐姐和妻子的女神—巴比伦王国的伟大母亲—不朽女神与垂死之神—因陀罗的各样形态—凯尔特女神的七次青春—日耳曼与古典女神的情人们—伊什塔尔的情人们—女神崇拜的种族意义—伟大的父与他们的信徒—种族与信仰融合的进程—伊什塔尔与提亚玛特—巴勒斯坦母系崇拜—女神崇拜者中的女性

在巴比伦王国的众神之中，没有哪个神享有像塔穆兹那样广泛而经久不衰的声誉。这个俊美的青年深得多情的天界女王伊什塔尔的爱慕——他死去，受人悼念，又再次复活。虽然塔穆兹并没有因他的赫赫有名而在城中任何一个万神殿里占有一席之地，但从我们开始拥有知识的最初时起，直至巴比伦文明的消逝，他都在人们的宗教生活中占据着十分重要的地位。

塔穆兹，同埃及神话中的奥西里斯一样，是农业之神。正因为巴比伦的丰收是源于河流的恩赐，塔穆兹的多种形态之一可能是杜姆-兹-阿布祖（Dumu-zi-abzu）——“深海之神塔穆兹”（Tammuz of the Abyss）。他同时也是“孩子”“英雄之神”“哨兵”“治愈者”，以及统治了早期巴比伦人相当长一段时期的族长。“深海之神塔穆兹”是深渊之神埃阿家族中的一员。埃阿家族中除了米罗达外，还有身份较为模糊的神祇尼拉（Nira）、“世界毁灭者”凯-古拉（Ki-gul-la）、“顺风耳”博奴塔-沙（Burnunta-sa），以及可能是“启示者或传神谕

者”的巴拉（Bara）和巴拉古拉（Baragulla）。此外，埃阿还有一个女儿，名曰基－迪姆－阿兹加（Khi-dimme-azaga），被称为“伟大精灵之子”（child of the renowned spirit）。她或许跟苏美尔赞美诗中提及的塔穆兹的姐姐贝利特－雪莉（Belit-sheri）是同一个神。这个家族的形成或许是由于族中诸神象征着埃阿与其配偶达姆金娜的特性。塔穆兹作为族长时，曾被认为是众神的一个人形：埃阿的人形化身。他就像奥西里斯王一样，教导人类如何种植谷物、栽培果树。这位青年每年一次的消逝象征着谷物的枯萎与重生，因而被称作谷物之神。《圣经》中曾提及他的巴比伦名字。

当先知以西结细说以色列人的种种崇拜偶像行为时（其中包括对太阳与“各种爬行生物和可憎的野兽”的崇拜——暗示巴比伦的各种怪兽），被领到“耶和华殿外院朝北的门口，谁知，在那里有妇女坐着，为塔穆兹哭泣”。[1]

哭泣仪式与农业习俗有所关联。谷物之神也就是哭泣之神，他们的眼泪成为土地的肥料。当播种者将种子掷向土里让它们“死去”时，就模仿哀悼者们哭泣，好让种子生长。这个古老的习俗，同许多其他习俗一样，成为《圣经》中的诗歌意象。大卫（David）歌颂道：“流泪撒种的，必欢呼收割。那带种流泪出去的，必要欢欢乐乐地带禾捆回来。”[2]在埃及，扮演伊希斯和内普特斯（Nepthys）的女祭司会在仪式上悼念死去的谷物之神奥西里斯。

当瞧见了我，众神和在众神面前的人都要同时为你哭泣！……你的众姐妹都要站在你床后，在你身边一边呼唤，一边哭泣——然而你仍卧在你床上！……活在我们面前，渴望着我们能看到你。[3]

人类应该因神祇的死亡而悲伤。如果人们始终抱之以冷漠，神祇将会像对待敌人一样惩罚人类。因此，自然之神的信仰者举行的庆典仪式都基于自然现象。罗伯森·史密斯教授写道：“如果信徒们将日常的农业耕作看作用暴力结束一粒粒神圣的生命，那么他们对于忽视例行仪式将招致灾难的恐惧就变得可以理解了。”[4]通过遵守例行仪式，信徒们相信他们获得了神祇的同情与协助，或者实施了某种控制自然的魔力。

巴比伦神话中的垂死之神塔穆兹，与希腊神话中阿多尼斯的故事有许多相

---

① *Ezekiel*, viii.

② *Psalms*, cxxvi.

③ *The Burden of Isis*, J.T.Dennis (*Wisdom of the East* series), pp. 21, 22.

④ *The Religion of the Semites*, pp.412, 414.

似之处，与谷物之神奥西里斯的神话也有关联。据赛斯教授所言，神话中统治过巴比伦王国一个时代的波洛修斯称塔穆兹为“道诺斯（Daonus）或道斯（Daos），潘蒂比博拉[①]（Pantibibla）的牧羊人”。因此，我们不得不谈及塔穆兹作为族长和丰饶之神的双重身份。

关于阿多尼斯的神话故事可以简单概括如下：阿多尼斯出生之前，他的母亲就像民间神话中被深井恶魔追杀的河流女神一样，被她愤怒的父亲[②]追杀，变成了一棵树，而阿多尼斯就出生于这棵树的树干。阿佛洛狄忒将阿多尼斯放在一个箱子里，并委托类似于巴比伦神话中的厄里西-基-加勒的冥府女王珀尔塞福涅照顾。珀尔塞福涅渴望占有这个年少的神，阿佛洛狄忒就向宙斯求助，于是宙斯命阿多尼斯用一年中的一半时间陪伴珀尔塞福涅，另一半时间陪伴阿佛洛狄忒。

有人认为，阿多尼斯的神话是在后荷马时代由希腊人通过西闪米特人间接从巴比伦传来的，因为闪米特称谓中的“阿多”（Adon），意为“神”，但曾被误认为是姓名的一个部分。然而这个观点由于缺乏证据而不被接受，因为它既没有解释与塔穆兹神话大相径庭的弗里吉亚（Phrygian）[③] 的阿提斯（Attis）神话，也没有解释在考古学上属于“狩猎时期”的凯尔特人的故事“迪尔米德与野猪”。希腊神话中记载有前希腊时期垂死的丰收神祇的故事，例如雅辛托斯（Hyakinthos）和厄里戈涅（Erigone），他们曾被悼念。因此，有关塔穆兹的仪式很可能与前希腊时期希腊人的丰收神祇有关。这个神祇同时获得了一个新的名字——阿多尼斯。埃及的奥西里斯也与塔穆兹类似，但他的美索不达米亚渊源并未被证实。或许塔穆兹、阿提斯、奥西里斯，以及阿多尼斯和迪尔米德所代表的神祇都源于同一个古老的丰收与植物之神，他是某神话中的中心人物，不仅与农耕知识和农耕实践同样古老，并且早在“狩猎时期”就已经存在。从苏美尔到不列颠群岛被地中海棕色人种占领的地域，处处可见关于塔穆兹-奥西里斯的各种版本的神话故事。很明显，最原初的神话与树木崇拜、水崇拜和动物崇拜有所关联。阿多尼斯从树身爆裂中诞生，奥西里斯的身体则被藏在树中，这树围绕着承载他漂浮于海上的箱子生长。迪尔米德被雷神芬恩（Finn）追杀时

---

① 潘蒂比博拉：根据古代历史学家波洛修斯所言，潘蒂比博拉曾统治过巴比伦王国三万六千年。——译注

② 指卡尼拉斯，希腊神话中塞浦路斯的国王，曾与自己的女儿绝世美女密拉生下了阿多尼斯。——译注

③ 弗里吉亚：安纳托利亚历史上的一个地区，位于今土耳其中西部。——译注

将自己藏在树中。塔穆兹、奥西里斯和阿多尼斯的血染红了上涨的河水，滋养着土壤。很多种动物都与丰收之神有关，而丰收之神不时地呈现出不同的形态，因为他的灵魂在自然界中无所不在。在埃及，奥西里斯的灵魂附着于阿庇斯神牛或门德斯公羊（the Ram of Mendes）。

塔穆兹在赞美诗中被称作“超凡的天界领袖”，有一种民间流行的祭品就叫“塔穆兹神的白孩子”，通常由一只乳猪代替。奥西里斯也与猪有所关联，根据历史学家希罗多德的记载，埃及人每年都会将一头猪作为祭品献给他。月圆之夜，赛特在湿地三角洲猎捕野猪时，他猎捕的很可能是化身为野猪的奥西里斯，而伊希斯的神木使他恢复人形。埃及民间传说中，英雄巴塔（Bata）的灵魂[1]从花木转移到公牛身上，再离开公牛进入树木。显然，奥西里斯的灵魂也是这样从一个化身转移到另一个化身。猎杀丰收之神的恶魔赛特，也可以化身为野猪。他就是那头吞噬残月并使“拉之眼”（Eye of Ra）失去光明的黑色野猪。

塔穆兹作为波洛修斯的道诺斯王，以长寿族长的身份统治巴比伦王国三万六千年。他死后，灵魂去了冥府，或称深海。奥西里斯统治埃及人后，成为死者之判官。

然而，苏美尔赞美诗中的塔穆兹是一个类似于阿多尼斯的神，一年中有一部分时间作为牧羊人和农夫居住在地上，且被女神伊什塔尔深深爱慕，死后去往冥府女王厄里西－基－加勒的领地。对他死因的一种解释为，他是被变化无常的伊什塔尔杀死的。当这位女神向吉尔伽美什，即巴比伦的赫拉克勒斯（Hercules）求爱时，遭到对方的训斥，他说：塔穆兹，你那年轻的配偶，你每年都将苦难带给他。

苏美尔赞美诗中的注解显示，还存在另一个版本的传说，解释了这位年轻神祇的死因——杀死他的凶手另有其人。这个凶手可能是赛特般的恶魔，又或许是宁－沙什（Nin-shach），他似乎象征着太阳毁灭性的力量。他是一位战神，至于他的名字，平奇斯教授称：“据推测是‘野猪之神’的意思。”然而，并没有直接证据将杀死塔穆兹的凶手与杀死阿多尼斯的野猪联系起来。伊什塔尔为她年轻的爱人哀悼的事实则令她显得更加无辜，她哭道：

> 噢，我的英雄！我的神！啊，我！我想说，我食不下咽……寝不能眠……只因另一个世界里那高尚的灵魂，他的脸庞光芒四射，是的，光芒四射，那个世界高尚的灵魂，他的声音如白鸽一般，是的，如白

---

① *Egyptian Myth and Legend*, pp.45 et seq.

鸽一般。[1]

有一种传说认为，弗里吉亚人阿提斯是在一棵神木下自残而死的，另一种解释则认为他是被一头野猪杀死的。希腊神话中阿多尼斯也同样被一头野猪杀死。野猪是战神和暴风雨之神阿瑞斯［即罗马神话中的战神玛尔斯（Mars）］的一个化身，他也同样爱着阿佛洛狄忒。作为凯尔特爱神的迪尔米德，在月光下被一头“绿野猪”杀死。一个被称作天地之“母”的有着多个名字的残忍女巫养了许多野兽，这头绿野猪可能就是其中之一。在众多芬格尔传奇故事（Fingalian）中，有一个曾讲到这头野兽：

> 那头邪恶的野兽，是如此的凶残，那灰色眉毛下的眼睛紧紧盯着她的猪群。[2]

迪尔米德曾与芬恩-麦克-库尔（Finn-mac-Coul，即芬格尔）的妻子私奔。就像阿瑞斯一样，芬恩-麦克-库尔想要杀死他的对手，因此设计让这个年轻的英雄去猎捕野猪。当雷神芬恩带着锤子击打盾牌时，巨大的声响传至洛克兰（Lochlann，即斯堪的纳维亚）。像塔穆兹一样，迪尔米德是个“有着柔声明眸的神”，美貌出众。当他死去时，芬恩大声疾呼：

> 没有哪个少女能在看到你美丽的容颜时移开眼睛……你那蓝色的眼中没有一丝杂质！你的秀发中藏着激情与美！……噢，昨夜的山还是绿色的，今日的山却因迪尔米德的血变红。[3]

植物随着塔穆兹的死亡凋零，山脉因迪尔米德的逝去而褪色。[4] 6月20日至7月20日是塔穆兹的哀悼月，此时的炎热和干旱带来了瘟疫恶魔。哀悼者吟唱道：

> 他离去了，去到了大地的怀抱，这片大地上有着无数死者……人们都充满了悲伤：他们忧郁地在日间蹒跚行走……你离去的日子里再无平静。你离去，踏上了新的旅程，让你的子民陷入末日。

以下节选提到了该神祇之死：

> 伊什塔尔挚爱的神，在这年中之时，田野开始枯萎……那位牧者，

---

① Langdon's *Sumerian and Babylonian Psalms*, pp.319-321.

② Campbell's *West Highland Tales*, Vol. iii, p.74.

③ *West Highland Tales*, Vol. iii, pp.85, 86.

④ 如若爱尔兰人认为的那样，芬恩和他的队伍若真是民兵，即早期的芬尼亚勇士，他们或许已经将他们的记忆与古老的伊比利亚传奇神祇的传说联系在一起了。伊比利亚神祇与凯尔特的达南神族不同。如迪特里希·伯恩一样，哥特王西奥多里克被等同于雷神多纳尔，亦称突奥（托尔）。在苏格兰，芬恩与其追随者均为巨人。迪尔米德是坎贝尔宗族的元老，马克迪尔德人被称为“迪尔米德之子”。

那有智慧的，那历尽忧患的，他们为什么杀死他？……在他的神殿中，在他的疆域内，那个孩子，那知识之神，不复存在了……在草场间，确确实实的，确确实实的，那生命的灵魂，逝去了。

“在圣雪杉旁，他母亲孕育他的地方”，有哀悼塔穆兹的哀歌，这哀歌将塔穆兹，如同阿多尼斯和奥西里斯一样，与树木崇拜联系起来：

这哀歌是为了植物，第一则挽歌叫作《它们还未生长》。这哀歌是为了谷物，它们的谷穗还未萌芽。这哀歌是为了栖息之地，为了那里不再繁衍畜群。这哀歌是为了那逝去的已婚者，为了那逝去的孩子们，为了那从此再无的黑发族群。

这哀歌还为那干涸的河流、枯萎的草地、鱼塘、甘蔗丛、森林、平原、花园和宫殿，他们都因丰收之神的死去而受损。哀悼者哭道：

春日的绿意还要多久才能到来？落叶的飘零还要多久才能停息？

塔穆兹去哪儿了？他的归处被认为是“大地的怀抱”。在亚述人的故事《伊什塔尔的冥府之行》中，塔穆兹与众多死者一起居住在“黑暗之屋”，“在那里他们以灰尘为养，泥土为食”，“终日不见光”——那即是巴比伦的黑暗冥府。然而，一首苏美尔人的赞美诗中却说塔穆兹“被洪水卷走”。在这个故事里，他或许去了海底“埃阿的住处”，或巴比伦的挪亚所至的幸福岛（the island of the blessed）。冥府中盛开着地下的“阿多尼斯花园”。

以下节选提到了达穆，即塔穆兹的花园①

达穆沉睡在他的青春年华中……沉睡在满园花朵中，在满园花朵中他渐渐逝去……他沉睡在柽柳中，用他的悲伤让我们得以饱足。

赞美诗中的塔穆兹虽然被杀死，但又在冥府中复活并归来。显然，他以一个孩子的形象归来。他以“孩子，吉什兹达（Gishzida）之神”和“我的英雄达穆”之名受到哀悼。作为月神，奥西里斯每个月都会以“美貌超群的孩子”的形象出现，而奥西里斯公牛也是月亮的孩子。希腊历史学家普鲁塔克说道：“它的出生，是源自月亮倾泻的一束有生命力的光。”当阿提斯的公牛作为祭品被献祭时，它的信徒都沐浴在它的血液中，之后又仪式性地以牛奶为食，因为他们将因此而“重获青春”并返老还童。古希腊神祇厄洛斯［Eros，即罗马神话中的爱神丘比特（Cupid）］就被描绘成一个顽皮的男孩或英俊的青年。另一个类

---

① 以赛亚指责了在花园中崇拜塔穆兹的神秘习俗，参见 *Isaiah*，xvii，9，11。“阿多尼斯的花园”将在下一章中讨论。

似于厄洛斯的爱尔兰丰收之神安格斯（Angus），被称作“那青春永驻的”。他像塔穆兹一样沉睡并在春天苏醒。

显然，人们相信年少的神祇塔穆兹从早期苏美尔神话中的深渊归来，并在短时间内成长为一个成年男子，就像印度神话里的毗耶娑（Vyasa）和其他超人类。塔穆兹赞美诗中的一对骈句这样概括：

他幼年躺卧在沉没之舟。他成年浸没于水底之谷。①

这条“小舟”或许就是阿佛洛狄忒将阿多尼斯托付给冥府女王珀尔塞福涅时，藏匿阿多尼斯的“箱子”。珀尔塞福涅渴望占有这个年轻的神祇，却被宙斯责令将其送还爱与植物女神阿佛洛狄忒。而伊什塔尔为了寻找塔穆兹落入冥府的事实，也许解释了赞美诗中象征性提及的母亲女神们每一年法力不济时就会栖身于沉没之舟的故事。

这条小舟也可能兼具月亮和太阳的意义。例如埃及的月神孔苏（Khonsu），就与春天的太阳有所关联。他是丰收之神，因而也是谷物之灵魂。他是奥西里斯的一种形态，在人间旅居的族长，教导人类如何种植谷物和培育果树。在埃及传说中，奥西里斯从伊希斯那儿得到谷物的种子，这说明崇拜伟大母亲的人们相信农业文明源于女性。同类神话可能都与谷神和谷物女神相关，并和水、太阳、月亮和星星有所联系。

在极其久远的时代，巴比伦王国有一个关于农耕的神话：一个有着神圣血统的族长，童年时期曾从一叶扁舟上获救。这个神话故事在与阿卡德王国的篡位者萨尔贡王的回忆相关的传说中被提及：

我是萨尔贡，阿卡德的伟大君王。我的母亲是个修女（女祭司），我的父亲是个外邦人，他的弟兄居住在山上……母亲生我于隐蔽之地。她将我安置在一个灯芯草做的容器里，用树脂将门封住，然后将我抛进河中任意漂流……河流带我漂到控水者阿奇（Akki）那儿，他控制水流，将我引至身前。控水者阿奇就像教育自己的儿子那样教育我，并让我做他的园丁。当园丁时，我得到女神伊什塔尔的爱慕。

这个故事不像是萨尔贡虚构的。如同在其他国家发现的诸多版本一样，它也是诸多有关塔穆兹－阿多尼斯的神话中的一种。的确，全新的神话无法像古老神话的改编版那样符合萨尔贡的意图，因为古老神话的改编版与他的名字有

---

① Quotations are from *Sumerian and Babylonian Psalms*, translated by Stephen Langdon, Ph. D. (Paris and London, 1909), pp.299-341.

所关联，更能够引发大众的兴趣。对女神伊什塔尔及自己童年时期作为园丁的经历的记忆，说明这个国王渴望以一个有神祇血统或至少有半神祇血统的农业族长的形象被人们铭记。

早期广为流传的塔穆兹神话是一个条顿人的传说，讲述一个神秘的孩子越海而来，开创了文明新纪元，并指导人们如何种植谷物和成为伟大的战士。考古学有证据显示，北方民族的农耕知识和农耕神话都源自新石器时代就与之有所接触的地中海人种。这是毫无疑问的，但是条顿人的传说主要是讲述农业的引入。那个孩子被称为“斯夫（Scef）”或“赛夫（Sceaf）”，意为“禾捆”，代表“麦束之子”或“希尔德，赛夫的儿子”。希尔德是希尔德人（也就是丹麦人，一个混血人种）的族长。他在盎格鲁－撒克逊人的史诗《贝奥武夫》中被称作“希尔德”，但是埃塞尔维尔德[①]（Ethelweard）、马姆斯伯里的威廉[②]（William of Malmesbury）和其他一些人坚称“赛夫”是西撒克逊人族长的名字。

条顿人的传说是这样的：一天，有人看到一条小船正在靠岸，既不靠桨也不靠帆。船里躺着一个熟睡的孩子，头枕着一捆稻谷。他被铠甲、财宝和各样的器具环绕着，包括一个钻孔取火器。这个孩子被发现他的人养大，成为一个伟大的领袖和武士，并成为族中的统治者。在《贝奥武夫》中，老贝奥武夫（Beowulf）的孙子赫罗斯加（Hrothgar）建造了一座著名的城堡，而希尔德就是老贝奥武夫的父亲。这首史诗开篇就提到族长“麦束之子希尔德”（Scyld of the Sheaf）。在他死后，他的身体按照他的要求被放置在一条船上随波漂流：

> 他的胸前缀满珠宝，随着主人听凭大海的波浪推向远方。显然，他们（哀悼者们）并未吝惜部落的珠宝与礼物，至少并不少于当初他在襁褓中只身从惊涛上来到这里时满船承载的礼物。他们还在他头顶上悬一面金线绣成的战旗，让浪花托起他，将他交还大海。人们的心碎了。议事厅里的谋臣，天底下的勇士，没有人知道，小舟究竟驶向哪里。[③]

赛夫或希尔德与英韦人（Ynglings）的族长英韦（Yngve），与海神涅尔德

---

① 埃塞尔维尔德：古代历史学家，著有拉丁语版本的《盎格鲁撒克逊编年史》。——译注

② 马姆斯伯里的威廉：公元 12 世纪英国历史学家，著有《盎格鲁国王史》。——译注

③ *Beowulf*, translated by J.R.Clark Hall（London, 1911）, pp.9-11.

（Njord）之子、丰收与野猪之神弗雷[①]，以及与古冰岛诗集《海恩德拉》[②]（*Hyndla*）中描述的赫尔莫德（Hermod）完全相同：

> 他赐予一些人财富，赐予后代赫赫战功，赐予许多人读写的能力，赐予男人智慧。他赐予航海者顺风，赐予吟游诗人作诗的技艺，赐予武士勇者气概。

塔穆兹相当于“这片土地上的英勇之神”“智者”“知识之神”和“君王，祈祷之神”。

条顿诸神的守卫者海姆达尔（Heimdal）和被称作“里格”（Rig）的人们一起住过一段时间，并繁衍了人类后代。他的儿子萨尔（Thrall）是奴隶的祖先，车尔（Churl）是底层自由民的祖先，亚尔（Jarl）则成为贵族的祖先。

塔穆兹，像海姆达尔一样，也是个守卫者。他看管畜群，提防伽卢恶魔[③]（Gallu demons），就像海姆达尔守卫人界和天界免于巨人和怪兽的袭击一样。平奇斯教授指出，塔穆兹的畜群“召回了希腊太阳神赫利俄斯（Helios）的畜群。它们是被太阳照亮的云层，被比作羊群——的确，早期苏美尔语中的‘羊毛’就指的是‘天上的羊群’。塔穆兹的名字在苏美尔语中是杜姆－兹（Dumu-zi），或鲜有人用的全称杜姆－兹达（Dumuzida），意为‘真实或忠诚之子’。可能还有一些今天已无人知晓的传奇故事与此有关”[④]。

于是苏美尔的赞美诗吟唱者哀悼道：

> 如同一个牧人，他（塔穆兹）遗弃了守护的这片羊群与牛群之地……这位智慧之子、天界的杰出领袖、独一无二的英雄已经从他的家乡、他的居所启程，前往那幽冥之地的牧场。[⑤]

阿格尼，印度神话中的天空守卫者，与海姆达尔有几分相似，也同塔穆兹有所关联，特别是在他作为密特拉的时候。

> 阿格尼是在人类的部落中长大的，水之子密特拉行事端正。
>
> 《梨俱吠陀》,iii,5,3

> 阿格尼，在天上被寻找、被渴望，在地上被寻找——被寻找的他

---

① 关于弗雷与英韦人的联系，参见 Morris and Magnusson's *Heimskringla*（*Saga Library*, Vol. iii）, pp.23-71。

②《海恩德拉》：一首古斯堪的纳维亚语叙事诗，常被认为是《诗体埃达》的一部分。——译注

③ 伽卢恶魔：阿卡德的地下恶魔。——译注

④ *The Religion of Babylonia and Assyria*, p.72.

⑤ Langdon's *Sumerian and Babylonian Psalms*, pp.325, 339.

已进入了植物的生命。

《梨俱吠陀》,i,98[①]

塔穆兹，与埃及神话中的日月之神孔苏一样，是个“治愈者”，而阿格尼能“驱除一切疾病”。塔穆兹是个“声如洪钟”的神，阿格尼“怒吼声如同公牛”，而海姆达尔在巨人和怪兽攻击神域时会吹响号角。贾斯特罗说，作为春日之神，塔穆兹是个“年轻的战士”，“能战胜冬日的暴风雪”。[②] 当然，暴风雪就象征着恶魔。因此，“英勇之神”塔穆兹像海姆达尔和阿格尼一样，是个恶魔猎手。这些神祇似乎各自源于某个古老的春日丰收谷神，其特征被具象化。例如条顿人的神话中，海姆达尔是族长斯夫的战士形态，弗雷则是从深渊而来的农耕之神，当时他还是个孩童。在萨克索（Saxo）的丹麦神话历史中，弗雷作为弗罗泽（Frode）被暴风雪巨人“嚎叫者”贝利（Beli）俘虏，并被他在条顿人冥府中的女巫妹妹爱慕，就像塔穆兹在巴比伦冥府被暴风雪之神尼格尔的妻子厄里西－基－加勒爱慕一样。弗罗泽也像塔穆兹一样，到了适当的季节就返回人间。

显然，古巴比伦王国有关于塔穆兹的各种版本的神话。其中一个版本中，女神伊什塔尔来到冥府寻找她年轻时的爱人。这个版本的传说有一部分保留在了著名的亚述赞美诗中，题为《伊什塔尔的冥府之行》，由大英博物馆已故的乔治·史密斯先生首次翻译。一个装有碑刻的箱子从亚述运往伦敦，史密斯先生以他特有的耐心和技艺，编排并译释了它们，献给这个世界一个庄严而富有想象力的古文学片段。据这些碑刻描述，伊什塔尔下到惨淡的冥府，那儿死者的灵魂都以鸟的形态存在着：

> 我像鸟张开翅膀一样张开我的手。我下坠、下坠，到达那黑暗之屋，伊尔卡拉[③]（Irkalla）神的居所：去到那没有出口的屋，去到那不归之路，去到那光明被掠去的屋，那儿他们以尘为养，以土为食。它们的首领也像鸟儿一样浑身被羽毛覆盖，始终不见天日，栖于黑暗……门闩之外，是散乱的尘埃。

当女神到达冥府大门时，她向守门人哭道：

> 水域的守护者啊，打开这门吧，打开这门好让我进去。若你不打开门让我进去，我将破掉这门、毁掉这闩，我将撞破门槛，穿过门去。

---

① Professor Oldenberg's translated.

② 奥西里斯也被认为可以“除去暴风雨，并在夜间赐予万物生命力”。作为春日之太阳神，他能战胜恶魔；作为月亮神，他带来了丰饶。

③ 伊尔卡拉：厄里西－基－加勒的别称。——译注

我将让死者复活，毁灭活人，亡灵必超过生灵。

守门人答，他必须请示在这儿被称为阿拉图（Allatu）的冥府女王，按规矩告知她天界女王的到来。阿拉图满怀愤怒，说起那些被伊什塔尔杀死的人：

让我哀悼那些离开他们妻子而去的壮士们，让我哀悼那些失去他们丈夫怀抱的寡妇们，让我哀悼那独生子，哀悼他被剥夺的日子。

然后，她突然下达了严厉的法令：

去吧，守门人，给她把门打开，用老规矩对付她……

意思就是，“用你对付其他到这儿来的人的方法对付她”。

当伊什塔尔穿过重重大门时，她的首饰和衣裳被一件件剥去。她的王冠在第一道门前被摘掉，她的耳环在第二道门前被卸去，第三道门夺走了她的宝石项链，第四道门夺走了她胸前的装饰，第五道门夺走了她嵌着宝石的腰带[1]，第六道门夺走了她的手镯和脚环，最后，第七道门剥下了她身上的长袍。伊什塔尔在每一道门前都问守门人为什么如此待她，守门人回答道：“这是阿拉图的命令。”

在很长一段时间的下坠后，天界女王终于赤身裸体地站在冥府女王的面前。伊什塔尔骄傲自大，阿拉图渴望惩罚这个不知谦逊的对手，便下令瘟疫恶魔纳姆塔（Namtar）使她全身各处都患上疾病。伊什塔尔的命运给人间带来了灾难性的影响：地上再无生长与丰收。

与此同时，众神的信使帕普－苏凯尔（Pap-sukal）赶到太阳神沙玛什那儿，向他叙述所发生的事。太阳神立即向他的父亲西恩和深渊之主埃阿请教。埃阿于是造了一只人形狮，起名那杜舒－纳米尔（Nadushu-namir），去营救伊什塔尔，并赐他穿过冥府七道门的能力。当这头牲畜传达来意时，

阿拉图……捶打她的胸口，咬破她的拇指，她再次转身，拒绝这个请求。

在盛怒中，阿拉图诅咒了这个天界女王的营救者。

我诅咒你被监牢所囚，诅咒你以城市底层的垃圾为食，诅咒你以城市排出的污水为饮，诅咒你以黑暗的地牢为居，诅咒你以火柱为座，诅咒你的子子孙孙忍饥挨饿。

然而，她不得不遵从更高的神祇的旨意。她对恶魔纳姆塔说道：

赐予伊什塔尔生命之水，将她带到我面前来。

---

① 像爱神阿佛洛狄忒的腰带。

继而，天界女王被带领穿过重重大门，并在每道门前收回了进来时被掳走的长袍和首饰。纳姆塔说道：

> 既然你没有付赎金给她（阿拉图），那就将你年轻的丈夫塔穆兹归还给她吧。闪耀的（生命之）水将浇灌他……用华服装饰他，用水晶戒指点缀他。

伊什塔尔为“塔穆兹的伤痛”哀悼，重重捶打自己的胸口。她并非索要她“珍贵的宝石项链”，这项链显然是为了赎回塔穆兹。这首诗以伊什塔尔的悲叹作为结尾：

> 噢，我唯一的兄弟（塔穆兹），不必为我悲伤。在塔穆兹用水晶戒指、绿宝石手镯和他自己装点我的那一天①，用他自己装点我的那一天，愿男女哀悼者都聚在他的棺椁前，为他守夜。②

一首关于塔穆兹的苏美尔赞美诗为这段叙述提供了证据。它描述了伊什塔尔降到冥府，乞求塔穆兹的原谅并要求他重返人间放牧，但他不愿回去或是不能回去。

他送他的配偶返回居所。

于是她创立了哭泣仪式：

> 这位多情的天界女王独自坐在黑暗中。③

兰登先生还翻译了一首赞美诗（塔穆兹III），这首诗为亚述版本的塔穆兹故事提供了证据。然而，在这首赞美诗中，下到冥府的女神不是伊什塔尔，而是塔穆兹的“姐姐”贝利特－雪莉。她身边伴随着各路恶魔——“伽卢恶魔”“屠杀者”等，并与塔穆兹展开了一场谈话，可是这次谈话“断断续续，令人费解”。然而，他显然答应了她要重返人间。

> 我会重返人间，我将启程与你一起回去……我会回去的，让我们回到母亲的怀抱。

或许这两个女神起初都为塔穆兹哀悼了，正如埃及两姐妹伊希斯和内普特斯为她们的兄弟奥西里斯哀悼了。这儿“我的母亲”指的就是伊什塔尔。在埃及的圣歌中，伊希斯轮流扮演奥西里斯的母亲、妻子、姐姐和女儿的角色。她哭道：“安静地来到你妻子身边吧，她的心因你的爱而悸动……我是你的妻子，

---

① 印度妇女结婚时会佩戴水晶手镯；丈夫死后，她们会将手镯打碎。

② Quotations from the translation in *The Chaldean Account of Genesis*, by George Smith.

③ Langdon's *Sumerian and Babylonian Psalms*, pp.329 et seq.

我是生了你的，是你年长的姐姐，她弟弟的灵魂……作为一个婴孩来我们这里……看，你是这两位女神的公牛——你过来，在和平中成长的孩子，我们的神！……看！那头公牛，伊希斯和内普特斯这两头母牛之子……到那两个丧偶的女神那里去……哦，孩子，主啊，身体的初造者……父亲奥西里斯。”①

就像伊什塔尔和贝利特－雪莉为塔穆兹哀悼一样，伊希斯和内普特斯也为奥西里斯哀悼：

> 在哭泣中呼唤你……你却俯伏在床上！神和人……当看见我（伊希斯）时，都在同时为你哭泣。瞧！我哭着祈求你的声音传至天际。

伊希斯也被认为是母牛哈索尔（伊什塔尔）……“那只母牛用它的叫声为你哀悼”②。

然而，对这位母亲女神的角色还有另一种阐释，即塔穆兹被伊什塔尔抛弃并杀死。贾斯特罗说：“她是代表人类本能或伴随人类爱情之激情的女神。吉尔伽美什……责备她在短暂的欢聚后就遗弃她爱恋的对象。”在伊什塔尔的神庙中，“众少女接受伊什塔尔分配给她们的临时伴侣”。③ 古时候，所有对母亲女神的崇拜都伴随着可憎的、不道德的仪式，这些仪式在《旧约》全书的不同章节，特别是与阿什脱雷思④（Ashtoreth）崇拜有关的章节中以谴责性的语言被述及。

伊什塔尔在时间的长河中使巴比伦王国的其他女性神祇都黯然失色，伊希斯在埃及神话中也是如此。她的名字原本是闪米特人的名字，后来变成了复数，即伊什塔尔特（Ishtaráte），成为通常意义上众女神的名号。虽然她被称为天神安努的女儿，或月神西恩或南纳的女儿，但她身上依然保留着自己古老角色的痕迹。最初，她是个伟大的母亲女神，相比于那些相信生命和宇宙起源于男性的人，她被那些相信生命和宇宙起源于女性的人崇拜。伊什塔尔被等同于鱼女神尼娜（Nina）。尼娜将她的名字赐给了苏美尔城市尼娜和亚述城市尼尼微。其他形态的女创世者包括玛玛，或玛米、阿玛、“母亲”、阿鲁鲁（Aruru）、巴乌（Bau）、古拉（Gula）和萨尔帕尼图。她们都是“保护神”和治愈者。同时她们又是“毁灭者”，就像宁－桑和冥府女王厄里西－基－加勒或阿拉图一样。她们在成为强壮独立的神祇的妻子之前，身边都有模糊的男性形象，或是少年神祇陪伴，即她们的儿子，用看似矛盾其实不无道理的埃及词语来说，就是“兄

---

① *The Burden of Isis*, translated by J.T.Dennis (*Wisdom of the East* series), pp.24, 31, 32, 39, 45, 46, 49.

② *The Burden of Isis*, pp.22, 46.

③ *Aspect of Religious Belief and Practice in Babylonia and Assyria*, p.137, and *Herodotus*, book i, 199.

④ 阿什脱雷思：古代叙利亚和腓尼基人的性爱与繁殖女神。——译注

弟”或“她们母亲的丈夫”。与之相似，伟大的父亲神祇身边也都有身份模糊的妻子陪伴。闪米特人的“主人”巴力身边就伴随着一个女性身份的自身影像——贝图（Beltu），即“那个女士”。太阳神沙玛什也有一个身份隐晦的妻子阿尔。

如前所示，伊什塔尔在一首塔穆兹的赞美诗中被看作少年丰收之神的母亲。在另一首埃及赞美诗中，天空女神努特，奥西里斯的“母亲”，开始“从她自己的身体孕育生命”。[1] 印度女神斯里（Sri）或拉克希米（Lakshmi），成为毗湿奴的妻子，正如母亲女神萨拉斯沃蒂（Saraswati），一个部落神祇，成为梵天的妻子。据一个印度史诗《往世书》的评论者说，她是“这个世界的母亲……永生不朽”[2]。

另一方面，诸神每年都会死亡，只有女神们是永生的。因陀罗会在年老后死去，而他的妻子因陀罗尼（Indrani）则永葆青春。根据雅利安-印度人关于伟大母亲崇拜的叙述中对古因陀罗的描述，每个“梵天日”都会有十四个因陀罗。[3]在《摩诃婆罗多》中，湿婆（Shiva）命令在“喜马瓦特（Himavat）的其中一个山峰”上与她相遇的因陀罗去抬起一块石头，并加入赶在他前面的因陀罗们。“因陀罗移开石头的时候看到那群山之王的胸口有一个石窟，里面有四个与自己相似的人。”因陀罗悲伤地呼喊道：“我真的像他们吗？”这五个因陀罗，像“艾弗所之七圣童”[4]（Seven Sleepers）一样，等候着被唤醒。他们最终重生，变成了五个班度勇士[5]（Pandava warriors）。[6]

那残忍的苏格兰母亲女神，黑脸老太婆布欧尔（Cailleach Bheur），似乎与芬加尔故事中的“灰眉毛”马拉·利特（Mala Lith）和英格兰的黑安妮丝（在爱尔兰诗歌与传奇中被称为“白迩的老女人”）的角色相同。库诺·梅耶尔教授说道：“这个‘老太婆’有七次接连不断的青春，因此每个与她一起生活的男人都在年老时死去。她的子孙和曾子孙成为各个部落和种族。”当衰老终于降临时，她开始了她的“绝唱”，摘选如下：

我的生命之潮即将退去！衰老令我抱怨不止……你们爱的是财富，

---

① *The Burden of Isis*, p.47.

② *Original Sanskrit Texts*, J.Muir, London, 1890, Vol.i, p.67.

③ *Original Sanskrit Texts*, Vol.i, p.44.

④ 艾弗所之七圣童：又称七眠子，《古兰经》中提到的故事传说人物。——译注

⑤ 班度勇士：《摩诃婆罗多》中班度的五个儿子。——译注

⑥ *Adi Parva* section of Mahàbhàrata (Roy's translation), pp. 553, 555.

不是男人，而我们爱的是男人……我的手臂骨瘦如柴：但它们一旦被爱抚，就会变得丰润闪耀……我要在阳光下穿上我的衣裳：令我重获青春的时候就要来临。①

日耳曼的母亲女神，由猫儿拉着座驾的弗雷娅（Freyja），也有许多情人。在冰岛诗歌《洛基的争辩》（*Lokasenna*）中，洛基曾奚落她：

闭嘴，弗雷娅！我太了解你了，你以为自己毫无破绽；然而在这里聚集的所有神祇和精灵，每一个都与你有染。

让众神免于变老的长生不老果看守者伊敦（Idun），也遭到了类似的奚落：

闭嘴，伊敦！我发誓，在所有女人中你是最放荡的那个，谁能来砍掉你那弑兄之手？

奥丁的妻子弗丽嘉（Frigg）也同样遭到他的讽刺：

闭嘴，弗丽嘉！人类只要一个丈夫，而你永远渴望下一个男人！②

经典神话中的女神们的声誉大体相似。阿佛洛狄忒（维纳斯）的情人中，神与凡人皆有。她与阿施塔特（Astarte）和阿什脱雷思关系密切，她与阿多尼斯（塔穆兹）的关系也被提及。这些爱神们都既无情又任性。当伊什塔尔追求巴比伦王国的英雄吉尔伽美什时，遭到他的蔑视，他说道：

说到塔穆兹，你那年轻的配偶，你每年都必将苦难带给他。你的确爱着那才华耀眼的阿拉鲁神鸟，但你也的确攻击了他并折断他的翅膀。他站在林中哭喊“噢，我的翅膀”。

他还控诉她欺骗狮子和马的行为，以下这个晦涩的神话可做参考：

你还爱着一个牧人，他不断为你倾倒美酒，每日为你屠宰羔羊；但你还是攻击了他并把他变成一头豹子，以至于他被自己的牧童猎捕，被自己的猎犬撕碎。③

这些女神们总是喜欢折磨那些冒犯了她们或被她们厌恶的人类。德墨忒耳将阿斯卡拉福斯（Ascalaphus）变成了一只猫头鹰，并将斯德里欧（Stellio）变成了一只蜥蜴。瑞亚（Rhea）与百神之母西布莉（Cybele）相似，这个放荡的女人爱着阿提斯（阿多尼斯）。阿耳忒弥斯（Artemis）杀死了她的情人俄里翁，并将亚克托安（Actaeon）变成了一只雄鹿，后者被他自己的狗撕成了碎片。她

① *Ancient Irish Poetry*, Kuno Meyer (London, 1911), pp.88-90.

② Translations from *The Elder Edda*, by O. Bray (part i), London, 1908.

③ Babylonian *Religion*, L.W.King, pp.160, 161.

遣一只野猪破坏卡吕冬之王俄纽斯（Oeneus）的土地，夺走了众多生命。活人祭品经常被献给嗜血的"母亲"。阿耳忒弥斯最出名的一个受害者就是阿伽门农（Agamemnon）的女儿，"极其高挑又极其美丽"。[①] 阿伽门农由于杀死了一头神鹿而被女神惩罚。当战舰即将驶向特洛伊时，女神让海面变得风平浪静，结果是阿伽门农的女儿必须被献祭，舰队才能扬帆起航。因此，阿耳忒弥斯像邪恶的北风魔女和女巫那样，以兜售风来交换阿伽门农女儿的性命，以此惩罚了阿伽门农。

我们曾经习惯于假设各个民族之间有持续的文化接触，因而产生了为数不少的"宗教借鉴"，以此来解释不同的母亲女神之间的相似性。希腊神话中伟大的女神们应该是源自西闪米特人，西闪米特人则深受巴比伦宗教魅力的影响。然而，考古学上的证据却推翻了这种论断。法内尔（Farnell）博士写道："对美索不达米亚历史的最新研究明确得出了一种结论，在公元前2000年，幼发拉底河山谷与爱琴海西海岸的国家之间没有在政治上直接接触的可能。事实上，在初期的希腊与美索不达米亚世界之间有着非常强势甚或是独立的文化干预。"[②]

真正的文化接触似乎是种族间的。在苏美尔、阿拉伯半岛和欧洲的地中海新石器时代部落中，女神崇拜具有非凡的影响力。母亲崇拜是其宗教体制的主要特点，所以希腊的众女神可能起源于前希腊时期伊比利亚的凯尔特人、埃及早期王朝时期（proto-Egyptian）的埃及人和苏美尔的巴比伦人。另一方面，文献学家所谓的雅利安人，即指北边山区的人，是崇拜男性神祇的父神信徒。吠陀的印度人崇拜父神[③]，日耳曼民族与"赫梯联盟"中的一些部落也是如此。大地精灵是男性，像条顿人的精灵、印度的瑞布斯[④]（Ribhus）和布坎人（即当代蒙古族布里亚特人的"大师"）。当这些父神信徒入侵母神信徒的领地时，他们强烈推介他们的神，但并未取代母亲女神。法内尔博士说道："这些雅利安希腊人，有能力在雅典的高山上培植他们自己的宙斯和波塞冬，却无法推翻雅典娜（Athena）在雅典人民的中央神龛和原始灵魂中至高无上的地位。"[⑤] 古埃及也是如此，以创世前就已存在的古埃及人尊崇的主神卜塔为代表，父神信徒的信仰与崇拜伊希斯、穆特（Mut）、尼斯（Neith）等女神的母神信徒的信仰融合在了

① Tennyson's *A Dream of Fair Women*.

② *Greece and Babylon*, L.R.Farnell (Edinburgh, 1911), p.35.

③ 在后（?）吠陀的雅利安人"后来入侵"之前，女神并不引人注意。

④ 瑞布斯：吠陀文学中的太阳神。——译注

⑤ *Greece and Babylon*, p.96.

一起。在巴比伦王国，种族与信仰融合的进程甚至先于历史记载。早已具备各种形态的埃阿，或许最初就是“深渊女神”达姆金娜的儿子或少年情人，就像塔穆兹之于伊什塔尔。以鱼的形态存在的埃阿则是河流母亲的后代。

母神信徒们认可男性神祇，也认可女性神祇，但视伟大的女神为最高权力拥有者。虽然太古时期的精灵在埃及组合成了四对（显然在巴比伦王国也是如此），第一对中的女性比男性更具个性，例如埃及的男性神祇努就比他的配偶努特更为含蓄，巴比伦的阿普苏之于他的配偶提亚玛特也是如此。的确，在巴比伦创世泥版的记叙中（在后面的章节中有全面的讲解），伟大的母亲提亚玛特，是具有掌控力的神灵。她比阿普苏更强大、更残忍，也更长寿。在阿普苏死后，她提拔了一个名叫金古（Kingu）的人做她的丈夫，这个事实说明，在伊什塔尔和塔穆兹的神话中，这种极其古老的思维模式流传了下来。就像提亚玛特一样，伊什塔尔也是一个伟大的战斗女英雄，因为这种能力，她被封为“比众神更尊贵的伟大女神”。对信徒们来说，这可不是虚言，而是有关伊什塔尔古时至高无上地位的记忆。

有文献记载塔穆兹崇拜是如何传入耶路撒冷的。伊什塔尔作为天界女王，也受到灵性退步的以色列人的崇拜，将她作为战神和丰收之神。耶利米指责那些焚香并祭拜他们“不认识的”神的人们，说：“你们不认识，你们的父辈也不认识。”人们回答：“若我们停止向天界女王焚香，停止向她祭酒，我们将遭遇饥荒，并因战争灭绝。”女性在这些祭祀中起引领作用，但拒绝接受指责。她们说：“当我们向天界女王焚香并倒酒侍奉她时，我们给她做糕点和酒水时，岂能少了男人？”[①]另一份有关女神崇拜的文献资料也证明了丈夫们以及孩子们在仪式中帮忙的事实：“孩子们收集木材，父亲们生火，妇女们和面，为天界女王做糕点。”[②]

贾斯特罗认为，以色列的女性之所以为塔穆兹哀悼，为母神奉上蛋糕等，是因为“在所有的宗教团体中……女性往往代表着保守因素；那些被男性摈弃的宗教习俗在女性中继续流传”[③]。然而，耶利米的故事显示，男性的确协助了这些古老的仪式。在用“火花”点火的环节中，他们明显是在模仿丰收之神。另一方面，女性在供给食物时，代表着生育丰收女神。为了酬谢女神的恩赐，

---

① *Jeremiah*, xliv.

② *Jeremiah*, vii, 18.

③ *Aspects of Religious Belief and Practice in Babylonia and Assyria*, pp.348, 349.

她们用新磨的小麦和大麦——“丰收后最初收获的果实”做成糕点犒劳女神。因谷神是以孩子的形象出现的，孩子们将为点燃圣火收集木材的活动作为仪式开场。女性们为塔穆兹哀悼，显然是因为女神伊什塔尔曾为这位神祇的死哀悼。因此，与这一“保守因素”有关的建议应该真正应用于古老的民间宗教仪式中。这些祭祀仪式与巴比伦王国高雅、正式的官方祭祀仪式不同。官方仪式中会有适合的神庙和组织有序的男女祭司，但那些官方祭祀在巴勒斯坦不被认可。那些为女神奉上的糕点不会出现在亚伯拉罕的神殿中，但会出现在“耶路撒冷的街头”和其他城市的街头。①

我们可以轻松地推断出，在古时候，各地的女性都在伟大母亲女神的民间崇拜仪式中扮演主要角色，而男性则扮演那由女神创生的、在后来被称为“他母亲的丈夫”的次要的神的角色。这或许解释了女性在女神崇拜者中崇高的社会地位，地中海种族就是代表，他们早期的宗教行为并不囿于神庙，而是与日常生活息息相关。

① *Jeremiah*, vii, 17.

第六章　苏美尔与阿卡德的城邦之战

先进的文明—帕特西—主要城邦—巴比伦王国周边—埃兰人—《圣经》文献中对苏萨的描述—苏美尔人的性情—不完整的记录—基什与俄庇斯城邦—一个成为女王的店员—女神崇拜—作为宁-吉尔苏的塔穆兹—伟大的拉格什王朝—乌尔-尼纳和他的子嗣—拿破仑般的征服者—苏美尔艺术的黄金时代—历史上第一位改革家—他的成与败—埃雷克王朝—阿卡德的萨尔贡王—皇家园丁—印度的萨尔贡神话—一个伟大的帝国—一个买地的国王—征服者纳拉姆·辛—灾难性的外敌袭击—拉格什东山再起—神殿建造者古地亚—乌尔王朝—伊辛王朝—另一个园丁成为国王—巴比伦的崛起—人形化的神祇—苏美尔神祇蓄须的原因

当巴比伦文明的戏剧拉开帷幕时，我们发现已经错过了第一幕和其中许多精彩的场景。苏美尔人与阿卡德人来来去去，要想区分他们可不是件易事。虽然我们能通过飘逸的胡须、高挺的鼻子和长袍辨认出闪米特人来，但有一些极力模仿苏美尔人的闪米特人就几乎无从辨认了。值得注意的是，北方的阿卡德人比南方的阿卡德人更像闪米特人，但有时很难说一个城市到底是被土著居民的后代掌控着，还是被后来的移民掌控着。王朝兴衰更替，此起彼伏。正如在埃及，有时我们还没来得及完全领会一个王朝存在的意义及其重要性，其断断续续的历史追叙就被突然的换景打断了。

但我们能确定的是，文明得到了长足发展。巴比伦北边与南边都有许多机构完善的独立城邦，它们彼此之间频繁地发动战争。偶尔会出现几位野心勃勃的统治者超越他们的对手，发动几场轰轰烈烈的战役，从而成为统领广阔疆域的君主。按照常规，被迫臣服的君王不得不承认征服者强大的宗主权，才能使自己的城邦保持半独立状态，条件是每年都要贡奉一大批粮食。这样，他自己的律法才能得以继续施行。但城邦中的神祇始终是至高无上的，虽然他也不得不承认征服者的神祇。他自称为帕特西（Patesi），即“祭祀之王”，或更书面化一些，“主神的仆人”。然而，一个独立的君王也可以同时是一个虔诚的帕特西，因此一个被称作帕特西的君王不一定就比他的邻国势弱。

据历史记载，最初的阿卡德还包括巴比伦诸城、古他、基什（Kish）、西帕尔和巴比伦王国北部一个完全是闪族人的地方俄庇斯（Opis）。苏美尔的城市有埃利都、乌尔、拉格什、拉尔萨、埃雷克、舒鲁帕克（Shuruppak），或许还有位于“边界”的尼普尔。在北边，亚述仍在“建造中”，是一片烟瘴之地。还有一片边界模糊但辽阔无比的疆域，位于幼发拉底河的赫特（Hit）向上延伸至叙利亚海岸的地域，被称作“亚摩利人之地”。巴比伦的鱼形山谷坐落于两条河流之间，那里的城镇被绿色的田野和众多的运河环绕，在阳光下熠熠生辉。山谷的西边与阿拉伯沙漠荒凉的废墟接壤，在旱季，那儿的“岩石能在身上留下烙印”，沙尘暴不时卷着碎石子弥漫至“希纳尔（Shinar）平原”（苏美尔），如同群魔意欲毁灭世界一般。山谷最东边的天际线被波斯高原的云雾遮挡，在南边的群山中住着威猛的埃兰人，他们是苏美尔人的世敌，尽管他们显然有着相同的祖先。像时刻觊觎埃及人的努比亚人（Nubians）和利比亚人（Libyans）一样，埃兰人似乎总是徘徊在苏美尔东部的边界上，渴望着时机一到便入侵掠夺。

埃兰人的都城是苏萨城，那儿出土的文物揭示了一个可以追溯到旧石器时代晚期的独立文明存在的痕迹。苏萨城在《圣经·旧约》全书中被提及过——“尼西米的言语如下：……我在苏萨城的宫中”①。一张亚述人的城市平面图显示了它地处沙吾尔（Shawur）湖转弯处的战略地位，为苏美尔人抵御西边的入侵提供了保护。由于东面和北面流淌的运河，苏萨城完全被水包围。防御工事已经在湖边及运河岸上筑成，这些工程与高高的城墙之间的是茂密的树林。在后来以斯帖（Esther）、哈曼（Haman）、末底改（Mordecai）时期，埃兰的君王们纷纷模仿巴比伦辉煌的宫廷，这一点在《圣经》对华丽宫殿的描述中被证实，那里有“白色、绿色和蓝色的帐子，用细麻布做的绳子、紫银色的圆环和大理石柱子固定；那儿的床都是用金和银做的，下面是红、蓝、白、黑色大理石铺的路”②。越过埃兰是被米底人（Medes）和说雅利安语的其他民族占领的平原、高原和茂盛的草原。文化影响在这几个古老的族群中如春风般来来去去。

在十个漫长的世纪中，苏美尔和阿卡德在我们发现伟大的汉谟拉比之前就已繁荣兴旺。汉谟拉比的名字如今几乎和恺撒（Caesar）大帝一样耳熟能详，但

---

① *Nehemiah*, i, 1.

② *Esther*, i, 6.

我们对这个伟大时期中重要历史事件的了解是极其不完整的。苏美尔人并不像他们之后的亚述人或与他们同时代的埃及人一样热衷于历史。当要编撰铭文篆刻在石头上或印在泥版和砖块上时，苏美尔的君王选择按照惯例把敬神的事迹记录下来，而不是庆祝他们自己的胜利与征服。的确，这位普通的君王有着与济慈相似的性情，他宣布：

> 英雄眼泪流成的银色河流，伊莫金（Imogen）的昏晕，陷于贼窝的美丽的帕斯特罗拉（Pastorella），你们对所有这些事情的悲伤都要超过君王驾崩之日。

苏美尔王在情感上极其虔诚，就如同伟大的英国诗人在情感上极富诗意。伊什塔尔为塔穆兹流的眼泪，以及这位女神出于对死去丈夫的爱而被囚禁在冥府中所忍受的苦难，似乎比这片大地上经历的政治剧变和社会变革更加令皇室记录员关心。一般来说，城市的编年史不过是一些模糊事件的记录，有时还会在权杖的顶部、花瓶、石碑、石柱和雕石上发现对这些历史事件的只言片语的注解。因此，当今的发掘者和学者应当对这种在建筑砖块和石制门斗上记录君王或其他人姓名的习惯心存感激。这些记录使那些模糊的历史年代变得明朗，对比较研究来说更是必不可少。历史线索也是从年号目录中得来的。每个城邦主都会为了庆祝一个重大事件而给年份命名——他自己的成功继位，一个新神殿或城墙的竣工，或是一次成功抵御敌邦入侵。有时候，有的君王也会以官方铭文中提及的他父亲的名字，或若干祖先的名字来命名年份。有的君王还会以某个前辈的名字来命名年份，这个前辈或许曾在几个世纪前建造过一个神庙，后来经他亲自虔诚地修复过。然而这样的年份计算法并不总是完全正确的，必须把它与其他的记录对比验证，因为在古老的岁月里，这些运算经常基于一些模糊的铭文，或仅仅依靠口头传述。我们也不能盲目相信关于历史事件的任何注解，因为那些伟大统治者的事迹往往与在悠久的历史长河中逐渐累积起来的神话息息相关。我们必须认识到，即使是欧洲的东方学者们最新筛选编排的部分数据，可能也有待修正。许多能给这个令人神往的时代注入新鲜血液的有趣而重大的发现，还有待我们在这个古老的废弃之地上继续探索。而这片土地似乎仍旧被希伯来先知的诅咒笼罩着，他呼喊道："巴比伦，王国的荣耀，迦勒底（Chaldee）的卓越之美，将像索多玛（Sodom）和蛾摩拉（Gomorrah）那样被上帝毁灭。它将永远无人居住，阿拉伯人不会在那儿支起帐篷，牧者也不会在那儿建起羊栏。荒漠的野兽将躺卧在那儿，他们的房屋将充满邪恶的生物，猫头鹰将在那儿栖居，半兽人将在那儿跳舞。并且，岛上的野兽将在他们荒芜的家园嚎叫，恶龙把那儿当作它们欢乐的宫殿。”①

正如前文所示，在巴比伦文明已经高度发达之后，戏剧的帷幕拉开了。我们先将目光移至阿卡德，时间大约在公元前3000年到公元前2800年，那时埃及已成为一个联合王国，而克里特人还处于刚开始使用铜器的克里特文明初期。在基什，苏美尔与阿卡德的风格元素已经明显融合了。与此同时，这个城市已成为一个强大而独立的政府中心。年岁悄然流逝，强大的君王也随之而去，人们发现基什已经被闪米特城市俄庇斯支配，那是个地处“极北”的、坐落于底格里斯河西岸的城市。一个世纪后，基什才重新挣脱压迫者的束缚，恢复了力量与生机。

基什城是众多热衷于女神崇拜的古代中心之一。伟大母亲女神，苏美尔的巴乌，她的宝座就在拉格什。如果传统可信的话，基什的存在应归功于那位著名的女王阿扎格－巴乌（Azag-Bau）。虽然有各种各样关于她的传说，就像有许多关于声名显赫的男性的传说，如阿卡德的萨尔贡王、亚历山大大帝、成为罗马皇帝的西奥多里克（Theodoric），但这位女王很可能是一个重要的历史人物。她出身卑微，但在作为酒店店主时，就为自己赢得了声誉和影响力。虽然没有文献能表明人们相信她出身不凡，但基什的编年史还是庄重地将基什百年统治中持久的辉煌归功于她。她的儿子继承她的位置，当权二十五载。这些数字无疑非常引人注目。如果女王阿扎格－巴乌在其仅二十岁的时候就建立了基什，并在五十岁的时候生了这个未来的君主，那么他继位时女王肯定已经是个七十岁的老人了。我们进一步发现，母亲与儿子的统治繁荣兴盛地持续了五百八十六年，中间还经历了八个统治者，其中一个只统治了三年，两个统治了六年，另外两个统治了十一年。由此，我们就能很清楚地意识到，基什的史学家们发现的细节并不完全可信。很明显，这个性格强悍的女人在埃及女王哈特谢普苏特出现以前的一千三百年中大受欢迎。她的事迹，在苏美尔人和闪米特人奋力争夺政治主导权的时代，令古老基什那令人生疑的编年史黯然失色。

与此同时，苏美尔人的拉格什城也变得更强大、更具攻击性。它在一段时期内承认过基什的宗主权，但最终摆脱了压制者的束缚并宣布独立。历任强大统治者的努力累加起来，使得拉格什成为古巴比伦王国的一个大都市。

“拉格什之母”女神巴乌，与其他神祇一起受到崇拜，包括农耕之神宁－吉尔苏，他同时也是战争之神，具有太阳的特性。宁－吉尔苏还有一个称号叫

---

① *Isaiah*, xiii, 19-22.

恩－美尔希（En-Mersi），根据亚述人提供的证据，他是塔穆兹的另一个别称，是杀死暴风雪和冬日恶魔，并使大地肥沃，让人类有食物可享的春日之神。宁－吉尔苏是塔穆兹的成熟形态，就像斯堪的纳维亚的丰收之神弗雷，或天界战士海姆达尔一样。巴乌的秉性在闪米特人伊什塔尔身上得以体现。她是“伟大母亲”，造物神，所有人类与牲畜生命的源头——当然了，她还是一个丰收女神。她与“伟大的”古拉一样，能治愈疾病并延长生命。显然，拉格什的宗教信仰是基于对“天界女王”和成为“他母亲的丈夫”的儿子垂死之神的普遍崇拜。

拉格什第一位伟大而杰出的统治者是乌尔－尼纳（Ur-Nina），他似乎将自己的力量归功于前任君王成功的军事行动。我们不能确定他自己是否参与了任何一场伟大的战争。这方面有关他的历史记载很少，但就我们对他的了解来推测，他完全有能力，也有充分的准备将自己在战争中的表现做一个不错的描述。他当然会采取一些措施来维护自己的地位，因为他让人在拉格什周围筑起了牢固的城墙。他的铭文中动人地赞颂了他敬神的事迹：他修复并建造庙宇，为神祇供奉祭品，增加宗教团体的财富，通过开凿运河与发展农业使国家繁荣。除了供奉本地神祇，他还给予埃利都的埃阿和尼普尔的恩利尔实际上的承认。然而，他忽视了埃雷克的安努，这个事实表明他有能力支配埃利都和尼普尔，却不得不承认埃雷克为一个独立的城邦。

在拉格什的众神中，乌尔－尼纳最喜爱与他同名的女神尼娜。她是水神，或许被等同于“深海之神塔穆兹”的姐姐和埃阿的女儿贝利特－雪莉，因此拉格什的一条运河就是献给她的。她的皇室信徒还特令建造了一个新的神殿来荣耀她，神殿中放置着她巨大的雕像。像埃及女神“门德斯之母”一样，尼娜被供奉以鱼，不仅因为她是渔夫的守护神，还因她是谷神和母神。她后来还被等同于伊什塔尔。

巴黎卢浮宫中保存着一个著名的石灰岩匾，上半部分描述了虔敬的君王乌尔－尼纳参加一个神庙的奠基仪式。这个神庙或许是献给女神尼娜的，又或者是献给宁－吉尔苏的。他的脸庞干净，发型整齐，他有高挺的鼻梁和坚毅的嘴巴，能言善辩，善于决策。他脖颈与下颌的皱纹显示了他俾斯麦人的特征。他上半身赤裸，下半身着一件苏格兰褶裙，三个荷叶边都垂至脚踝。他的长额上灵巧地放置着一个装有泥土的编织篮，他要用这泥土做建造神庙的第一块砖。他前面站着五个人。除了这位杰出的君王外，最重要的人物雕像比其他人更大，从而凸显其荣耀。很明显，这是一个皇室公主，因为她的头发未被削剪，她的披肩或长发垂过了她的一条手臂。她名叫丽达（Lida），她在仪式中扮演的引人注目的角色说明她代表着女神尼娜。她由她的哥哥们和至少一个官员、斟酒人[1]（up-bearer）安妮塔（Anita）或大祭司陪伴。这场仪式的结束部分或另一个仪式场景，记载于石匾的下半部分。乌尔－尼纳并不像乍看之下那样，坐在他的宝座上，将酒杯举至唇边，为奠基的成功干杯，而是将酒洒在地上。公主并未出席，国王旁边的荣誉之席上坐的是王储。这个场景纪念的或许是宁－吉尔苏。三位男性，可能是皇室贵族的儿子，伴随在耀眼的王储身边。斟酒人则站在宝座的后面侍奉。

这块中间穿了孔以便钉在神龛上的石匾，记述了乌尔－尼纳建立的神庙，包括那些献给尼娜和宁－吉尔苏的。

乌尔－尼纳统治的繁荣时期落下帷幕后，他的儿子阿库加尔（Akurgal）登上王位。他与坐落在拉格什西北部两运河沙特－埃尔－卡伊（Shatt-el-Kai）和沙特－埃尔－哈伊（Shatt-el-Hai）之间的强大城邦乌玛（Umma）有纷争。一支入侵其领土的突击队被轻易击退。

下一位国王名叫安纳吐姆（Eannatum），具有与拿破仑相似的性格。他是一个有着极大野心的军事天才，通过征服一个小但显耀的帝国成功建立了威信。像他的祖父一样，他也加固了拉格什的防御工事，并参与了一系列成功的战役。乌玛给拉格什造成了恐慌，但安纳吐姆猛攻并占领了敌城，将敌城一片肥沃的平原据为己有，并强制他们每年以实物进贡。一支埃兰人的军队从山里突袭，乌尔－尼纳的孙子将这些大胆的外族一举击溃并逐出边境。后来，好几个城市都被迫屈服于耀武扬威的拉格什的统治，包括埃雷克、乌尔。既然埃利都已经承认了他的宗主权，安纳吐姆在苏美尔便牢固地确立了至高无上的权力。

显然，北边奥皮斯城的国王祖祖（Zuzu）认为，战胜强大的苏美尔征服者的时机到来了，同时他要在那些被压制的、因战争而荒废的城邦中施行闪米特人的统治。他带领一支大军向南推进，但那不知疲倦且永远保持警惕的安纳吐姆急于发动战争，驱散了奥皮斯的军队，并擒获了有勇无谋的祖祖。

然而，安纳吐姆的功绩并不限于战场。他在拉格什为发展农业进行了有力的改革；他建造了一个巨大的水库，并开发出四通八达的灌溉水道。他还扩建并修复了他的故乡和埃雷克现存的庙宇。作为一个艺术赞助人，他鼓励雕塑，苏美尔最好的雕塑精品都出自他统治的时期。

---

① 斟酒人：宫廷中给皇室成员上酒水的具有高级头衔的官员。——译注

安纳吐姆王位由他的弟弟安纳吐姆一世（Enannatum I）继承。这位新任君王显然没有皇兄那样的军事韬略，城邦联盟日渐松散，出现了动荡的迹象。的确，乌玛起义了。一支军队从那个城市进军，强制占领了安纳吐姆曾据为己有的平原，将地标拆除损毁，并在其他方面继续挑战这个帝国的权威。拉格什的一支军队击败了乌玛人，但似乎只是暂时遏制了他们的侵略趋向。

下一任君王恩铁美那刚刚继位，叛乱的火焰就再次燃起。据说，乌玛的帕特西决心要一劳永逸地将他的祖国从拉格什的束缚中解放出来。

但他严重低估了这个年轻气盛的统治者。恩铁美那给予叛军致命的打击，继而乘胜追击，翻过城墙，抓获并杀死了帕特西。随后，为了扑灭乌玛城内叛乱的余烬，他采取措施，将手下一位名叫伊利（Ili）的官员任命为乌玛总督，并为他举行了隆重的就任仪式。

其他军事上的成功也随之而至，包括将俄庇斯和基什收入囊中，这为拉格什确保了多年的霸主地位。性格强势的恩铁美那，和平时期忙于加强城市防御工事，加固和改善灌溉系统。他生活在苏美尔艺术的黄金时期，现存于卢浮宫的、从特略（Tello）墓冢中挖掘出来的精致的拉格什银花瓶就是在其统治期间制作而成的。这个充满诚意的贡品被国王放置在宁－吉尔苏的神殿中。它制作精巧，并有一个铜质底座。瓶上具有象征意义的装饰包括狮头鹰，它或许是春日战争与丰收之神的一种形态，还有一头母亲女神喜爱的狮子，一只鹿和一头野山羊，让我们想起阿施塔特山中的畜群。铭文中，国王被称作帕特西，大祭司被赐名杜度（Dudu），暗示祭司日渐强大的权力。经过二十九个年头的英明统治后，国王离世。他的儿子安纳吐姆二世继位，成为乌尔－尼纳家族的最后一位统治者。接踵而至的是一个昏暗的时期。显然，城中发生了一场叛乱，这给了拉格什的敌人一个渴望已久的机会，为接下来的反抗积蓄力量。文献还记载了埃兰人的一次突袭，虽然被击退，但可以看作是当时政治动荡的一个证据。

有一个或两个祭司短暂地接管了拉格什的政权，然后，著名的乌鲁卡基那（Urukagina），历史上第一位改革者上台执政了。他首先以帕特西的身份统治，后来自称为王。可以肯定的是，他领导了一场伟大的社会变革，获得了一大批神职人员的支持，因为他将他的成就归功于神祇宁－吉尔苏的意旨。其他神祇——宁－吉尔苏和尼娜的子女，都得到过前任国王们的认可。拉格什传统的社会阶层，尤其是农民阶级，有可能因为这个新统治者废除了他们所反对的改革而支持他。

拉格什乌尔－尼纳王朝精力旺盛且统治高效的君主们，就像为自己建造金字塔的埃及第四王朝的统治者胡夫①（Khufu）及其后辈们一样，显然以暴君和压迫者的形象被人们憎恶和诅咒。为了维持众多神庙和常规军队的开支，商人和农民被征收沉重的赋税。为了拓展和开发农耕土地，每个继任的君主都广泛参与各种公共活动，目的就是增加国库税收，以维持城邦的军事力量并确保它作为首府的荣耀。一个有闲阶层应运而生了，伴随的结果就是文化的孕育与文明的发展。公元前 2800 年前，拉格什似乎已经极其现代化，随着旧秩序的消亡，重大社会问题频出，但似乎从未被认真对待过。所有社会动荡的征兆只要一出现，就会被乌尔－尼纳王朝的铁腕君主们强力压制下去。

在苏美尔，人们因日益沉重的赋税而痛苦呻吟，臭名昭著的腐败官员却泛滥成灾。不像埃及一样有皇室审计员，他们似乎根本不受约束。乌鲁卡基那的一块碑上记录着，“在宁－吉尔苏的领地，税收官们瞒天过海”。他们不仅剥削国库，还通过堂而皇之地抢劫为自己增加财富。祭司们也纷纷仿效，加倍缴纳费用，并将神庙的祭品据为己有。拉格什辉煌的政治体制因那些本该成为其中流砥柱的人们的欺诈行为而遭受重创。

改革势在必行，甚至有些为时已晚。然而，对于拉格什来说，不幸的是，乌鲁卡基那对人民事业的热情最终演变成为狂热。在国家危难之际，本应逐步调整政府机构以确保公平公正，并尽量避免损害其防御力量，而他却不计后果地展开了大规模的社会变革。

税收和神庙的支出被削减，官员的数量也被减到最少，社会陷入彻底的混乱。由有闲阶级和官僚阶级组成的军队几乎不复存在，商人和农民的赋税减轻了，代价却是物质安全保障的缺失。

毫无疑问，乌鲁卡基那的动机是无可指摘的。他行为正直，拒绝奢靡，为所有身居要职的官员树立了榜样。他虔诚无私，建造和修复神殿，甘为神灵之管家，为所有真正的信徒谋求福利。他的律法与两个世纪后的《汉谟拉比法典》类似。与汉谟拉比一样，他扶弱助贫，力图为这个王国建立公正和自由。但他的乌托邦理想还是如梦般破碎了，只因他没能认识到正义必须由武力支撑。

在推行疾风暴雨般的社会改革时，乌鲁卡基那无意间放任了动荡和混乱力量的滋长。拉格什许多被革职或被没收财产的有闲阶级与军人阶级的代表在各处寻求庇护，因此滋长了在各个附属国郁积的反叛之心。乌玛无论如何都会记得曾经受到的压迫，并很快意识到拉格什的铁腕已经渐渐失去了力量。这个热

① 胡夫：全名胡尼胡夫，埃及第四王朝第二位法老，被历史学家称为“可憎的暴君”。——译注

情且敢于打破陈规的改革者乌鲁卡基那仅仅在位七年，就被召唤去保卫他的子民免于入侵者的袭击。他似乎对此毫无准备。乌玛的胜利之军扫荡了拉格什宏伟的城市，仅仅一天就动摇了它的力量。一个祭司留下的虔敬的碑文记录了这场巨大灾难引发的反响。这个祭司确信，这些征服者将会因为他们违背伟大神祇宁－吉尔苏而犯下的罪孽受到审判。他为发生的屠杀与抢掠哀悼。从他的记录中我们收集到如下事实：乌玛的侵略者甚至血染圣殿周边，雕像被打碎，宝石被劫掠，谷仓被搜刮，未收割的农作物被掠夺，建筑被焚毁。在这可怖且野蛮的复仇中，这位如今已成为悲剧人物的伟大改革者突然从我们眼前消失了。他或许消逝在某个燃烧的神殿中，或许在某条遍布着其子民尸体的被鲜血染红的大街上做了一具无名尸。拉格什的荣耀随着乌鲁卡基那一同逝去。虽然这座城市及时地被重建，甚至变得比以前更加宏伟，但它再也没能成为苏美尔的首府。

这位毁灭拉格什的复仇者就是乌玛的帕特西卢伽尔－扎吉西（Lugal-zaggi-si），苏美尔早期历史上一个飞扬跋扈的人物。我们从一位不知名的抄书吏的碑文上得知，他将所在城的女神命名为尼达巴（Nidaba）。这个抄书吏将卢伽尔－扎吉西视为忤逆神祇宁－吉尔苏的罪人。卢伽尔－扎吉西似乎还是恩利尔的信徒，他将他军事上的成功归功于恩利尔的影响。但恩利尔并不是他的最高主神，只是替他向他深爱的父亲——天神安努传达祷告的使者。毫无疑问，宁－吉尔苏象征着与乌玛的那些不愉快的记忆有关的神学派系。拉格什神庙遭到的洗劫和焚烧就是明证。

打破拉格什的政权后，卢伽尔－扎吉西将注意力转移到敌城基什，那儿闪米特人的影响居支配地位。著名女王阿扎格－巴乌王朝的最后一位君主纳尼扎克（Nanizak）继位仅仅三年后，就死于乌玛征服者的剑下。尼普尔也同样沦于他的统治之下。此外，他还收服了南方的一些城市。

卢伽尔－扎吉西将古老的埃雷克选为城邦的首府，这是安努与他的女儿娜娜女神的城，她后来被认为是伊什塔尔。安努的配偶叫安那图（Anatu），这对夫妻神祇后来被抽象化，就像他们的父母，巴比伦创世故事中的人物安沙尔与基沙尔一样。娜娜被人们作为植物女神加以崇拜，她与安努的关系类似于埃利都的贝利特－雪莉与埃阿的关系。

安努和埃阿有相同的渊源，他们的区别在于，一个是天界之上的水神，一个是大地之下的水神，都以安沙尔的形态存在。在别处，女神的恋人春日或春月主神最为显赫，取代了年长的神祇，如拉格什的宁－吉尔苏。在西帕尔，闪米特名字为沙玛什的太阳神巴巴尔被尊为主神，而在乌尔，月神继续享有至高无上的权力。这一专门化的过程应当归因于本土理论化和外来移民的影响，这在前面的章节中已经讨论过了。

卢伽尔 - 扎吉西自称为各城的神祇最为青睐的统治者，统治着整个苏美尔。他的帝国拓展至多远，现已无从考证，但似乎越过了阿卡德，甚至延伸到叙利亚海岸，因为在一个铭文中记载着他“从海平面低处（波斯湾）一路向前，越过幼发拉底河与底格里斯河，直到海平面高处（地中海）”。然而，城邦的忠诚取决于中央权力是否强大。他的一个继承者发现了攻打基什的必要性，因为基什一直在伺机恢复独立。

据基什的编年史记载，卢伽尔 - 扎吉西之后，苏美尔与阿卡德的下一任统治者是著名的萨尔贡一世（Sargon I）。他可以说是一个冒险者或篡位者，将他的王位间接地归功于卢伽尔 - 扎吉西，因为是他废黜了阿卡德的统治者。现代的碑文部分地证实了萨尔贡是平民出身。在前面一章中提到了与他的记忆有关的类似塔穆兹的神话。他的母亲是个维斯塔贞女[①]，将自己献给太阳神沙玛什，而他的父亲是个从山里来的不知名的外地人——有迹象表明他有闪米特血统。也许，萨尔贡的得权应归功于亚摩利人[②]（Amorites）土地上的一群曾被卢伽尔 - 扎吉西侵略过的移民的协助。

根据神话传说，萨尔贡出生后就被隐藏起来了。他被放置在一叶小舟中，顺水漂流，被一个平民抚养长大，默默无闻，直到闪米特女神伊什塔尔给予他帮助。

印度有一个类似的纪念卡尔纳的神话，卡尔纳相当于梵文史诗《摩诃婆罗多》中的赫克托（Hector）。伽摩[③]（Kama）的母亲，后来成为女王的普瑞赛公主（Princess Pritha），为太阳神苏利耶（Surya）所爱。她秘密生下儿子后，将他放置在一个柳条编成的方舟里，让它随波逐流。最终，方舟到达了恒河，并经由恒河漂到了应伽国（Anga）。在那儿，这个孩子被一个女人救起，并被她和她的丈夫，一个战车御者养大。不久，卡尔纳就成了一个伟大的武士，并受考拉瓦（Kaurava）勇士加冕，成为应伽王（King of Anga）。[④]

---

① 维斯塔贞女：侍奉圣火维斯塔女神的女祭司，因奉圣职的三十年内须守贞而得名。——译注

② 亚摩利人：闪米特人中的一支。约公元前 1894 年，亚摩利人首领苏姆 - 阿布姆在美索不达米亚南部建立巴比伦王国，史称古巴比伦。——译注

③ 伽摩：印度神话中的爱欲之神，相当于希腊、罗马神话中的丘比特。——译注

④ *Indian Myth and Legend*, pp.173-175，192-194.

根据传说，在成为国王之前，阿卡德的萨尔贡，即文字记载中的舍鲁金（Sharrukin），是基什城战神扎玛玛（Zamama）神殿中的园丁兼看守人。后来，这个神祇被等同于埃阿之子米罗达、恩利尔之子尼尼普和拉格什的宁-吉尔苏。他因此成了塔穆兹的多种成熟形态之一：一个太阳、谷物、战争之神，以及人类的仲裁者。基什的女神似乎是巴乌的一种形态，这一点可以从传说中这座城市的创始人——女王阿扎格-巴乌的名字中得以证实。

不幸的是，我们对萨尔贡的统治所知甚少。毫无疑问，他是个卓越的将军和能干的统治者。他建立了一个庞大的帝国，包括苏美尔、阿卡德，还有被称为“西方之地”或“亚摩利人之地”的阿穆路（Amurru）。埃兰人给了他一个向东扩张的机会：他们似乎袭击了奥皮斯，但被击退了。他率军不止一次地越过这个国家被称为安善（Anshan）的西部地域，深入并最终统治了这个国家。很多吸收了苏美尔文化的闪米特移民都去了那儿。

在萨尔贡统治期间，阿卡德的辉煌超越了巴比伦。在一篇预言文字中，萨尔贡王被称颂为“无与伦比的尊贵之王”。传说在他晚年时，所有巴比伦的城邦都起来反抗他并包围了阿卡德，但这个年迈的勇士带领他的军队迎战敌方联军并大获全胜。

萨尔贡一世之后继位的玛尼什图苏（Manishtusu）也征服了一个由三十二个城邦组成的联盟军，因此，他一定也是一个杰出的将军，但他作为君主的赫赫声誉却源于购买过好几个与隶属城邦比邻的大型地区。他可能是为了稳住那些闪米特同盟国，因为相比于那些被他们驱逐的工人，这些闪米特同盟国反叛的概率更小。然而，他在其他地方为那些被取代的工人找到了工作。这些交易被记录在一个纪念牌上，但后来和其他战利品一起被埃兰人掠走，并在苏萨被发现。这些交易显示，在远古时期（大约公元前2600年），即使是四处征战的君王，也认为应该遵守既有的土地律法。下一任统治者乌鲁木什（Urumush）①，在埃兰和其他地区也获得了成功，但死于一次宫廷政变。

阿卡德的下一任国王，杰出的纳拉姆·辛（Naram Sin），在历史和传说中都占据十分重要的位置。根据基什的编年史，他是萨尔贡的一个儿子。不管他是不是，我们都能肯定，他继承了那个曾经身为园丁的君王的军事与政治才能。在他统治时期，艺术繁荣发展。这个时期值得记忆的遗产之一，就是在苏萨被发现的为了庆祝纳拉姆·辛的一次胜利而精雕细刻的纪念石碑。这是目前人们

① Or Rimush.

所知的巴比伦石雕工艺中最好的作品之一。

纳拉姆·辛曾为了对抗一个山区民族发起过一场成功的战役。这个纪念石碑刻画了这位勇猛的国王如何带领军队爬上陡坡，并在一个耸立于星空之下的山峰上绕行。他的敌人在他面前仓皇逃跑。一个敌人躺在地上，被手里握着的箭穿透了喉咙，还有两个从绝壁上跌落，剩下的显然都在乞求他的怜悯。石碑上刻画的树木显示了这片被征服的土地上林木繁茂。纳拉姆·辛带着战斧和弓箭，头盔上装饰着兽角。整个碑文生动活泼，分组精细，一支训练有素的军队的飒爽风姿与对方守军中逃跑残兵的绝望形成了鲜明对比。

这个时期，巴比伦王国东北部的闪米特山地人成为各城邦最具侵略性的敌人。两个最突出的代表是纳维亚库提姆人（Gutium）或库图族（Kutu）和鲁鲁布人（Lulubu）。纳拉姆·辛的伟大帝国囊括了整个苏美尔和阿卡德，阿穆路和巴勒斯坦北部，还有埃兰的一部分，以及北部地区。他还取道波斯湾，深入阿拉伯半岛，使那里的闪长岩得以开采。他的其中一个石碑，现存于君士坦丁堡的奥斯曼帝国博物馆，将他描述为一个满脸胡子的具有闪米特人特征的男人。他一生都被人们奉若神明——这是外来思想被引入的明证，因为苏美尔人从不崇拜他们的国王和祖先。

纳拉姆·辛是其家族中最后一位伟大的君王。他死后不久，阿卡德的政权就分崩离析，苏美尔城市埃雷克再次成为帝国的中心。然而，埃雷克的胜利是短暂的。二十五年后，阿卡德和苏美尔被来自东北山区的凶猛的纳维亚库提姆人扫荡了。他们洗劫并焚烧了许多城市，包括巴比伦。这些侵略者带来的恐怖记忆一直持续到古希腊时代（Grecian Age）。接下来的是一个如同埃及希克索斯王朝时代（Hyksos Age）一样的不起眼的时代，持续时间相对较短。

当迷雾散去，拉格什城重振雄风，成功抵御了纳维亚库提姆人的猛攻，但它再也没能恢复乌尔－尼纳王朝曾经有过的辉煌。显然，在王朝更替期，得益于几任英明的君王，拉格什城在相当大的程度上保持着独立，因为它的独特性并未受损。在所有精力充沛又能干的帕特西中，最有名望的当属古地亚，他的统治介于公元前2400年之前的某个时期。与闪米特人纳拉姆·辛形成鲜明对比的是，他不留胡须并明显有着苏美尔人的外貌特征。在三到四个世纪的默默无闻后，古地亚喜爱的神祇宁－吉尔苏战胜了妒忌的对手，再次成为主神。商业与艺术都蓬勃发展。古地亚借助一尊当时最具特色的雕塑，将自己刻画为一个建筑师。他虔敬地坐着，双手交叠，膝盖上放着一张神殿的平面图，他的头高高抬起，仿佛在看着施工人员忙着将他一生的梦想变成现实。他感兴趣的神殿是为了纪念宁－吉尔苏而建立的。从它的遗迹就能看出精巧的构造与宏大的美感。像后来的所罗门一样，古地亚从很多遥远的地区为他的神殿采购原料——黎巴嫩的雪松、阿穆路的大理石、阿拉伯半岛的闪长岩、埃兰的铜等等。显然，这位拉格什国王有足够的力量和财富使自己获得广泛的尊敬。

另一个在苏美尔破碎的城邦中崛起的城市是乌尔，月亮崇拜的中心。古地亚死后，不同的国王在拉格什和尼普尔甚至遥远南方的埃雷克和拉尔萨实施统治。整个拉格什第二王朝持续了将近一百二十年，在这期间，乌尔的繁荣堪比埃及的底比斯（Thebes），它的君王们自称“四方之王”。乌尔国王敦基统治期间，南纳崇拜在尼普尔得到了官方的认可；在埃雷克，天神安努的大祭司变成了月神的大祭司。显然，与月亮崇拜相关的母系观念再次占据了主导地位，因为国王委任他的两个女儿统治埃兰和叙利亚地区被征服的城邦。征服者敦基在其统治生涯的后半期还身兼埃利都的大祭司。如此看来，早期苏美尔的宗教观念得以复兴。深渊之主埃阿已经长期失去了荣耀，但在敦基去世前的几年里，在尼普尔曾为他建造过一座神殿，他被当成巴比伦的土地神达甘（Dagan）受到敬拜。直至他持续了五十八年的执政快要结束时，这位伟大的君主仍在不知疲倦地发动战争征服土地，建造神殿和宫殿，并在苏美尔和阿卡德开发自然资源。他的众多改革措施之一就是引进通用重量标准，此举得到了月神的神圣批准。如同在埃及，月神是人类交易和生活的测量者及监管者。

这个时代还有许多有关苏美尔商业和法律的记录，它们最终被劫掠至苏萨，又在苏萨被法国的勘探者复原。

在敦基死后的半个世纪里，乌尔王朝走向了终结，它的最后一个国王被一支埃兰人的军队捕获。

这个时代之后的某个时期，亚伯拉罕从乌尔移居至北边的城市哈兰，那儿月神依然是城市的主神，被称为巴力，或“主人”。某些埃及学家确信，亚伯拉罕在第十二王朝期间在埃及旅居过，根据柏林最小年代测定系统，第十二王朝的统治从公元前2000年延续到公元前1780年。因此，这个希伯来族长可能是汉谟拉比的同时代人，被等同于《圣经》中的希纳尔王暗拉非（Amraphel）。[1]

然而，在乌尔的统治衰落之后、巴比伦的伟大君主登基之前，苏美尔的权力中心转移到了伊辛，那里的十六位君王繁荣统治了两个多世纪。在那些尊贵的姓名中，埃阿和达甘，西恩、恩利尔和伊什塔尔的名字得到了认可，这表明苏美尔宗教被闪米特化并得到了普遍认可。太阳神被等同于尼尼普和宁－吉尔

① *Genesis*, xiv.

苏（Nin-Girsu），丰饶、收获与战争之神，但如今发展得更为成熟并类似于“闪耀者”巴巴尔，阿卡德西帕尔的太阳神，他的闪米特名字叫作沙玛什。沙玛什最终发展为公平与正义之神，因此当治理良好的社会群体将他们的宗教信仰系统化以反映社会现状时，沙玛什就居于支配地位。

伊辛王朝的第一个伟大君王是伊什比－乌拉（Ishbi-Urra），他的统治持续了三十二年。像他的继任者一样，他称自己为“苏美尔与阿卡德之王”，他的统治延伸至太阳崇拜占主导地位的西帕尔城。他的影响还遍及埃利都、乌尔和尼普尔，所以他必然认可了埃阿、西恩、安努和恩利尔等神祇。这一时期，以贝尔－恩利尔为主神的国家万神殿已经具备雏形。恩利尔后来被巴比伦的米罗达取代。

公元前2200年之前，伊辛的主权受到了一次挑战。乌尔王根古努（Gungunu）与拉尔萨联合（他曾修复了后者的太阳神殿），公然宣布自己是苏美尔和阿卡德的统治者。但伊辛在与其前任毫无瓜葛的乌尔－尼尼普的带领下再次集聚力量。乌尔－尼尼普或许来自尼普尔，在那里，尼尼普神被当作主神贝尔－恩利尔之子而受到崇拜。

根据一份巴比伦的文献资料，乌尔－尼尼普的一个皇孙由于没有直系子嗣，将他的园丁恩利尔－巴尼（Enlil-bani）选作继承人。他将王冠戴在这个无名之辈头上，自己选择退位，并在他的宫殿中神秘地死去。

恩利尔－巴尼，其名字意味着“恩利尔是我的创造者”，很有可能是一个像阿卡德的萨尔贡王一样的篡位者。他还可能散布了有关他出身不凡的神话，为他的突然当权正名。真相似乎是这样的：他在一个极度动荡的时期作为宫廷政变的领袖登上王位。但是他的当权受到了质疑。一个名叫西恩－伊基沙（Sin-ikisha）的反抗者，显然是一个月亮崇拜者，还可能与乌尔有所关联，取代了这个篡位者，并宣布自己为王。然而，在短短六个月的统治后，他就被恩利尔－巴尼推翻。巴尼将自己的胜利归功于主神尼普尔，并借用其名。虽然他采取加强伊辛防御工事的措施以确保自己的地位，但在统治了二十五年后，其王位却没有被自己的子嗣继承，如果他有子嗣的话。与他毫无亲缘关系的赞比亚王（King Zambia）继承了他的王位，但其统治只维持了三年。接下来的两个君王的名字无人知晓。西恩－玛吉尔（Sin-magir）继位，后来又由达米科－伊利舒（Damik-ilishu）接任，成为伊辛的最后一个王。

达米科－伊利舒二十四年的统治结束后，委身于拉尔萨的统治之下。拉尔萨的统治者是瑞姆·辛（Rim Sin）。后来伊辛被伟大的汉谟拉比的父亲，巴比伦王西恩－穆巴里特（Sin-muballit）占领。瑞姆·辛是埃兰人。

再后来，旧的秩序逐渐消逝。巴比伦成为大都市，苏美尔和阿卡德的名字再没人提起，于是这个两河之间的帝国被统称为巴比伦王国。①

不同的城邦中施行的各种各样的律法体系最终被汉谟拉比编成法典，他为所有城市指派总督，在他的统治下代替各个帕特西和城邦主。一个新的、具有代表性的国家万神殿也建成了，由巴比伦的城市之神米罗达掌管。

至于这个年轻的神祇是怎么走向最高权力的，这与巴比伦的创世传奇有关，这个传奇会在下一章里讨论。② 在从古老神话的碎片中构建这个传奇故事的过程中，米罗达所在的城市被赋予神圣的最高统治权。这样就确保了后代的忠诚，不光依靠法律的强大力量，还依靠在各个行政中心重新组织起来的神职人员形成的综合影响力。

一个有趣的问题出现了，这里应该提及一下。这个问题与阿卡德崛起为一个强国前后时期各个神祇的代表性雕像有关。据发现，虽然苏美尔人在其历史初期是剪发剃须的，但他们崇拜的神祇却是蓄须留发的，而且胡须的形状或方或尖。

苏美尔的神祇在哪个时期被赋予了人形，我们不得而知。正如我们在第二章和第三章已经讲述过的，所有主要的男女神祇在有人形之前都具有动物形态和复合怪兽形态。埃阿显然在他身穿鱼皮之前就有了鱼的形态，正如一个埃及神祇在他身穿牛皮显为人身之前就是一头公牛。

古老的苏美尔的动物神祇和基于万物有灵论及图腾渊源的复合怪兽神祇在神人同形同性化时期之后依然被保留了下来，用于装饰或制造魔幻效果，还作为象征符号。有一种神祇头饰是一顶周围装有兽角的帽子，兽角之间有一只狮头飞鹰，象征着宁-吉尔苏。这位神祇还有狮子和羚羊的形态，可能出现在已经遗失的神话中——或许它们就像是被伊什塔尔爱着的动物，并且出现在《吉尔伽美什》史诗中。同样，双翼飞牛与月神南纳，或乌尔的西恩，即“带角的阉牛”有所关联。许多圆筒图章中都印着成群的复合怪兽和野兽，它们显然矛盾的同时象征着神祇与恶魔。

古埃及为与此相关的比较研究提供了启发性数据。孟菲斯城的原始神祇索卡尔一直保留着他的动物与复合怪兽形态。其他神祇也被描述为有着人类的身体和鸟、蛇、鳄鱼的头部，从而在古老的恶魔与后来的人形神祇之间形成了某种联系。苏美尔的一个例子是神化的埃阿-巴尼（Ea-bani），像潘（Pan）一

---

① 相当于巴比伦。在加喜特人时期，其名为卡尔杜尼亚什。

② 该叙述紧接着《创世的七块泥版》及其残片，同时也借鉴了波洛修斯给出的解释。

样，有着山羊的腿和蹄。

苏美尔最早的人形化神祇出现在拉格什的特略出土的浮雕上。然而，这些古老神祇并没有按闪米特人的样子蓄须。相反，他们嘴唇周围和脸颊的胡子都被刮净了，而下巴上却留有一撮夸张的胡须。对此的解释是，苏美尔人在他们自己还没开始完全把脸刮干净之前，就把他们的神祇人形化了，而地中海人种保留的独具特色的面部毛发是出于宗教本能的保守主义的另一个例子罢了。在埃及，代表着神的法老剃光胡须，在下巴上留着一撮假胡须；甚至连哈特谢普苏特女王也认为，在国事场合有必要带上假胡须。卜塔 - 奥西里斯[①]（Ptah-Osiris）直到托勒密（Ptolemaic）王朝还保留着他古老的胡须。

早期的苏美尔人很可能没有受到任何异域民族习俗的影响，这一点从他们给所有神祇都蓄上胡须可以看出来。拉格什的帕特西古地亚时代，才给他们的神祇蓄上浓重的髭、络腮胡和闪米特式的飘逸胡须。然而，那时他们也许已经完全忘记了古老习俗的意义所在。拉格什的雕塑家们也可能受到了阿卡德艺术流派的影响，该流派曾为庆祝纳拉姆・辛的胜利制作了精致的石碑，并采用了闪米特人雕刻蓄须人物的传统工艺。无论如何，他们更倾向于学习并沿袭阿卡德的艺术成就，而不是远古时期粗糙的半成品。此外，他们还生活在一个闪米特君王们被奉若神明、闪米特领主们具有巨大声誉和影响力的时代。

在早期苏美尔时代，闪米特人还没有得到足够的重视。农耕民族不大可能将那些下山劫掠财物后带着战利品返回家乡的盗贼认作神祇的模型。他们更可能将其视作“异乡魔鬼”。然而，其他闪米特人，带着木材、石材，特别是铜来做生意，并在城中形成一个个团体，他们可能对苏美尔的宗教思想产生了很大影响。例如在整个巴比伦都受到认可的神祇拉曼，就是一个向北远至小亚细亚，并贯穿叙利亚的山区中的民众信仰的神。他可能是由接受了苏美尔人的生活习惯并剪发剃须的移民引进的。虽然古老的城市不可能不受任何外部世界的影响而孤立存在，但它的居民还是不大可能依照外来者的神祇塑造自己的神祇。如果我们相信高度文明的苏美尔人将他们的神祇从复合怪兽进化到人形，是出于尚未开化的游牧民族的教导和榜样作用，那我们就太过轻信了。无论如何，这样的假设都没有来自古埃及的证据作为支撑。

---

① 卜塔 - 奥西里斯：埃及九大神明之一奥西里斯的变体，古埃及中王国时代（十一王朝时期）受到敬拜的复合型葬礼之神，代表着宇宙的三个层面，即创造、稳定和死亡。——译注

第七章 创世传奇：屠龙勇士米罗达

原始深渊之古老精灵—阿普苏和提亚玛特龙—密谋杀死诸善神—埃阿战胜阿普苏和玛米奴—龙的复仇准备—安莎祈求米罗达—诸神的节日—米罗达升任宇宙之主—龙被屠，邪恶众神被掳—米罗达重整万神殿—人类起源—米罗达作为亚沙里—巴比伦的奥西里斯—人类的主要目标—善恶之源提亚玛特—毒蛇或蠕虫形态的龙—创世神话中的民间故事—英国新石器时代传奇—《圣经》里的龙—父子主题—米罗达和塔穆兹—一神论趋向—双性神祇

宇宙始于海，天地无名。父为原始深渊之神阿普苏，母为混沌之神提亚玛特。没有平原，不见沼泽，神明不在，命运未定。水中波澜，神明而出。最先有的是拉赫穆神和拉哈穆女神。多年过后，有了男神安沙尔和女神基沙尔。神祇逐渐强大，有了天神安努，其配偶为安那图，还有了兼具智慧与力量、独一无二的埃阿。现在，众水之神埃阿被称为大地之父恩奇，其配偶是不朽女神达姆金娜，也称大地之母伽姗-金（Gashan-ki）。埃阿和达姆金娜之子贝尔适时创造了人类。[①]如此，神系建立，执掌权力与荣誉。

现在，在一片混沌中，阿普苏和提亚玛特感到心烦意乱，因为后代诸神渴望掌控宇宙，建立秩序。[②]阿普苏强大而暴躁，提亚玛特动辄咆哮着卷起狂风暴雨。他们意图在永恒的混乱中作恶。

阿普苏召来穆木（Mummu），他的谋士，也是时常与他分享心事的儿子，说："噢，穆木，见到你真高兴，我们一起去见见提亚玛特，同她说说话吧。"

如此，他俩朝混沌之母（the Chaos Mother）走去，向其跪拜行礼，一同商量如何阻止诸神之举。

---

① 年长的贝尔是尼普尔的恩利尔，年轻的贝尔是巴比论的米罗达。根据古罗马哲学家达马斯基奥斯的说法，年长的贝尔在埃阿之前就已经存在了；埃阿和恩奇一样，与年长的贝尔有相同的性格特征。

② 这是从残存的文本中得出的结论。

阿普苏说："噢，光芒四射的提亚玛特，诸神的企图真让我烦恼，日不能思，夜不能寐。我要阻挠他们，打碎他们的美梦，使他们悲伤和哀痛，如此我们才得以安睡，免受他们打扰。"

听完这些话，提亚玛特咆哮了。她怒吼着掀起暴风雨，恨恨地下了诅咒，然后对阿普苏说："怎么破坏他们的计划，使我们免于烦愁?"

谋士穆木对阿普苏说道："虽然诸神很强大，但是你能战胜他们；虽然他们的意图很坚定，但是你能挫败它，然后你就能日夜安睡了。"

听完穆木一席话，阿普苏眼前一亮，但是一想到敌对诸神的企图，他还是忍不住颤抖。他和提亚玛特一起哀悼，因为诸神改变了一切，诸神的计划使他们心中充满恐惧。他们悲痛不已，与穆木密谋作乱。

无所不知的埃阿来了，他看见邪恶的三人在一起嘀咕谋划着。他施咒打败并俘虏了阿普苏和穆木。[①]

提亚玛特的心腹金古谏言道："阿普苏和穆木已经被打败了，我们不能坐以待毙。你应该为他们复仇，噢，狂暴的提亚玛特!"

听到这位亦正亦邪的神祇的话后，提亚玛特说道："相信我的力量，让战争开始吧!"

随后，混沌和深渊众神聚在一起，怒火中烧，不眠不休，日夜策划，全面备战。

创世之母恰伯[②]（Chuber）[③] 提供了无坚不摧的武器和十一种凶猛的怪兽——长着獠牙的巨蛇，身体里流淌着毒液而非血液；充满着恐怖气息的咆哮龙，体型庞大，所见之人无不闻风丧胆，一旦被它抓起就无法躲过攻击；毒蛇、巨蟒、拉哈穆、飓风怪兽、愤怒的猎犬、蝎子人、狂怒的复仇女神三姐妹、鱼人和山羊。恰伯为他们配备了凶猛的武器，使他们无惧战争。

提亚玛特的命令不容忤逆。她让前来相助的金古凌驾于邪恶众神之上，并指派他为统领，在战争中指挥军队，冲锋陷阵。她置光彩熠熠的金古于高座，说："我令你统领众神。你要对他们发号施令。变得更勇猛吧，我选任的强大的领导者，使你的名字为天地众神所赞扬吧!"

提亚玛特把命运之石放在金古胸口，说："军令如山，坚定不移。"

---

① 此处省略大部分内容。

② 恰伯：指提亚玛特。——译注

③ A title of Tiamat; pron.*ch* guttural.

从此，金古地位显赫。他被赐予天神安努的神力以支配众神的命运，他说：“让我张开嘴巴，击败火神吧！所向披靡，无坚不摧。”

随后，埃阿知晓了提亚玛特的作为，包括她怎样组建军队，聚集邪恶势力对抗诸神，为阿普苏复仇。埃阿为此悲痛多日。然后，他来到父亲安沙尔跟前，说:“母亲提亚玛特因愤怒与我们为敌，她聚集了身边众神，你创造的也不例外。”

听罢埃阿讲述提亚玛特的战前准备，安沙尔捶胸顿足，咬牙切齿，局促不安。他悲愤交加地说：“以前，你前去作战，捆绑了穆木，打击了阿普苏；现在，又出现了金古，没有谁能与提亚玛特匹敌。”①

安沙尔把儿子安努叫到跟前，说：“噢，无所畏惧的孩子，你的攻击无人能挡。你现在去找提亚玛特，平息她的怒火，让她心怀慈悲。但是，如果她不听你的，那就说你是为我而去的吧，这样或许她就会和解。”

安努听从安沙尔的命令出发了，屈尊去见提亚玛特。但当看见她喷火咆哮时，他不敢靠近，折身返回了。

随后，埃阿也被派去了，但他也因恐惧徒劳而返。②

之后，安沙尔叫来了埃阿的儿子米罗达，对他说：“我的儿，你能让我心情舒缓。前往战场吧，无人能与你为敌。”

听完这话，米罗达心生愉悦。他站在安沙尔面前，安沙尔的吻为他驱散了恐惧。米罗达说：“噢，诸神之王，您言而有信。请允许我为您效劳，哪个男人给您下了战书?”

安沙尔回答道：“没有男人挑战我，是提亚玛特，那个女人，她决心与我们开战。但是，不必害怕，轻松应战，因为你将挫伤提亚马特的头颅。噢，智慧的神啊，用纯洁的咒语打败她吧。别再迟疑了，即刻启程，她无法伤害你，我们等你载誉而归。”安沙尔一席话使米罗达欣喜若狂，他说：“噢，诸神之王，噢，诸神的命运啊！如果我，复仇者，征服了提亚玛特，拯救了众神，请向诸神宣布这伟大的功绩吧。让他们欢聚在议会厅吧，让我的话像你一样一诺千金，我的决策无人能改，我将替代你主宰诸神的命运。”

随后，安沙尔叫来了他的谋士加嘉（Gaga），对他说：“噢，你知晓我的心事，明白我心之所向，去召集拉赫穆、拉哈穆等众神来与我一同就餐，告诉他

---

① 此处还有一处空缺，中断了该叙述。

② 此处可能是指埃阿的第一次前往，他战胜了金古，但没有攻击提亚玛特。

们提亚玛特的战前准备，我向安努和埃阿下达了命令，但他们惧龙而返，所以我选择米罗达作为复仇者，他想借助我的力量来支配众神的命运，由此变得强大以对抗敌人。”

加嘉，按照安沙尔的指令做了。他俯卧在拉赫穆和拉哈穆跟前，传达了他们儿子安沙尔的话，并补充道：“让米罗达主宰命运，让他尽快前去对抗强大的敌人。”

听完加嘉的话，拉赫穆和拉哈穆唱起了哀歌，伊吉吉（Igigi，天界精灵们）悲痛万分，说道：“是什么使提亚玛特变得对自己的后代充满敌意？我们无法理解她的行径。”

诸神起身来到安沙尔这里，他们在议会厅内相互亲吻，然后纷纷坐下吃面包，饮芝麻酒。当他们喝得微醺、身心放松时，把命运之石交给了米罗达。

在安沙尔的议会厅里，他们向复仇者致敬。米罗达就如同众星捧月的王子一般。他们说：“诸神中你至高无上，你的命令就是安努的命令。今后，你有权升贬诸神，没有谁会挑战你的权威。噢，米罗达，我们的复仇者，我们给你整个宇宙的统治权，你的武器将永远所向披靡。你能摧毁逆反之神，但请宽恕对你寄予信任的神。”

随后，诸神在米罗达面前放了一件长袍，说：“张开嘴巴，发号施令吧！你能下令把它摧毁，亦能将它恢复如初。”

米罗达一开口，长袍便消失了。他再开口时，长袍又出现了。

诸神欢欣，臣服在米罗达脚下，高喊着：“米罗达为王！”

随后，他们授予米罗达权杖、王座、王权徽章和无坚不摧的武器①用以战胜敌人，并说道：“噢，米罗达，现在快去杀死提亚玛特吧，让风把她的血带去隐匿之地。”

诸神决定了米罗达的命运，为他铺设了一条通往成功与和平的道路。他准备好战斗了，背上战弓，挂上飞镖，右手持棍，身前电闪雷鸣，体内火焰燃烧。安努给了他一张用于捕捉敌人以防逃脱的大网。随后，米罗达在身后创造了七种风——邪恶之风、野性之风、沙尘暴、旋风、四重风、七重风和无敌之风。接着，他拿起强大的武器雷霆之石，跃进风暴战车，四匹极具破坏力的飞马向前疾驰，口吐飞沫，齿流毒液。这飞马为战而驯，所向披靡，将敌军踩在脚下。米罗达头顶灼烧之光，身披恐怖之袍。他策马前行，他的父神紧随其后，众神

① 闪电三叉戟或雷石。

簇拥在他身后，奔赴战场。

米罗达继续前行，终于他接近提亚玛特的秘密巢穴了，看见她和同伙金古喃喃低语。他踌躇片刻，身后诸神见状，眼里满是不安。

提亚玛特咆哮着转过头，一边吐着咒语，一边说："噢，米罗达，我不怕你率诸神前来，我的盟友已经全部在此集结，他们比你更强大。"

米罗达抬手拿起令人畏惧的雷霆之石，对桀骜不驯的提亚玛特说道："你太狂妄自大了！你备战对抗诸神及其父辈，你的邪恶之心憎恨他们。你把安努决定命运的神权赐予金古，因为你欺善扬恶。集合你的势力，全副武装，开战吧！"

听到这些豪言壮语，提亚玛特发疯似的咆哮尖叫，四肢震颤。她念出咒语，众神拿起了武器。

提亚玛特和米罗达朝对方走去，准备开战。米罗达铺开安努给他的大网捕捉提亚玛特，她无处可逃，张开了七英里宽的血盆大口。于是米罗达召来邪恶之风，风力遒劲，吹得她无法合嘴，暴风雨和飓风充斥着她的身体，她的心脏渐渐衰竭。她大口地喘息着，被米罗达制服了。随后，米罗达拿起飞镖朝她身上投去，扎破内脏，刺穿心脏，杀死了提亚玛特。

米罗达翻转巨龙的尸体，立于其上。追随提亚玛特的邪恶众神闻风丧胆，四散而逃，但是他们无处可逃。他们纷纷绊倒在米罗达布下的天罗地网里，痛苦尖叫，恸哭与哀号久久回荡在空中。米罗达摧毁了邪恶众神的武器，把他们绑了起来。然后，米罗达降临到提亚玛特创造的怪兽面前，将其驯服，夺其力量，并将其踩于足下。金古也同其他神一并被抓了起来，米罗达从他身上拿到了命运之石，盖上自己的印章，放进胸膛。

如此，诸神的敌人便被复仇者米罗达击败了。安沙尔的命令已完成，埃阿的夙愿亦了结。

米罗达加固了捆绑邪恶诸神的绳索，然后返回提亚玛特那里。他跃上巨龙的尸体，用棍劈开头盖骨，划破血管，让北风把她的血带去隐匿之地。诸神及其父辈齐聚一堂，为胜利欢呼，尽情欢乐。随后，他们为这位伟大的复仇者献上礼物和贡品。米罗达凝视着巨龙的尸体，休息了一会。他分解了库普①（Ku-

① 库普：指提亚玛特。——译注

pu）的肉体[1]，想出了一个巧妙的计划。

然后，米罗达像剖鱼一样，把巨龙的尸体一分为二。一半用于创天，命守护神看守，防止天水降落[2]，另一半用于造地[3]。接着，他派埃阿掌管地界，安努执掌天界，恩利尔掌控天空。

诸神归位。米罗达还为诸神创造了神像，即黄道十二宫星宿，定其方位。他定年划月，将一年划分为十二个月，每月分派三位星神，并赐予众星神掌控时日的神力。他创造了自己的星座，即尼必鲁（Nibiru，指土星），来为所有星神定界，以防出错或迷路。他将恩利尔和埃阿置于左右，两侧分立大门，安装门闩，穹顶居中。

米罗达任命月神统管黑夜，计算时日，逢月予其桂冠。他决定月相的变幻，且要求月圆之夜，月须正对太阳。[4]

他把他的弓和网置于空中（恰如星群）。

本文已讲到第六块泥版，以诸神与米罗达的对话开篇。显然，埃阿心想是时候创造人类了。米罗达知晓他的想法，说道："我将用血肉造人，让他们在地上生存。建造神殿，让他们崇拜神明，我还将改变神路……"

泥版下文则是零散的片段，许多文字都遗失了。然而，波洛修斯称柏罗斯（Belus，即贝尔－米罗达）断头自尽了，血流满地。诸神用他的血混合土壤造出了第一个人和各种各样的动物。

关于人类起源的另一个版本则是这样的："米罗达在水面上放了根芦苇，又创造出尘土，将尘土倒在芦苇旁……让诸神栖息在人类内心的欲望之处，他创造了人类。"女神阿鲁鲁是西帕尔的一个神祇，协同米罗达创造了人类子孙。"米罗达创造了旷野中的野兽和生物。"他还创造了底格里斯河、幼发拉底河、草地、芦苇、植物、树木、土地、沼泽、湿地、奶牛和山羊等。[5]

在第七块泥版上，米罗达受到众神的称赞。当吸收了众神的特性后，米罗

---

① 权威人士对于"库普"的含义有不同意见。延森认为应该是"躯体"。在欧洲龙的故事中，齐格弗里德的英雄们吃了龙的心脏后，受到了龙的智慧与狡黠的启发，西格德和齐格弗里德立即习得了鸟类的语言。这些鸟是"命运三女神"，指引着英雄们的下一步行动。显然，米罗达的"诡计"也是在吃了提亚玛特的身体的一部分后受到启发的。

② 天穹之上的水。

③ According to Berosus.

④ 这部分内容残缺不全，似乎表明巴比伦人在天文学方面取得了相当大的进步，他们知道月亮是从太阳处获得光的。

⑤ *The Seven Tablets of Creation*, L.W.King, pp.134, 135.

达有了五十一个名字。从此，每个神都是米罗达的一种存在形态，例如，贝尔－恩利尔是权威与主宰之神米罗达，月神西恩是统治黑夜之神米罗达，沙玛什是法制与神圣之神米罗达，尼格尔是战争之神米罗达等。可见，当时巴比伦的神学理论家们已经明显地体现出一神论的倾向。

米罗达首先被认为是亚沙里，农业和园艺的创始者，也是谷物和植物的创造者。他还指导安努、贝尔和埃阿下达谕旨。由于他从金古和提亚玛特手中拯救了诸神，因此他比其父辈更伟大。他创建宇宙秩序，再造万物。因此，他是“创造者”，仁慈之神图图（Tutu）。以下为泥版第二十五行至第三十二行的译文：

> 图图：阿伽－阿扎伽（Aga-azaga）（荣耀王冠）使王冠光辉荣耀——这光荣咒语之主人有起死回生之能。他怜悯落魄之神，亦给敌人拷上沉重的枷锁，救赎他所创造的人类。他是“仁慈之神”“救赎之神”。希望他的言语经久不衰，在他所造的黑发人的口中流传千古。
>
> 平奇斯的翻译①

> 图图作为阿伽－阿扎伽，愿人类变得强大。他是“纯洁咒语之主”“死亡终结者”，“他怜悯被俘之诸神”，“他移除敌人套在诸神身上的枷锁”。“仁慈的神啊，他创造人类，赋予生命”。愿他的功绩永世长存，在人类世界口口相传。
>
> 金的翻译②

显然，巴比伦的教义提出，人类不只是为崇拜神明而生，还为救赎随提亚玛特堕落的诸神而生。

> 他禁止叛乱诸神归来，阻止其参拜，置于敌人之位。造人于其屋。③

混沌之龙提亚玛特作为伟大母亲，具有双重个性。作为善之源，她是造神者。她的善形即苏美尔女神巴乌，被等同于腓尼基的鲍（Baau），即人类之母。巴乌也叫作玛和宁图，即“女神玛的一种形态”，半人半蛇状，被刻画为“婴儿吮吸她的乳房”（第四章）。埃及女神内赫贝－考（Neheb-kau）和尤阿兹（Uaz-it）都是蛇形，女神伊希斯和内普特斯也是蛇形。蛇象征生育能力，作为母亲则

① *The Religion of Babylonia and Assyria*, T.G.Pinches, p.43.

② *The Seven Tablets of Creation*, L.W.King, Vol. i, pp.98, 99.

③ *Trans. Soc. Bib. Arch.*, iv, 251-225.

是保护者的象征。印度三位一体的守护神毗湿奴睡在世界之蛇（the world-serpent）身上。蛇作为护身符具有保护和生育的魔力。

邪恶之源提亚玛特则表现为深渊和暴风雨，这时的她是秩序和善行的敌人，企图毁灭世界。

> 我看到来势汹汹的海浪奔涌翻滚，泛着海沫，与渐渐逼近的云层连成一线。①

提亚玛特是海龙，因而也是巨蛇或海中怪兽。“dragon”一词出自希腊语“drakon”，蛇也被叫作“看见者”或“观望者”，其一瞥即成闪电。盎格鲁－撒克逊人的“火龙”（“draca”，拉丁语为“draco”）即为“飞龙”。

在很多国家，巨蛇或者蠕虫都是吞食尸体的破坏者。以赛亚以象征性的语言呼喊：“蠕虫像吃掉羊毛一样吃掉他们。”② 在埃及、巴比伦、希腊、条顿和印度等国的神话中，提亚玛特栖息在海里。爱尔兰语称之为“morúach”，形似巴比伦的宁图一样的美人鱼。在苏格兰盖尔语的诗歌里，提亚玛特以“黄色怪兽”的形象出现，被芬恩－麦克－库仑在勇士们的协助下杀死。

> 这个狡黠的，咆哮着、颤抖着踏浪而来……她的脸色泛着青黑的炭光，密集的牙齿如生锈的骨头一般。③

蛇出现在民间故事里。据埃塞俄比亚传奇，当亚历山大大帝被装进玻璃箱扔进深海时，看见一个巨大的怪兽经过身旁，两天后才“看见它的尾巴及身体后半部”④。一位苏格兰阿盖尔郡（Argyllshire）的高地人也有类似的经历。一天早上，他在岩石上钓鱼，“不一会儿，他看见一条鳗鱼的头，一小时后，那条鳗鱼还没消失。然后他回家了，一整天在田野里干活儿，傍晚才回到岩石那里，那条鳗鱼还在缓缓移动，天快黑时，她的尾巴才渐渐消失”⑤。在盎格鲁－撒克逊史诗《贝奥武夫》里，提亚玛特产于海里的卵叫作“尼克尔”（nickers）。英雄“趁着夜色在海浪中杀死了海怪”（第422行）。

井龙，法语为“draco”，似巴比伦水怪。在耶路撒冷附近，有一口“龙井”。⑥ 从中国到爱尔兰，河即为龙，或为避井龙而逃的女神。罗纳河的恶魔被

---

① Shakespeare's *Julius Caesar*, i, 3, 8.

② *Isaiah*, li, 8.

③ Campbell's *West Highland Tales*, pp.136 et seq.

④ *The Life and Exploits of Alexander the Great*, E.A.Wallis Budge, pp.284, 285.

⑤ Campbell's *West Highland Tales*.

⑥ *Nehemiah*, ii, 13.

称作“德拉克”（drac）。洪水也被当作龙，被赫拉克勒斯杀死的九头蛇或水蛇，就属于这一类。水是善恶之源。对苏美尔人来说，大海尤其是怪物的栖息地。他们对海的认识，就如莎士比亚笔下的斐迪南（Ferdinand）一样，跳进海里时，惊声尖叫道：“地狱空寂，恶魔聚集。”[①]

毋庸置疑，在巴比伦神话的《创世记》里，龙的神话多种多样，广为流传，且多被美化。然而，先前存在的被苏美尔祭司融入了崇高象征的口传版本却无迹可寻了。这口传版本无疑与有关珀尔修斯[②]（Perseus）和安德洛墨达[③]（Andromeda）的远古传奇一样受欢迎，希腊的圣贤们致力于将其合理化，一些内容也被诗人加以利用和发展，因为这些内容迎合了他们的想象。

遗失的口传版本的苏美尔传说可大致概括如下：在原始森林里，抑或在海洋里，怪兽族和以创世神话里的神为代表的勇士族对立。英雄之王埃阿启程与人类公敌作战，杀死了怪物首领阿普苏以及他的儿子穆木。但是最强大的恶魔，即母神提亚玛特，还未铲除，她誓死为丈夫报仇。为了同她作战，英雄做了万全的准备，装备了特殊武器。怪兽之女王（即提亚玛特）不可能被轻易打败，因为她无比狡猾，而且她比丈夫和儿子更为凶猛。她和埃阿的法力不相上下，只有近身肉搏才能决出胜负。因为有鳞皮保护，要打败她，只能攻击她身体下部的弱点，或者把武器掷入她嘴里，刺穿肝脏。值得一提的是，米罗达在这点上取得了成功，他用身后的风迫使怪物张开大嘴，造成致命一击，同时也让怪物无法念咒语削弱他的力量。

这种母亲比父亲和孩子更强大的怪物的故事，在苏格兰民间传说中极为常见。在《芬恩大人国历险记》中，主人公夜间出行保护同伴，与海怪斗争。他站在沙滩上，“看见海浪如猛蹿的蛇一样袭来……一个巨大的怪兽出现了，低头看着他（芬恩），喊道：‘这个小不点儿是谁？’”芬恩在精灵狗的帮助下杀死了他。第二晚，一个更大的怪兽来到了岸边，他便是死去怪兽的父亲，他也被杀死了，但是最强大的怪兽还活着。“第二晚，一个巨型女巫来到了岸边，她的牙齿尖锐无比，她说道：‘你杀死了我的丈夫和孩子。’”他们确实是被芬恩杀的。于是，战斗开始了，一番漫长的搏击后，芬恩胜利了，他砍下了女巫的头。[④]

---

① *The Tempest*, i, 2, 212.

② 珀尔修斯：希腊神话中的英雄，宙斯和达那厄之子，杀死蛇发女怪美杜莎（Medusa），后又从海怪手中救出安德洛墨达。——译注

③ 安德洛墨达：希腊神话中的埃塞俄比亚公主。——译注

④ *Waifs and Strays of Celtic Tradition*, Vol. iv, pp.176 et seq.

《调包的芬利》的故事也有相似的特点。主人公先后杀死了巨人和他的父亲。然后巨人母亲来了，喊道："你阴险狡猾，昨晚杀死了我的丈夫，前晚杀死了我的儿子，今晚我就要杀了你！"他们在礁石上激烈搏斗。最后，巨人母亲败下阵来，她想用无数珍宝换回自己的性命，包括自己"洞穴里的金剑"，她还承诺"再也不靠近人类和野兽"。[1] 在其他类似的苏格兰故事里，英雄主人公爬上树，引诱女巫张开嘴巴，用武器戳破其喉咙。

盎格鲁-撒克逊史诗《贝奥武夫》中格伦德尔（Grendel）的故事也是这样。[2] 一个水怪夜晚出来捕食，想吃掉在赫罗斯加王（Hrothgar）大殿里休息的勇士们。贝奥武夫跨过海面，来到格伦德尔面前，就像芬恩来到"大人国"一样。他与这个食人怪战斗，将他打成重伤。勇士们欣喜不已，但是欢乐却在此戛然而止，因为格伦德尔的母亲此时决定"踏上不归途，为死去的儿子报仇"。

故事继续。她在夜色中步入大殿，"她飞快地抓起一个贵族，然后朝沼泽走去"，走向她的海底洞穴。贝奥武夫全副武装紧随其后，一路潜行，最后进入了怪物的洞穴。在这场战斗中，母亲实际上是比儿子更可怕的对手。甚至，要是没有这把由珠宝装饰、悬挂在洞里的巨型剑，贝奥武夫不可能杀死她。贝奥武夫用这把充满魔力的巨剑杀死了她，后来毒血溶蚀了剑锋。和芬恩一样，他随后提着怪物的头归来。

这个故事的有趣之处在于，它没有以任何形式出现在北日耳曼民族的浪漫传奇中。诗人虽然确实在史诗中加入了暴躁的龙的故事，把贝奥武夫同西格德和齐格弗里德联系起来，但是似乎对母性怪兽的强大持怀疑态度，就像是在处理不熟悉的素材一样，因为他说："（格伦德尔的母亲带来的）恐惧比不上女性力量所带来的恐惧，女性的战争恐惧是通过与男性斗争来衡量的。"[3] 然而，根据《亚马逊》中的叙述，格伦德尔的母亲造成的恐惧比女性力量造成的恐惧更强。母性怪兽的故事能在英国民间传说中寻得踪迹，特别是本·琼生（Ben Jonson）的假面剧《幸运岛》中提到的"威斯敏斯特的长腿梅格（Meg）"的神话故事。

威斯敏斯特的梅格，腿长如鹤脖，脚大如飞机，脚踝宽如车轮。

据说梅格有多处坟墓，其中一处以威斯敏斯特教堂回廊南边的巨石为标志，

---

① 来源于未发表的民间故事。

② *Beowulf*, translated by Clark Hall, London, 1911, pp.18 et seq.

③ *Beowulf*, translated by Clark Hall, London, 1911, pp. 69, lines 1280-1287.

那是埋葬着一些瘟疫遇难者的堑壕——也可视为梅格的受害者。另外一种说法把梅格石化了，像一些希腊和爱尔兰巨人一样。在彭丽斯（Penrith）附近的索尔克尔德（Salkeld），有一处巨石阵就被称为“长腿梅格和她的孩子们”。像著名的“长脚汤姆[1]（Tom）”一样，“蒙斯·梅格”（Mons Meg）也指早期的大型枪械。在流传的民间故事里，所有的女巫和巨人多以投掷硬石、铁球、铁圈或巨型飞弹闻名。

格伦德尔的母亲和长腿梅格的故事与苏格兰高地流传的故事类似，却和日耳曼传奇截然相反。在日耳曼传奇中，男巨人比女巨人更为强大，龙通常是雄性的，例如西格德杀死的法弗纳和齐格弗里德杀死的雷金。因此，很可能英国神话中女性怪物比丈夫和孩子更为强大，是来源于新石器时代和伊比利亚人，即远古时期地中海人种西部分支精神生活的古老遗产。

在埃及，龙存在于高度成熟的有关赫里奥波利斯[2]（Heliopolis）太阳神崇拜的神话中。太阳神崇拜是从异域传入的，太阳神是男性，因此黑夜恶魔阿佩普是赛特的拟人化身也就不足为奇了。这个神祇和叙利亚及小亚细亚的神祇苏泰克（Sutekh）一样，显然受前王朝时期部落争战中失利的部落崇拜。由于老而无信，阿佩普自然成为征服者眼中的恶魔。然而，在第十八王朝时期，他古老的荣耀恢复了，因为拉美西斯二世苏泰克（Sutekh of Rameses II）成了屠龙勇士。[3]然而我们发现，与地中海人种的思维模式一致的是，埃及神话中也有一个伟大的女战神，她就是女神哈索尔－塞克特（Hathor-Sekhet），即“太阳神拉之眼”（Eye of Ra）。[4] 在印度也是一样，后吠陀时代的女神卡莉是一个毁灭者，而作为杜尔迦（Durga）时，她是英雄的保护神。[5] 卡莉、杜尔迦和哈索尔－塞克特都是古典战争女神。巴比伦的伊什塔尔也是如此，她身上具有明显的提亚玛特的特征，就是那个原始苏美尔民间信仰中古老而凶狠的“伟大母亲”。

在巴比伦有关龙的神话中，最初的英雄可能是埃阿，这一点可以从《圣经》中象征性提及的耶和华打败深渊怪物取得胜利的故事推断出来：“从前砍碎拉哈

---

① 长脚汤姆：指美国陆军 M40 式 155 毫米自行火炮。——译注

② 赫里奥波利斯：今埃及开罗，是古代埃及除孟菲斯和底比斯之外最重要的城市，是下埃及十三诺姆的首府。关于赫里奥波利斯城的记载常常出现在金字塔文中。从有关记载可以断定，它是古代埃及太阳神崇拜的中心，也被称为“众神之乡”（相当于希腊神话中的奥林匹斯山）。——译注

③ *Egyptian Myth and Legend*, pp.260, 261.

④ *Egyptian Myth and Legend*, pp. 8, 9.

⑤ *Indian Myth and Legend*, pp.xli, 149, 150.

伯、刺透大鱼的，不是你吗？”[①]（《以赛亚书》51:9）“你曾砸碎鳄鱼的头，把它给旷野的禽兽为食物（‘禽兽’原文作‘民’）”[②]（《诗篇》，74:14）；“他以能力搅动大海（‘搅动’或作‘平静’）；他借知识打伤拉哈伯。借他的灵使天有妆饰；他的手刺杀快蛇”[③]（《约伯记》26:12—13）。“你打碎了拉哈伯，似乎是已杀的人，你用有能的膀臂打散了你的仇敌。”[④]（《诗篇》，89:10）“到那日，耶和华必用他刚硬有力的大刀刑罚鳄鱼，就是那快行的蛇；刑罚鳄鱼，就是那曲行的蛇，并杀海中的大鱼。”[⑤]（《以赛亚书》27:1）

在巴比伦《创世记》中，埃阿被他的儿子、屠龙者米罗达取代。相似的，尼尼普取代了父亲恩利尔成为诸神之王。兰登博士写道：“换句话说，后期神学演化出地神之子的概念，他继承了父亲的能力，成为战神。他作为先锋，与企图从诸神手中抢夺宇宙控制权的黑暗怪兽战斗。诸神授予他命运之石，他就有权发号施令。”这种演化“对研究父子概念的发展极为重要”。[⑥] 在印度神话中，因陀罗也取代了他的父亲，与宙斯颇为相像的天神帝尤斯。安德鲁·朗格表示，此神话广为流传。[⑦] 难道巴比伦的理论家们都是被民间传说牵着鼻子走吗？

现在，米罗达作为他常常请教并领命的父亲埃阿的儿子，成为“深渊之神塔穆兹”的兄弟。在巴比伦诸神中，我们似乎应该知晓原始谷物精灵和族长的众多形态之一——伊什塔尔爱慕的年轻的牧羊人塔穆兹。作为春日之神，塔穆兹杀死了冬日暴风雨恶魔，因而成为丰收和战争女神合适的配偶人选。米罗达可能是由恶魔杀手塔穆兹发展演变而来。当米罗达登上巴比伦征服者们尊为王者的贝尔的位置时，他取代了老贝尔——尼普尔的恩利尔。如今，恩利尔吸收了敌对神祇的特质，成为世界之神、丰收之神、粮田之神，“阿奴纳奇之神”（lord of the anunnaki）或“地之精灵”。在远古时期，农耕者奔赴战场是为了擒获战俘，献祭给谷神。恩利尔是战神，因此像这样被崇拜：

> 你狂傲自大，羞辱敌人……谁敢冒险与你作战？

> 他还是“公牛的刺角……公牛恩利尔”，既是生育之神，也是战争

① *Isaiah*, li, 9.

② *Psalms*, ixxxix, 13, 14. 此处须注意，闪米特人的龙和埃及人的龙一样，是雄性的。

③ *Job*, xxvi, 12, 13.

④ *Psalms*, ixxxix, 10.

⑤ *Isaiah*, xxvii, Ⅰ.

⑥ *Sumerian and Babylonian Psalms*, p.204.

⑦ *Custom and Myth*, pp.45 et seq.

之神。[①]

米罗达还有个名字叫亚沙里，将他与奥西里斯，即埃及的塔穆兹联系起来。作为屠龙者，他忆起了被预言会杀死自己祖父的希腊英雄珀尔修斯。像塔穆兹和奥西里斯一样，珀尔修斯被装进箱子扔进海里，却被塞里福斯岛（Seriphos）的一名渔夫救起。后来，这个英雄杀死了蛇发三姐妹（the Gorgons）之一的美杜莎——提亚玛特手下的恶魔。再后来，珀尔修斯回到家乡，正值体育竞赛之际，他用铁圈杀死了自己的祖父。可是，没有证据显示米罗达取代恩利尔的故事出现在任何类似的神话传奇中。当占据了国家万神殿的最高位时，巴比伦神被认为是拥有所有其他神祇的能力，这明显是出于政治目的，也迎合了当时的思潮。他被描绘成挥动暴风之翼，手擎雷霆之石，同雨神拉曼一起与飞龙作战。

米罗达的配偶萨尔帕尼图被称为“深渊女神”，这一称号把她与塔穆兹的母亲达姆金娜和妹妹贝利特－雪莉联系在一起。达姆金娜也是像伊什塔尔一样的天空女神。

萨尔帕尼图并不是其天神丈夫的苍白影子，而是个性鲜明、具有独立力量的女神。很明显，她被等同于创造者阿鲁鲁。她与米罗达一同创造了人类。她最初与伊什塔尔及其他杰出的女神一样，是原始诸神中的母亲之一。

所有女神都是伊什塔尔的不同形态，所有男神也都是米罗达的不同形态。西恩是“夜晚的照明者米罗达”，尼格尔是“战神米罗达”，阿杜（拉曼）是“雨神米罗达”，等等。平奇斯教授认为：“对这些身份形态详尽描述的文字出现在一本书的末页上，似乎是一个古老碑文的副本，可追溯到公元前2000年，正是在这个时期出现了“邱姆－伊卢（Yau^m-ilu），‘耶和华是上帝’这样的文字。伊卢（Ilu）是一位伟大的神的名字，大致在亚伯拉罕时期。亚伯拉罕是迦勒底乌尔（Ur of the chaldees）的巴比伦人”[②]。

在赞美诗中，米罗达被这样称颂：

> 谁能逃过你的掌控？你的意志无人知晓！天地无华，河海候令，呼风唤雨，号令旷野之风随幼发拉底河曲折前行，洪水收发自如。主啊，您真神圣！谁能与您媲美？米罗达受万神敬仰。

一神论趋向是米罗达崇拜的一个显著特点，并且早已出现在尼普尔的贝尔－恩利尔崇拜中。这虽然不影响普通大众的宗教信仰，但至少表明，在古

---

① Translated by Dr. Langdon, pp.199 et seq.

② *The Religion of Babylonia and Assyria*, T.G.Pinches, pp.118, 119.

巴比伦的学者和思想家中，宗教思想早已摆脱了原始的多神论。多神论的信众与神祇讨价还价，用供品和阿谀奉承讨好神祇，或通过举行季节性的仪式对神祇施加影响，就像被耶利米严厉斥责的耶路撒冷的守旧者一样，他们烘焙蛋糕供奉给天后以求得丰收，当塔穆兹去往冥界时，他们和天后一同哭泣。

如果不是因为父系和母系崇拜的信众的融合，就是因为一神论趋向，使得人们构想出了双性神祇。月神南纳有时被视为雌雄同体，伊什塔尔也是如此。在埃及，神殿圣歌里提到伊希斯“被她的父亲奥西里斯从妇女变为男子”，尼罗河神哈皮（Hapi）则被描绘为拥有女性乳房的男人。

第八章　神化英雄：埃塔纳和吉尔伽美什

神祇、英雄和“艾弗所之七圣童”—埃塔纳、吉尔伽美什和赫拉克勒斯的追求—生育草—埃塔纳骑鹰升天—类似的印度神话—宁录、亚历山大大帝以及盖尔英雄的飞翔—神鹰—印度鹰即创世主、火、生育和死亡之神—罗马皇帝的灵魂骑鹰升天—火和农业祭祀—《古兰经》中的宁录和约翰·巴雷库恩—吉尔伽美什和鹰—阿卡德王萨尔贡—塔穆兹花园神话—埃阿-巴尼与潘、巴斯特和尼布甲尼撒二世—吉尔伽美什和埃阿-巴尼的功绩—伊什塔尔的复仇—吉尔伽美什的冥界之旅—海女之歌和“哈珀的短诗”—巴比伦的挪亚和生命草—同时期的条顿—亚历山大大帝作为吉尔伽美什—《古兰经》中的生命之水—印度吉尔伽美什和赫拉克勒斯—神话中的山间隧道—广泛的文化影响

有一则关于一个英雄在遥远的地域四处漫游的古老的民间故事。他可能是出发去寻找一位被俘的美丽姑娘，也可能是去找寻魔法药草或魔法石来为患者减轻伤痛，治疗疾病，延长寿命。相同的是，他是一个屠龙者或者杀死其他怪兽的勇士。经一群友善的精灵从中相助，勇士得到“智者”——魔法师或神的指点，克服千难万险，最终实现了目标。精灵们通常是野兽或鸟儿——远古民间信仰中的“命运”——他们或者把勇士其驮在背上，时时给予指点，或者一呼即应，给予其帮助。

当一个民族英雄的伟大功绩与广大民众的想象吻合时，所有流传的古老神话都与他联系起来，便成为“古老故事”中的神祇、巨人和游侠骑士。例如在苏格兰，伊耳敦（Eildon）丘陵的投石巨人以华莱士[①]（Wallace）为名，亚瑟王

---

① 华莱士：威廉·华莱士，一个充满传奇色彩的人物，正史对于他的基本情况没有准确的记载，关于他早年经历的所有说法都源于后人流传的口头文学，找不到可靠的佐证。传说华莱士身高两米（六英尺七英寸），即使在今天也算得上巨人，更何况据考证当时成年男子平均高度才一米五。——译注

座的爱丁堡巨人以古凯尔特国王为名①，诗人托马斯（Thomas）取代芬恩（芬格尔）成为“艾弗所之七圣童”之首。同样的，拿破仑长眠于法国，斯科别列夫（Skobeleff）长眠于俄国，英雄各归其地。在德国，关于突奥（托尔）的神话和哥德人西奥多里克（迪特里希）的模糊传说交织在一起，但是在希腊、埃及和阿拉伯半岛，古代流传下来的大量关于亚历山大大帝的故事取代了其他时代的英雄在人们记忆中的位置，而那些英雄在更早的时候取代了人形化的司生育与成长之精灵，这些精灵轮流与春之恶魔展开激战，做爱，大吃大喝，然后陷入沉睡——冬眠。某些民间故事以及基于这些故事的民间信仰似乎在石器时代晚期就已经是老生常谈了。

巴比伦传说中有两个伟大的英雄，他们与珀尔修斯和赫拉克勒斯，西格德和齐格弗里德，迪特里希和芬恩-麦克-库尔有关。他们就是埃塔纳（Etana）和吉尔伽美什，两个具有传奇色彩的国王，像波洛修斯提到的族长塔穆兹一样。族长塔穆兹是苏美尔诗篇中“沉睡者塔穆兹”（Tammuz the Sleeper）的一种形态。两个国王中，一个去地狱寻找生育草，另一个去寻找生命草。祭司们在将宗教信仰系统化和象征化的过程中，利用和发展了与他们相关的传说，用以揭示创世与冥界的秘密。埃塔纳得到了一只巨鹰的协助，它是类似印度迦楼罗的蛇的天敌。正如印度神毗湿奴骑在迦楼罗背上一样，埃塔纳骑在巴比伦巨鹰背上。据亚述国王阿淑尔-巴尼-帕尔的藏书馆中一个泥版上不完全记载的传奇故事，埃塔纳在寻找生育草的途中得到了巨鹰的帮助。他的妻子即将生产，因此需要魔法帮助。相似的信仰使得从远古时代起，英国和欧洲的其他一些地方，就利用稻草或蛇皮制成的出生带以及鹰巢里找到的鹰石来助产。②

埃塔纳渴望升天。他请求巨鹰帮助，巨鹰同意了，说道：“高兴点吧，我的朋友。让我把你带到高空。抱着我，搭着我的翅膀，把我的身体当作你自己的身体。”埃塔纳照做了，然后他们一起冲向苍穹。两个多小时的飞行后，巨鹰让埃塔纳向下看。他照做了，看见海洋环绕着大地，大地就像一座多山的岛屿。巨鹰继续飞行，又过去了两小时，它再次让埃塔纳向下看。这位英雄看见大海像腰带一样围住大地。再两小时后，埃塔纳发现从他的高度看下去，大海不过池塘大小。这时，他到达了安努，贝尔和埃阿所在的天界，在那里他找到了安

① 据说亚瑟是从凯尔特的“熊”这个词衍生出来的。如果是这样的话，熊可能是以苏格兰麦克阿瑟氏族为代表的亚瑟部落的“图腾”。

② See “Lady in the Straw” beliefs in *Brand's Popular Antiquities*, Vol. ii, 66 et seq (1899 ed.).

息与庇护。

到这里，泥版上的内容中断了。随后的故事是，埃塔纳骑鹰继续向伊什塔尔的天界飞去，她是“天界女王”，也是至高的母神。每隔两小时，鹰都让埃塔纳向下看看不断缩小的大地，一共看了三次。然后灾祸发生了，破碎的泥版上记叙到，鹰开始下坠、下坠，直至撞击到地面，伤得体无完肤。

印度迦楼罗①从没遭遇过这样的命运，但是有一次，毗湿奴用右臂压倒了鹰，他的右臂比整个宇宙还重，打掉了鹰的很多羽毛。但是，在有关罗摩被流放的故事里，正如在《罗摩传》和《摩诃婆罗多》中提到的那样，有关于迦楼罗两个“儿子”的趣事。一个被锡兰魔王罗波那（Ravana）重伤，另一只则和罗摩有关。罗摩发现它伤残了：“从前，我们俩（兄弟）朝着太阳飞去，渴望超越对方。我的翅膀被烧伤了，但是我兄弟的没有……我掉到了这座大山顶上，就是我现在所在的地方。”②

另一个版本的埃塔纳的故事流传在阿拉伯穆斯林教徒中间。在《古兰经》第一章《开端》中，一位巴比伦国王就“他的主人”与亚伯拉罕起了争执。评论家们认为，这个国王就是宁录（Nimrod）。宁录后来使这位希伯来族长浴火而重生。然后，宁录建造了一座高塔以升天“去见亚伯拉罕的神”，并与之较量，但高塔被推倒了。然而，他并没有就此放弃。据有关文字记载，他“在箱子里，由四只巨鸟抬着去了天界，但是在空中漫游了片刻之后，他重重地摔到了山上，山体为之震颤”。《古兰经》中“心机……使山体震颤”暗指宁录的徒劳无功。③

人们普遍认为，亚历山大大帝也是骑鹰飞天的。在埃塞俄比亚“历史”中，与亚历山大大帝的回忆有关的神话解释了他如何“知晓天地之大”，以及如何知晓需要跨越的山河湖海。“他变小身躯，骑鹰飞行，飞至天界，四处探索。”另一个亚历山大大帝版本的埃塔纳神话和阿拉伯关于宁录的神话相似。“在黑暗之国”，亚历山大驯养了比鹰还大的巨型鸟。他命令四名士兵跨上巨鸟，飞至“生命之国”（Country of Living），回来之后，他们把“所见所闻”一一告诉了亚历山大。④

在盖尔人的故事里，英雄的性命被克若姆赫尼齐（Cromhineach），“一个像

---

① 正如埃塔纳“母鹰”一样，迦楼罗是弑蛇者（第三章）。

② *Vana Parva* section of the *Mahábhárata* (Roy's trans.), pp.818 et seq., and *Indian Myth and Legend*, p.413.

③ *The Koran* (with notes from approved commentators), trans. by George Sale, pp. 246, n.

④ *The Life and Exploits of Alexander the Great*, E.Wallis Budge (London, 1896), pp. 277-278, 474-475.

鹰一样的大鸟”夺去。他说道：“它抓着我朝云层冲去，我曾有一瞬间分不清天地。”英雄死去了，但奇怪的是，他依然清楚地感知到发生的事情。精疲力竭的鹰飞向海中岛屿，把英雄放在岛屿的阳面。英雄继续说道：“困意袭来，它（鹰）倦了。虽然我死了，但是太阳使我生气勃勃。”后来，鹰在治愈泉里疗伤，它入水时，水滴溅到英雄身上，英雄就活过来了。他补充道：“我变得前所未有的强壮且精力充沛。”①

很多神话里都有鹰的形象。鹰一度被当作生育神、雷电神、送子使者来崇拜，还负责把灵魂带到冥府。它也是王权的象征，因为尘世间的统治者代表着控制之神。等同于塔穆兹的拉格什神祇宁－吉尔苏被描绘成狮头鹰。希腊天神宙斯由鹰侍奉，他也可能曾是一只鹰。在埃及，鹰之圣地由秃鹰女神内克比特（Nekhebit）掌管，希腊人将其等同于“生育女神爱勒提亚（Eileithyia），她常以盘旋在国王头顶的秃鹰为象征”②。

赫梯人的双头鹰常出现在德国和俄罗斯王室的武器上，似乎象征国王是神的化身或神之子。印度神话中的巨鹰迦楼罗摧毁了像巴比伦埃塔纳鹰一样的巨蛇。它像火焰一样从蛋中而生，双眼如闪电，声音如雷鸣。在赞美诗中，这种鸟被等同于火神阿格尼，有着塔穆兹和密斯拉的特征；被等同于创造之神梵天；被等同于雷雨与生育之神因陀罗；被等同于把灵魂带去冥府的死神阎摩。它也被称作“毗湿奴的化身”，印度三位一体的“守护者”。圣诗中提到迦楼罗时称其为“生命之鸟，有生与无生宇宙之主宰……既是毁灭者，又是创造者”。它能烧毁一切，就像“太阳发怒灼伤万物”。③

鸟不仅代表命运（因为从其飞行轨迹可得预兆），同时也是生育之神。《摩诃婆罗多》中的印度圣人满大啪啦（Mandapala）没有子嗣，无法进入天堂，除非生下儿子。他“沉思良久，发现宇宙众生中只有鸟儿被赋予生殖能力”，因此他变成了一只鸟儿。

有趣的是，在罗马，埃塔纳鹰象征着王权。被奉为神明的罗马皇帝死后，他的蜡像被放置在火葬用的柴堆上，此时一只鹰在柴堆上盘旋，将他的灵魂带

---

① Campbell's *West Highland Tales*, Vol. iii, pp. 251-254 (1892 ed.).

② *Religion of the Ancient Egyptians*, A. Wiedemann, p. 141.

③ *Adi Parva* section of the *Mahàbhàrata* (Hymn to Garuda), Roy's trans., pp. 88, 89.

入天堂。[①]这一风俗如果不是古巴比伦与水火仪式有关的风俗[②]，表现为不列颠群岛的五朔节和仲夏水火节，那它就可能是季节性火祭的遗俗，由神秘的米坦尼王国统治者传入叙利亚西部、北部和小亚细亚。塔苏斯城（Tarsus）每年都燃烧熊熊篝火以纪念该城神秘的奠基人山段（Sandan），他被等同于赫拉克勒斯。他可能是摩洛克和麦尔卡特[③]（Melkarth）的形态之一。[④] 人们火烧鸽子纪念阿多尼斯。在五朔节的篝火上燃烧代表着生育之神的稻草人可能是一个生育仪式，也可能解释了妇女生产时使用稻草生育带的缘由。

据《古兰经》的评论者说，在古他的年度火祭中将受害者扔进火堆的巴比伦国王宁录，于坦木兹月（犹太历的十月）的第八天死去。根据叙利亚历法，这天是七月十三日。[⑤]据叙述，蚊子飞进了宁录的脑袋里，使隔膜长得更大。他遭受了极大创伤，为了减轻痛苦，他用木槌击打自己的头部。虽然他像其他农业族长一样活了几百年，但最终可能还是被焚烧献祭了。宁录的击打使人想起农业传奇中对谷物精灵的击打。彭斯在民谣《大麦约翰》中对这一广为流传的古老习俗给予了诙谐的描述。这一习俗至今还未完全绝迹，甚至苏格兰也仍在流传。[⑥]

> 他们把他平放在地上，用棍棒打得体无完肤；把他吊在暴风雨中，随风转动。
>
> 他们往矿井里填满水，把约翰·巴雷库恩（John Barleycorn）扔进去——任其沉浮。
>
> 熊熊燃烧的火焰灼蚀着他的骨髓，但是磨坊主给了他致命一击，将他置于两块巨石间压碎。

赫拉克勒斯，在完成许多神话中提到的壮举后，在欧伊铁山（Mount Oeta）上搭了火葬用的柴堆自焚，然后在隆隆雷声中升上奥林匹斯山。

吉尔伽美什，即巴比伦的赫拉克勒斯，与埃塔纳、宁录和山段有所关联，

---

① Herodian, iv, 2.

② 与此相关的尼布甲尼撒所做的像非常有趣。他颁布法令，“任何拒绝膜拜他的人”都将被投入“熔炉”中焚烧。因此，希伯来人、沙得拉、米煞和亚伯－尼歌都被扔进了火中，但他们被上帝拯救了。《但以理书》，ⅲ,1-30.

③ 麦尔卡特：推罗的保护神，有时被称为巴力－麦尔卡特，是腓尼基人的主神。——译注

④ 拉乌尔·罗切特的《法兰西文学院回忆录》（巴黎，1948,第 178 页等）中讨论了亚述人和腓尼基人赫拉克勒斯。

⑤ G. Sale's *Koran*, pp. 246, n.

⑥ 在埃达诗《洛基的争辩》中，洛基对毕格维（大麦精灵）说：“沉默吧，巴雷库恩!”参见《老埃达》，奥丽芙·布雷译，第 262、263 页。

也和鹰有某种联系。在印度，鹰被视为生育神、火神和死神。根据艾利安[①]（Aelian）讲述的神话[②]，“巴比伦城堡的守卫扔下一个出生不明的孩子，后来被称为吉尔伽摩斯（Gilgamos，即吉尔伽美什）”。这是萨尔贡－塔穆兹神话的另一个版本，也可能指为麦尔卡特和摩洛克献祭儿童：为了确保生殖力和献祭谷物之神，儿童被烧死或杀死“在岩石裂缝下的山谷里”[③]。然而，吉尔伽美什没有死，“一只目光锐利的鹰看见这个孩子坠落，在他落地前飞去接住了他，驮在背上带去花园轻轻地放下”。自此，我们就有了花丛中的塔穆兹和“阿多尼斯的花园”里的园丁萨尔贡的说法。女人们纷纷把花园打理得像阿多尼斯的花园一样。谷物塞满壶和篮子，与谷物之神的神像一起，被扔进溪流里。弗雷泽教授写道：“无知的人们以为通过模仿就能得到他们想要的：因此他们洒水造雨，点火取光，等等。”[④] 显然吉尔伽美什是塔穆兹神的一个英雄形态，是杀死冬季与暴风雨恶魔的勇士，在人间和地狱各度半年（第六章）。

像赫拉克勒斯一样，吉尔伽美什在神话故事里的形象多是勇猛的英雄。他显然非常古老，所以不可能被看作是阿卡德王萨尔贡，或亚历山大大帝的前身。他的功绩被记载在苏美尔时期的圆形图章上，刻画着他与狮子搏斗，就像赫拉克勒斯在尼米亚山谷（the valley of Nemea）里和巨狮搏斗一样。他的冒险故事记载在十二块泥版上，保存在亚述国王阿淑尔－巴尼－帕尔的藏书馆里。在第一块残破不堪的泥版上，吉尔伽美什被描述为能看见整个世界的人，因为能看透神秘的事物，所以他拥有大智慧；他还得到了生命草，但是最后被伪装成蛇或井怪的敌人地狮（earth-lion）抢走了。

吉尔伽美什也与埃雷克城有所关联，在那里他自居为“主”施行统治。伊什塔尔在那里有一座大的神庙，但她在凡间的财富减少了。埃雷克城的防御工事支离破碎，埃兰人围城三年。神祇变成了苍蝇，飞牛变成了老鼠。男子像野兽一样哀号，女子像白鸽一般恸哭。最后，人们祈求女神阿鲁鲁创造一位解救者。贝尔（Bel）、沙玛什和伊什塔尔都前来相助。

阿鲁鲁听到了她的崇拜者的哭喊。她将手放入水中，用泥土造了一个战士，取名埃阿－巴尼（Ea-bani），意即“埃阿是我的创造者”。因此，这故事可能是

---

① 艾利安：公元3世纪的罗马作家。——译注

② *De Nat. Animal.*, xii, 21, ed. Didot, p.210, quoted by Professor Budge in *The Life and Exploits of Alexander the Great*, p.278, n.

③ *Isaiah*, ivii, 4 and 5.

④ *The Golden Bough* (*Adonis*, *Attis*, *Osiris* vol.), "The Gardens of Adonis", pp.194 et seq. (3rd ed.).

以埃利都的古老神话为基础的。

埃阿－巴尼在圆形图章上的形象是长毛怪兽——像神祇潘一样。他与羚羊一起吃草，与野兽一同喝水，被比作谷物之神，这说明他是塔穆兹早期的一种形态，有几分像埃及的巴斯特这个半兽状的生育之神。埃雷克城派出一名猎人搜寻这个半兽人，发现它在溪流旁和他的野兽同伴一起饮水。关于埃阿－巴尼的描写使人想起了癫狂的尼布甲尼撒。“他被人群孤立，像牛一样吃草，天界的露水淋湿了他的身体，直到毛发长成鹰的羽毛，他的指甲像鸟爪一样。”①

猎人无心与埃阿－巴尼战斗，因此让一位美貌的妇女将他引诱出荒野。爱情打破了使埃阿－巴尼处于野兽状的咒语，野兽们纷纷逃离他。然后那个引诱他的女人恳求他一同前往埃雷克，那里有安努和伊什塔尔的神庙，强大的吉尔伽美什也住在他的宫殿里。被野兽同伴抛弃的埃阿－巴尼感到孤独，渴望收获人类友情，因此，他答应陪伴他的新娘。从猎人那儿听闻吉尔伽美什后，埃阿－巴尼想与其单挑，以测试自己的力量，但是太阳神沙玛什警告埃阿－巴尼，他是被贝尔、安努和埃阿赐予伟大智慧的吉尔伽美什的保护者。吉尔伽美什也在梦境中被劝告接受埃阿－巴尼作为同盟。

城市生活对埃阿－巴尼没有吸引力，他想重回荒野，但是沙玛什让他留下来当吉尔伽美什的朋友，承诺他将备受崇敬，晋升神级。

两位英雄成了密友。这时故事的叙述再度变得明晰起来：他俩正出发欲同埃兰国王（the King of Elam）恰巴巴（Chumbaba）作战。② 他俩的旅途漫长，危机四伏。他们及时进入一片茂密的森林，在数不尽的高耸入云的雪松之间漫游。他们看见国王下令铺设的宽广马路、高山以及神庙。山上的树木美不胜收，避荫地芳香四溢，令人流连忘返。

到这里，因为泥版残缺不全，故事又中断了。当故事开始接着叙述时，提到了“恰巴巴的首级”，他显然是被两位英雄杀死了。埃雷克城自此摆脱了强敌的压迫。

吉尔伽美什和埃阿－巴尼成功了，自然很高兴。但是在胜利时分，不祥的阴影袭来。吉尔伽美什身着皇家华袍，头戴耀眼王冠。他受万人敬仰，但是突然得知女神伊什塔尔因为爱慕他而烦恼。她“对他的爱是命中注定的”。在民间

---

①《但以理书》,iv,33。甲布甲尼撒作为谷物与丰收之神的人类代表，很可能像埃阿－巴尼一样，在荒野中生活一段时间，以此来效仿神。

② 发喉音 ch。

故事里，被天神或魔族爱上的人都成了忧郁的流浪者和“夜间的恸哭者”。济慈（Keats）《无情的妖女》一诗中的“骑士”就是一个典型的例子。

骑士啊，是什么苦恼，让你独自沮丧地游荡？湖中的芦苇已经枯了，也没有鸟儿歌唱！我在草坪上遇见了一个妖女，美似天仙。她轻捷、长发，眼里野性的光芒闪闪。

她采来美味的草根、野蜜、甘露和鲜果，她用了一篇奇异的话，说她是真心爱我。

睡前亲吻爱人后，仙女消失了。然后，“骑士”在梦里看见骑兵和战士的幽魂，都是之前被她所害之人，他们警告他不要重蹈覆辙。

在幽暗里，他们的瘪嘴大张着，预告着灾祸；我一觉醒来，看见自己躺在这冰冷的山坡。

女神伊什塔尔像“无情的妖女”般出现在吉尔伽美什跟前，柔声说道：“来吧，噢，吉尔伽美什，当我的配偶吧，把你的力量给我，成为我的丈夫，让我做你的新娘。你应有一辆青金相间的战车，配有金色车轮，以宝石装饰。你的战马应白皙如雪，强壮有力。来我的住所，你将置身于芬芳的雪松之间。国王和王子都向你鞠躬，亲吻你的脚尖，噢，吉尔伽美什，所有人都将臣服于你。”

吉尔伽美什害怕自己成为伊什塔尔的爱人后会遭遇的命运，于是回答道：“你对哪个丈夫忠诚过？每一年你年轻时的爱人塔穆兹都为你哭泣。你爱过阿拉拉鸟（Allala bird），却折断了他的双翼，他在树林里哭喊‘噢，我的翅膀啊！’你爱过狮子，却把他引入陷阱。你爱过马，却对他施以马具，让他疾驰五十英里，痛苦不已。你还压迫他的母亲斯立莉（Silili）。你爱过一位牧羊人，他把孩子献祭给你，你却惩罚他并把他变成豺（或豹）；他的儿子驱赶他离开，他的狗把他撕成碎片。你爱过安努的园丁伊述拉努（Ishullanu），他为你提供贡品，你却打得他无法动弹。唉！如果你爱我，我的命运就会像他们一样，饱受折磨。”

听到吉尔伽美什的话后，伊什塔尔满腔愤怒，她让父亲安努创造了一头凶猛的公牛，以对抗吉尔伽美什。

然而，这个怪物被吉尔伽美什[①]和埃阿－巴尼杀死了。可是好景不长，伊什塔尔诅咒了吉尔伽美什。随后埃阿－巴尼也反抗，并威胁说会像杀死公牛一样杀死她，结果他也被女神诅咒了。

吉尔伽美什把牛角献给沙玛什后，同他的朋友一起返回埃雷克，受到了盛

---

① 在一个圆筒形印章上刻画着每个英雄与公牛搏斗的场景。

情接待。举行庆祝仪式后，英雄躺下睡着了。然后，埃阿－巴尼梦见了凶兆。不久之后他就在战场上死去了，吉尔伽美什悲痛不已。现存的故事片段显示，吉尔伽美什决心踏上一段旅程，因为他已疾病缠身。他哭喊道：“噢！不要让我像埃阿－巴尼一样死去，因为死亡太可怕了！我向祖先毕尔－纳比斯汀，即巴比伦的挪亚寻求帮助。”据说巴比伦的挪亚住在类似希腊“幸福岛”的一座岛屿上，这个岛屿处在幽冥之海里。

吉尔伽美什似乎不只希望得到生命水和生命草来治愈自己的疾病，还想救活他深爱的朋友埃阿－巴尼。

吉尔伽美什开始了他的旅程，很快就到达了一个山间峡谷。他凝望崎岖的山巅，看见凶猛的狮子，心里不由为之一颤。然后，他对着月神哭泣，月神怜悯他。在神的庇护下，他继续前行。他翻过崎岖的山脉，发现面前是巨大的麦士山（Mashi），也称“日落山”，是东西生死之地的分界线。山峰直插云霄，山基立于地底。[①] 通过一道门可以进入山间一条黑暗的隧道，但门是关着的，两边有可怕的怪兽——庞大的“蝎子人”和他的妻子把守，他们的头高耸入云。当吉尔伽美什看见他们时，吓得晕了过去。但是他们并未伤害他，因为看出他是神之子，拥有神体。

当吉尔伽美什醒来时，他意识到怪兽用同情的眼神看着他。他告诉蝎子人，自己想要拜访祖先毕尔－纳比斯汀，他坐在诸神的议会厅里，拥有神力。巨兽警告他途中可能遇到的危险，说山间通道有十二英里长，没有光，漆黑无比。然而，吉尔伽美什无畏艰险，因为他不再害怕，巨兽同意他继续前行。所以，他进入巨兽看守的隧道之门，投入厚重的黑暗里。他连续二十四小时茫然地摸索前行，直到看见一线光芒。他加快脚步，逃离了可怕的隧道，再次沐浴在阳光下。他发现自己置身于一个魔法花园里，花园里有一棵美丽的神树，他便朝它跑去。它闪闪发光的枝干上挂着一串串珍贵的宝石，叶子呈天青石色。他感到眼花缭乱，但他不能在那儿逗留太久。经过其他许多神奇的树木，他来到海滨，知道自己正在接近死亡之海（the Sea of Death）。他踏入的这片国土由名叫撒比涂（Sabitu）的海女掌管。当她看见朝圣者靠近，就关上门进入了宫殿。

吉尔伽美什大声喊着请求准入，还威胁要破门而入。最后，撒比涂出现了，说道：

---

① 亚历山大大帝在其神话旅行中到达了世界尽头的一座山脉，“其顶峰直指天界的第一层，底部延伸到地界的第七层。”——*Budge*

吉尔伽美什，你急着去哪？你得不到你想要的。神造人的时候就为人类确定了死期。他们的生命掌握在自己手中。噢，吉尔伽美什，你酒足饭饱就行了！日夜欢歌，纵情享乐！衣着洁净，洗头沐浴！开心地看着拉住你手的孩子和臂弯里的妻子幸福地生活吧！①

这就是埃及“哈珀的短诗”中的哲理。以下引语出自两个不同的译本：

正义的王子在休憩！美好的天命降临，神明的时间流逝，人类的寿命消逝，世代接替。

在你活着的时候，随心所欲地生活。头戴没药草串，身穿细麻衣……庆祝愉快的日子，不厌其烦……藏在你心里的姐妹（妻子），她就坐在你身旁。把愉悦的音乐放在身前，不幸的事都抛诸身后，（只）记住欢乐。②

贾斯特罗将巴比伦的诗歌与下面出自《传道书》的引语做了对比：

你只管去欢欢喜喜吃你的饭，心中快乐喝你的酒……你的衣服当时常洁白，你头上也不要缺少膏油。在你一生虚空的年日，就是神赐你在日光之下虚空的年日，当同你所爱的妻快活度日，因为那是你生前在日光之下劳碌的事上所得的分。③

贾斯特罗补充道：“虔诚的希伯来人以严厉而公正的上帝的概念纠正了这种生活态度，自觉遵循对错标准，上帝的规则超越了死亡。”这位传教士临终之言是这样的：“敬畏上帝，恪守戒律。”④

吉尔伽美什没有接受海女宿命论的忠告。他问她怎样才能找到祖先毕尔－纳比斯汀，说自己已经准备好跨越死亡之海；如果无法跨越，自己将悲伤而死。

撒比涂回答道：“噢，吉尔伽美什，没人驶过这片大海。除了沙玛什，谁能独自跨越它？途中充满艰险。噢，吉尔伽美什，你怎能与死亡的巨浪搏斗？”

然而最终，海女向这位朝圣者透露，他可能需要得到侍奉他祖先毕尔-纳比斯汀的水手阿拉德－埃阿的帮助。

吉尔伽美什很快找到了阿拉德－埃阿的住所，一段时间后，终于说服他做摆渡者。阿拉德－埃阿的船需要一个舵，吉尔伽美什就赶紧用树做了一个。安装好舵后，船起航了。横跨死亡之海的时候，他们经历了一段可怕的航程，但

① Jastrow's trans., *Aspects of Religious Belief and Practice in Babylonia and Assyria*, p. 374.

② *Development of Religion and Thought in Ancient Egypt* (1912), J. H. Breasted, pp.183-185.

③ *Ecclesiastes*, ix, 7-9.

④ *Ecclesiastes*, ixx, 13.

最终接近了毕尔－纳比斯汀和妻子居住的“幸福岛”。由于病痛和长途跋涉的疲惫，吉尔伽美什坐在船里休息，没有上岸。

毕尔－纳比斯汀得知这艘船竟然驶过了死亡之海，感到十分惊讶。

不幸的是，故事在这里又中断了，但是看来似乎吉尔伽美什把自己经历的苦难滔滔不绝地倾诉给了他的祖先，并且说他惧怕死亡，想要摆脱自己的命运。

毕尔－纳比斯汀提醒这位朝圣者说，所有的人都必须死。人类建造房屋，签订契约，相互争论，在土地上播种。一旦洪水泛滥，他们的命运都将终止。没人知道自己的时日何时将尽。命运之神会计算人类的寿命：他确定死期，但绝不透露。

吉尔伽美什问毕尔－纳比斯汀，他如何能侥幸活着。毕尔－纳比斯汀说：“你并无不同，你甚至像我一样。不要在我面前下定决心，而是看看你在众神的陪伴下怎样得到了神命。”

毕尔－纳比斯汀随即告诉了他的这位子孙有关洪水的故事，这会在下一章里详细叙述。诸神决心摧毁整个世界，埃阿在梦中向毕尔－纳比斯汀透露逃生的方法。他造了一只船在洪水中漂荡，当世界被摧毁后，贝尔发现了他，并把他带到了死亡之海中央的这座岛屿上。

吉尔伽美什坐在船里听祖先的这些话。当故事结束时，毕尔—纳比斯汀悲怜地说道：“哪个神能让你恢复健康，噢，吉尔伽美什，你知道了我的生活，你也应该得到自己奋力争取的生活。仔细记住我对你说的话。六天七夜里不要躺下，像沉浸在悲痛中的人那样一直坐着。”①

吉尔伽美什坐在船里，困意像暴风雨夜的乌云一般笼罩着他。

毕尔－纳比斯汀对妻子说：“看看这个一心求生的英雄，困意像暴风雨夜的乌云一般笼罩着他。”

妻子回答道：“你把手放在他的身上，他就能完全恢复健康，回到他自己的国土。赐予他穿越来时那扇坚固大门的力量吧。”

然后毕尔－纳比斯汀对妻子说道：“他经历的苦难令我悲痛。你为他准备魔法食物吧，放在他的头边。”

在吉尔伽美什躺下睡觉的那天，为他准备的食物经过七道魔法工序制成，是毕尔－纳比斯汀的妻子在他沉睡期间做的。毕尔－纳比斯汀触摸他之后，他就充满活力地醒来了。

---

① 或许就是像印度的哲人一样深思和忏悔，目的是获得精神力量。

吉尔伽美什对毕尔－纳比斯汀说道："我突然被瞌睡吞噬……但是你的触摸唤醒了我，你甚至……看！我被施了魔法。你对你的仆人做了什么？"

于是毕尔－纳比斯汀告诉吉尔伽美什他们让他吃了魔法食物。后来他让阿拉德－埃阿把吉尔伽美什带到治愈之泉，在那里洗净了疾病缠绕的身躯。伤痕累累的皮肤脱落了，他焕然一新。

之后，吉尔伽美什准备返回家乡。临走之前，他向毕尔－纳比斯汀告别，毕尔－纳比斯汀向他透露了具有魔力的生命草的秘密，说生命草能延续寿命，使人返老还童。

阿拉德－埃阿引导这位英雄去了长有生命草的岛屿。当吉尔伽美什找到生命草的时候，他欣喜万分，说要把它带回自己的城市埃雷克，吃掉它，重新焕发青春活力。

吉尔伽美什和阿拉德－埃阿一起继续前行，抵达净水井才停了下来。英雄弯下腰打水。[①]但是在他忙于取水时，恶魔地狮像蛇一样匍匐而来，偷走了富有魔力的生命草。惊骇间，吉尔伽美什下了诅咒。然后他坐下来痛哭，眼泪划过脸颊。他对阿拉德－埃阿说："为什么我恢复了健康？为什么我因活着而欣喜？使我受益的东西现在却到了地狮的手里。"

两个旅行者继续他们的旅程，不时地做一些有宗教意义的活动；他们唱挽歌，为死者设宴。终于，吉尔伽美什回到了埃雷克。他发现城墙支离破碎，然后他询问了在他身处遥远国度时，这里举行的宗教仪式的事情。

在接下来的日子里，吉尔伽美什为失去了朋友埃阿－巴尼而悲伤，他的灵魂在冥府，成了死神的俘虏。他哭喊道："你现在不能拉弓，不能呐喊助阵。你不能亲吻爱人，不能亲吻心爱的孩子，也不能打你憎恨之人。"

吉尔伽美什请求母神使埃阿－巴尼复活，却徒劳一场。然后他转而求助诸神，埃阿听见了他的请求。随后，死神尼格尔使墓穴打开了一个裂口，埃阿－巴尼的灵魂如一阵风般飘了出来。

吉尔伽美什仍然惧怕死亡。他对朋友的灵魂说道："告诉我，朋友，噢，和我说说你曾居住的地方。"

埃阿－巴尼悲哀地回答道："唉！我不能告诉你，朋友。如果我全都告诉你了，你会哭泣的。"

吉尔伽美什说："那就让我坐下来哭泣吧，你尽管和我说说那鬼神之地。"

---

① 或许是为了举行奠酒仪式。

泥版至此又残缺不全了，但是大致能看出埃阿－巴尼描述的冥府的情形：恶人遭受惩罚，年轻人如老人一般，蠕虫吞噬一切，四处布满灰尘。但是被安葬了的战士的情况要好过那些未入葬的人，无人为他们哀哭，也无人关心他们。埃阿－巴尼的灵魂说道："战争中死去的人在沙发上休息，喝着干净的水——就是你我看见的那个在战争中牺牲的人。他的父母撑着他的头，身旁坐着他的妻子。他的灵魂不在世间出没。但是尸体未入葬，无人关心的人却不得安息，在街头巷尾徘徊，吃残羹剩饭，筵席的残渣，喝容器里的剩水。"

现存的有关吉尔伽美什的故事就到此为止了。

吉尔伽美什前往幸福岛的旅程使人想起奥丁神、赫尔莫德、斯韦丹（Svipdag）、霍德尔（Hotherus）和其他人前往日耳曼死亡之国的女王海拉之处的旅程。如《散文埃达》所述，当赫尔莫德前去寻找巴德尔（Balder）时，他连续九日九夜穿过无尽的黑暗，然后翻越大山。像吉尔伽美什遇到了撒比涂一样，赫尔莫德遇见了莫度度（Modgudur），哥勒（Gjōll）河上"守桥的少女"。根据挪威诗歌的描述，斯韦丹像巴比伦英雄一样受月神吉瓦（Gevar）引导，指引他踏上寻找无敌之剑的正途。萨克索的霍瑟（Hother），受命于"基瓦（Gewar）国王"，翻越被"极寒包裹着的"阴暗的山脉。[①] 托克尔（Thorkill）横跨暴风雨肆虐的大海去到那永恒的黑暗之地，那里死者的亡魂被关在令人作呕、落满灰尘的洞穴里。主入口的"门柱上布满长年累积的烟灰"[②]。在《诗体埃达》里，斯韦丹着迷于前方的艰险，因为他曾去过"远比人们所知的更为强大的大海"，抑或遇到过夜晚"迷雾之路上的游魂"。[③] 当奥丁神"骑马向迷雾般的地狱前进"时，他对一个"女巫的坟墓"施了咒语，幽灵就飘出来回答他关于巴德尔的问题。他对她说："告诉我地狱的消息"，就像吉尔伽美什问埃阿－巴尼的灵魂一样。

在有关亚历山大大帝的神话故事中，这英雄寻找生命之水，碰到了一座称作穆萨斯［Musas，玛希提（Mashti）］的大山。一个恶魔拦住他说道："噢，国王，你不可能翻越这座大山，因为里面住着像蛇怪一样的巨神，他阻止任何人靠近。"故事的另一部分讲到，亚历山大和随行军队来到黑暗之地，"那里的黑暗不同于夜晚的黑，而像是破晓时分降下的云雾"。一个随从用亚当从伊甸园拿

① *Saxo*, iii, 71.

② *Saxo*, viii, 291.

③ *The Elder Edda*, O. Bray, pp.157 et seq. See also *Teutonic Myth and Legend*.

来的发光宝石引路，找到了井。他喝了“生命之水”并在其中沐浴，然后就变得更强壮了，不再感到饥饿或口渴。当他从井里出来时，“身体呈蓝绿色，衣服也同样呈蓝绿色”，显然他拥有了天神的肤色。印度罗摩是蓝色的，他身边的猴子盟友是绿色的，就像英格兰和苏格兰的精灵一样。这个幸运儿对此守口如瓶。他名叫马顿（Matun），但是他后来的绰号叫“‘埃尔－希德尔’（El-Khidr），即‘绿色’”。没有关于他怎样解释自己外貌突然变化的记载。[①] 据说，当马顿到达生命井（the Well of Life）时，他泡在水里的干鱼复活并游走了。《古兰经》里有一则关于摩西和约书亚的相似的故事，他们“长途跋涉”来到两海相汇的地方。“他们忘记了随身携带的鱼，鱼自由自在地游进大海了。”阿拉伯评论者解释说，摩西曾经认可了自己是最有智慧之人的说法。在梦境里，他受指点带着装有一条鱼的篮子前去拜访埃尔－希德尔，一个“比他更博学”的人。摩西在海岸边睡着了，那条被烤过的鱼从篮子里跃进了海里。另一个版本提到，约书亚“在生命泉沐浴”，一些水花洒到鱼身上，鱼就跃起来了。[②]

生命泉的故事也见于芬格尔传奇中。当迪尔米德受到野猪的致命一击时，他让芬恩去井里为他取水来。

> 把你手掌里的水给我喝，噢，芬恩，我的王的儿子，为了救助我，为了我的生命和居所。

许多民间故事中都提到过寻找生命草、生命花或者生命果的历险。在《摩诃婆罗多》中，被称为印度吉尔伽美什或赫拉克勒斯的怖军（Bhima）往东北方向去往仙境寻找天神库维拉［Kuvera，库贝拉（Kubera）］的湖，湖里生长着“最美丽、最奇异的荷花”，能使人恢复健康，精力充沛。正如吉尔伽美什遇见毕尔－纳比斯汀后他讲述了洪水毁灭“老一代”的故事一样，怖军遇见了哈努曼，哈努曼告诉他宇宙的年龄以及洪水定期毁灭人类的故事。当怖军到达荷花湖时，他与恶魔战斗。他跳进湖里疗伤，恢复力量。“喝下甘露似的湖水，他再次精力充沛，活力四射。”[③]

赫拉克勒斯同样也出发寻找长在西海岸花园里的金苹果，这花园位于古老的幸运之地，有树林和花香四溢的溪谷。

像怖军杀死了守湖夜叉一样，赫拉克勒斯杀死了看守苹果的拉冬（Ladon）。

---

① *The Life and Exploits of Alexander the Great*, E.Wallis Budge, pp.xl et seq., 167 et seq.

② *The Koran*, trans, by G.Sale, pp.222, 223 (chap. xvii).

③ *Vana Parva* section of the *Mahàbhàrata* (Roy's trans.), pp.435-460, and *Indian Myth and Legend*, pp.105-109.

其他英雄杀死了各种各样的守护财宝的龙。

巴比伦的吉尔伽美什通过山间黑暗的隧道去到花园和海滨的故事，与印度英雄哈努曼穿过长长的洞穴到达女苦行者所在的海滨宫殿，苦苦寻找被锡兰魔王罗波那抓走的罗摩之妻悉多的故事之间有着惊人的相似之处。在《摩诃婆罗多》哈努曼历险故事的叙述里，哈努曼说："我给你带来了好消息，噢，罗摩；我看见了阇拿迦王（Janaka）的女儿。长时间搜寻南部地区所有的丘陵、森林和矿山后，我们精疲力竭。终于，我们看见了一个大洞穴，走进之后发现洞穴又黑又深，树木繁茂，蠕虫密布。走了很久之后，我们看见了阳光和美丽的宫殿，那是海怪玛拉雅（Malaya）的住所。我们在那里看见一位名叫帕哈瓦提（Parbhàvati）的女苦行者在修行。她给了我们各式各样的食物。恢复精力后，我们继续沿着她指示的路前行。最后我们走出洞穴，看见了大海，看见了塞亚（Sahya）山脉，玛拉雅山脉和达度阿（Dardura）山脉。爬上玛拉雅山，面前是一片汪洋大海（或者，"伐楼拿的住处"）。看见此景，我们悲痛欲绝……没信心活着回去……然后我们一起坐了下来，决定在那饿死。"

目前为止，哈努曼和他的朋友们与吉尔伽美什有着相似的经历，他们随后发现了拼命飞向太阳而灼伤翅膀的巨鹰。这只大鸟像埃塔纳鹰一样，说悉多在楞伽（即锡兰），她一定是被罗波那带去那里的。但是，无人敢跨越那片危险的大海。然而，哈努曼最终获得了其圣父，即风神伐由的帮助，越过了大海，杀死了怪物。他找到了魔王藏匿悉多的地方。[①]

在许多不列颠故事里，勇敢的英雄们出发去探索黑暗的洞穴通道，但有去无回。在苏格兰故事里，冒险家们一成不变，都是带着狗的风笛手。风笛声持续一段时间后就戛然而止，不多久狗就回来了，全身毛发全无。狗显然与恶魔进行过搏斗。

洞穴通道可能是从城堡通向海滨，从山一面的洞穴通向另一面的洞穴，或者是从海滨的洞穴通往遥远的岛屿。

这些广为流传的洞穴故事可能起源于旧石器时代的穴居人，他们相信幽深的洞穴是龙、巨人和人类其他超自然敌人的地下休憩地之门。

在巴比伦，像在其他地方一样，祭司们为神话故事中广为流传的素材打上其教义的烙印。这些具有象征意味的故事后来流传甚广，就像后来那些与亚历山大大帝有关的故事一样。如今在许多国家都能找到不同版本的古老的民间故

---

① *Vana Parva* section of the *Mahàbhàrata* (Roy's translation), pp. 832, 833.

事，它们代表文化的不同阶段，以及在不同历史时期与文明的直接或间接的接触。这些文明搅动人类思想之海，并将这思想如一圈大过一圈的涟漪般传向更远的海滨地区。

第九章　洪水神话、幸运岛与冥府

巴比伦大洪水的故事—幸运岛上的两位仙人—新、旧世界的洪水传说—巴比伦文化如何传至印度—宇宙周期理论—吉尔伽美什与印度阎君与波斯伊妹相像—伐楼拿和密特拉的关系—波斯与条顿神话中的寒冬—巴比伦冥府与埃及、希腊、印度、条顿以及凯尔特冥界之比较—冥王尼格尔与冥后的传说—冥界原为坟墓—武器缘何与死者埋葬在一起—日本和罗马信仰—旧石器时代的丧葬习俗—“我们的坟墓，我们的家”—巴比伦丧葬仪式的重要性—埃及和印度有关永恒极乐的教义—永恒极乐之说为何在巴比伦遭到压制—昂贵的丧葬费用—不同的丧葬习俗

毕尔－纳比斯汀讲给吉尔伽美什的洪水故事是这样的：

听我说，吉尔伽美什，我将诸神隐匿的行径告诉你。你知道，苏鲁巴克城邦（Shurippak）坐落在幼发拉底河畔。过去，众神都住在城里，齐聚在议会厅里，包括众神之父安努、战神与谋士贝尔、信使尼尼普、城邦主恩努济（Ennugi），还有智慧之神埃阿也落座席间。众神一致同意给大地送去一场洪水灾害。

随后，天神埃阿昭告了神圣统治者们的意图，说道：“噢，水府，听令；噢，城墙，理解……苏鲁巴克城邦的公民们，乌巴拉·图图（Umbara Tutu）的子孙们，拆除你们的房屋去建造一艘大船吧，丢掉你们的财物去挽救自己的生命吧，在船上储存所有植被的种子吧。你们将要建造的大船必须在长度和高度上具有完美的比例。它必须能漂浮在大风大浪中。”①

① 埃阿对着他在人间最为喜爱的人毕尔－纳比斯汀睡的棚屋说。他的话传达给了梦中的毕尔－纳比斯汀。

我听到并且理解了埃阿的指令，回答他说："噢，英明的天神，我将遵照您的旨意行事，因为您的建议如此完美。但是，我怎样向年轻人和长者解释我的行为呢？"

埃阿告诉我说："你就这样告诉他们……我得知战神贝尔厌恶我，因此我不能继续在他的领地－苏鲁巴克城邦停留，所以我必须离开这里去到埃阿的领地并在那里定居……战神贝尔将给这里送来丰沛的降雨，你将收获丰足的鸟、鱼，并获得大丰收。但是，太阳神沙玛什已经命令暴风雨之神拉曼在指定的时间从天界降下瓢泼大雨来毁灭一切。"①

埃阿指示毕尔－纳比斯汀如何建造那艘避难的大船。据现存的零散记录推测，该船的甲板有六层高，每一层有九个房间。据另一份记录，埃阿在沙滩上画出了大船的草图。

毕尔－纳比斯汀开始着手建造一艘宽一百二十腕尺②、高一百二十腕尺的平底大船。他用沥青将大船里里外外漆了一遍，第七天的时候大船造好了。然后，他根据埃阿的进一步指令对大船进行完善。毕尔－纳比斯汀继续对吉尔伽美什说："我将我所有的财产、金银、各类植被的种子以及货物都聚集起来装上了船。随后，我将家人、家仆、原野里的动物、野兽以及工匠，无一例外地都安置在船上。"

太阳神沙玛什定好发洪水的时间，说："我将命黑夜之神带去更多的降雨和破坏。你们躲进船舱并关闭所有门窗。"

果然那时黑夜之神就降下暴雨。我看到洪水席卷而来，我很害怕。于是，我走进船舱关闭了所有的门窗。我任命水手巴祖－卡尔格拉（Buzur-Kurgala）为船长，大船和船上承载的所有人员及货物都要听从

① 埃阿第二句话是推测出来的，因其原文残缺不全。
② 腕尺：古代长度单位，相当于前臂的长度。——译注

他的指令。

黎明时分，我看见天空中乌云显现，拉曼在云中大发雷霆，瞬间雷声大作。尼波和米罗达如使者一般走在前面，瞬间翻山越岭。船上的缆绳也松动了。

随后，暴风雨之神尼尼普来了，在他面前狂风暴雨大作。大地上所有生灵的身影都随闪烁的火柱起舞跳跃，整个大地火光闪闪。忽然间，雷神横扫苍穹，遮住光亮，大地陷入沉重的黑暗之中。如注的大雨下了一整天，河水暴涨，大地完全被水覆盖，陷入一片混乱；人类在黑夜中踟蹰前行，与眼前的灾难苦苦抗争。兄弟不能相见，朋友也无法相认……天上的精灵们低头看着不断上涨的洪水，内心忧惧不已；他们逃遁着，在安努的天界，他们就像围场中的猎犬一样蜷缩着。

这时，伊什塔尔悲痛地喊道："我在众神大会上赞成邪恶的决策，才会让人类灭亡，化作泥土。唉！我允许我创造的人们被摧毁，我赐予他生命，但现在他在哪里？他像鱼儿的后代一样被困在水底受苦。"

地上的精灵随伊什塔尔一同哭泣：他们战战兢兢，双唇紧闭，一言不发，默默地哀悼。

六天六夜过去了，暴雨注入河道，河水渐渐吞噬整个大地。但到了第七天，风停了。汹涌的河水恢复了平静，海潮退去，狂风暴雨也已停歇。我极目远眺，向着水面大声呼喊，但是无人回应。人类已经消逝，化作泥土。我的目光所及之处仅剩空旷的沼泽湿地。

随后，我将船上的门窗大打开来，阳光洒在我的脸上。我感到一阵眩晕，随即瘫软下来开始哭泣，泪流满面。目之所及只有一片汪洋。

终于，陆地开始显现。大船漂向尼塞尔城邦（Nitsir），随后被尼塞尔山阻隔。尽管在洪水中颠簸了六日，大船依旧稳固结实。第七天，我放飞一只鸽子，它在空中飞来飞去，始终没有找到可以栖息的地方，于是又返回了大船。随后，我放飞了一只燕子，它也像鸽子一样无功而返。接下来，我放飞了一只乌鸦，她看见洪水退去，于是呱呱大叫，四处觅食，蹚过大水后再没回来。最后，我将船舱中所有的动物放归天地之间。

我在尼塞尔山上举行了一场祭祀。我倒了一杯奠酒，在芦苇垛上架起香炉，将香与雪松木一起点燃。众神闻到芳香的气味，如同嗅到祭品的苍蝇一样集聚过来。

随后，伊什塔尔降临。她举着天神安努如她所愿赐予的宝石，说道：‘噢！众神！我以颈上的天青石色宝石起誓，我将永远不会忘记！我将永远记得这些日子。让众神都去祭祀仪式吧！但战神贝尔不能去，他无视我的话，给人间带去巨大的洪水灾难，让我的人民遭到毁灭。”

但贝尔－恩利尔也来了。他注视着停泊的大船，内心充满对天界诸神的愤怒。他愤怒地说：“竟然有人逃脱？不是下令毁灭所有的人类吗？”

贝尔之子尼尼普说：“除了埃阿，谁还会这么做？他知晓所有的事情。”

深渊之神埃阿对战神贝尔说：“噢，战神！你虽是众神的领袖，但你未听取我的建议，制造了这场大洪水，让罪恶之人受罚，让邪恶之人自食其果。但是，请保留一丝怜悯之心，不要将全人类都摧毁啊。愿大地再无洪水，让狮子去到大地吧，人类的数量将会减少。愿大地再无洪水，让猎豹去到大地吧，人类的数量将会减少。愿大地再无洪水，让饥荒去到大地吧，让瘟疫之神乌拉去到大地夺取人们的性命吧……我没有泄漏众神的神秘意图，我只是让毕尔－纳比斯汀做了一场梦，在梦中让他知晓众神的命令。”

沉思片刻，战神贝尔孤身走进船舱。他抓起我的手，引我向前，又引领我的妻子向前，让她在我身旁跪下。然后，他站在我们中间赐福给我们："毕尔－纳比斯汀过去是人类，但从此之后，他与妻子将是同我们一样的神祇。让他们远离河口，到别的地方居住吧！"

于是，战神贝尔带着我远离河口，来到此处。

旧世界和新世界的许多神话故事中都讲到洪水传说。在希腊神话的青铜时代（Bronze Age），残暴、邪恶的人类被一场大洪水消灭。据说宙斯有一次对赫尔墨斯（Hermes）说："我将给人间送去一场暴雨，自创世以来从未有过的暴雨，人类将消逝不见。我已厌倦了他们的邪恶狡诈。"

由于受到宙斯特别的恩惠，装扮成人形的两位天神丢卡利翁（Deucalion）和他的妻子皮拉（Pyrrha）有幸被赦免。宙斯指导丢卡利翁建造一艘橡树方舟，备足粮食。当一切准备妥当，夫妇俩走进方舟，关闭所有的门窗。随后，宙斯"打开深渊的所有水眼，打开天界的所有泉井。大雨连续下了四十个昼夜"。青铜时代的人类消逝不见了，即使是那些逃到山顶的人也未能逃过此劫。橡树方舟停泊在帕纳塞斯山（Parnassus），直到洪水退去，这对老夫妇才走下山，住在一个山洞里。①

在印度神话中，世界在每个宇宙时期②的末期都会被洪水摧毁。共有四个宇宙时期：克里达纪或完美时代（the Krita or Perfect Age）、特雷达纪（the Treta Age）、达夫帕拉时代（the Dwapara Age）、卡里纪或邪恶的时代（the Kali or Wicked Age）。这些时期的划分与希腊和凯尔特神话中的时代划分相对应。③梵语文学中也提及由于地球人口太多致使世界毁灭。一位圣人讲道："人口增长如此惊人，地球承受过多压力，已下沉一百由旬④（Yojanas）。她的四肢痛苦不堪，沉重的压力使她渐渐丧失知觉。地球在痛苦中寻求至高无上的神那罗延（Narayana）的保护。"⑤

马努的洪水传说已在第二章提过。鱼形的神祇告诉他说："摧毁世界的时机

---

① *The Muses' Pageant*, W.M.L.Hutchinson, pp.5 et seq.

② 宇宙时期：以"天年"计算，共四个时期，长度分别是克里达纪四千八百天年、特雷达纪三千六百天年、达夫帕拉纪两千四百天年、卡里纪一千两百天年。——译注

③ *Indian Myth and Legend*, pp.107 et seq.

④ 由旬：梵语 Yojana，古代印度的一个长度单位。意译合、和合、应、限量、程或者驿。又作逾阇那、逾缮那、瑜膳那、俞旬、由延。原来指公牛挂轭走一天的旅程。据《大唐西域记》载，旧传一由旬为四十里，印度国俗为三十里，佛教为十六里。其和现代单位的换算还不明确，但一般认为一由旬等于十一点二公里。——译注

⑤ *Vana Parva* section of the Mahábhárata（Roy's trans.）, p.425.

已经成熟……建造一艘结实且巨大的方舟吧，舟中备好长绳……”当海面开始上升时，角鱼拖着方舟穿过波涛汹涌的海面，直至停泊在喜玛瓦特山（雪山）的最高峰。喜玛瓦特山至今仍被称作诺阪德（Naubandha，避风港）。一路上，七位圣人陪伴着马努。①

在凯尔特（爱尔兰）的洪水传说中，挪亚的孙女塞西尔（Cessair）被拒绝登上方舟。她听从其崇拜的天神的建议，逃到了世界的西部边界。② 她率领三艘大船组成的舰队，但还未到达爱尔兰，就有两艘沉陷。除了塞西尔外，幸存的还有其父比斯（Bith），另外两名男子芬坦（Fintan）和拉得茹（Ladru），以及五十名妇女。但除了芬坦外，其他人都死在了山上。芬坦昏睡在巨浪的浪尖上，因而幸免于难，活着看到了来自希腊的巨人巴索隆（Partholon）。

埃及神话中也有洪水传说。作为尘世之王的太阳神拉变老之后，人类开始喃喃地抱怨他。于是拉召集众神说：“在听到你们对人类的看法之前，我不会屠杀他们。”努，太阳神之父，宇宙原始水域之神，建议将人类全部毁灭。

拉说：“看人类逃到山顶，他们为自己说过的话而惊恐万分。”

女神哈索尔，即太阳神“拉之眼”，杀戮了所有逃至山上的人。后来，拉想挽救幸存的人类，于是示意人类为女神哈索尔准备丰富的贡品，包括混有药草和人类鲜血的谷酒。这酒需要在晚间舀出。“第二日清晨，哈索尔女神来到人间，发现大地被洪水淹没，心生愉悦，以至纵情畅饮，忘记了对人类的审判。”③

显然，埃及神话提到了尼罗河每年一次的泛滥。“谷酒”中的“人血”是被弑的谷物之神的血液，或是他尘世化身的血液。尽管南北美洲的洪水神话可能源于亚洲，但它们同样反映了当地的风俗，就像美国的蒙古部族一样，这一点不可忽略。墨西哥文明繁盛于黑斯廷斯战役④（the battle of Hastings）期间，它是否受到来自亚洲的任何文化的刺激不得而知。但鉴于缺乏可靠数据的支持，盲目武断是不负责任的。

墨西哥传说中的洪水是由“水太阳”（water sun）造成的。“水太阳”猛然释放出长久以来从地面吸收的水蒸气，吞噬了所有的生灵。

---

① *Indian Myth and Legend*, p.141.

② *Book of Leinster*, and Keating's *History of Ireland*, p.150（1811 ed.）.

③ *Religion of the Ancient Egyptians*, A.Wiedemann, pp.58 et seq.

④ 黑斯廷斯战役：指1066年10月14日诺曼底公爵威廉一世（William of Normandy）的军队和英格兰国王哈罗德·葛温森（Harold II）的军队在黑斯廷斯地区进行的一场争夺王位的交战，战争以威廉取得决定性胜利并入主伦敦结束。——译注

流传于纳瓦人部落（Nahua tribes）中的洪水传说与毕尔－纳比斯汀讲述的巴比伦故事极为相近。天神蒂特拉卡万（Titlacahuan）指示一个名叫纳塔（Nata）的人将一棵柏树掏空制作了一艘小船，让他在洪水来临之际同妻子尼娜一起逃离。这对夫妇最终躲过了劫难。于是，他们在船上以鱼为祭品供奉天神，却激怒了前来惩治人类的天神，这天神的愤怒不亚于巴比伦神话中战神贝尔发现毕尔－纳比斯汀逃过洪水之灾的愤怒。天神蒂特拉卡万曾指示纳塔和尼娜在逃难时仅带一穗玉米，以此表明他们是丰收之神。

在巴西神话中，主神莫南（Monan）烧毁了整个世界及其邪恶的子民。为了熄灭天神投掷的大火，一个巫师降下大雨，使得大地被洪水淹没。

加利福尼亚的印第安人中间也流传着洪水传说，并且他们认为早期的人种体型较小。西北部讲阿萨巴斯卡语（Athapascan）的印第安人声称，自己是洪水传说中幸存者的后裔。洪水传说的确已在“新世界”（New World）中广泛流传。

美洲人认为，第一批创造的生物不可能还活着，巴比伦人也同意这个观点。据巴比伦历史学家波洛修斯说，由于动物难以适应有光的环境而全部死亡，致使第一次的造物行为失败。① 这是世界年龄学说的萌芽，该学说在印度、希腊和凯尔特神话中发展到顶峰。

读者对《圣经》中的洪水传说已不陌生。平奇斯教授说：“鉴于巴比伦洪水传说与《圣经》中的洪水传说在所有关键点上都极为相近，但在许多重要的细节处又有诸多不同，这就为两者的比较提供了一个很好的课题。”②

巴比伦文化不仅向西传播至巴勒斯坦海岸，进而在腓尼基时期（Phoenician period）传至希腊，而且向东经埃兰传播到伊朗高原和印度。有文献提及早期吠陀神话（Vedic mythologies）和苏美尔神话（Sumerian mythologies）之间的相似之处。在入侵印度的雅利安人的“新歌”谱写之际，类似于埃阿－俄安内（Ea-Oannes）的天空和海洋之神伐楼拿，以及与沙玛什有关的密特拉等天神，他们的光环已退却，其他文化的影响逐渐显现。例如，雅利安人的某些部落将死者埋在伐楼拿的“黏土房”中，而越来越多的人开始火化死者，并崇拜火神阿格尼。吠陀后期，新的入侵者侵入印度中部地区，这些“后来者”为印度带来了新的信仰，包括灵魂转世（Transmigration of Souls）以及宇宙年龄说（Ages of the

① Pinches' *The Religion of Babylonia and Assyria*, p.42.

② 这里提到的问题，L. W. 金在《巴比伦的宗教》（有关埃达与迦勒底的书，第四卷）、平奇斯教授在《亚述与巴比伦历史记载及传说中的〈旧约〉》及其他卷册中，从不同角度进行了讨论。

Universe)。女神的地位也得以突显，吠陀诸神成为次要的神，受制于天神梵天、毗湿奴和湿婆。这些“后来者”进入印度之前无疑受到巴比伦思想的影响。例如，在他们的世界年龄或年代论中，我们会自然而然地想起两河流域文明中有关时空的概念。这一领域的专家小罗伯特·布朗（Robert Brown，junr.）表示，在印度用以计算“梵天之日”（Day of Brahma）的那套系统与在巴比伦发现的天文系统极为相似，显然，宇宙周期论（theory of cosmic periods）起源于此。①

然而，巴比伦思维模式影响下的外族人的思想并非处于禁锢状态。外来宗教不仅没有禁锢思想，反而刺激了思想的发展。在巴比伦王国守旧、压抑的祭司制度行不通的地方，有关生死奥秘的思想反而迅速发展。这一点可以从吠陀时期的父权制思想和苏美尔神话中的概念比较中推断出来。毕尔－纳比斯汀，巴比伦的挪亚和半神的吉尔伽美什在吠陀神话中则是死神阎摩。阎摩是“第一个人”，他像吉尔伽美什那样，翻山越岭，漂洋过海地去寻找一方乐土。阎摩在吠陀圣歌中作为通往“祖辈之地”的探路者的形象被众人讴歌。印第安人中未经火化的死者须步行前往那片乐土。阎摩的形象一直未曾改变，他在史诗和吠陀经中都是旅行者的形象。②

> 沿着险峻陡峭之途急切而过，亦为许多人察看并指明了道路，聚集众人者，毗婆薮的儿子，是阎摩王，你们向他呈献祭品。（《梨俱吠陀》，第十卷，第十四曲，第一颂）③ 阎摩，伟大的地狱之王，让我们奉上礼物和敬意。他是第一个死去的人，他是第一个英勇投入死亡激流的人，是第一个指明天堂去路的人，也是第一个在光亮那方迎接他人的人。
>
> M. 莫尼尔·威廉姆斯爵士译④

阎摩和其孪生妹妹阎美（Yami）是第一对人类夫妻，他们类似于波斯天神中的双胞胎伊摩（Yima）和伊妹（Yimeh）。伊摩像密特拉；事实上，密特拉的孪生兄弟伐楼拿总是携带着与死神有关的套索。⑤

在印度神话中，阎摩也被称作皮垂帕蒂（Pitripati），“先辈之主”的意思，他取代了密特拉在祖辈天堂中的位置，坐在天空和深渊之神伐楼拿旁边。他坐

---

① *Primitive Constellations*, Vol. i, pp. 334-335.

② *Indian Myth and Legend*, chap. iii.

③ 参见麦克唐纳教授的译本。

④ 参见《印度的智慧》。

⑤ “水神伐楼拿以套索为武器。”参见《摩诃婆罗多》之《大会篇》，罗伊译，第29页。

在树下，吹奏长笛，饮用能使人长生不老的苏麻液（Soma drink）。当阎摩的子孙后裔来到祖辈天堂时，他们好像“重生一般，洗去了通身污秽”，全身闪闪发光。[①]

在波斯神话中，莫尔顿（Moulton）教授说：“伊摩统治着自己的后辈子孙居住的地区，因为他活得要比亚当久。为了使自己的子孙永生，在恶魔德弗（Daevas）的诱骗下，他让他们食用了禁用的食物。什么是禁用的食物呢？我们能否将它同另一个神话传说结合起来？在洪水之后的再生世，密特拉想使人类长生不老，就让他们食用原始神牛身上的脂肪。根据密特拉教采用的雅利安神话，人类就是由神牛的尸体创造的。”

伊摩因为“在邪恶力量的引诱下，还未等到善神阿胡拉[②]（Ahura）的吉时，就冒昧地为自己和人类攫取不老术”而受到惩罚。努力重现这个故事的莫尔顿教授怀疑这个故事是否是来源于巴比伦。

伊摩同巴比伦的毕尔－纳比斯汀一样，也是创世之谜的揭示者。他被最高天神阿胡拉指派为“我之造物的守护者、监督者、观察者”。三百年过去了——

> 地球变得拥挤，大地上满是畜群、人、鸟和狗，闪耀着火光。无论是人类，还是畜群和牛群，都不再能找到生存的地方。
>
> ——杰克逊的译本

后来，地球被一支金箭劈裂。随后伊摩建造了一处避难所，使人类和家畜在严冬能有栖息之处。莫尔顿教授说：“这样的场景使我们不得不承认它受到巴比伦洪水传说的影响。”[③] 这场景也使我们想到了日耳曼神话中的“芬布尔的冬天”（Fimbul winter）。在冰岛史诗（Icelandic Eddie poems）《埃达》的一首诗中，主神奥丁问道：

> 凛冽的寒冬将至，人类该如何生存？[④]

在另一首诗《瓦洛斯帕》[⑤]（*the Voluspa*）中，神祇瓦拉（Vala）预言了“世界沦陷之前”剑时代（Sword Age）、斧时代（Axe Age）、风时代（Wind Age）和狼时代（Wolf Age）的到来。经历了天神和恶魔之战——

---

① *Indian Myth and Legend*, pp. 38-42.

② 阿胡拉：古代伊朗宗教，特别是琐罗亚斯德教所奉的至高之神。波斯国王大流士一世及其后各代国王都崇拜阿胡拉·玛兹达，认为他是最伟大的神，而且是合法国王的保护神。——译注

③ *Early Religious Poetry of Persia*, J.H.Moulton, pp.41 et seq. and 154 et seq.

④ *The Elder Edda*, O.Bray, p.55.

⑤《瓦洛斯帕》：别名《女占卜者的预言》。——译注

太阳失去了光辉，大地没入海洋。

然而，就在此时，一个崭新的世界出现了。

我看见大地再次从海洋中升起，重新布满绿色；河水退去，天空中雄鹰翱翔，偶尔俯冲而下捕捉鱼儿。

根据神祇瓦拉的预言，幸存的诸神返回时，他们将会谈论世间巨蟒。显然，随着塔穆兹的到来，大地将撒满种子，“巴德尔（Balder）即将到来”[①]。将巴德尔与谷物联系起来，这表明巴德尔就像纳瓦人部落神话中的纳塔一样，是丰收之神。

与此同时，对洪水传说与原始农业神话之间联系的思考遗留了很多问题，读者的注意力可能会被引向巴比伦神话中的“另一世界”的概念。毕尔 - 纳比斯汀逃过了洪水灾难，居住在一座岛屿天堂里，就像希腊神话中的“幸运岛”，爱尔兰神话中的“提尔纳诺”（Tirnanog）或“青春之地”（Land of the Young），它坐落在西部海域，也就是现在的不列颠。[②]

岛上的魔法谷（Avilion）从未下过冰雹或大雨，从未飘落过雪花，也从未出现过怒吼的狂风，如果有，它也只是在幽深的草丛中静静地潜伏。果园的草地上一片欢乐与祥和，这里绿树成荫，就似那夏季碧绿的海洋。[③]

然而，只有两个人被准许居住在巴比伦的岛屿天堂，他们就是毕尔 - 纳比斯汀和他的妻子。很明显，吉尔伽美什不可能与他俩同住在这里。他手下的诸神也未将任何英雄或其他心仪的人送到诸如希腊、凯尔特以及雅利安 - 印第安人的充满快乐的岛屿上。死去的巴比伦人无法进入天国。所有人都注定要进入阴暗的冥府。正如约伯[④]（Job）在绝望时哀叹自己的命运：“黑暗和死阴之地啊；那地甚是幽暗，是死荫混沌之地。那里的光好像幽暗。”[⑤]

这阴森的死者的居所类似于希腊神话中的冥府，条顿神话中的地府尼福尔（Nifelhel），以及印度神话中的“普茨”（Put）。人们还未发现有关冥府的详细描述。然而，有关《伊什塔尔的冥府之行》和《吉尔伽美什》史诗的文献表明，这阴森的地方就像是埃及人隐匿的地区，在这里灵魂遭受恶魔的折磨，被刀刺，

---

① *The Elder Edda*, O.Bray, pp.291 et seq.

② *Celtic Myth and Legend*, pp.133 et seq.

③ 参见丁尼生《亚瑟王的消逝》。

④ 约伯：《圣经 · 旧约》中记载的人物。——译注

⑤ *Job*, x, 1-22.

被投入火中炙烤，被扔进无尽的寒冷黑暗中瑟瑟发抖，或是被扔进满是毒虫的恐怖之地。

当伊什塔尔勇敢地踏入巴比伦冥府去寻找挚爱塔穆兹时，她也同样遭到瘟疫恶魔纳姆塔的折磨。毫无疑问，她还会面临更多的痛苦。或许，她所遭受的痛苦同古冰岛诗歌《斯基尼尔之歌》（*Skirnismal*）中的巨人少女，在拒绝嫁给丰收和生育之神弗雷时，将会遭受到的折磨类似。

> 魔鬼无休无止来纠缠，在巨人宫殿出怪作祟，通宵达旦闹得不安宁。每天你从闺房里出来，去到冰霜巨人（Frost giants）的殿堂，却只能四肢匍匐前行。纵然你满肚子不乐意，岂有旁的出路可选择。悲痛忧伤终日泪洗脸，堪可恼再无欢乐笑靥。①

印度神话中，身处地狱的灵魂也以同样的方式遭受着无尽的、各种各样的折磨。②

巴比伦神话中的冥后是厄里西－基－加勒，也叫作阿拉图。在埃及土丘艾尔-阿玛尔纳“书信”③（Tel el Amarna “Letters”）中发现的一则神话描述了巴比伦天神举办宴会的场景。除厄里西－基－加勒外，所有天神都出席了这场宴会。由于她无法离开阴森的地狱，只能派使者——瘟疫恶魔纳姆塔代她出席。除了尼格尔，众神都起身欢迎纳姆塔。厄里西－基－加勒得知纳姆塔被尼格尔怠慢后，变得异常愤怒，要求将尼格尔交予她处死。尼格尔得知这一消息后，带着一群凶狠的恶魔火速赶往冥府。他派遣这些恶魔把守在冥府的各个出口，以防厄里西－基－加勒逃跑。然后他径直走向女神，抓住她的头发，将其从宝座上拖下来。经过短暂的打斗，厄里西－基－加勒被制服，在尼格尔准备割下她的头颅时，厄里西－基－加勒哭着祈求他的同情，并说：“求你不要杀我，我的兄弟！我有话要对你说。”

这祈求表明，她想挽救自己的生命——就像欧洲民间传说中的女巫们一样，于是尼格尔松开了她。

厄里西－基－加勒继续说道：“做我的丈夫吧，让我成为你的妻子。我将赐予你广袤大地的统治权，赐予你智慧。你将是我的主人，而我将是你的女人。”

尼格尔接受了这些条件并亲吻了厄里西－基－加勒。他深情地为她擦干眼

---

① *The Elder Edda*, O. Bray, pp.150-151.

② *Indian Myth and Legend*, p.326.

③ 阿玛尔纳“书信”：指在埃及的阿玛尔纳地区发现的大量以阿卡德语写成的、记录（阿玛尔纳时期）埃及法老与当时西亚各国国王之间往来书信的泥版文献。——译注

泪，说："现在你将从我这里得到你数月之前就想要的东西了。"

换句话说，尼格尔成为厄里西－基－加勒的丈夫和与她实力相当的人之后，就许给厄里西－基－加勒她所要求的荣耀。

《伊什塔尔的冥府之行》中的巴比伦冥府叫作古他。这座城里有一块著名的墓地，如同埃及的阿比多斯古城，许多虔诚、正统的信徒希望能被埋葬在那里。当地的神祇是尼格尔，他象征着太阳摧毁一切的力量和沙尘暴。他是一位阴暗的复仇之神，暴乱、疲劳、瘟疫和疾病之灵侍奉左右。他因可怕而被人们取悦。

在古他冥界，埃阿－巴尼通知吉尔伽美什说，蠕虫在尘土和厚重的黑暗中吞噬着死去的人。

显然，这里所说的冥界是以坟墓为原型的。在远古时代，人们相信死者的灵魂会在坟墓里或在其周围徘徊。因此，他们建造"房屋"去保护灵魂，就像活着的人在地面上建造房屋保护自己一样。

人类鬼魂的敌人是大地精灵。因而在坟墓里，死者的身旁总放置有武器，以便在必要时对抗恶魔。生者会为死者佩戴具有魔力的保护性饰品如项链、臂钏、耳环等，用符咒来保护尸体，抵御袭击。甚至连脸部也会用油漆涂画，作为一种辟邪的符咒。

只要尸体留在墓穴之中，死者的灵魂就会被认为是安全的。但是，它们依旧需要食物。因此，墓葬品中总会有盛食和饮水的器皿，每隔一段时间，生者会为死者祭献一次食物。生者每年会在墓地为死去的人准备一场食祭，并邀请鬼魂们来分享食物。这种风俗在巴比伦处处可见，在埃及也并不少见，穆斯林和科普特派①（Coptic）基督徒会在墓园为逝去的人举办每年一次的通宵盛宴。

日语里的"黄泉之地"（Land of Yomi）也是指地下世界或者巨大的墓地，在那里死者的鬼魂和象征疾病和毁灭的恶魔混居在一起。死者的灵魂通过"黄泉之路"（pass of Yomi）到达这里。然而，日本天皇可以优先升入天堂，和天神们一起居住在这"永恒之地"（Eternal Land）中。

古罗马人最初相信死者的灵魂"沉睡在地下，并不时地通过地面的某些出口返回地上世界。因此在祭日时，隆重地打开棺盖成为一项常规仪式"②。

巴比伦人相信，没被好好安葬的死者，灵魂会在街上四处游荡，吃残渣剩滓，喝不净之水。

---

① 科普特派：全称亚历山大科普特正教会，埃及最具规模的基督教教会，属于东方正统教会的一支。——译注

② *The Religion of Ancient Rome*, Cyril Bailey, p.50.

在葬礼仪式盛行之前，死者会被埋在其居住的地方——这一风俗为今天的科学家们收集原始种族及其生活习惯等方面的珍贵数据提供了可能。欧洲旧石器时期的穴居人大都埋葬在他们居住的洞穴中。然后，这些洞穴被遗弃，渐渐成为野兽们的栖息地。在很长一段时间之后，又一批陌生人占据了这些荒废的山洞。一些具有特色的山洞中通常会有数层的人体残骸，他们代表着更新世时代[①]（the Pleistocene Age）的不同时期。

地中海人在穿越欧洲向北迁移的途中，对有些洞穴加以利用，在其中挖掘老旧的岩层为死者建造精致的墓穴，即“屋中屋”，并因此将新旧风俗连接起来。由于在某些地方遇到旧石器时代后期（Late Palaeolithic Age）的人并同他们混居在一起，地中海人明显受到当地风俗和信仰的影响。

在埃塞俄比亚关于亚历山大大帝的记载中提到了原始宅葬仪式。当时亚历山大大帝被人们称为“双角”英雄[②]，到达印度后，他与当地的婆罗门交谈，对其中一位说：“既然你们没有坟墓，那你们中如果有人死了，会被埋在哪儿呢?”一个翻译回答他说：“男人、女人和小孩，他们长大、成熟、老去，当他们中任何一个人死去，我们都会将他埋葬在其居住的地方，因此我们的房子就是自己的坟墓。我们的神知道我们对宅葬的渴望远远超过人类都会有的对食物和肉的渴望：这就是我们的生活和我们在黑暗坟墓中的居住方式。”亚历山大想送一份礼物给婆罗门，于是问他们最想要什么，他们的回答竟然是“给我们永生”。[③]

在《吉尔伽美什》史诗中，埃阿 - 巴尼建议可以通过严格的丧葬仪式减轻死者遭受的痛苦，这成为缓解史诗结尾篇章中沉闷气氛的希望之光。贾斯特罗教授就这点发表评论说：“一个正式的葬礼，使得死者的尸体得到关怀和照顾，至少可以保证死者得以安息。”

> 有的人安坐榻上，有净水可喝，但有的人的影子却在地上无处栖息，正如我已看到而你将看到的那样，他的影子在地上无处栖息，他的影子无人关心……吃着破罐里的剩饭和扔在大街上的残羹。[④]
>
> 《吉尔伽美什》史诗

通过传播必须为死者举办隆重葬礼这一信念，祭司牢牢掌握了对人们的控

---

① 更新世时代：亦称洪积世，是地质时代第四纪的早期。——译注

②“双角”英雄：双角王是《古兰经》里的称呼。一般认为这个形象来自希腊传说和故事。在希腊故事中，亚历山大的头盔两侧插有长长的羽毛，后来羽毛被阿拉伯人误传为长角。——译注

③ 参见《亚历山大大帝的生平及其伟业》，第 133—134 页。该对话可能不存在，但它反映了这一古书的作者所熟悉的信仰。他的婆罗门显然相信，只有代表神祇的国王可以永生，普通人则无法永生。

④ *Aspects of Religious Belief and Practice in Babylonia and Assyria*, Morris Jastrow, pp.358-359.

制权，并向人们征收大笔费用。

在埃及，另一方面，信奉太阳崇拜的祭司们通过出售护身符、接受回馈等方式为死者举行仪式，以使选定的崇拜者能够进入太阳神拉的太阳船[①]（sun-barque）；然而，崇拜奥西里斯的祭司承诺，秉持公平正义的人死后可进入农业天堂，在那里他们可以像在尘世间一样生活和劳作，但他们的劳动获得更大的回报，即在来世收获无与伦比的富足。

印度的圣书中提到了许多天堂。但是没有人进入天神伐楼拿的天堂，他类似于苏美尔神话中的天神埃阿－俄安内。死者的灵魂在阎摩的天堂里休憩和享乐，然而“那些宁愿放弃自己的生命也不会在战场上背信弃义的王们”，正如圣人对一位英雄所说，会去“因陀罗神的大殿”。这使人想起了奥丁神的大殿（Valhal of Odin）。可见，信仰永生是印度人因陀罗崇拜和阎摩崇拜的信条。

《吉尔伽美什》史诗一种形式的结尾可能是史诗中的英雄到达毕尔－纳比斯汀的岛，就像印度神话中的阎摩一样“为众人探索、开拓道路”。印度神话中阎摩管辖的“彼特利斯之地”（Land of the Pitris）可与埃及神话中冥王奥里西斯的天堂相媲美。据说那里“有各样令人愉悦的物品，也有甜美、多汁、可口、美味的食品……花蕊吐露芬芳，果树结令人垂涎的果实”。“人类中所有的罪人，以及冬至期间死亡的人”[②]都会去那里——暗示此天堂与塔穆兹式的神祇不无关联，他会在大地一片贫瘠之时暂居到冥府。

在《吉尔伽美什》史诗中，塔穆兹传说得到进一步发展。就像伊什塔尔，当她来到冥府时，埃雷克王在接受生命之水的洗礼前不能返回尘世。毫无疑问，这类事件在最初的塔穆兹传说中也发生过。神祇在回归之前必须重生。他是否像七眠子中的某位一样，在天神埃阿的大殿里酣眠，直至以孩童之身重回他新月形的船，即赞美诗中的“沉船”之前才会醒来，就像斯夫乘风破浪来到斯塞尔丁（Scyldings）的土地一样？

一方面源自埃及，另一方面又源自印度的永恒极乐（Eternal Bliss）之说，在巴比伦人群中却从未得到发展。当然，我们所知的与永恒极乐之说有关的知识主要源于正统的宗教书籍。或许伟大的思想家们相信存在一个正义善良之人的天堂。他们的影响可追溯到宗教发展趋向于一神论的时期。一神论盛行于不

---

① 太阳船：指太阳神拉在白天和夜晚分别乘坐的“曼杰特”（Mandjet，万年之船）和“麦塞克泰特”（Mesektet）两艘太阳船。——译注

② The *Mahàbhàrata*（*Sabha Parva section*）, *Roy's* translation, pp.25-27.

同时期。思想家们关于有为正义善良的人存在的天堂的教导必然会受到唯利是图的祭司们的压制。对于祭司们而言，坚持宣称死者的灵魂被弃置于阴暗的地下冥府，地上活着的人们对其遗体的处理方式决定死者在地狱遭受磨难的等级，是极其有利可图的。在任何时候，要办一个正统的葬礼都是非常昂贵的。记录拉格什城邦命运多舛的统治者乌鲁卡基那实施的社会改革的铭文足以证明这一点。乌鲁卡基那登基后，将丧葬费减少了一半以上。英国考古学家金先生写道："就一个普通的葬礼而言，遗体下葬后，主持祭司按例会要求七坛葡萄酒或烈酒，四百二十块面包，一百二十个玉米，一件长袍，一个羊羔，一张床和一个座椅作为酬劳。"乌鲁卡基那则将这酬劳降至"三坛葡萄酒，八十块面包，一张床，一个羊羔。祭司助手的费用则从六十个玉米降至三十个"。[①]

丧葬习俗反映出巴比伦宗教中的保守成分。这些习俗在新石器时期后也没有多大变化。史前苏美尔人的坟墓与前王朝时期埃及的坟墓极为相似。死者的尸体以蹲坐的姿势侧卧着，右手旁放置着"烧杯"或"饮杯"等盛水器。其他器皿被放置在头部附近。由此可以推断，当吉尔伽美什睡着时，毕尔－纳比斯汀的妻子为他准备的魔法食物也被放置在他的头部附近。

尸体总是佩戴着各种饰品，包括环、项链和臂钏。如前文所述，活人佩戴这些东西作为护身符，毫无疑问，他们为死者佩戴这些东西也是出于同样的目的。然而，这种佩戴符咒的习俗受到古希伯来祭司们的谴责。有一次，雅各[②]（Jacob）要求他的家人"将外邦人的神像和他们耳朵上的环摘下来交给他，随后雅各将它们埋藏在示剑（Shechem）栽种的橡树下"[③]。因为在雅各看来，个人饰品具有明显的偶像崇拜意义。

金先生写道："典型的墓室家具包括颜料或彩色的盘子。这些盘子由雪花石膏制成，造型优美，通常是四根脚柱。它们的用途显而易见。大部分盘子还保留有原来的颜色，盘子一般为黑色和黄色，有时也有浅玫瑰色和浅绿色。在早期埃及穴居人的洞穴中也发现了用于脸部化妆的颜料。"

神祇的脸上也像活人和死者一样涂抹了颜料，并且也佩戴着符咒。在埃及寺院的日常活动中，有一项重要的仪式，就是"用白色、绿色、大红色和深红色的腰带装饰神像，为其提供两种油膏，并用黑色和绿色的漆涂画眼睛"[④]。印

---

① *A History of Sumer and Akkad*, L.W.King, pp.181-182.

② 雅各：《圣经·创世记》中的人物，以色列十二支派的先祖。——译注

③ *Genesis*, xxxv, 2-4.

④ *The Religion of Ancient Egypt*, W.M.Flinders Petrie, p.72.

度史诗《摩诃婆罗多》中有对雅利－印第安天神伐楼拿的天堂的描写。天神被描述为“穿着仙袍，戴着天界的饰品和珠宝”。他的随从，阿底多群神（the Adityas），则“佩戴着天界的花环，涂抹着天界芳香的脂粉，散发着天界芳香的气味”。①显然，这里的“脂粉”就像是巴比伦人和埃及人的脸部涂料，具有防护作用。生活在苏格兰的皮克特人（Picts）同样涂画自己以保护他们的身体不受魔力和敌人武器的侵害。被涂画过的人可能被看作是能获得好运和避免厄运的人。

苏美尔人的洞穴中也放置着武器和工具，这表明他们相信死者的灵魂不仅能防御敌人，还能为自己提供食物。鱼钩状的祭品也表明，人们希望亡灵能够自己捕鱼以获得干净的食物，而不是返回地面寻食盛宴的残羹，打扰活着的人，就像苏格兰贡纳岛（Scottish Gunna）上的亡灵一样：

> 独自栖息在古老而寒冷的灰色岩石上，一点点啃食，啃食我们将要丢弃的骨头。

停放在苏美尔人洞穴中的一些尸体用芦苇席包裹着，这一习俗表明，苏美尔人认为芦苇具有保护力或被赋予了神力。在巴比伦，神奇的仪式多在芦苇搭建的棚屋中举行。正如我们已经看到的，在众神决定给大地送去洪水的时候，天神埃阿通过托梦给芦苇棚屋中熟睡的毕尔－纳比斯汀透露众神的“意图”。或许，人们相信死者在梦中也是有意识的，梦境能够揭示那些准备攻击他们的恶魔的意图。在叙利亚，通常用羊皮来包裹尸体。② 因为祭司和天神都身披能够赋予其神力的动物皮；同样的，死者也被认为可以从他们身披的动物皮中接受到神启。苏格兰高地的预言家们会被包裹在牛皮中，并被整夜放置在溪流旁，以预知未来。这是坦格罕仪式③（Taghairm ceremony）的一种形式，在司各特（Scott）的《湖上夫人》（*Lady of the lake*）中有所提及。④ 祭司穿戴长袍是因为人们相信神圣衣物具有神奇魔力。当大卫想要查明扫罗⑤（Saul）的意图时，他说：“把以弗得（Ephod，法衣）带来这里。”随后他便得知敌人已经决定攻打

---

① *Sabha Parva* section of the *Mahàbhàrata*（Roy's trans.）, p.29.

② *Egyptian Myth and Legend*, p.214.

③ 坦格罕仪式：有时被解释为“灵体回声”或“死者召唤”，是一种古老的苏格兰占卜仪式。通常需要活体献祭，会对物或人进行残酷折磨。——译注

④ Canto iv.

⑤ 扫罗：以色列犹太人进入王国时期的第一个王，在位时间为公元前 1047 至公元前 1007 年。——译注

基伊拉（Keilah）。[①] 当以利沙[②]（Elisha）接过以利亚[③]（Elijah）的斗篷时，他便成了希伯来先知。[④]

有时候，苏美尔人的尸体会被放置在黏土包裹的石棺中。早期的石棺为浴缸状，圆形，平底，带着圆形的盖子。后期就演变成“拖鞋状的棺材”，以符咒装饰。苏美尔人的浴缸状棺材和在纽瑞特（Nuerat）附近石屋中发现的埃及第三和第四王朝时期墓穴中的椭圆形陶质棺材极其相似。木棺上的绘画和第一王朝时期建造的墓穴，在巴比伦都能找到类似的。[⑤]

苏美尔并没有建立庞大的墓室。棺木常常安放在住房或寺庙底下的砖拱里，或城墙外的沟壑中。据“胜利石碑”[⑥]（stele of victory）记载，在拉格什最高祭司安纳吐姆统治期间，战场上的尸体都被成对地全裸堆积，然后用泥土进行掩埋。这是土葬的典型范例。

据希腊历史学家希罗多德记载：“巴比伦人将尸体浸泡在蜜中，像埃及人一样为其吟唱葬礼哀歌。”[⑦] 不过用这种方式保存尸体并非古代的习俗，而是源自亚述人统治后期巴比伦与尼罗河谷地间的文化接触。只要死者的尸骨不被打扰，灵魂便被认为已在冥府安息。这一古老的信仰广泛流传，并在英国斯特拉特福教堂（Stratford church）里莎士比亚墓上的奇特的诗句中得到印证——

> 朋友，看在上帝的面上，请勿来掘这里的骸骨。祝福保护这些墓石的人们！诅咒搬移我尸骨的人们！

在巴比伦，死者灵魂的回归是极其可怕的。伊什塔尔曾发出恶毒的诅咒：“我将使死者站立，他们将吃饭、生活。死者将比生者更为众多。”外邦入侵一地后，往往会掘开坟墓，将尸骨尽数抛撒。据说，一旦坟墓被破坏，受侵扰的灵魂就会折磨他们的亲人。鬼魂在他们曾居住过的地方反复出现，并会变得像恶魔一样邪恶。战死沙场的敌人的尸体不但不会被体面地安葬，而且会被肢解毁坏，作为猎物留给鸟兽去吞食。

---

① *I Samuel*, xxiii, 9-11.

② 以利沙：以色列国先知，系先知以利亚的学生。以利亚在升天之前，奉神之命选召其继任以利亚的工作。——译注

③ 以利亚：《圣经》中以色列王国的重要先知，意即“耶和华是神”。——译注

④ *I Kings*, xix, 19 and 2 *Kings*, ii, 13-15.

⑤ *The Burial Customs of Ancient Egypt*, *John Garstang*, pp.28, 29 (London, 1907).

⑥“胜利石碑”：亦称作“鹫碑”，安纳吐姆统治时期（约前2454—前2425）为庆祝和记录战胜北部邻邦温马而建立的纪念碑。现藏于法国卢浮宫。——译注

⑦ *Herod.*, book, i, 198.

折磨死者的恶魔也会攻击活人。英国考古学家金先生展示的一篇断断续续的、常被看作是“古他创世传奇”（Cuthean Legend of Creation）[①] 的文字讲述了一场由古时的国王发起的对抗恶灵的战争。这战争与米罗达和巨龙之间的战斗无关[②]，而是由“阿努纳奇神（Anunaki，地灵）”领导。一些具有超自然力的士兵有着鸟一样的身体，另一些则有着“乌鸦脸”，所有这些人都被“混沌之神提亚玛特哺育”。

三年里，国王派出大批士兵去攻打恶魔，但“无人生还”。此后，他决定自己挂帅前往作战，以拯救国家。于是，他开始为战争做准备，举行复杂且昂贵的宗教仪式以获得天神的帮助。他远征胜利了，击败了由具有超自然力的士兵组成的军队。返回家乡后，他便将这次伟大的胜利记录在石碑上。这些石碑被安放在古他的天神尼格尔的神龛中。

这个神话可能是对尼格尔突袭冥界女王厄里西－基－加勒故事的效仿。或者，这神话既然与古他城有关，说明它的创作或许是为了鼓励人们在古他城神圣的墓地举行葬礼。该墓地已被臭名昭著的衰老的恶魔之王占据了。这些恶魔不仅折磨死者，而且周期性地攻击生者。

---

① *Records of the Past* (old series), xi, pp.109 et seq., and (new series), Vol. i, pp.149 et seq.

② 参见 L. W. 金：《创世的七块泥版》。

第十章　巴比伦的建筑、法律和习俗

苏美尔王国的衰落—埃兰人和闪米特人争相称霸—巴比伦的城墙、大门、街道和运河—“空中花园”—米罗达的大殿—《汉谟拉比法典》—婚姻市场—女性的地位—婚姻带来自由—维斯塔贞女—违背誓言离异—儿童的权利—女税吏—土地法—律法不允许医生出现“职业失误”—民间疗法—以符咒驱逐病魔—蠕虫传说—“触铁”（Touch Iron）—治病圣水—诗歌和音乐的神奇起源

巴比伦王国的兴起开启了西亚历史的新时代。恰巧此时，苏美尔王国的政治霸权也终结了。埃兰人击垮了苏美尔王国，在伊辛王朝统治后期，成功地将势力蔓延至南部地区，并努力拓展至整个河谷地区。两个著名的埃兰国王，瓦拉德-辛（Warad-Sin）和瑞姆·辛（Rim Sin），与巴比伦统治者争夺霸权。这些来自东部的入侵者曾经试图永久地成为凌驾于苏美尔和阿卡德之上的军事贵族。但是，从亚摩利人的土地上蜂拥而至的、具有相同的混合血统的、新的定居者们极大地增强了闪米特人的力量。阿拉伯大量的过剩人口再次涌入叙利亚，导致种族纷争不断，且愈演愈烈。这支移民被称为迦南人或亚摩利人：他们进入美索不达米亚并穿越亚述地区，与此同时，其提供的“驱动力”确保了汉谟拉比王朝在巴比伦的支配地位。事实上，当时著名的统治者家族被认为是迦南人的后裔。

巴比伦从成为一座大都市直至灭亡，都保持着辉煌。在其漫长且波折的历史中，尽管发生过多次政权更迭，但其南部敌国的鼎盛与辉煌始终无法与之相媲美。无论是亚摩利人或加喜特人（Kassite）、亚述人或迦勒底人占据王位，巴比伦城始终不变的是底格里斯河-幼发拉底河下游河谷地区最高效的行政中心。然而，一些加喜特君王却偏爱尼普尔城。

人们对尼普尔早期的历史知之甚少。它由基什王国、乌玛王国、拉格什王国和埃雷克王国轮流统治。在阿卡德王国的鼎盛时期，尼普尔的面积也就像大型村庄那么大。萨尔贡一世这位皇家园丁非常有兴趣发展这座城市，据记载，

他清理了尼普尔城内的沟渠并加固了防御。该城具有重要的战略地位，也是贸易和工业中心，其重要性不言而喻。在乌尔王朝的鼎盛时期，巴比伦城积攒了大量财富。据记载，国王敦基为了获取埃利都城埃阿神庙中的财宝，掠夺了著名的“高头寺”（Temple of the High Head）埃－萨吉拉（E-sagila）。该寺可与巴别塔媲美。埃利都城是他最喜爱的城市。他的破坏性袭击，同库提姆人或库图族人的破坏性袭击一样，在之后的漫长世纪里使人们无法忘记。这一行为激怒了该城的守护神，因而缩短了他的寿命。

毫无疑问，尽管汉谟拉比时期的巴比伦城与希腊作家笔下生动刻画的后期城市极为相似，但规模可能没有后来那么大。据希罗多德记载，巴比伦城在广阔的平原上形成了一个周长为六十英里的正方形。这位历史学家写道：“尽管面积如此，但其宏伟程度是任何一个城市都无法比拟的。城墙厚八十七英尺[①]，高三百五十英尺，每一边长为十五英里。整座城市被又深又宽的运河或护城河包围，幼发拉底河穿城而过。”

希罗多德写道：“对工具的使用，我在这里不能省略不说。工具主要被用来挖掘护城河，锻造城墙。挖掘护城河的速度和用挖出的泥土制作砖块的速度一样快。当砖块达到足够数量时，他们就会在窑洞里对砖块进行烧制。随后他们着手建造。先用砖块界定河界，继而开始建造城墙，用热沥青浇注水泥块，每隔三十层砖块就在其中加一层编制的芦苇。在城墙顶部，沿着城墙的边沿，他们建造了相向而立、只有单个房间的建筑，中间留有足够四马战车回转的空间。围绕整个城墙共建有一百个大门，每个大门都由黄铜制成，门楣和侧柱也是黄铜制成的。”[②]希伯来预言家以赛亚在上帝呼唤国王居鲁士（Cyrus）时提及了这些大门：

> 我也要放松列王的腰带，使城门在他面前敞开，不得关闭，我必在你面前行，修平崎岖之地。我必打破铜门，砍断铁闩。[③]

外城墙是该城的主要防御工事，内墙虽不如外墙厚重，但防御力量丝毫不逊色。此外，城市的每一个区域都有一座堡垒。国王的宫殿和贝尔－米罗达神庙都被城墙包围着。

所有的主街道都是笔直的，每条街道都连着两个门，门与门之间相距十五

---

① 英尺：英制长度单位，1 英尺 = 12 英寸 = 25.4mm × 12 = 304.8mm = 0.3048 米。——译注

② *Herodotus*, book i, 179 (Rawlinson's translation).

③ *Isaiah*, xlv, 1, 2.

英里。其中一半的街道被河流阻隔，必须乘坐渡船通过。由于外城墙的每一侧都有二十五个大门，所以该城共有五十条主干道。城中共有六百七十六个广场，每个广场的周长都超过两英里。从希罗多德的记载中我们得知，城里的房子有三层或四层高，这表明当时已存在租赁制。根据古罗马历史学家柯提斯（Q. Curtius）的记载，广场中的花园占整个城市近一半的面积。

在希腊时期，巴比伦因尼布甲尼撒二世建造的“新宫殿”的悬浮式或阶梯式的花园而闻名。花园的面积等同于一个周长为四分之一英里的广场；大块的石阶安放在拱门上，搭建成三百五十英尺高的巨大阶梯，用二十多英尺厚的围墙加固；花园的每一层阶梯都由厚厚的土壤覆盖，上面栽种着茂密的树木和芬芳的亚洲鲜花，中间还栽种着果树；花园由一台机械从坐落在最高一级阶梯上的蓄水池中汲水灌溉；层层铺垫的苇席、沥青和铅板可以防止土壤水分流失；拱门之间的空地上建造了宽敞的公寓，公寓外墙上布满爬山虎，内部装饰豪华；宽阔的阶梯一层层蜿蜒而上。

旧宫殿坐落在一个周长约四英里的广场上，由三层城墙重重包围，城墙上都装饰有浅浮雕雕塑，描绘了战争场景、狩猎场景以及皇家仪式。人头牛身的带翼天神守卫着城墙的主要入口。

该城的另一个特色建筑是埃－萨吉拉，即贝尔－米罗达神庙，也就是希腊人所知的朱庇特－柏罗斯（Jupiter-Belus）神庙。神庙外围的高墙上有坚固的黄铜大门。希罗多德写道：“神庙围地的中部是一座坚固的石塔，长宽各为一弗隆[①]（furlong），其上又建造了第二层塔，第二层塔上建造第三层，依次建到第八层塔。上到塔顶的通道设在外部，一条小道绕塔而上。上到半腰处，人们可以找到休憩之处和座椅，稍作休息。在最高一层的塔上有一座宽敞的寺庙，庙内放置着一个装饰豪华的巨大沙发，旁边是一张金色的桌子。这里没有放置任何雕像，夜晚只有一名当地女子驻守。她，正如迦勒底人，即这座神庙主神的祭司们所证实的，是主神从这片土地上所有女子中为自己挑选的。”

埃及底比斯的阿蒙（Amon）神庙中也住着一个女子，被视作“阿蒙神的妻子”（wife of Amon）。利西亚（Lycia）也有相似的习俗。

希罗多德继续写道：“在同一片围地的下面还有第二座神庙，庙内安放着朱庇特的神像，通身金黄。神像坐在王座上，前面放置着一个金色的桌子。安置王座的地基也是纯金的……神庙外有两个祭坛，一个是纯金的，它是唯一合法

① 弗隆：英制长度单位，1 弗隆等于 201.168 米。——译注

的用以献祭孩童的祭坛；另一个是普通的祭坛，但尺寸很大，是献祭成畜用的。迦勒底人会在大号的祭坛上焚烧乳香。每年，在神的节日这一天，都会献上重达一千塔兰特[①]（talent）的乳香。在居鲁士统治时期，这座神庙里也有一个十二腕尺高，纯金的人像……除了我所提到的装饰品，在这片神圣的围地里还有大量的私人贡品。”[②]

每到晚上，城墙和护城河上所有的门都会关闭，就算巴比伦人被围困，他们也能在城内自给自足。运河水可以灌溉花园和小的农场，还能调控幼发拉底河的水流量。当时人们已在城镇的上游修建了大坝，用来在洪水时储存多余的水，并在河流近乎干涸时增加供水。

在汉谟拉比统治时期，人们必须乘船渡河，但在希腊人造访该城之前，就已建造了大桥。残暴的亚述王西拿基立（Sennacherib）彻底摧毁了这座城池，因此大多数现存的遗迹只能追溯到尼布甲尼撒二世时期。[③]

我们对巴比伦的社会生活及其控制下的领土的了解主要来自《汉谟拉比法典》。1901 年末，德摩根（De Morgan）探险队在古波斯苏萨城遗址发现了近乎完整的法典副本。该法典被刻在七点三英尺高的黑色闪长石石碑上，石碑底座周长为六点二英尺，顶部周长为五点四英尺。古代守法民族的这一重要遗迹被毁为三段，但当人们将它们拼接在一起时，发现法典的内容损毁得并不严重。石碑的一侧有二十八列，另一侧有六十列。起初共有四千行铭文，但有五列、合计三百行的内容被抹除，留下空白之处，据推测是带走石碑的入侵者想要在那里刻上自己的名字，可惜，史书上并没有这样的记载。

该石碑现为法国卢浮宫的珍品之一。石碑上部是国王汉谟拉比的画像，他的右手高举，向着太阳神致敬。太阳神沙玛什坐在埃－萨吉拉神庙顶部他的王位上，手中握有尖笔，书写法典，国王则站在面前。两人皆有浓密的胡须，但唇须和颏须都被剃掉。太阳神戴着一块圆锥形的饰头巾，荷叶边的长袍搭在左肩上，国王则戴着一顶圆形的帽子，穿一件飘逸的、几乎可以铺满整个地板的长袍。

从法典中得知，当时有三个主要的社会阶层——贵族，包括大地主、高官和行政官员；自由人，包括富裕的商人或小地主；奴隶。富人犯错要比穷人交

---

① 塔兰特：古代的一种计量单位，可用来记重量或作为货币单位。——译注

② *Herodotus*, book i, 181-183 (Rawlinson's translation).

③ *History of Sumer and Akkad*, L.W.King, p.37.

纳更多的罚款。诉讼案件须在法院听审。证人做证时要求“在神的面前发誓，讲出所知道的一切”，做伪证会受到严厉的处罚，尤其是在死刑指控案件中做伪证的，将被判处死刑。有严格的监察机构监督法官的行为，一旦发现法官在没有足够证据的情况下有意判处某人有罪，他将被罚款并降级。

偷盗被视为极可恶的犯罪行为，偷盗者总是被判处死刑。从没有长者或托管人管束的奴隶和未成年人手中购买货物，也会被算作偷盗。有时候，被告也可被处以罚款，罚金则是其所强占动物或物品折合总价值的十倍，甚至三十倍。偷盗的财物也必须归还。如果物品的主人偶然间在另一人那里发现了丢失的物品，则此人必须向法庭提交证据证明物品是他从别人手中购买的。如果证明售卖此物的人是盗贼，他将被判处死刑。另一方面，如果宣称自己是买家的人无法自证清白，那他也将被同罪论处。被盗贼盗走的财物，寺庙须做出赔偿。子嗣在城内被盗贼杀害的人须由地方当局对其进行赔偿。

有关女性地位的法律是极其有趣的。首先要提到的是婚姻拍卖（marriage-by-auction）习俗。希罗多德这样描述：“在每个村庄，适婚少女每年都会被聚集到一个地方，男性们则围绕她们站成一个圈。然后传令官逐个叫她们的名字进行拍卖。他会从最漂亮的那位少女开始。当她被卖到一大笔钱时，传令官会为美貌仅次于她的下一位少女叫价。所有少女都被买回去做妻子。那些希望迎娶到最漂亮少女的最富裕的巴比伦人会彼此投标竞价，而地位相对较低的寻妻人，就不会太在意美貌，他们支付礼金带走相貌平平的少女。当传令官叫卖完所有漂亮的少女后，便开始叫卖最丑陋的。如果刚好有一位跛足少女，传令官会问，谁愿意付最少的礼金将她带走。而后她将被指定给愿付最少礼金的人。嫁妆都是用支付给漂亮少女的礼金准备的，因而长相漂亮的少女，其嫁妆也要比丑女的丰厚。法律不允许父亲为自己的女儿选择结婚对象，也不允许任何购买但未交纳保证金的人带走少女，并让其真正成为自己的妻子。然而，一旦她们不同意，用于购买的费用将被返还。所有想要娶妻的人都会来到这儿为女人们投标竞价，有些甚至来自遥远的山村。”①

其他作家也提及了这一习俗，但此习俗是何时在巴比伦盛行的，又是谁引进的尚无法确定。希罗多德认为，这种习俗在“埃涅托伊人（Eneti）的伊利里亚人（Illyrian）部落（the Illyrian tribe of the Eneti）”中也能找到。普遍认为，这些人是在特洛伊衰亡后，随其领袖安忒诺耳（Antenor）到达意大利的。他们

---

① *Herodotus*, book i, 196 (Rawlinson's translation).

被确认为后来的威尼斯人，但现有的关于其种族线索的信息极其模糊。《汉谟拉比法典》中并没有直接提及这一习俗，但它揭示了“父权”与“母权”的古怪结合。女孩须服从于父亲的意志；父亲可用他认为最好的方式处置女孩，女孩永远是家中的一员；婚后她被称作某某人的女儿而非某某人的妻子。但是婚姻会带给她自由和公民权利。法律授予她的父亲的权利永远不会转移给她的丈夫。

父亲有权为自己的女儿选择合适的配偶，没有他的同意，女孩不得出嫁。《汉谟拉比法典》并不限制“因爱婚配”（love matches），这一点从其允许自由女与男奴结婚就可以看出来。在妻子死后，男奴的部分财产将归其主人所有。

准备订婚时，新娘父亲规定“新娘价”（bride price），订立婚约之前付清，而新娘父亲也会提供嫁妆。“新娘价”的这笔钱可能会退还给新婚夫妇用以开始新的生活。订婚后到结婚前的这段时间，一旦男方“看上了另一位女子”，并对其岳父说“我不会娶您的女儿”，女孩父亲会以男方违背婚姻承诺为由，没收“新娘价”。

女孩通过宣誓独身，或成为太阳神庙中维斯塔贞女或修女中的一员，也可以获得一定程度的自由。但是，她不会过完全隐居的生活。如果女孩从父亲那里继承了适当比例的财产，她就可以进行商业投资，但有一定的限制。例如，不允许经营酒铺，甚至不允许进入酒铺，一旦进入就会被施以火刑。独身誓言一经承诺，她就必须遵守，直至死亡。女孩一旦结婚，就可以获得已婚女人的合法地位，并享受已婚女人享有的特权。她可以拒绝丈夫的结婚仪式，但应为丈夫纳妾以生育子嗣，就像萨拉对亚伯拉罕一样。一定要将修女与不道德的女人区别开来。那些不道德的女人往往与伊什塔尔及其他名誉不好的爱情女神们的神庙联系在一起。

已婚女人获得的自由也有法律约束。例如，如果她成为寡妇，没有法官的许可，她不可再婚，除非向法官给出恰当的理由。对违背婚姻律法的人的处罚是很严厉的。通奸将被判处死刑，通奸双方会被绑在一起扔进河里。然而，如果罪犯的妻子因贫困与另一男子同住在一起，在其丈夫获释后，她可以被赦免并允许回到丈夫身边。未做贫困申请的犯错的女子会被淹死。被敌军俘虏的士兵的妻子，如果儿子还未成年，她可继承丈夫三分之一的财产，其余部分将被托管。一旦被俘士兵归来，他可以再次掌控其全部财产。

离婚很容易。丈夫可因妻子未生育子嗣，或自己爱上别的女人而将妻子送走。脾气不和也被认为是离婚的充分理由。女人也可能因仇恨自己的丈夫而希望离开他。《汉谟拉比法典》提到，“如果她举止谨慎，无可指责，并被遗弃她的丈夫所忽视”，她可以申请解除婚姻合同。但如果发现她有另一个情人，并忽视了自己的责任，她将被判处死刑。

已婚女人拥有自己的财产。事实上，婚礼的嫁妆属于女方。当她选择与丈夫离异，或被离异时，她有权带走其嫁妆并回到父亲的家中。显然，她可以从父亲那里索取生活费。

男人可以有多个妻子，女人却只能有一个丈夫。如果没有子嗣，男子可以迎娶侧室，或小妾，但是《汉谟拉比法典》规定，“小妾不可位同妻子”。法律允许二次结婚的另一个理由是妻子的健康状况。丈夫不可与生病的妻子离异。只要她活着，丈夫就必须在家中供养她。

孩子是父母的继承人，但是，如果一个男人在活着的时候将财产赠予妻子，并在“密封的石匾”上确认，孩子就不能要求继承财产。寡妇被许可将其财产留给她最偏爱的孩子，但是她不得将财产的任何部分留给自己的兄弟。一般情况下，一婚生的孩子从父亲那里继承的财产与二婚生的孩子继承的财产一样多。如果奴隶怀了主人的孩子，他们的继承权则取决于其父亲在有生之年是否承认他们是自己的子嗣。如果孩子犯法，其父有权与其脱离父子关系。

《汉谟拉比法典》中详细记述了维斯塔贞女的合法权利。如果贞女在宣誓独身后，未从父亲那里获得嫁妆，那么父亲死后，她可申请获得的财产是男性继承者的三分之一。她可以将自己的财产留给任何她喜欢的人，但如果她死后没有留下遗嘱，那么她的兄弟就成为她的继承人。然而，如果她的财产包括父亲分配给她的田产和花园时，她不能剥夺她合法继承者的继承权。在她有生之年，田产和花园可由其兄弟付租金进行耕作，或由她依据“共享制”雇佣一名管理者打理。

维斯塔贞女和已婚女人受到法律的保护以对抗诽谤。任何男子若对她们进行不公正的“指指点点”，将在法官面前被指控犯罪，法官可能会判处在其前额打上烙印。因此，在古代巴比伦，发现一个用恶毒和毫无根据的言论诽谤无辜妇女的男性并不困难。对女性进行攻击的人，会依据女性受害人的社会等级对其进行惩处，甚至是女奴也会受到同样的保护。

已婚女性似乎垄断了整个酒水交易行业。《汉谟拉比法典》中没有提到任何男性酒商。酒馆的女主人必须诚信经商，接收合法的偿付物。如果她拒收粮食，而要求以银币支付，一旦银币的价值（以超重之称计）低于粮食价格，她将被起诉并被扔进水里作为惩处，或者仅是简单地被猛按入水中。从事实可以推测，一旦发现她允许叛乱者在其酒馆聚会，她将被判处死刑。

土地法十分严苛。若佃户未能好好耕种其所持有的土地，将受到惩罚。租金是一定比例的农作物，该比例根据某地区农作物的平均收成确定。因此，粗心和低效的佃户会因疏忽或缺少技能而承担主要责任。如若发现土地未耕作，就惩罚租户耕种后将土地完全移交给主人。同样的惩罚还适用于签订契约承诺租种荒地但未耕作者。付过租金后，若土地被洪水侵袭，损失由耕种者承担；但若此情况发生在庄稼丰收前，地主的分成则按照灾后收成的比例计算。因其他原因而非佃户疏忽造成的农作物减损，会给予佃户补贴；借来的钱财无须支付利息，即使农场因天灾受到损失；债权人必须与债务人同担风险。然而，未能照看好堤坝的佃户不能免除其合法债务，他们所有的财产都将被拍卖以偿付债权人。

勤劳者受到保护，过失者遭受惩罚。如果某人打开灌渠，但疏于对供水量的控制而引起洪水，对邻居的农作物造成毁坏的，必须赔偿其损失。毁坏程度依据某地区的平均收成进行评估。若佃户让他的羊在邻居家的草地上游荡，他必须在作物丰收时以谷物的形式支付巨额罚款，数额远远超过羊啃食的草的价值。园丁也须遵守相似的严苛法律。所有的商业合同必须根据《汉谟拉比法典》的规定签订，每一条款都必须在泥版上做适当的记录。根据规则，若法官在法庭上否决了不诚信的佃户或商人的诉求，不诚信者将不得不支付双方争议金额六倍的罚款。

巴比伦法律遵循以牙还牙、以眼还眼的原则。若一个自由民弄瞎了另一自由民的一只眼睛，作为惩罚，他必须毁掉自己的一只眼睛；若他打断了另一自由民的一根骨头，作为惩罚，则必须打断自己的一根骨头。然而，奴隶受伤时只须支付罚金。无公民权的自由民殴打有公民权的自由民的，鞭笞六十；儿子殴打父亲者，剁去双手；奴隶袭击主人儿子者，割去双耳。

医生的职业风险极高。今天所称的“职业失误”在当时是不被允许的。如果医生用金属刀为伤者开刀，伤者死亡或伤者因接受手术而失去一只眼睛的，医生将被剁去双手。如果奴隶死于医生之手，那么医生必须用另一个奴隶补偿；如果奴隶失去一只眼睛，医生必须按照奴隶的市场价赔偿一半的费用给他的主人。医生的诊费根据病人的社会等级确定。有公民权的自由民若接骨或治疗患处，须付给医生五锡克尔[1]（shekel）银币，无自由权的自由民则付三锡克尔银币，奴隶主为其奴隶付两锡克尔银币即可。医治家畜也需要支付一系列费用，

---

① 锡克尔：古代亚述人使用的货币单位。《汉谟拉比法典》中将其译作“舍客勒”。——译注

但不会过于昂贵。如果外科医生不幸需要医治患有重病的牛或驴子，一旦它们死亡，医生则必须赔偿家畜价值的四分之一给其主人。因此，精明的农夫在其家畜将死之时一定会极其焦虑地寻求外科医生的帮助。

了解《汉谟拉比法典》的这部分内容后，就会发现希罗多德坦言巴比伦人没有医生的说法一点儿也不令人惊讶。他写道："当一个人生病时，人们把他放在广场，路人经过他身边，若他们之前也患过这种病，或者知道某人患过这种病，他们会给出建议，推荐病人使用他们自己罹患此病时用过的有效办法，或他们听说的办法。每个路过病人身旁的人都必须询问病情。"如果不是在亚述的阿淑尔－巴尼－帕尔图书馆发现的相关文献表明，技艺精湛的医生在当时享有很高的声誉，人们或许会想象汉谟拉比的律法已经使得医生职业不复存在了。不过要说从医者人数众多，这不大可能。在巴比伦，医生面临的高风险可能是导致这个职业最终灭绝的根本原因。

毫无疑问，病人的病情由于被暴露在充满阳光和新鲜空气的大街上而得到缓解，或者通过路人慷慨的建议，从一些老妇人的药剂中获益。在埃及，尽管人们非常厌恶"药物"一词，但是古文稿中记载的一些民间疗法，偶尔会产生极好的治疗效果。例如，氨水可在农场的有机物中提取到。在其他地方，一些效果显著的民间疗法的精彩案例也渐渐为人们所知，尤其是在离群索居的人群中间，他们已经将民间疗法纳入自己古老的传统之中。一位医学人士在苏格兰高地就这一有趣的课题进行了调查，发现"我们较为丰富的医学知识，不管我们认为它是多么完备，都是起源于人们简单的观察"。对于治疗水肿和心脏疾病，毛地黄、金雀花、杜松子等药材久负盛名，是"现代科学化的药材库中最可靠的药物"。古法治疗消化不良在今天仍被使用。对古代民间疗法的发掘"在后来才得以发展"。"用沥青水治疗胸部疾病，尤其是消耗性胸病，在我们这个时代也不断被效仿"；沥青水也是"治疗皮肤病的良药"。现在的巴比伦居民将沥青用作杀菌剂，显然是想使古代民间疗法永远流传下去。

这位说法被引用了的医学人士补充道："所有的事实可以概括为：我们应该将人类健康方面的巨大成就更多地归功于先辈对自然界的简单研究，而非后来的科学研究。"①

希罗多德对于让病人躺在大街上，借此收集民间疗法这一习俗评论说，这是巴比伦人民最有智慧的习俗之一。遗憾的是，他未能进一步对他那个时代最

---

① *Home Life of the Highlanders* (Dr. Cameron Gillies on *Medical Knowledge*), pp.85 et seq. Glasgow, 1911.

受欢迎的疗法加以详述。否则的话，他的数据对后来的比较研究将会是非常有用的。到目前为止，从泥版书中收集到的信息显示，人们对于信仰疗法并不陌生，而且当时已有大量的江湖术士。由于法律的严苛阻碍了医生这一光荣职业的发展，手术一旦减少，法术就会像热带真菌一样蓬勃发展。事实上，法师享有很高的声誉，大多数情况下可以随心所欲地施法。《汉谟拉比法典》中描述法术的只有两个段落。其中规定，如果一个人无正当理由诅咒另一个人，那么诅咒者将被判处死刑。《汉谟拉比法典》中也有关于法术有无依法实施的规定。若被诅咒者跳进圣河，被河水冲走，则证明他理应受罚，“施咒者”将占有“被诅咒者”的住所。倘若他会游泳，则被视为无罪，他将占有“施咒者”的住所，而“施咒者”会被立即处死。著名的《汉谟拉比法典》让我们对古代迷信有了有趣的一瞥。此外，法典中对做伪证以及法庭中不公正执法行为做出的详细的处罚规定，极具现代意义。

在巴比伦街角聚集求医的贫困患者相信自己被恶灵附体。病菌被生动地想象为无形的恶魔，从人体吸食养料。当患病的人因疾病的折磨而日渐消瘦苍白，他们相信是残忍的吸血鬼正在吮吸他们的血液、吞噬他们的肉体。因此，必须通过做法事和重复念咒语的方式来驱逐它们。这样恶魔就会被驱走，或被引诱走。

法师必须首先知道是哪个魔鬼在作恶，然后通过细数其特征和攻击方式，甚至通过对其命名来分散其注意力或迫使其屈从。之后，法师会放出一只乌鸦来暗示恶魔下一步将如何行动，以便它能像那只鸟一样飞向云霄；或者为恶魔提供祭品，让它从中获取养料，作为对它的补偿。另一种流行的方式是塑造一个病人的蜡像，诱使病魔进入蜡像体内，然后将蜡像带走扔进河里或用大火焚烧。

这种法事偶然也会产生相当显著的疗效，就像治疗牙痛的神奇疗法那样。首先，法师确定牙痛病魔为“蠕虫”。随后，他细数蠕虫的历史：在天神安努造天之后，天造了地，地创造了河流，河流创造了运河，运河创造了沼泽，最后沼泽创造了“蠕虫”。

法师絮絮叨叨的讲述迫使蠕虫聆听，病人据此判断蠕虫的不安状态。法师继续说道：

> 蠕虫来到沙玛什面前哭泣，埃阿到来之前，它哭着说：“你将给我什么为食，你让我吞噬什么呢?”一位神祇回答道：“ 我将给你干燥的骨头和有香味的……木头。”但是饥饿的蠕虫抗议道：“不，你给我干

燥的骨头做什么？让我在齿间饮血；将我放在牙床上以便我能吮吸牙床上的鲜血，摧毁牙齿的力量。——这样我便能掌握别人的命门。”

法师为“蠕虫”提供食物，以下是它的食谱：“将啤酒、植物和油混合在一起，涂抹在牙齿上并不断重复咒语”。毫无疑问，混合物缓解了疼痛，魔法师念完咒语后，大喊：

所以，你必须这样说，噢，蠕虫！愿埃阿以重拳击打你。①

随后，患者必能舒心地微笑。

毫无疑问，当用湿布包裹头痛病人的头部，并在其旁边焚烧香木，头痛症状就会缓解。同时，万众信仰的法师低声唱出神秘的咒语。治疗用的水取自两河交汇处，并举行仪式进行淋洒。恶眼病的治疗者也采用同样的方式治病。他们从“死人和活人通行的”② 桥下汲水，咕哝咒语为患者驱逐病魔。

巴比伦人最害怕的是头痛，通常这是发烧的最初症状。引起头痛病的恶魔嗜血而且非常残忍。根据符咒，人类这些无形的敌人是冥王尼格尔一族。他们进入家家户户，通过锁眼和门窗上的裂缝进入室内；它们像蛇一样匍匐前行，散发着老鼠的气味；它们有着同饥饿的狗一样下垂的舌头。

法师通过符咒迷惑恶魔。如果一个病人“触铁”——铁陨石，即“天上的金属”——病痛就可得到缓解。或者，用圣水驱赶病魔；随着病人脸上的水慢慢滴下，致人发烧的恶魔也将慢慢离开。当猪作为病人的代替品被用于祭祀，就意味着恶灵被勒令离开病人的身体，让善灵入驻。这表明，巴比伦人同日耳曼人一样，相信自己被神灵保佑，这些神灵会带给他们好运。

被刻在泥版书上和珍藏于图书馆中的不计其数的咒语，对医学知识的进步并没起多大作用，因为真正的民间疗法被认为是次要的，并没有被记录下来。但是这些韵律感十足的咒语是非常有价值的，因为它们表明了诗歌是如何起源并在古代人民中广为流传的。就像宗教舞蹈一样，最早的诗歌被用于魔法。这些诗歌最初是由那些被认为是完完全全被神灵附体的男人或女人创作的。原始人将“神灵”与“呼吸”联系在一起，“呼吸”即“生命之气”（air of life），与风相同。当诗兴大发的法师站在高峰上的某块圣地，四周是幽静的森林，旁边是低吟的流水，或是站在美妙的海滨，他便可以吸入“灵气”，从而获得灵感。正如罗伯特·彭斯所唱：

---

① Translated by R.C.Thompson in *The Devils and Spirits of Babylon*, Vol. i, pp. ixiii et seq.

② 通往墓地之桥。

没有诗客能寻到缪斯女神，除非他学会独自一人徘徊在潺潺的流水之滨，但又不推敲太多；甜蜜呵，漫步中凄然低吟一支动心的山歌！

或者，也许，游牧诗人是通过饮用赫利孔灵泉（Hippocrene）的魔水，或饮用月亮上滴落的蜜酒来获得吟唱的灵感。

古代的诗人不会仅仅因为爱吟唱而去吟唱，他们不会“为了艺术而艺术”。他们吟唱的目的非常实际。世界上存在无数的精灵，它们不断活动影响着人类。它们造就灾难，它们制造杀戮，它们带来不幸，它们也是好事或“幸运”之源。人类感性地看待“精灵”，感性地召唤精灵，感性地躲避其攻击，并借助充满韵律感的魔咒有节奏地抒发感情。

诗歌意象最初是具有魔法意义的。如果将大海比作一条龙，那是因为人们认为，大海里住着一条能呼风唤雨的龙；若风低语，那是因为风中的神灵在低语。爱情诗是迫使爱神占据少女心扉的符咒，正如一个印度咒语所说的，带着“阿布沙罗斯（Apsaras，神灵）的向往”；讽刺诗召唤恶灵伤人；在墓地吟唱的英雄叙事诗则是为了向战神陈词，这样战神就会将死者带到奥丁神的瓦尔哈拉殿堂（Valhalla of Odin）或是天神因陀罗的斯瓦嘎天堂（Swarga of Indra），作为对英勇的死者的奖励。

同样，音乐也具有神奇的渊源，就是模仿神灵的声音——那是“命运三女神”化身的鸟儿的歌声，是时高时低的风声，是隆隆的雷声，是大海的咆哮。所以天神潘吹奏他鸟状的苇笛，因陀罗吹响他的雷神号角，托尔将他的铁锤用作鼓槌，海神尼普顿用他环形的喇叭模仿海底深处的声音。凯尔特的橡树之神达格达拨动他木质的竖琴，凯尔特的春天之神和爱神安格斯携带着金弦银质竖琴，穿过森林小道而来，与悦耳的鸟鸣、潺潺的流水、低语的微风、沙沙作响的散发着香气的冷杉和开花的荆棘遥相呼应。

现代的诗人和歌手表达自己的情绪，并将这情绪传递给读者和听众。他们是古代法师的代表，相信引发情绪的是主宰他们内心的神灵——有节律的风之精灵，森林中的竖琴演奏者，大海的歌者。

以下引文来自 R. C. 汤普森先生对巴比伦符咒的翻译，它将解释符咒中蕴含的诗性：

发烧如同冰霜突降大地。

发烧如同狂风侵袭人体，它将人摧毁，使他的骄傲消失殆尽。

头痛如同沙漠夜空中的星星，无人赞美；如同急掠天际而过的浮云，使人颤抖不已。

头痛如同可怕的暴风雨，无人知晓其进程。

头痛席卷整个沙漠，像风一样低吼，像雷电一样耀眼，它释放的力量遍布人体，它将不敬畏神灵的人折磨，像切断一根苇草一样……它自山间而来，降落到人间大地。

头痛像是位忙碌的鬼婆（hag-demon），其状如旋风，不予人休息，不予人安稳的睡眠……其外观似黑暗的天空，其面孔如森林深重的阴影。

疾病……像一阵飓风摧残你的肢体……，它像是天空中闪耀的星星，它像是晨间的微露，到来得那么自然。

这些早期的诗人没有艺术规则，也没有任何评论扰乱他们的冥想。许多歌手不得不歌唱，并在评论家对其评头论足之前就已死去。因此在古代，诗人有他们自己的黄金时代，他们自己就是诗词规则的制订者。即便是“小人物”也会对社会产生重大影响。

第十一章　巴比伦王国的黄金时代

太阳神的崛起—亚摩利人和埃兰人的权力之争—汉谟拉比的善于征战的祖先—被毁灭的苏美尔城邦—广泛的种族运动—波斯湾腓尼基人迁徙—亚伯拉罕和洛特的流浪—《圣经》中提到赫梯人和亚摩利人—四位国王的战争—暗拉非、亚略和提达—汉谟拉比辉煌的统治—埃兰政权的衰落—巴比伦伟大的将军和政治家—商业、农业和教育的发展—古代学校—商务和私人信函—情书—邮政系统—汉谟拉比的继承者—早期加喜特人—西兰王朝—赫梯人偷袭巴比伦，希克索斯人入侵埃及

在伊辛王朝衰落之后的一段晦涩不明的历史时期里，太阳崇拜开始崛起，并且发展得非常成熟。也许是政治条件的改变，使得苏美尔太阳崇拜的中心拉尔萨，以及阿卡德太阳崇拜的中心西帕尔一度占据优势地位。埃兰的征服者们选择拉尔萨作为首都，而他们的对手亚摩利人则开始在西帕尔建立起自己的政权。

西帕尔的太阳神巴巴尔，闪米特语名为沙玛什，帮助亚摩利人定居，从而确定无疑地成为亚摩利人早期成就的功臣。也许正因为如此，处于统治阶层的家族在巴比伦的米罗达城里更加虔诚地信奉他，并在那里建造太阳神庙。沙玛什作为一个虚化的神祇，代表正义与法律，反映组织和管理有序的社会理想，因此获得人们虔诚的崇拜。

亚摩利人的第一代首领是苏姆－阿布姆，除了他曾经统治过西帕尔之外，关于他的信息少之又少。随后，苏姆－拉－伊鲁（Sumu-la-ilu）继承了他的统治地位，这是一位神化了的君主，他从西帕尔迁徙到巴比伦。在位的第五十年，他修葺或重建了巴比伦高大的城墙。这两位君主开启了长达三百年之久的、辉煌璀璨的汉谟拉比时代，即巴比伦第一王朝。除了苏姆－阿布姆，其他君主均来自同一家族，且王位世代相传。

据证实，苏姆－拉－伊鲁是一位伟大的将军和征服者，与埃及图特摩斯三世[1]（Thothmes III）有许多相似之处。人们认为，他的王国版图包括正在崛起的亚述各城邦，并向南延伸到古老的拉格什城。

苏姆－拉－伊鲁与基什城的关系对于宗教和政治都有特殊的意义。这座城早已成为敌对的亚摩利国王们的据点。这些国王中有些甚至强大到想要争取独立。他们形成了基什第三王朝（Third Dynasty of Kish）。当地的神祇是扎玛玛，类似于塔穆兹。该神同拉格什城的主神宁－吉尔苏一样，后来被认为与巴比伦的米罗达类似。人们也同样重视月神南纳，甚至为他修建神庙。这一事实表明，太阳崇拜在闪米特人中并没有在阿拉伯人中那么显著，或许它根本就不是起源于闪米特人，也许月神庙只是颇具影响力的乌尔王朝的一个遗迹。

苏姆－拉－鲁进攻并占领了基什城，但并没有杀死国王布努塔克图尼拉（Bunutakhtunila），而是封他为臣。在苏姆－拉－伊鲁的霸权统治下，基什城的下一任统治者伊美如姆（Immerum）开始公开推崇沙玛什。由此可见，政治与宗教密切相连。

苏姆－拉－伊鲁加强了西帕尔城的防御系统，重建城墙与古他神庙，在巴比伦宣扬崇拜米罗达及其配偶萨尔帕尼图。在他统治的王朝里，他本人无疑是最强有力的人物之一。他的儿子扎比姆（Zabium）也有过一段短暂而成功的统治时期，并且仿佛延续了父亲巩固巴比伦政权、取得臣服城市拥戴的政治策略。他扩大了米罗达神庙埃－萨吉拉的面积，重建基什城里扎玛玛的神庙，并为他自己浇铸了一座金塑像，放置在西帕尔的太阳神庙里。他的儿子阿皮尔－辛（Apil-Sin）在巴比伦的周围建造新的围墙，为伊什塔尔修建神庙，为沙玛什铸造金银相间的神座。与此同时，他还加强波尔西帕的防御，翻新古他城的尼格尔神庙，并且挖掘水道。

下一任王位继承人是西恩－穆巴里特，他是阿皮尔－辛的儿子，汉谟拉比的父亲。他在位期间，通过修建城市的防御工事、改善灌溉系统来拓展巴比伦统辖的疆域，巩固政权。据记载，他向沙玛什献上神庙和镶嵌着宝石的祭台来表达自己崇高的敬意。与苏姆－拉－伊鲁一样，他也是一位善战的君主，尤其喜欢挑战埃兰人在苏美尔和亚摩利人西部领土的霸权。

有一位名为瑞姆－安努姆（Rim-Anum）的伟大征伐者在很短的时间内建立起一个强大的帝国，版图从基什延伸至拉尔萨，但关于他的资料非常稀少。之

---

①Aspects of Religious Belief and Practice in Babylonia and Assyria，p. 121.

后，数个国王相继在拉尔萨继位并声称统治了乌尔城。第一位君主叫库多－玛布格（Kudur-Mabug），这是一个埃兰语的名字。他与拉尔萨有关联，是席木提－西克哈克的儿子，瓦拉德－辛和瑞姆·辛的父亲。

西恩－穆巴里特是从其中一位埃兰君主那里占领了伊辛。而且，在这件事发生之前，这些埃兰人可能是被西恩－穆巴里特击溃的乌尔军队的首领。然而，他并没有成功驱逐埃兰人，而是有可能和他们商定了和平或缔结同盟的条约。

关于这段动荡不安的年代里的历史遗留问题有诸多争议，相关记载极其稀少，因为那些国王没有习惯去纪念那些对他们而言如同灾难般的战争，而且他们对于战事成功的零星半点的记录也不足以说明他们发动的各种战役留下了什么永久性的结果。但我们可以确定的是，在相当长的一段时期里，大概长达一个世纪之久，巨大的、灾难性的斗争每隔一段时间就会爆发，这几乎摧毁了巴比伦王国的中部地区。发掘的证据显示，至少有五个城市在烈火中毁于一旦。这五个城市分别是拉格什、乌玛、施鲁帕克（Shurruppak）、基苏拉（Kisurra）和阿达布（Adab）。拉格什这座古代大城市，曾由古地亚及其亲属复兴，但后来随着拉尔萨的崛起而衰落，变成废墟。直到公元前2世纪，即塞琉古（Seleucid）时期，又一度被占领。从位于特洛的拉格什土墩和其他城市埋葬的废墟，足以恢复古苏美尔文明遗迹的大部分内容。

也许是在这段动荡不安的岁月里的某个时期，巴比伦王国曾经相互敌对的君王们都联合起来对抗共同的敌人，并入侵西部的土地。或许那里动乱不堪，剧烈的种族动乱逐步激化，正改变着西亚的政治局面。阿拉伯人涌入巴勒斯坦和叙利亚的浪潮迫使其他部落开始入侵美索不达米亚、北巴比伦和亚述。此外，埃兰的北部与西部也有更多的动荡不安。埃兰人往南巴比伦的迁移或许真与从米底和伊朗高原而来的种族的南迁有一定关系。

人们认为，这些迁徙主要是由于气候变化，即“干旱周期”较长造成的干旱，导致牧草短缺，因此以游牧为生的民族被迫去更远的地方寻找“新鲜的牧场和森林”。一旦种族活动朝安定的地区席卷而来，就会引发无数的浪潮。这些种族，要么是用人潮淹没他们，要么将他们包围起来，仿佛狂风暴雨在冲击海岛。他们狂怒地不停拍打着海岸，摸索着入口，以便能够以不可阻挡之势一泻而入。

埃兰人占领南巴比伦，导致不少居民迁徙。毫无疑问，不管社会分工如何，人们总是会搬到宜居之地。比如，农民们会偏爱适合农业发展的地区，牧民们会寻找肥沃的草原和山谷，渔民们则寻找外海的海岸。

北巴比伦和亚述可能会吸引农民前往，但是渔民却采取不同的迁移路线。腓尼基人可能就是在这个时候开始向“北海（Upper Sea）”迁移。根据他们自己的传统，他们种族的摇篮在波斯湾的北岸。据了解，约公元前2000年，他们第一次出现在地中海海岸。在那里，他们作为海上贸易商和古克里特岛的水手竞争。显然，游牧民族则向北穿过美索不达米亚平原向迦南方向进发。《圣经》里关于塔拉（Terah）、亚拉伯罕和洛特（Lot）流浪的描述说明了很多问题。他们带着自己的“羊群、牛群和帐篷”，在妻子、家人和仆人的陪伴下开始迁移。据说，他们是从苏美尔人的城邦乌尔向北到了哈兰，“并在那里定居”。塔拉死后，部落穿过迦南继续向南前进，他们似乎无法在任何地方永久定居。最后，“土地上开始出现饥荒”，流浪者们意识到他们需要到埃及寻求庇护。在那里，他们开始繁荣发展起来。的确，牛羊的数量迅猛增长，以至于当他们回到迦南时，发现尽管在他们离开的那段时间里，土地的情况改善了许多，但“已经不能满足他们的需求”。结果“亚拉伯罕的牧牛人和洛特的牧牛人经常发生冲突”。

显然，允许他们放牧的土地有严格的限制，因为多次详细记载“迦南人和比利洗人（Perizzite）居住在同一片土地上”。因此，双方的族人都认为有必要分开。洛特的人选择去约旦（Jordan）平原的索多玛，亚伯拉罕的人则前往希伯伦的幔利平原（plain of Mamre）。[①] 这位希伯来族长与幔利，以及他的兄弟以实各和亚乃（Aner）成立了可以相互保护的联盟。[②]

这一时期巴勒斯坦的其他部落包括何利人（Horites）、利伐音、苏西人（Zuzims）、散送冥人（Zamzummims）和以米人（Emims）。他们大概是古老部落的典型代表。像亚摩利人一样，赫梯人，即“赫人（Heth）的后代”，明显是“后来者”（late comers），征服者。当亚伯拉罕在希伯伦购买安葬洞穴时，与他交易的土地所有者是赫梯人佐哈尔（Zohar）的儿子埃夫隆。[③] 这个引人深思的说法与我们了解的关于公元前2000年赫梯人的扩张一致。“哈提”或者“哈梯（Khatti）”在整个叙利亚境内组建贵族军队，并通过建立联盟扩大他们的影响力。移民中的大部分人都是庄园主，还有和当地人以及阿拉伯入侵者通婚的商人。正如之前（第一章）提到的一样，赫梯联盟中大鼻子的亚美尼亚人促成了

---

① *Genesis*, ill and illi.

② *Genesis*, xiv, 13.

③ *Genesis*, xxiii.

种族融合，即后来广为人知的闪米特人。特别是和亚伯拉罕有关的亚摩利人，具有显著的亚美尼亚人的特点，这些特点能够在典型的希伯来人身上找到痕迹。对于这种关联，特别令人感兴趣的是以西结发表的一篇关于耶路撒冷种族的声明：

你的诞生和耶稣降生，是在迦南的土地上，你们的父亲是亚摩利人，你们的母亲是赫梯人。①

亚伯拉罕定居在希伯伦期间，巴比伦和埃兰的军事领主们组成联盟军入侵了西部的土地。《圣经》对这一事件的叙述特别有趣，长久以来吸引着欧洲学者的注意：

古时，示拿王（苏美尔）暗拉非（汉谟拉比），以拉撒（拉尔萨）王亚略（埃里阿库或者瓦拉德－辛），埃兰王基大－老玛（Chedorlaomer，库多－玛布格，）和戈印王提达［Tidal，图德胡拉（Tudhula）］等四王与索多玛王比拉、蛾摩拉王比沙、押玛王示纳、洗扁王善以别和比拉王等五王开战。他们在盐海的西订谷会合。侍奉基大－老玛长达十二年，在第十三年的时候他们叛变了。②

显然，埃兰人在入侵南巴比伦后，征服了叙利亚的部分地区。基大－老玛及其同盟击败了利伐音人、苏西人、埃兰人、何利人等，还洗劫了索多玛和蛾摩拉，并且掳走了洛特及其“货物”。听说这场灾难后，亚伯拉罕集结了三百一十八人的军队，这些士兵无疑都习惯于打游击战。当基大－老玛的军队穿过后来分配给希伯来丹部落的地区撤退时，军队尾部遭到亚伯拉罕的夜袭。这次突袭非常彻底。亚伯拉罕“重创”了敌人之后，“一路将他们追赶到大马士革（Damascus）的左岸何把（Hobah）。他带回所有的物资，还再次带回他的兄弟洛特及其货物、女人，以及子民”③。

现在，人们普遍认同暗拉非就是汉谟拉比。首先，因为喉音“h”，英文译名变成了“Khammurabi”，这制造了很大的麻烦。但是后来，“Ammurapi”一词出现在泥版上并且广为人知，所以最终的结论是，“h”是轻音而非喉音。《圣经》中暗拉非（Amraphel）的“l”指“阿莫拉比－伊鲁”（Ammurapi-ilu），即“汉谟拉比神”，但是这一观点存在诸多争议。有人认为，这一变化可能是西方

① *Ezekiel*, xvi, 3.

② *Genesis*, xvi, 1-4.

③ *Genesis*, 5-24.

习惯性的语音环境造成的，也可能是由于字母符号的轻微改动。基大－老玛，也就是所谓的库多－玛布格，可能有许多的地方性命名。他的儿子瓦拉德－辛，或叫瑞姆·辛（很有可能是前者），有一个闪米特名，叫埃里－阿库，该名曾出现在碑文中。关于“提达王”却没有什么具体的记载，关于他就是“库提姆（Gutium）之王”的说法仍然在讨论之中。两块晚期的泥版上零星记录了一些有历史依据的传说。其中一块提到“Kudur-lahmal”（基大－老玛），另一块则显示的是“Kudur-lahgumal”，将他称为“埃兰国王”。埃里－伊阿库（Eri-Eaku）和图德胡拉（或提达）也在泥版上有所提及。巴比伦曾遭到攻击，城市和伟大的埃－萨吉拉神庙被洪水淹没。有人断言，埃兰人曾“统治巴比伦”一段时间。这些有趣的泥板都是平奇斯教授公之于世的。

关于远征迦南的四位首领在《圣经》中都被称为“王”的事实并不难理解。事实上，君主之下的王子和其他臣服的统治者历史上都被称为王。在之前提到的一块泥版上记录着一位身份不明的君主，他说“我是王，是王的儿子”。埃兰王库多－玛布格生前称其儿子瓦拉德－辛（埃里阿库即亚略）为“拉尔萨王”。而且有趣的是，在《圣经》关于入侵叙利亚和巴勒斯坦的记述中，埃兰王称自己是“阿穆路（亚摩利人）的守护者。”

在巴勒斯坦境内，没有发现当年埃兰人入侵的痕迹，也没有发掘出任何证据佐证卢伽尔－扎格吉以前声称的其帝国版图扩张至地中海海岸的说法。或许这些征服者和其他东方征服者们的遗迹已被埃及人和赫梯人摧毁。

汉谟拉比继位时，他显然不得不承认埃兰国王或其子在拉尔萨的统治地位。虽然西恩－穆巴里特占领了伊辛，但在巴比伦的军事领主死后，瑞姆－辛又夺回伊辛。瑞姆－辛继承兄长瓦拉德－辛的王位，并且在短时间内征服了拉格什、尼普尔、埃雷克以及拉尔萨。

直到汉谟拉比在位的第三十一年，他的势力终于超过了强大的对手。在挫败埃兰突袭日益强大的巴比伦的计划之后，他“打败了瑞姆－辛”，几乎彻底削弱了其势力。之后近二十年内，这位被迫臣服的君主处境卑微。后来，他领导一支联盟军对战汉谟拉比的儿子，即继承者萨姆苏－伊卢纳（Samsu-iluna）。萨姆苏－伊卢纳打败并杀死瑞姆－辛，并收复了发生叛乱的城市埃穆特巴鲁姆（Emutbalum）、埃雷克和伊辛。埃兰政权的余烬也在巴比伦湮灭殆尽。

汉谟拉比作为政治家和将军，是古代世界中最伟大的人物之一，自他之后西亚再没有出现如此有名的君主。他为自己在军事上的卓越成就而自豪，但更希望被后人记住的却是自己作为一名神仆的身份，一位公正的统治者，一位人民的父亲和“带来和平的牧羊人”。在《汉谟拉比法典》的结尾部分，他提到“皇室的重任”，宣称他“消灭敌人”并“统治征服者”以确保臣民安全。的确，对于国家繁荣昌盛的渴望是他最显著的特征。他在后记中宣称：“我将庇护苏美尔人和阿卡德人”以我的保护，指引他们和平；以我的智慧，给予他们衣食。”他建起石碑，上面刻着法典，为的是“强不凌弱”，“善待寡妇与孤儿”，以及“帮助伤者……为王者应当仁慈，一城之主当如显赫的我”。①

汉谟拉比不仅仅是法律的制定者，还是一名实践者。他是最高法官，臣民可以向他控诉，就像罗马人向恺撒控诉一样。任何一件普通的案例都会引起他的注意。最卑微的子民只要在国王面前申冤，都会得到公平的裁判。汉谟拉比不会偏袒任何人，不论高低贵贱，一视同仁。他严惩腐败的法官，保护臣民免受当权者不公平的对待，认真审查借贷人的交易，以示遏制敲诈勒索的决心，并时刻监视税吏的一举一动。

毫无疑问，他赢得了民众的心，让他们受惠于良好的政治体系下公平公正的管理。作为倡导宗教宽容的模范，他受到人民的爱戴。他尊重不同人群信仰的各种神灵，修葺被洗劫的神庙，并以特有的慷慨重新赋予它们神圣的权力。这样一来，他不仅提高臣民的物质福利，而且给臣民绝对的信仰自由，以及践行宗教教义的机会，因为神庙是文化中心，祭司是孩子的教师。挖掘者在西帕尔发现了汉谟拉比王朝时期一所学校的遗迹。学生学习读写、算数和测量，他们抄写历史泥版，练习写作，学习地理知识。

虽然那时候有许多专业的抄写员，但不管是男性还是女性，绝大多数人都会写私人或者商业信件。儿子会给远方的父亲写信索要生活费，就像现在一样，字里行间充满苦恼，语气顺从但自信满满。有一个儿子写了封长信，抱怨寄宿食物的质量。恋人们会问候健忘的爱人们，以表示对她们健康的关心。一千年前有人这样写道：“你近来可好？请写信告知。我去巴比伦的时候，原以为能见到你，很可惜我们没能见面，这真令人沮丧。告诉我你为什么离开，好让我内心感到安慰。请你一定回来！保重身体，勿忘我。”此外，还有人写求援信。当时就有这样一个人在狱中给他的雇主写信，表达自己对于被捕的惊讶之情，坚称自己无罪，并动情地祈求得到雇主拒绝给予的那份小小的奢侈品，还补充说自己并未收到被转寄的最后一批托运物品。

信经常是由指定的信使送出的，但那时也有一套邮政系统。然而，没有驮

① *Babylonian and Assyrian Laws, Contracts, and Letters*, C.H.W.Johns, pp.392 et seq.

兽协助，信使就无法完成任务。当时，写信还不像埃及人一样要用莎草纸（Papyri），因此也不需要墨水。巴比伦的信件是像垫子一样的小砖块。棱角分明的字母像荆棘状突起物一般生硬，人们用楔子样的尖笔将字母刻在软黏土制成的泥版上，然后小心翼翼地把泥版放入炉灶中烤制。随后，把信放进烧好的黏土信封里，写上姓名和地址，裹在碎布里，再用封蜡密封。如果古代人有相互表达美好祝愿的节日，就像欧洲的圣诞节和印度的杜尔伽节[①]（Durga fortnight），那么巴比伦的街道和公路一定会被各种邮政交通挤得水泄不通。健壮有力的邮差要加班分发麻袋里沉重的信件，挨家挨户地分发信件也是一件困难重重的事。木头很贵，并不是每一家都买得起门，因此一些房子是从楼梯间直接通往平坦且部分开放的屋顶。

汉谟拉比国王每天都要处理大量的信件，其中包括各个辖地的总督寄来的报告、上诉的法律文件以及各种亲戚和他人寄来的私人信件。他注重细节，可能是全巴比伦最忙的人。他每天在家，祭拜完埃-萨吉拉神庙的米罗达神像之后，就要对抄书吏口述信件，听官员们的报告和法律诉讼，并发布命令，以及处理一些有关自己私人财产的报告。在所有雕像中，他看上去就是一个肩负重职的典型代表——精明、果断、谦逊，肩负着“皇室的重任”，极具洞察力，且时刻准备着一丝不苟地履行职责。他对细节的把握能力与构想宏图伟业的能力不相上下。他用一部通用的法典把从南巴比伦到亚述，从埃兰边界到地中海岸的各个城邦统一成伟大的帝国。这部法典维护国家稳定，确保全民的平等权利，促进贸易发展，为人民确立正确思维和正直生活的理想。

汉谟拉比认为，如果没有建立起一个公正且完善的政治体系，没有确保全民家庭、实业和商业福利的政治实践，征服是没有意义的。因此，他积极投身于开发每个特定区域的自然资源。灌溉渠网不断扩大，促进了农业的发展。这些渠道还用于船舶航行，分销商品，因此也促进了贸易的发展。由于他的这些作为，巴比伦不仅成为帝国的行政中心，而且也是商业中心——西亚的伦敦——其繁荣程度空前绝后。尽管敌国嫉妒其荣耀与影响力，企图遏制其发展的

---

① 杜尔迦节：印度宗教节日。每年10月初开始。据《往世书》记载，湿婆和毗湿奴得知凶神阿修罗变成水牛折磨众神，便向大地和宇宙喷出一种火焰，火焰就变成了女神杜尔迦。女神骑着喜马拉雅山神送的雄狮，伸出十臂向阿修罗挑战，最终将阿修罗杀死。印度教徒为感谢杜尔迦女神的功绩，用投水的方式送她回家与亲人团聚，由此兴起杜尔迦节。节日期间，随处可见神棚、神像。人们在神棚中聆听祭司们朗诵歌颂女神的梵文，并祈祷女神为他们驱灾避难。节日的高潮是送女神回家。男女信徒们载歌载舞，把神像运往圣河或圣湖边，投入水中。——译注

进程，但巴比伦依然地位显赫。巴比伦在汉谟拉比时代如此固若金汤，人们称这一时代为巴比伦王国的黄金时代。它就像心脏一样，通过巨大的静脉和动脉网络来操控商业贸易，不被任何其他的美索不达米亚城市取代。在长达两千年的时间里，从汉谟拉比时代到基督教时代的开始，巴比伦城虽然历经政治变革的动荡，但依然是西亚的商业和文化大都市。从希腊慕名而来的朝圣者们对巴比伦曾经辉煌的慨叹和文物古迹的崇敬，就是对其最高程度的赞美。

汉谟拉比在位时间长，国家繁荣昌盛。关于他何时登上王位，至今没有一个统一的说法——有些人说是公元前2123年，还有人说是公元前2000年后——但可以肯定的是，他统治巴比伦长达四十三年之久。

《汉谟拉比法典》的序言中有一些关于汉谟拉比统治时期军事胜利的有趣描述。他“为了替瑞姆－辛统治的中心拉尔萨复仇”，重修了那里的太阳神庙。其他神庙修建在古代不同的文化中心，如此一来，这些文化组织就能为被他征服的地区的繁荣安定贡献一份力量。因此，在尼普尔，他崇拜恩利尔，在埃利都他崇拜埃阿，在乌尔他崇拜西恩，在埃雷克他崇拜安努和娜娜（伊什塔尔），在基什他崇拜扎玛玛和玛玛（Mama）女神，在古他他崇拜尼格尔，在拉格什他崇拜宁－吉尔苏，而在阿达布和阿卡德，他“颂扬其宽阔的广场”。他还在其他文化中心开展宗教和公共活动。在亚述，他修复曾被征服者掳走的阿淑尔的巨型雕像，并且开发尼尼微的运河系统。

显然，在汉谟拉比统治期间，拉格什和阿达布并没有完全被遗弃，尽管在这片废墟上没有找到证据表明，经过与埃兰人的侵略和掠夺进行长期斗争后，他们曾再次崛起。

汉谟拉比在序言中自称为“号令四方的君主”。他是卡莱尔①（Carlyle）曾高呼的仁慈的专制君主——不同于普遍认知中的东方专制君主。正如一位德国作家指出的，他的专制是一种父权制专制。像这位伟大的国王记录的：“当马杜克把我带来指引人民，并委托我做出判决时，我在各地规定公正和权力，让所有人幸福生活。”② 这就是他漫长人生的主旨，他将自己视为万物的主宰者——“权利的主神”米罗达——在尘世的代表。米罗达执行命运天神安努的命令。

下一任国王萨姆苏－伊卢纳的统治时间和他杰出的父亲一样长久，并且他

---

① 卡莱尔（1795—1881）：苏格兰哲学家，讽刺作家，散文家，翻译家，历史学家，数学家和教师，被认为是那个时代最重要的社会评论家之一。——译注

② Translation by Johns in *Babylonian and Assyrian Laws, Contracts, and Letters*, pp.390 et seq.

同样过着努力而虔诚的生活。他继位后不久，动乱的势力开始膨胀。但是，正如前文所述，他制服并杀死最强劲的敌人瑞姆－辛，这个曾召集过一支同盟军的埃兰国王。他统治期间还击退了加喜特人的入侵。早期的加喜特人是一群没有确定的种族关系的人，汉谟拉比在位时就开始在这片土地上扎根生活。一些作家将他们与赫梯人联系在一起，还有些作家将他们与伊朗人联系起来，模糊地称之为印度－欧洲或印度－日耳曼民族。人种学家通常认为他们类似于考塞人（Cossaei），希腊人发现考塞人曾生活在巴比伦和米底亚的中间地带，即底格里斯河的东部和埃兰的北部。约一个世纪以后，赫梯人作为袭击者才南下来到这里。侵略者加喜特人很可能侵略了埃兰，并且组成了瑞姆－辛军队的一部分。在安定的生活环境得到保障后，他们中的许多人留在了巴比伦，像先祖一样投身到农业发展中。由于文化的传播和商业的发展，农村劳动力变得十分稀缺和珍贵，因此，他们无疑在农业生产方面大受欢迎。农民们长期抱怨："农作物的确硕果累累，但劳动力却少得可怜。"[①] 琼斯先生写道："尽管有奴隶，其中大部分都是家仆古巴比伦还是需要大量的自由劳动者。目前我们掌握的很多流传下来的雇佣合同已经证明了这一点……通常，男人都只是被雇佣收割粮食，收割工作一结束就会获得自由。但是有很多例子表明，雇佣期限并不统一——一个月，半年，或者一年……收割工可能比其他劳动力都珍贵，因为这份工作很重要，并且有技术和体力上的要求。而且，很多雇主同时需要雇佣收割工。"雇佣工开始干活时，会收到一锡克尔的"保证金"或定金，旷工或迟到都会受到惩罚。[②]

瑞姆－辛及其在巴比伦南部的盟军引起的政治动荡的影响力如此巨大，以至于到他在位的第十七年，萨姆苏－伊卢纳才收复了埃雷克和乌尔，并修复其城墙。其他需要受到严惩的城市还有古阿卡德。在那里，一个敌对的君主努力地建立自己的政权。在之后的几年中，萨姆苏－伊卢纳修建新的防御工事，在神庙中建立纪念碑，并且开凿和清理运河。他统治后期，还不得不多次与侵略的亚摩利人作战。

然而，这个帝国面临的最大的危险是在比特－加金（Bit-Jakin）兴起的一个

---

① *Matthew*, ix, 37.

② Johns's *Babylonian and Assyrian Laws*, &c., pp.371-372.

王国造成的威胁。比特－加金是海地王朝[1]（Sealand Dynasty）的一部分，后来受神秘的迦勒底人控制。这个新兴的王国聚集了因反对汉谟拉比政权而遭到驱逐但奋力反抗的埃兰人、苏美尔人，还有各种“富有的自由民”。在瑞姆－辛政权衰败后，这些力量都汇集到一个名为伊鲁马－伊鲁（Ilu-ma-ilu）的国王那里，并且变得很强大。萨姆苏－伊卢纳对敌人至少发动了两次战争，但均未成功。实际上，因为这个沼泽国家特殊的地貌，使得萨姆苏－伊卢纳的征服面临重重困难，他最终不得不在多次失败之后撤退，且损失惨重。

下一任巴比伦国王阿倍舒（Abeshu）力图动摇海地王朝的事业，他通过在底格里斯运河修筑堤坝来给予他们沉重的打击。他胜利了，但是狡猾的伊鲁马-伊鲁躲开了他。在他统治了六十年后，他的儿子基安尼布（Kiannib）继承王位。人们知之甚少的海地王朝持续了三个半世纪之久，后期的君主中甚至有人能将自己的势力扩大到巴比伦的土地，但是只要汉谟拉比的继承者们居统治地位，海地君主们的权力就会受到严格的限制。

阿倍舒在位的二十八年间，相关的历史记载非常少。他似乎是一位实干的政治家和将军，建立了一座名为卢卡伊亚（Lukhaia）的新城，并且似乎还击退了加喜特人的突袭。

他的儿子阿米蒂塔纳（Ammiditana）继承王位，他继承的是一个繁荣且秩序良好的帝国，因为在他统治的前十五年里，他主要参与神庙的修缮工作和其他虔诚的信仰活动。他大力支持考古学，就像苏姆－拉－伊鲁一样，倾心于祖先崇拜。拉格什的帕特西恩铁美那——关于他的记忆总是和著名的装饰有狮头鹰身图案的银制花瓶联系在一起——已经升级为一位高贵的神祇，阿米蒂塔纳竖立起他的雕像供世人祭祀。他还建造自己的雕像，并且在基什为其祖父萨姆苏－伊卢纳的雕像举行隆重的揭幕仪式，以庆祝祖父继承王位的百年纪念日。他在统治中期镇压苏美尔人起义，统治后期占领伊辛，但关于这一事件的参考资料过于模糊，无法说明其具有怎样的政治意义。他的儿子安米赞杜加（Ammizaduga）在位二十余年，据了解，他统治时期国家很不太平。后来萨姆苏蒂塔纳（Samsuditana）继承王位，统治时间超过二十五年。像阿米蒂塔纳一样，这两位君主也建立起自己的雕像，因此他们肯定也受到人们的崇拜。他们还提高

---

① 海地王朝：巴比伦第一王朝第六任君主汉谟拉比死后，约公元前1730年由伊鲁马－伊鲁于南部苏美尔的沼泽地所建立的一个独立城邦，亦名巴比伦第二王朝。该王朝持续近三个世纪，约于公元前1460年灭亡。——译注

农业和商业的利润，通过开发运河和扩大耕地来增加税收。

但是，汉谟拉比王朝的光辉岁月就要结束了。它持续近一个世纪之久，比埃及第十二王朝还要长久。根据柏林年代计数法的推算，埃及第十二王朝在公元前 1788 年结束。显然，汉谟拉比和阿门内姆哈特（Amenemhet）的一些国王处于同一个时代，但没有证据表明他们之间有过直接的接触。在汉谟拉比时代结束两个世纪后，埃及人才第一次入侵叙利亚，之前他们已经有很长一段时间的频繁的贸易往来。显然，赫梯人和他们的盟友亚摩利人的影响力在美索不达米亚和埃及的三角洲边缘地带占据着主导地位。而且重要的是，在这段关系中，“哈梯”或者“赫梯”是在埃及第十二王朝统治期间才第一次被提到，而在巴比伦是在汉谟拉比时期，也就是在公元前 2000 年前后有所提及。约公元前 1800 年，赫梯人的袭击推翻了汉谟拉比家族在巴比伦的最后一位君主。希克索斯人（Hyksos）入侵埃及发生在公元前 1788 年后。

第十二章　赫梯人、米坦尼人、加喜特人、希克索斯人和亚述人的崛起

山地居民的战神—古老的赫梯文明—宽头颅种族的史前运动—有关古巴比伦与埃及的历史证据—赫梯人与蒙古人—《圣经》中迦南地区的赫梯人—雅各的母亲和她的儿媳们—父神与母神崇拜—神话学的历史—米坦尼王国—雅利安贵族—希克索斯问题—战马—赫梯人与米坦尼人—加喜特人与米坦尼人—亚洲的希克索斯帝国—加喜特人推翻海地王朝—埃及在叙利亚的战争—亚述的形成—人种学的起源—尼姆鲁德即米罗达—亚述的早期征服者—米坦尼霸主—阿玛尔纳书信—米坦尼的陨落—赫梯和亚述帝国的崛起—黯然失色的埃及—亚述和巴比伦的对抗

如同埃及第十二王朝一样，汉谟拉比王朝也经历了一段萧条的衰退时期，为这段混沌的历史记录填补缺口的是回响在北部山区雷神的锤击声。每年当西亚的植被枯萎，果实落地，雷神就会携带风暴和黑云而来，开启新的生长季。因此在公元前的第二个千年，雷神作为战争之王以及给古老世界带来光明的暴风雨使者，从山上下来。

他既是北阿摩利人、米坦尼人和加喜特人的战神，也是赫梯人的战神。他带领雅利安人从伊朗草原向草木青翠的旁遮普河谷前进。他的信徒用感激的双手将其形象深深地刻在小亚细亚卡帕多西亚（Cappadocia）峡谷的悬崖峭壁上，在那里他坚定且卓越的统治长达数个世纪。在一个地方，他骑着一头公牛，身穿带饰边的束带短袍，头戴一顶圆锥形头盔，脚穿一双上翘的鞋子，一手拿着象征闪电的东西，一手握着三角弓放在右肩上。而在另外一个地方他则带着葡萄和麦束。但是他最令人熟知的形象是留着浓密胡子且身材矮胖的山地人。他手持沉重的“雷神之锤”，闪亮的三叉戟，腰带上别着一把双刃剑，剑把上有半球形的捏手，身边有带着尖头饰的羚羊或山羊来回跳跃。他类似于北欧神话里

直率冲动的托尔，喜马拉雅的因陀罗，弗里吉亚的塔尔库，亚美尼亚和北美索不达米亚的特舒普（Teshup）或者特舒卜（Teshub）、山段（Sandan，即西里西亚的赫拉克勒斯），阿穆路和亚述的阿达德或者哈达德，还有早期以各种形式进入阿卡德和苏美尔的拉曼。人们不确定他的赫梯名字，但在拉美西斯二世（Rameses II）时期，他被等同于苏泰克［Sutekh，又名赛特（Set）］。他进入欧洲南部时变为宙斯，成为爱琴海和克里特岛诸神之“主”。

大约在公元前 1800 年，赫梯人进入巴比伦，并推翻了汉谟拉比王朝最后一代君王的统治。他们可能像后来欧洲的高卢人（Gauls）一样在城内烧杀掠夺，也可能是一支维持了一段时间的、组织良好、强大且稳固的政治力量。后者更有可能，因为他们虽然掳走了米罗达和萨尔帕尼图神像，但并未将其扔进熔炉，而是出于政治原因将其保留了下来。

这些早期的赫梯人是一群“迷雾中人”。历史记载中不止一次地无意间提到他们，但大多数时间里他们又都迅速消失在北部山区中。关于这一点的解释是，不同时期出现了伟大的领袖，他们将各个部落联合在一起，想让整个西亚感受到他们的存在。但是，一旦联盟由于内讧或是外部力量的影响而瓦解，政治在古老世界中就不再有任何价值。公元前 1800 年左右的赫梯联邦可能被一个雄心勃勃的国王控制，他梦想着建立一个伟大的帝国，因此不断追求着他的征服事业。

从我们了解的后来崇拜雷神的北方人民来判断，当这群人被称作“哈提”或者“卡提”时，他们的部落是当时小亚细亚和北叙利亚（North Syria）的主要力量。通常，人们认为哈提与宽头颅的阿尔卑斯山区居民或现代亚美尼亚人的祖先类亚美尼亚人相同。他们的古都坐落在普泰里亚[①]（Pteria）的遗址博阿兹－柯伊（Bogha z-Köi）。根据希腊人的说法，吕底亚[②]（Lydia）的最后一位国王克洛伊索斯（Croesus）在公元前 6 世纪摧毁了这座古城。它原本稳稳地坐落在卡帕多西亚高原微风吹过的美丽田园，四面环山，穿过一条冬天被积雪覆盖的狭窄河谷就可以到达。

赫梯文明非常古老。首次在萨吉耶·古兹进行的挖掘工作在一个人造土墩中发现了公元前 3000 年[③]就开始繁荣的一段连续的文明的证据。在土堆下面的

---

① 普泰里亚：卡帕多西亚北部亚述人的首都。希罗多德称其在公元前 547 年被克洛伊索斯（Croesus）占领并毁灭了。——译注

② 吕底亚：小亚细亚西部的富裕古国。——译注

③ *The Land of the Hittites*, John Garstang, pp.312 et seq. and 315 et seq.

一层中发现了新石器时代绘制着黑色几何图案的黄彩陶器。几何图案与庞佩利探险队在土耳其发现的彩绘织物样品上的相似。除此之外，德摩根在埃兰的首都苏萨及附近地区，谢里曼在巴尔干半岛，弗林德斯·佩特里（Flinders Petrie）在埃及的阿比多斯第一王朝墓室，伊万斯（Evans）在克里特岛的新石器时代晚期及青铜时代早期的岩层中都发现了相似的几何图案。这些有趣的遗迹可能与史前时期宽头颅的牧民向西迁移有关，这些人最后形成了赫梯的军事贵族阶层。

根据埃利奥特·史密斯（Elliot Smith）教授的研究，来自小亚细亚的宽头颅的外族人在历史的拂晓来临之际第一次抵达了埃及。在那里他们与地中海或棕色人种的土著部落融合在一起。之后，中等头型的人变得十分常见，这就是吉萨人（Giza）。埃利奥特·史密斯教授从埃及到旁遮普，但没有远到印度，都发现了该人种的遗迹。[①]

在早期王朝时期，这些具有外族特征的头骨主要集中在三角洲地区和建造金字塔的工人居住的孟斐斯城附近。孟斐斯的卜塔神可能是由这些入侵的宽头颅种族带到埃及的。这位神衹如因陀罗一般，也是一名世界级的工匠。他用锤敲打出铜制的天空，因此与亚洲山地人信奉的各种雷神——塔尔库、特舒卜、阿达德、拉曼等有关联。雷雨很少出现在埃及的上空，因此很难与食物供给联系在一起。卜塔与尼罗河的洪水、土地和植被之神奥西里斯－赛博（Osiris-Seb）融合之后，才具备了埃及人的特征。古老的神衹赛特（苏泰克）变成恶魔，在第十九王朝时期又被重新塑造成一位高贵的神明，这似乎也与史前哈提文明有关。

埃利奥特·史密斯教授在拉美西斯历代国王的木乃伊中发现了外族特征，他确信这些宽头颅的外族人在新石器时代末期取道小亚细亚进入欧洲，再穿过三角洲来到欧洲，他们代表着“同一亚洲种族的两个分支”。[②] 这种权威意见不容忽视。

埃及历史上最早提及赫塔人（Kheta），即赫梯人，是在大约公元前 2000 年开始的第十二王朝阿门内姆哈特一世[③]（Amenemhet Ⅰ）统治时期。包括马斯佩

---

① *The Ancient Egyptians*, pp.106 et seq.

② *The Ancient Egyptians*, p.130.

③ 阿门内姆哈特一世：第十二王朝的第一任统治者，该王朝被认为是埃及中部王国的黄金时代。他从公元前 1991 年到公元前 1962 年统治。——译注

罗[①]（Maspero）[②] 在内的权威人士认为在巴比伦《预言书》（*Book of Omens*）里提到的哈提人应该属于更早的阿卡德的萨尔贡王和纳拉姆·辛时期，但是赛斯教授更倾向于汉谟拉比时期。其他学者则把库提姆人（Gutium）或者库图人（Kutu）与赫塔或哈提人联系在一起。赛斯指出《圣经》中的提达，也就是“众邦之王”图德胡（Tudkhul）或者图得胡拉（Tudhula），是赫梯国王，也是埃里阿库（Arioch）、暗拉非和基大－老玛的同盟。“众邦之王”里的“众邦”指的是哈提人控制下的小亚细亚部落联盟。赛斯教授称：“平奇斯博士在他发表的关于基大－老玛的巴比伦故事中的一些片段将提达写作‘图德胡’，被当作乌曼曼达（Umman Manda）或北方众国的国王，希伯来人称呼他‘戈印’（Goyyim）是采取了直译的方法，它现在的名字是赫梯。在有关拉美西斯二世（Rameses II）抵抗赫梯人的战役的记述中出现的是 Tid^ {c} al，博阿兹－柯伊的一位赫梯王叫作相同的名字，在楔形文字里写作 Dud-khaliya。”[③]

赫梯人的一个种族留着辫子。这种头饰出现在卡帕多西亚的人物雕塑中，也出现在底比斯拉美西斯二世时期北叙利亚战争中赫梯士兵的画像里。在阿卡德纳拉姆·辛王时期的石碑上发现的在战役中被敌方将领俘虏的山地人也有辫子，这一点很有参考价值。他们的两件式长袍与赫梯神祇达官显所穿人带饰边的短袍不同，却类似于塔尔库－蒂姆国王（Tarku-dimme）这样的权贵们穿的套在外衣上的两件式长袍。塔尔库－蒂姆国王的肖像被镌刻在古赫梯一把有名的银剑剑鞘上。纳拉姆·辛继承阿卡德萨尔贡王的王位，其统治范围延伸到地中海。他的敌人若不是卡帕多西亚本地人，就有可能是在其他林地或山地国家有辫子的赫梯同族人。

有人提出这些留辫子的是蒙古族人。尽管高颧骨斜眼睛的人曾在古时候出现过，且现在在部分小亚细亚地区仍有出现，暗示蒙古族人偶尔与乌拉尔－阿尔泰宽头颅的人种混合在一起，但是赫梯留辫子的士兵一定不能与真正的亚洲东北部的小鼻子蒙古人混淆。埃及的雕刻家生动地还原了他们又长又大的鼻子，以此来突出他们与类亚美尼亚人的密切关系。

赫梯联盟的其他部落还包括最早一批来自北非的地中海种族的居民，他们被当作是迦南人，尤其是其中的农民，因为在《圣经》中，巴勒斯坦的赫梯人

---

① 马斯佩罗（1846—1916）：法国埃及学家，因在1881年的一篇论文中推广“海洋人民”一词而闻名。——译注

② *Struggle of the Nations*（1896），p.19.

③该注释另见于加斯唐博士的《赫梯人的土地》，第324页。

也被称作迦南人。当以撒的长子以扫（Esau）四十岁时，“娶了赫人比利的女儿犹滴，与赫人以伦的女儿巴实抹为妻”[①]。显然，这两位赫梯女子认为自己比本地人或来自其他国家的定居者高贵，因为当以西结宣称耶路撒冷的母亲是赫梯人时，他说：“你正是你母亲的女儿，厌弃丈夫和儿女。”[②] 以扫的婚姻“使以撒和利百加（Rebekah）心里愁烦”。[③] 这位希伯来母亲（利百加）看上去很害怕心爱的儿子雅各受她高高在上、麻烦不断的儿媳妇的同族人的诱惑而成为牺牲品，因此她对以撒说：“我因这赫梯人的女子连性命都厌烦了。倘若雅各也娶赫梯人的女子为妻，像这些大地的女儿一样，我活着还有什么益处呢?”以撒叫了雅各来，给他祝福，并嘱咐他说：“你不要娶迦南的女子为妻。你起身往巴旦亚兰去，到你外祖父彼土利家里，在你母舅拉班的女儿中娶一女为妻。”[④] 从这些引文里，我们可以推断出两点：希伯来人将“土地上”的赫梯人视为与迦南人融合的一支民族，可能这两个种族已经很好地融合在一起；忧虑的利百加帮儿子雅各从美索不达米亚的苏美尔人，即亚伯拉罕家族挑选妻子。[⑤] 如果我们在遭到驱逐的古乌尔城居民的后代中发现了些许苏美尔人的优越感，这一点也不奇怪，特别是跟自命不凡的赫梯人联系起来时。

赫梯神话也证实了小亚细亚地区的种族融合。塞尔吉（Sergi）和其他人种学者证实，土壤肥沃的峡谷和伟大的亚欧“大陆桥”海岸周边地区土生土长的一支种族依旧属于地中海人种。早期人们就开始崇拜伟大的大母神（the Great Mother goddess），她在不同地方有不同的名字。在本都（Pontus）的科马纳（Comana），她是希腊众人皆知的玛（Ma），这个名字可能和苏美尔的玛玛（女创世者）或玛米图姆（Mamitum，命运女神）一样古老；在亚美尼亚，她被唤作阿奈提斯（Anaitis）；在西里西亚，她是阿特［Ate，塔尔苏斯[⑥]（Tarsus）的阿瑟］；而在弗里吉亚，她是有名的阿提斯的母亲西布莉，她与塔穆兹的母亲兼妻子伊什塔尔、阿多尼斯的母亲兼妻子阿弗洛狄忒、奥西里斯的母亲兼妻子伊希斯有关。在腓尼基，人们称大母神为阿施塔特，她是伊什塔尔的另一种形态，与《圣经》中的阿什脱雷思相同。在叙利亚的希拉波利斯城，她的名字被叫作

① *Genesis*, xxvi, 34, 35.

② *Ezekiel*, xvi, 45.

③ *Genesis*, xxvi, 46.

④ *Genesis*, xxvii, 1, 2.

⑤ *Genesis*, xxiv.

⑥ 塔尔苏斯：土耳其南部城市。——译注

阿塔加蒂斯。迈耶（Meyer）与弗雷泽一致认同这个名字是希腊人将阿拉米语中的“'Athar-'Atheh”即阿塔神（'Athar）和阿瑟女神（'Atheh）音译而来的。与“留着胡子的阿佛洛狄忒”一样，人们可能认为阿塔加蒂斯也是一位双性神。一些母神具有突出的特征，能够反映他们代表的城邦的历史与政治情况。这些母神在帝国时期被半外来的拉美西斯国王引入古老的“母神之地”埃及。这些国王中就有骄奢淫逸的卡迭石（Kadesh）和好战的安萨特（Anthat）。在地中海种族的每一个殖民地，女神崇拜都十分流行，众神和人民都被认为是伟大的女性创造者的后代。这一信条流行至遥远的爱尔兰，那里的达努族和达努众神都是达努（Danu）女神的孩子。

对于哈提人，也就是宽头颅的军事贵族来说，万神殿的主神就是伟大的父神，是创造者、“天主”、太阳神巴力[①]（Baal）。作为苏泰克、塔尔库、阿达德和拉曼，他是雷神、雨神、丰饶之神和战神，并最终获得太阳神的属性。博阿兹－柯伊的一块著名的石雕上展现出神话中的一幕场景，人们认为那是伟大的父神与母神的春日婚礼，暗示地区信仰的融合，是崇拜父神的部落与信奉母神的部落结盟的结果。只要哈提部落还是赫梯联盟的主导者，象征其统治的伟大父神就一定拥有至高无上的权力。但是随着时间的流逝，哈提的权威逐渐没落，他们的主神“从宗教信仰的神坛上……跌落”，加斯唐博士（Dr. Garstang）写道：“但是伟大的母神继续存在，并成了大地的女神。”[②]

除了小亚细亚和北叙利亚的赫梯联盟外，还有一股强大的势力在美索不达米亚北部开始崛起，这就是米坦尼王国（Mitanni Kingdom）。除了一些间接资料，关于米坦尼我们知之甚少。温克勒相信，该王国是早先从东边迁移过来的哈提人建立起来的。

米坦尼与赫梯的联系主要基于以下证据。米坦尼统治者崇拜的神明之一是特舒卜，即塔尔库以及小亚细亚的托尔。公元前 1800 年攻入巴比伦，焚毁埃－萨吉拉神庙，并掳走米罗达和他的配偶萨尔帕尼图神像的入侵者就是哈提人。这些神像都是后来从哈尼（Khani，即米坦尼）那里获得的。

后来，当我们从米坦尼一位国王写给两名埃及法老的信件，以及温克勒教授在博阿兹－柯伊发现的泥版中了解到更多关于米坦尼的信息时，我们发现米坦尼的军事贵族讲印欧语言，从国王名字就可以看出这一点，比如索沙塔（Sau-

---

① 太阳神巴力：犹太教以前迦南的主神，太阳神，雷雨和丰饶之神，大衮之子。——译注

② *The Syrian Goddess*, John Garstang (London, 1913), pp.17-18.

shatar)、阿塔塔玛(Artatama)、苏塔尔纳(Sutarna)、阿塔什舒马拉(Artashshumara)、图什拉塔(Tushratta)和马提乌扎(Mattiuza)。他们信奉以下几位神祇:密特拉、伐楼拿、因陀罗和那撒提奥[Nasatyau,又称“双胞胎阿思文”①(Twin Aswins),即孪生兄弟卡斯托尔(Castor)和波吕杜克斯(Pollux)]。

这些名字是温克勒教授翻译出来的。这些神祇由雅利安人引进印度。“哈利”是对米坦尼部落(或许是军事贵族阶层)的称呼,一些语言学家认为“哈利”(Kharri)就是“雅利安”,即“吠陀文学中自《梨俱吠陀》以后对三大上层阶级之一的雅利安人的正式称呼”。② 米坦尼指“河流之地”,它的在卡帕多西亚生活的居民的后裔被希腊人称为“马蒂埃尼”(Mattienoi)。哈登博士(Dr. Haddon)称“他们很有可能是现代库尔德人的祖先”③,一支长头颅种族的人与古雅利安-印度人和高卢人十分相似,其因热情好客、掠夺性强而出名。这样看来,入侵美索不达米亚北部的米坦尼人和入侵印度的雅利安人代表从同一个文化中心分散迁移的两股支流,这些分散的流浪者们又与他们所接触到的种族重新融合在一起。讲雅利安语的部落与入侵巴比伦的加喜特人有关,他们在赫梯人灾难性的袭击之后,很快占据了巴比伦北部地区。人们认为,这些人是穿过埃兰高地从东边而来。

在一段不确定的时期里,米坦尼人统治了亚述的部分地区,既有被亚述人称为“穆斯里”(Musri)的地区以及卡帕多西亚的部分地区,也包括尼尼微,甚至阿舒尔。此外,他们还占据了哈兰城(Harran)和卡迭石城。也许他们应将自己伟大的军事胜利归功于骑兵部队。战马在汉谟拉比王朝之后的加喜特王朝时期(Kassite Age)的巴比伦变得十分普遍,在那里被称为“东方的驴子”,寓意着加喜特人和米坦尼人来自何处。

公元前2000年的米坦尼西迁运动可能先于加喜特人攻占巴比伦以及希克索斯入侵埃及。在美索不达米亚和叙利亚,他们与赫梯人以及阿摩利人的关系晦涩不明。或许他们曾一度是赫梯人的领主。无论如何,值得我们注意的是,图特摩斯三世在长达二十年的叙利亚战争中,在袭击希克索斯最后一个要塞时,

---

① 双胞胎阿思文:希腊和罗马神话中斯巴达王后丽达所生的一对孪生兄弟,名为卡斯托尔和波吕杜克斯,常被合称为狄奥斯库洛伊兄弟。哥哥波吕杜克斯的父亲是宙斯,拥有永恒的生命,弟弟卡斯托尔的父亲是斯巴达国王廷达柔斯,为凡人。兄弟俩都是优秀的猎人和驯马师,参加过卡吕冬狩猎,随伊阿宋乘阿尔戈号去寻找金羊毛并从忒修斯手中救出妹妹海伦。——译注

② *Vedic Index of Names and Subjects*, Macdonald & Keith, vol. i, pp.64-65 (London, 1912).

③ *The Wanderings of Peoples*, p.21.

目标直指奥龙特斯河（Orontes）的卡迭石，那里当时正由他强劲的对手纳哈林那的米坦尼人（the Mitannians of Naharina）占据。[①]

马在希克索斯时期被引入埃及。实际上，希克索斯人的征服可能要归功于使用驯服的战马。庞佩利探险队证实马在遥远的时代在土耳其斯坦（Turkestan）被驯养。雅利安－印度人和西伯利亚布里亚特人的祖先祭祀时会用到马。

如果公元前1800年的米坦尼统治者不是赫梯人的领主，那么这两族人民可能是加喜特人的军事盟友。实际上，一些人认为加喜特人来自米坦尼，另一观点则认为米坦尼人是从埃兰高地进入巴比伦的加喜特人的雅利安盟友，之后他们在希克索斯攻占埃及前征服了美索不达米亚和卡帕多西亚的部分地区。第三种观点认为米坦尼赫梯人的雅利安统治者是北巴比伦的领主，在加喜特拥有两河流域谷地政治霸权之前，雅利安统治者将北巴比伦纳入其美索不达米亚帝国版图长达一个世纪。并且，他们还在盟友赫梯人和阿摩利人的帮助下，带领希克索斯成功入侵了埃及。

我们了解的第一位巴比伦的加喜特王是甘达什（Gandash）。他采用了古老的阿卡德语头衔"苏美尔与阿卡德之王"和"四方之王"，这些头衔由乌尔王朝的统治者首次使用。甘达什选择尼普尔作为自己的都城，这表明他的战神与风暴之神舒卡穆纳（Shuqamuna）被等同于贝尔－恩利尔（Bel Enlil）。恩利尔作为"世界巨人"，与北方的雷神有很多共通之处。他的儿子阿古姆大帝（Agum the Great）继承王位并统治了长达二十二年的时间。阿古姆大帝的曾孙是阿古姆二世（Agum II），直到他统治的时期，米罗达和他的配偶萨尔帕尼图的雕像才被带回了巴比伦城。这位君主记录道：为了响应太阳神沙玛什的神谕，为了伟大的神像，他去往遥远的哈尼（米坦尼）之地。这样看来，米罗达被从巴比伦掳走了近两个世纪。赫梯人和米坦尼人的袭击可追溯到公元前1800年左右，加喜特人甘达什的崛起约在公元前1700年。甘达什和阿古姆二世的统治之间有一个世纪的时间间隔。人们会注意到这个计算方式与一首巴比伦赞美诗里的描述并不一致：赞美诗中说米罗达在哈提人的土地上存在了近二十四年，这可能只是祭司小说中的描述，或者是后来一次征服中发生的事。巴比伦汉谟拉比王朝衰落后的一段时期与埃及的希克索斯时期一样晦涩不明。

加喜特国王阿古姆二世没有说明他是否是为了收回巴比伦的米罗达神像而发动了对米坦尼的战争。然而，如果他是米坦尼统治者的盟友，那么这个神像

---

① *Breasted's History of Egypt*, pp. 219-220.

的转移可能仅是一场普通的外交交易。还有人认为，公元前1700年到1600年间，可能加喜特人在巴比伦北部站稳脚跟之后，雅利安的军事贵族才把米坦尼的赫梯人赶出家园。这或许可以解释为什么米罗达被哈提人掳走，又被从哈尼之地送还巴比伦。

关于这一点，埃及提供的证据具有启发性。在埃及有希克索斯第二王朝（second Hyksos Dynasty），它后来的统治者变得“埃及化”，就像加喜特人变得“巴比伦化”一样，但他们在排外且坏脾气的埃及人眼里都是“野蛮人”（barbarians）和“亚洲佬”（Asiatics）。他们承认太阳神赫里奥波利斯（Heliopolis），也着力推进对天空与雷霆之神苏泰克的崇拜。拉美西斯二世（Rameses II）认为这个拥有太阳属性的神祇类似于赫梯人的太阳神巴力。如前所述，米坦尼人崇拜一个名叫特卜舒的神，他类似于西部赫梯人的塔尔库以及他们自己部落的因陀罗。一位名叫伊安（Ian）或者基安（Khian）的希克索斯国王，被曼尼索[①]（Manetho）称之为伊安阿斯（Ianias），可能是一个领主或者领主的盟友。他在亚洲统治着一个伟大的帝国。他的名字在相距甚远的克里特岛上的克诺索斯（Knossos）和底格里斯河畔的巴格达出土的文物上被发现，巴格达当时由加喜特人掌控。显然他统治的这片广袤的亚洲地区四方太平，贸易在遥远的文化中心之间繁荣发展。就此而言，“希克索斯”一词给人以丰富的联想。布雷斯特德（Breasted）认为它意味着“国家的统治者”，与《圣经》中的“众邦之王”提达形成对比。前文提到，赛斯认为提达是赫梯的君主。如果我们仔细解读赫梯的象形文字并彻底探究美索不达米亚的奥秘，便可解释公元前1800年至公元前1500年间的米坦尼人、赫梯人、希克索斯人和加喜特人之间的关系。显然还没有人谱写出这部引人入胜的古代史。

近六个世纪以来，加喜特人构成了名为卡尔杜尼亚什（Karduniash）的巴比伦军事贵族阶层。阿古姆二世是他们的第一位国王，他已经完全巴比伦化了。虽然他依然承认加喜特人的战神舒卡穆纳，但他再次提高了从哈尼（Khani）带回的米罗达神像的神圣地位，用黄金、珠宝、稀有木材、壁画和刻有图案的墙砖重新装饰了埃-萨吉拉神庙，还恢复了祭司制度。在他的继位者布尔那布瑞亚什一世（Burnaburiash I）统治时期，海地王朝走向灭亡。

对于加喜特王朝时期埃兰和巴比伦之间的关系我们所知甚少。如果加喜特

---

① 曼尼索：埃及祭司兼历史学家，约生活于公元前3世纪托勒密王朝统治时期。其代表作《埃及史》已成为历史学家研究古埃及历史及年代考订的重要参考。——译注

入侵者在米坦尼的赫梯人突袭后不久就穿过了底格里斯河，那么他们一定事先踏平了埃兰的大部分地区。但是固若金汤的苏萨城可能一度抵挡住了他们的进攻。最初，加喜特人只拿下了巴比伦北部地区，而古苏美尔地区正处于海地王朝的掌控之下。海地王朝在汉谟拉比王朝末年时已经逐渐恢复了势力。毫无疑问，大量的巴比伦北部难民加强了其军队的力量。

埃兰人或埃兰的加喜特人对巴比伦南部频繁发动进攻。最终，海地国王埃阿－伽米尔（Ea-gamil）入侵了埃兰，目的毫无疑问是为了粉碎那无休止的敌对势力，但却陷入了双重麻烦，即前有巴比伦军队，后有乘虚而入的敌兵。布尔那布瑞亚什一世的儿子乌拉姆布里阿什王子打败了伊亚－伽米尔并结束了海地王朝的统治。海地王朝由汉谟拉比之子萨姆苏－伊卢纳（Samsu-iluna）的同时代人兼敌人伊鲁马－伊鲁建立。据在巴比伦发现的一个权杖顶端的文字记载，乌拉姆布里阿什被称作“海地之王”，他可能继承了父亲的王位。至此，整个巴比伦由加喜特人统治。

然而，乌拉姆布里阿什的孙子阿古姆三世认为很有必要入侵海地，但后者一定会奋起反抗。海地可能是加喜特人整个统治时期内所有不满情绪汇聚的中心。

一段漫长而模糊的间隔期之后，埃及的希克索斯政权在公元前 1580 年后被推翻。那时，伟大的西亚王国是由赫梯人、米坦尼人、亚述人和巴比伦人（加喜特人）组成的。公元前 1557 年到公元前 1501 年间，埃及图特摩斯一世（Thothmes I）宣称对叙利亚部分地区享有霸权。然而，多年时光匆匆逝去，公元前 1447 年逝世的图特摩斯三世经过漫长的征服之战，才在幼发拉底河（Euphrates）和北至小亚细亚边界的地中海海岸牢牢地确立了埃及至高无上的霸权。

弗林德斯·佩特里教授强调：“这段时期，叙利亚文明等同甚至优于埃及文明。”不仅城市比“埃及的奢华”，而且还有“能教给埃及人的技术活儿”。叙利亚士兵身穿的成套的鳞片状盔甲后来也在埃及生产；他们还有豪华的金银战车，当埃及人俘获它们后，对其大肆赞扬，并将其留下来供皇室使用。尼罗河将士们从占领的城市中掠夺“价值千金的金银花瓶”。佩特里补充道：“从财产可以看出，叙利亚人与埃及人不相上下，甚至前者可能在品位与技术上更胜一筹。”① 因此，埃及法老们接受叙利亚的贡品时，更希望它们是由技艺高超的工匠带来的。“埃及人热心而细致地记录下叙利亚人制作的所有精美华丽的工艺

---

① *A History of Egypt*, W.M.Flinders Petrie, vol. ii, p.146 et seq.（1904 ed.）.

品，说明他们对工匠的需求可能大大超过了其他种类的贡品或奴隶。”①

与图特摩斯三世保持通信的君主之一是亚述王。埃及在美索不达米亚北部的敌人有赫梯人、米坦尼人和他们的同盟，这些人也是亚述的敌人。但是，为了让我们更好地研究埃及在美索不达米亚创造的新局面，首先有必要追溯一下在一段时期内注定成为西亚地区霸主的亚述的崛起，后来这股力量也延伸到尼罗河河谷地区。

亚述的城市群在其发源地巴比伦北部的底格里斯河畔发展壮大。以下是《圣经》中关于两国起源的记载，十分有趣：

> 挪亚（Noah）的儿子闪（Shem）、含（Ham）、雅弗（Japheth）的后代记在下面。含的儿子是古实（Cush）、麦西（Mizraim）、弗（Phut）、迦南。古实又生宁录，他为世上英雄之首。他在耶和华面前是个英勇的猎户，所以俗语说：“像宁录在耶和华面前是个英勇的猎户。”他国的起头是巴别、以力、亚甲、甲尼，都在示拿地。他从那地出来往亚述去，建造尼尼微、利河伯、迦拉，和尼尼微、迦拉中间的利鲜，这就是那大城。闪的儿子是以拦、亚述……（《创世记》第十章，1—22）……亚述地和宁录地的关口（《弥迦书》第五章，6）。

近期人种学研究得出了一个有趣的结论：苏美尔 - 巴比伦人就是古实人（Cushites）或者哈姆族人（Hamites）。此从人种的角度看，他们与地中海种族的原始埃及人近似。

示拿地②（Shinar，苏美尔地区）的巴别（Babel，巴比伦）国王宁录（尼姆鲁德）是一位被神化了的君主，最终成为巴比伦的国家之神。平奇斯教授指出他的名字是由米罗达翻译而来。③ 在苏美尔语中，米罗达被称为阿玛鲁杜克（Amaruduk）或者阿玛鲁杜（Amarudu），在亚述 - 巴比伦语中则是马杜克。语言学家通过一种熟悉的方法，将其名“Marduk”的后缀“uk”去掉，变为“Marad”。希伯来人则给它加上前缀“ni-”，变成“ni-marad”，“将此名在一定程度上同化为希伯来语中的被动形式，并且改变它使之符合希伯来语的特点”，平奇斯教授如此说道。

---

① *A History of Egypt*, W.M.Flinders Petrie, vol. ii, p.147 (1904 ed.).

② 示拿地：《圣经》中的称法，更普遍的称法是苏美尔地区，后面的巴别与巴比伦、宁录与尼姆鲁德也是一样。——译注

③ *The Old Testament in the Light of the Historical Records and Legends of Assyria and Babylonia*, pp.126 et seq.

闪的儿子闪米特人阿淑尔离开尼姆鲁德的国家，建立了尼尼微城。据了解，亚述殖民地的形成晚于闪米特人在阿卡德赢得霸权。阿淑尔可能是一个附属国的统治者，后来被人们神化，成为阿舒尔城的主神，亚述之名可能由此而来。

根据希罗多德的记载，尼尼微是尼努斯国王（King Ninus）和塞米拉米斯女王建立的。塞米拉米斯被认为是鱼神德塞特（Derceto）的女儿，普林尼将她等同于阿塔加蒂斯。塞米拉米斯实际上是一位受人尊敬的亚述女王。她被神化后，取代了德塞特的前身尼娜成为女神。这位叫尼娜的女神，或许是达姆金娜的化身、埃阿的妻子、苏美尔尼娜城的伟大母神。尼娜城和拉格什城的人们将鱼供奉给她。她是众多生育女神之一，伊什塔尔身上就被赋予了她的特征。希腊的尼努斯（Ninus）是采用了她的名字的男性形象。像阿塔加蒂斯一样，如果不是男性形象始终陪伴左右，她也可能是一位双性神。尼尼微可能是由来自尼娜城或拉格什城的殖民者建立或征服的，以鱼神的名字命名。

除了人们信奉的国家主神阿淑尔①，亚述的所有神祇都是从巴比伦引进的。阿淑尔就是雅利安－印度的阿修罗和波斯的阿胡拉，这一说法并没有得到广泛的认可。另一种观点认为阿舒尔城因他得名，他也成为这座城的英雄，他早期的名字叫阿诗尔（Ashir），对人们理解这一问题造成一定困难。阿舒尔是亚述的第一个都城，因此这个城市的主神最终成为国家的神。

在早期阶段，或许是图特摩斯三世与叙利亚北部的米坦尼人开战的一千年前，早期的一波讲雅利安语的种族可能占领了亚述城。就这一问题，琼斯教授指出，在亚述人的记录中，早期统治者阿什匹阿（Ushpia）、吉吉阿（Kikia）和阿达斯（Adasi）“既不是闪米特人也不是苏美尔人”。尼尼微女神古老的名字叫莎乌什卡（Shaushka），类似于赫梯－米坦尼人的雷神特舒卜的配偶莎乌什卡什（Shaushkash）的名字。根据琼斯教授的说法，许多米坦尼人的名字都“很埃兰化”，他认为亚述的早期征服者和埃兰人之间有着种族联系。② 前闪米特时期的埃兰人是不是最初说黏着语的人呢？就像苏美尔人和现今的巴斯克人，他们在史前时代被一支讲雅利安语的民族征服。

琼斯先生强烈认为，在前闪米特时期，与米坦尼的雅利安军事贵族属同一种族的人控制着亚述。如前所述，亚述被阿摩利人的移民闪米特化。大约公元前 2000 年，阿摩利人的移民曾使巴比伦的汉谟拉比王朝变得无比辉煌。

---

① 阿淑尔与安努的联系将在第十四章中论述

② *Ancient Assyria*, C.H.W.Johns, p.11（London, 1912）.

汉谟拉比时代及之后，接二连三地拥有闪米特名字的国王统治着亚述城。但在加喜特时期之前，没有一个人能够称霸西亚。之后，亚述国王阿淑尔－贝尔－尼什－伊舒（Ashur-bel-nish-eshu）变得非常强大，强大到可以与加喜特统治者卡拉－因达什一世（Kara-indash I）平等对话，还与他商定边界条约。他与埃及的图特摩斯三世同处于一个时期。

图特摩斯三世确立了埃及在叙利亚和巴勒斯坦的优势地位后，承认亚述为独立强国，并赠予亚述国王埃及黄金——毫无疑问这是为了帮助他加固国家的边界来抵御他们共同的敌人。同时，亚述也回礼埃及，使两国友谊的火苗越燃越旺。

这个形势对于米坦尼国王索沙塔（Saushatar）来说危机重重。被埃及夺走在叙利亚的进奉贡品的城市后，他的国库一定会消耗殆尽。他必须维持一支常备军，因为虽然埃及没有试图进一步侵犯其领土，但是赫梯人依旧盘踞在西北边境，伺机夺回卡帕多西亚。东面，亚述正在成为一个极具威胁的对手。他向埃及进贡，埃及却资助他的敌人。因此必须当机立断，采取行动，削弱亚述的力量，并且命令亚述将各项收入进贡给米坦尼国库。因此，在图特摩斯三世统治末期，或他的继位者阿蒙霍特普二世（Amenhotep II）登上埃及王位后不久，索沙塔对亚述发动了进攻。

目前掌握的资料并没有关于这场战役的记载。但是从后期阿舒尔城被占领和掠夺的资料中可以略知一二。亚述国王阿淑尔－那丁－阿海（Ashur-nadin-akhe）停止了与埃及的书信往来和礼物交换。索沙塔（图什拉塔）的后裔向底比斯的图特摩斯三世的后裔（阿蒙霍特普三世）送去尼尼微城的神像伊什塔尔［沙什卡（Shaushka）］。从这一事实可以看出尼尼微也沦陷了。显然，在近百年的时间内，五位米坦尼国王相继成为亚述的领主。

我们对于这些历史事件的了解主要源于阿玛尔纳书信（the Tell-el-Amarna letters）书信以及雨果·温克勒教授在小亚细亚卡帕多西亚的博阿兹－柯伊城发现的泥版。

阿玛尔纳书信发现于埃及著名的第十八王朝法老阿肯那顿（Akhenaton）的宫殿废墟里。阿肯那顿法老逝于公元前 1358 年。1887 年至 1888 年的冬天，一位埃及妇女在自家花园掘土，突然发现阿肯那顿外事办公室的地下室里存放着一些官方信件。这些信件是黏土烧成的泥版，上面刻有巴比伦－亚述语中的楔形字母符号。这种语言像现代法语，在希克索斯时期以后的多个世纪里一直是西亚的外交语言。

埃及当地人急于出售古董挣钱养老，因此他们将泥版样品出售。其中有几块运往巴黎，很快被宣布为赝品，结果这些刻有文字的泥版一度成了销路不畅的商品。在它们的价值被发现之前，当地人将其一股脑地装进麻袋里，结果很多泥版受到损坏，有的甚至被完全损毁。最终，大部分泥版被运往大英博物馆和柏林博物馆收藏，剩下的则流入开罗、圣彼得堡和巴黎。当人们破译了泥版上的文字时，米坦尼的面纱终于被揭开，埃及与亚洲众王国之间的联系渐渐明朗起来，而当时人们的生活方式和礼仪习惯也略见一二。

书信涵盖图特摩斯三世的曾孙阿蒙霍特普三世，及其儿子"梦想王"阿肯那顿统治时期的内容，包括来自巴比伦、亚述、米坦尼、塞浦路斯、赫梯等国的国王以及腓尼基和迦南王子的信件。其中阿蒙霍特普三世写给巴比伦国王卡利玛－辛（Kallima-Sin）的两封信的副本也被保存下来。其中一封是被法老指责为骗子的巴比伦使者的声明。卡利玛－辛将女儿送往埃及做皇室女眷，迫切地想知道女儿是否活着，过得好不好。他还向埃及索取"大量黄金"用以扩建寺庙。收到二十迈纳[①]（mina）黄金后，他又抱怨黄金不仅量少，质地也不纯。然后，他将黄金炼于熔炉中，只剩下不到五迈纳。作为回报，他给阿肯那顿送去两迈纳珐琅，并给在埃及皇室做女眷的女儿送了一些珠宝。

亚述国王阿淑尔－乌巴里特（Ashur-uballit）曾经写信暗示阿肯那顿：他正送去马匹、马车和宝石印章作为礼物。他索要黄金修筑宫殿，还补充说："在你的国家，金子如尘土一样多。"他还发表极具启发性的声明，大意是，在他的祖先阿淑尔－那丁－阿海之后再无使者从亚述派往埃及。这样看来，阿淑尔－乌巴里特将亚述部分地区从米坦尼的奴役下解放了出来。

当时的米坦尼国王是图什拉塔。他与自己的表亲阿蒙霍特普三世以及女婿阿肯那顿都保持通信。在与阿蒙霍特普三世的通信中，图什拉塔告知：他的王国遭受赫梯人的入侵，但是他的神特舒卜将敌人引到自己那里并一举摧毁他们。他宣称："没有人活着返回自己的国家。"他从缴获的战利品中拿出战车和战马，以及男童女童各一名赠予阿蒙霍特普。至于身为埃及法老妻子之一的妹妹吉鲁－吉帕（Gilu-khipa），他为她送去了黄金饰品和一罐油。在另一封信中，图什拉塔索要"不计其数"的黄金。他抱怨前几次没有收到足够的黄金，并暗示埃及的一些金子像是与铜合成的。他与亚述国王一样示意埃及的金子多如尘土。他赠予法老的礼物可能是贡品，包括珍贵的石头、黄金饰品、战车、马匹以及女人（也许是奴

① 迈纳：古希腊、埃及等的货币或重量单位。——译注

隶）。在阿蒙霍特普三世生病期间，图什拉塔将尼尼微的伊什塔尔神像送往埃及，并提及自己的父亲苏塔尔纳也这么做过。

阿肯那顿继位后，图什拉塔写信给他，希望能延续米坦尼和埃及国王间维持了两三代之久的友谊，并大肆夸赞阿肯那顿的母亲是“尊贵无比的王后缇（Tiy）”，她在埃及外交政策的形成方面影响深远。在与埃及法老们漫长的书信往来中，图什拉塔数次提及他的祖先们，这为现代历史学家研究米坦尼王国提供了许多重要资料。

在阿玛尔纳时代的早期，米坦尼是西亚最强大的王国。因此，伟大的埃及法老们会挑选米坦尼统治者的女儿作为妻子及母亲。但是，许多敌人在密谋推翻它，其中最强大、最危险的敌人当属赫梯人和亚述人。

赫梯人在叙利亚北部地区迅速取得了优势。一位名曰苏庇－努里乌马（Subbi-luliuma）的伟大征服者在小亚细亚崛起，他是哈图西里一世的继位者。哈图西里一世建立了强大的赫梯帝国，持续了两个世纪之久。苏庇－努里乌马将都城建于博阿兹－柯伊。他带领着一支行动力强、组织精良的军队横扫卡帕多西亚地区，攻打效忠于米坦尼和埃及的缓冲国（buffer states）。一座又一座城池在他面前倒下，直到最后入侵米坦尼。不确定他和图什拉塔有没有在战场上相遇，然而，大多数米坦尼人被驱逐出国，转移到赫梯人的地盘。后来希腊人在此地发现了他们。人们认为他们就是现在的库尔德人，即亚美尼亚人的世敌。

在随之而来的混乱中，图什拉塔被苏塔尔纳二世（Sutarna II），即苏庇－努里乌马杀害。太子殿下马提乌扎逃往巴比伦寻求庇护，但没有得到任何援助。最后，当赫梯国王确立了自己在叙利亚北部的统治时，他舍弃苏塔尔纳二世，任命马提乌扎为当时已经衰退的米坦尼王国的诸侯王。

与此同时，埃及帝国在亚洲已经四分五裂。当“梦想王”阿肯那顿在他位于阿玛尔纳的王宫去世时，卡贝瑞（the Khabiri）正在征战曾经向他进贡的迦南诸城，赫梯的统治者被公认为阿摩利人的领主。

亚述之星也在冉冉升起。国王阿淑尔－乌巴里特曾和阿肯那顿通信。与赫梯王苏庇－努里乌马一样，他也是位杰出的政治家和将军，且同样为一个伟大的帝国奠定了基础。苏庇－努里乌马进攻图什拉塔的领地前后，他将米坦尼人逐出了尼尼微城，随后攻占了西北部米坦尼的舒蓓瑞部落（the Shubari tribes），这样一来，他将不断增长的帝国疆域进一步扩大。

他之前还一路向南闯入亚述－巴比伦边境。实际上，他已经成为令巴比伦最害怕的强有力的对手，以至于巴比伦的加喜特国王卡拉克哈尔达什（Karakhardash）娶了他的女儿为妻。后来他的孙子卡达什曼－哈尔伯（Kadashman-Kharbe）继承了巴比伦的王位。这位年轻的君主与他的祖父共同遏制了遍布通往西部商道上的苏图（Suti）团伙，这个团伙抢夺商人的马车和君王派出的使者，却一直逍遥法外。

阿玛尔纳书信中有一封提及了这个强盗团伙。阿淑尔－乌巴里特在给阿肯那顿的信件中写道："两国（亚述和埃及）相距甚远，所以让我们的信使往来其间吧！如果你的信使迟迟未归，（原因一定是）苏图人拦截了他们，他们或许已经被这群强盗杀死。因为如果我派信使出访，苏图人一定会派人拦截，因此我把他们暂留了下来。（然而）希望我的信使不会（因为这个原因）被耽搁。"①

阿淑尔－乌巴里特的孙子将巴比伦的边境线延伸到了阿穆路，他在那里挖水井，建堡垒，保护商人。然而加喜特的贵族阶层似乎对他非常反感，也许是因为他跟他们的世敌亚述人走得太近的缘故。当叛军的星星之火燃烧成熊熊烈焰时，他被人在宫殿杀害，结束了他短暂的统治。此后，加喜特人挑选出身卑微的纳兹伯伽什（Nazibugash）作他们的国王，后来人们称他为"平民之子"。阿淑尔－乌巴里特相信这是一个插手巴比伦内政的好机会。他带领一支强大的军队突袭巴比伦都城，吓坏了加喜特人，捉拿并斩杀了纳兹伯伽什。之后他将自己的曾孙，当时尚未成年的库瑞噶尔祖二世（Kurigalzu II）送上王位，开始了长达五十五年的统治。

此事后不久，阿淑尔－乌巴里特似乎就去世了。他的儿子贝尔－尼拉瑞（Bel-nirari）继承王位，继续实施巩固和扩大亚述帝国的政策。多年来，他一直与自己的宗亲库瑞噶尔祖二世保持良好关系，但最终他们还是因为领土争端发生了冲突。一场血腥残暴的战争爆发了。在这场战争里，巴比伦人经受了巨大的磨难并最终一败涂地。后来双方商定和平条约，确保亚述的边界"从米坦尼边境直至巴比伦"。此后的争斗都是为了争夺美索不达米亚，以确保对贸易路线的控制。

因此，亚述在较为短暂的时间内从一个小国崛起为巴比伦的竞争对手；而此时埃及正值第十九王朝伊始，并致力于收复他们在叙利亚失去的帝国；同时北方的赫梯帝国正走向统一。

---

① *The Tell-el-Amarna Letters*, Hugo Winckler, p.31.

第十三章　占星术与天文学

文化与迷信—原始星座神话—自然论、图腾崇拜与万物有灵论—代表人类、巨人和野生动物鬼魂的星宿—作为星座和行星的神祇—巴比伦与埃及的神秘主义—奥西里斯、塔穆兹和米罗达—双性神祇伊什塔尔和伊希斯—巴比伦的行星及其神祇—行星即塔穆兹和各神祇鬼魂的形态—黄道十二宫—“四方之国”—巴比伦、印度、希腊以及爱尔兰的宇宙时期—巴比伦的计算法—追溯印度的宇宙时代说—占星术—民众的信仰—天文学的兴起—相互矛盾的权威观点—希腊与巴比伦—预言日月食—亚哈斯的日晷—天空与空气的征兆—《圣经》中的星座之说—过去延续至今

那些用战利品和战败国的贡品发家致富的早期帝国建造者们不仅满足了个人的野心，为勤劳的商人和工人们提供了保护，还附带促进了文化发展，并资助了相关研究。当一个征服者满载财宝回到他的都城时，他会先慷慨地向寺庙赠送礼物，因为他相信成功是对他虔诚的回报，战斗是靠他的战神而赢得胜利的。因此，他有必要继续在这位已经证明比他对手的神更强大的神祇面前祈求恩惠。另外，当他长期作战或专注于管理国事的时候，必须持续举行宗教仪式。如此一来，司掌河流、大地、季节和谷物的各路神祇才可以因着祭品得到给养和抚慰，或因仪式的举行而被置于魔法控制之下。因此，一个有能力的祭司在所有强大且秩序井然的城邦中是不可或缺的。

因此，由于财富的积累，巴比伦与其他地方一样，也产生了有闲的官僚阶层。虽然他们的职责主要是维持那些粗俗的迷信活动，但也倾向于提高人们的精神生活水平。文化确实属于宗教活动的副产品，它如同从思想的熔炉中炼出的纯金。这思想的熔炉被巫术传统的粗犷堵塞已久。

毫无疑问，古巴比伦如同在中世纪的欧洲，上层阶级中文雅的知识分子会

被吸引到神殿里去，而体格强壮的人则更喜欢户外活动，尤其是士兵。[①] 巴比伦文明的长久繁荣要么得益于祭司，要么得益于祭司们产生的影响。他们是那个古老国家的文法家和抄书吏，是数学家和哲学家，是年轻人的导师，是艺术和工艺品的赞助人。正因为寺庙是智力活动的中心，苏美尔语才能在退出人们的日常生活后，仍然在长达几个世纪的时间里作为文化用语存在。

前文已经讨论过有关艺术的发展、所有艺术都起源于宗教仪式的可能性，以及由于寺庙里商业贸易的集中而促进了大众教育的发展问题。我们现在需要讨论的是这些祭司们对更深奥的学科的贡献。印度婆罗门中精通仪礼的人非常关心祭坛的精准建造和测量问题，于是代数学问世了；埃及金字塔的建造者为保护皇室的木乃伊而建造巨大的墓穴，于是有了几何学基本原理；研究占星术的巴比伦祭司认为有必要观察并准确记录天体运动，从而成为天文学家。

从我们已知的最早时期起，苏美尔人的宗教信仰就与星体有着模糊的联系，但是这并不代表他们的神话是从关于星宿的神话开始的。称呼星座为“白羊”“公牛”“狮子”“天蝎”的民族之所以这样命名，并不是因为这些星群的形状与动物相似，而是因为动物与他们的早期宗教生活有关联。

同时我们应该认识到，神秘的星宿肯定曾经困扰着原始人。恐怖的夜晚比让人感觉安全的白天更能激发强大的想象力。他们越是害怕什么，就越是关心什么。在黑暗中沉思有关命运的问题时，他们显然会将星星与影响他们生活的力量——祖先的鬼魂、图腾和带来食物、饥荒并控制季节的神祇联系在一起。如同孩子们在火焰中看到映像一样，他们似乎也看到星空中人类的生活。对于早期人们相对简单的头脑而言，伟大的月亮是那些数不胜数、闪烁移动的星体的父母。在巴比伦，人们不仅认为月亮是星星的父亲，还认为它是太阳的父亲。和其他地方一样，月亮崇拜在那里比太阳崇拜的历史还要悠久。

世界各地关于星星的原始信仰十分相似。但他们认为地方神话的重要性首先取决于本地的自然现象。例如，在北部的欧亚草原上，星星会在夏天深蓝的夜空中消失，还会在冬天被云层遮蔽，它们在人们心中的印象没有在巴比伦那么强大而深刻，因为在巴比伦，一年四季大部分时间，星星都会穿透厚厚的、

---

①“值得再次注意的是，”贝多说，“在旧修道院的墓地里频繁地发现高度发展的头骨；高尔顿关于中世纪停止进步的猜想有巨大的可能性，因为神职人员提倡禁欲，这导致人类最优秀的种族基因得不到遗传。”参见《欧洲人类学史》(1912)，第161页。

干燥透明的大气层，在黑夜中闪闪发光。此外，星宿神话只可能在人的文明程度都较高的国家里发展和成熟。人们享受安逸的生活，这使他们有闲暇进行观察和记录。因此，巴比伦成为天文学的摇篮就不足为奇了。但在这门科学推翻人们曾期待用它来证明的那些理论之前，它长期淹没在原始信仰的废墟下。因此，在研究巴比伦天文神话时，我们有必要在合理的距离内，尽量靠近这门科学，以及发展了这门科学的人们。

巴比伦的宗教思想具有一种高度复杂的特性。它的发展进程曾一度被传统所阻碍。毫无疑问，底格里斯河和幼发拉底河河谷的早期居民引进了许多从他们旧石器时代祖先那里继承下来的原始宗教信仰——他们的思维模式为在新的经验中发展新的理论奠定了基础。反观当今世界各类人群中现存的宗教信仰，我们可以看出，在文化发展的低层次阶段，人们发现在文明繁荣的巴比伦、埃及或其他国家，高度发达的教义从未彻底摆脱其原始特性。

野蛮民族中存在两种宗教观点：自然论和泛灵论。在自然论的阶段流行的观点是：一种模糊的、非个人的力量控制着整个世界和人类生命。这一力量有多种表现形式，而且表现在一切事物中。里斯利（Risley）先生就这一阶段的宗教仪式给出了解释。他在研究印度焦达纳格布尔（Chota Nagpur）的“丛林居民”的宗教信仰时说道：“大多数情况下，他们惧怕并试图向其赎罪的那个不确定的事物绝对不是人。如果必须换一种具体的说法，我只能说他们宗教信仰的根源是一种力量，而非多个力量。”[①]

自然论的痕迹看似残存于苏美尔人的信仰中，即“神灵，表现生命……检验生命的方式是运动”[②]。在自然论者看来，所有运动的事物都具有“自我力量”：河水有生命，泉水也有生命；从山上滚落的石头有它自己的感觉；树在呻吟是因为风带给它痛苦。非生命体存在意识的观点曾体现在雅利安 - 印度的宗教中。在印度史诗《摩诃婆罗多》中关于那拉（Nala）的故事里，孤独寂寞的妻子达摩衍蒂（Damayanti）在寻找她失踪的丈夫时，对山说道：“你，众山之主，我要询问众人之王；啊，尊贵无比的众山王子，和你那高耸入云的山峰……你可曾在这黑暗可怖的森林中看见善良的那拉……为什么不回答我，啊，众山？”

---

① *Census of India*, vol. I, part i, pp.352 et seq.

② *Hibbert Lectures*, Professor Sayce, p.328.

她还向阿育王（Asoka）的无忧树（Asoka tree）问道："你可曾看见妮莎德哈（Nishadha）的君主？你可曾看见我唯一的爱人？……我可以离开时，没有一丝悲伤，无忧树，请回答我……"她站在树的面前，静静地凝视着。[①]

我们终会意识到，原始人给山川、河流还有海洋赋名，比今天我们给事物赋名具有更为深刻的意义。早期讲印欧语的民族称天空为"帝尤斯"，而讲苏美尔语的民族称天空为"阿纳"（ana），他们并不认为天空只是天空，而是把它当作某种有意识、有"自我力量"的事物。在这一方面，我们遥远的祖先与富有想象力的孩子是一样的，孩子们与家具对话，并且对那些他们认为有意冒犯并故意绊倒自己的石头实施惩罚。

人类早期历史阶段广泛传播的图腾崇拜似乎也有起源。家族或部落相信他们的图腾是山川、树木和野兽的后代。

伊索寓言中，大山孕育老鼠的故事可能就是图腾崇拜的产物；前王朝时期陶器上埃及（Upper Egypt）船只的旗杆上刻着的大山标志可能也是图腾崇拜的产物；条顿神话中的黑矮人是大地之子。[②]

阿多尼斯诞生于一棵树，根据原始信仰，他的母亲可能就是一棵树。达格达，父权制下的爱尔兰的谷物之神，是一棵橡树。实际上，苏美尔、印度、条顿和其他神话故事中的"世界之树"的观点可能也是图腾崇拜的产物。

野兽被认为是人类的另一种形态，它们在许多童话故事里与王子或公主结婚。达摩衍蒂对山川、大树以及老虎说：

> 我毫不畏惧地接近它。"您乃万兽中的君王，整片森林都是您的领地；……您，万兽之王，请给我安慰，如果您曾看见我的那拉。"[③]

部落图腾支配着部落所在的地区。在埃及，正如希罗多德记载的，鳄鱼在这个地区受到崇拜，在另外一个地区却会被宰割。当图腾动物遭到屠杀时，部落之间就会发生争斗。巴比伦和印度神话中鹰蛇之斗的故事可能就是鹰族与蛇族之间的战争记录。图腾动物被列为禁忌之物。埃及的恶神赛特猪和爱尔兰、英格兰、威尔士的恶魔猪除了献祭用以外都不可食用。自认为是天鹅后代的家

---

① *The Story of Nala*, Monier Williams, pp.68-69, 77.

②"在伊米尔的肉身之中（化作土地），侏儒得以诞生，开始活动、生存……侏儒之躯孕育在用土壤塑造的模型里，如同虫子诞生于死尸。"参见《散文埃达》；"众神……商议应立谁为以伊米尔之血（化作湖泊海洋）及其黝黑的四肢（化作土地）创造出的侏儒的领袖。"参见《老埃达》（Voluspa, stanza 9）。

③ *The Story of Nala*, Monier Williams, p.67.

族取名斯万（Swans）；自认为是海豹后代的家族就取名西尔斯（Seals），就像是盖尔语中的“Mac Codrums”，他们的姓的意思是“海豹之子”。坎贝尔人（the Campbells）的昵称“猪之子”（ sons of the pig）可能是指他们的图腾野猪的冠毛，用来纪念他们的祖先迪尔米德屠宰祭司用的野猪。在《叙利亚女神》中，加斯坦（Garstang）先生认为那头杀死阿多尼斯的野猪源于图腾。苏美尔神埃阿的鱼形也是如此。若动物图腾每年都被献祭一次，且在祭祀时被吃掉，那么部族的力量便得以加强。部落的祭司身上裹上图腾动物的皮毛，就认为它给自己传递了图腾的魔力，人们也视他为图腾的象征，他也会如图腾一般给人们预言和指导。埃阿就曾被刻画成身穿鱼皮的形象。

泛灵论是早期人类历史发展的另一个阶段，也产生了独特的思维模式。人们确信世上万事万物都有灵，灵在被风吹动的树里呻吟，呼啸的狂风是不可见的灵，泉水、溪流、峡谷、山川、海洋和所有动物体内都住着灵；恶灵会附在一个人的身上，改变他的本性。太阳和月亮是灵的住所，或是伟大的灵跨越天河的船舶。星星都是灵，是“天界的主人”。这些灵或七个一组，或三个一组，或成三的倍数，或成双成对，抑或单独存在。

虽然某些灵可能会赐予人类一些礼物，但他们有时会在特定的季节和地区变得充满敌意和仇恨，就像是冬天里青绿色的小精灵和大地上的矮人惊觉他们在隐秘处埋藏的金子被发现了一样。这些灵是司掌创造和植被的能工巧匠，就像埃及的河流之神克赫努姆和印度的工匠三神——瑞布斯众神。他们设计草叶的形状和玉米的秸秆，但在季节变化时会骑上他们狂躁的坐骑，或从泛滥的河流湖泊中一跃而出。人类致力于和他们达成协议以确保获得庇佑；或取悦于他们，并且使用护身符；或举行“摆脱仪式”以避开他们的攻击。死者的鬼魂也是一种灵，他们同样时而无害时而有害。作为命运三女神的使者，他们会伤害生灵。

祖先崇拜，即鬼神崇拜，源自泛灵论。但祖先崇拜在巴比伦发展得没有在其他国家那么成熟，例如中国。这种崇拜在将星星作为鬼魂来崇拜、王的神化、族长崇拜中都有迹可循。族长可能被升级为神祇或等同于某个至高无上的神。埃及法老乌纳斯（Unas）吃掉他的先辈后，成为太阳神和猎户星座。① 他吃掉他的神，就像一个部落吃掉他们的图腾动物。他变成了“天界的公牛”。

① *Egyptian Myth and Legend*, pp.168 et seq.

除了山脉图腾外，还有星星图腾。一艘埃及船只旗杆上的圣安德鲁十字标志可能象征着一颗星星。巴比伦女神伊什塔尔的象征是一颗恒星，她是“世界之母”。古老神话中刻有回纹饰的石头可能汇聚着原始思想的洪流。

全球各个国家都流行这样一种观点，即星星是那些强大的死者的鬼魂，比如巨人、国王、王子、公主，或者是神祇所爱的虔诚之人，或是受崇拜的动物。随意选择几例如下：条顿人的神祇杀死巨人萨瑟（Thjasse）后，变成了天狼星。在印度，半人半神的族长“七圣贤”的鬼魂构成了大熊星座，在吠陀时代人们称其为“七熊”。七圣贤的妻子们就是昴宿星团（the Pleiades）的星星；在希腊，昴宿星团是大力神阿特拉斯（Atlas）和海洋女神蒲雷妮（Pleione）的七个女儿的鬼魂；在澳大利亚，昴宿星团是一个王后和六名侍女。这些国家和其他地方一样，都有解释“昴宿星团”的故事，这个事实也说明古人对天体运动的观察比我们认为的更频繁。正如赫西俄德（Hesiod）所记录的那样，阿卡德人相信他们是一位被宙斯变成熊的公主的后代，这只熊被阿耳忒弥斯杀害，然后变成了天上的“大熊星”。埃及的伊希斯是天狼星，这颗星升起的时候恰逢尼罗河洪水开始泛滥。她为死去的奥西里斯流的第一滴泪，在夜间掉进河里。随后泛滥的洪水带来了食物，因此这颗星不仅是万物的伟大母亲，还是万物的给养者。

人们认为夜空中最亮的星是最伟大和最具影响力的。在巴比伦，所有行星都被等同于伟大的神祇。比如，土星是米罗达，伊什塔尔的一种星星形式是金星（Venus）。米罗达还与“埃阿之鱼”［双鱼座（Pisces）］有关，因此埃阿崇拜可能与星星有关。在行星被等同于神祇之前，星座已经得到人们的认可。

当神祇被赋予星星的形象时，原始信仰出现了一种奇怪的融合现象。如我们之前（第三章）提到的，神祇每年都会死去。埃及的祭司们为希罗多德指明了奥西里斯的坟墓和代表他的星星。在那些认为神就是残暴的巨人的国家里，也有“巨人”之墓。一个神可以以多种形式存在。他可以是一只昆虫，像因陀罗一样，藏在植物里；或者变成一只老鼠，一条蛇，像《吉尔伽美什》史诗中埃雷克的诸神。神可以在同一时间里以多种形式存在的理论观点说明，它源于接受人形化的神但仍处于自然论阶段的民族。比如在埃及，奥希里斯是月亮，每个月他都会化身为一个漂亮的孩子，被恶魔赛特当作残缺的“老月亮”吞掉；他是位年轻的神祇，每年在全盛时期都会被杀掉；他也是伊希斯的父亲、丈夫和儿子；他是统治人们的族长，也是地府的判官；他是大地之灵，是双性的尼罗河之神；他是春天的太阳；他是孟菲斯（Memphis）的阿庇斯神牛，是孟菲斯的公羊；他是执政的法老。在他与三位一体——凯佩拉（Khepera）、拉（Ra）和图姆——的拉结合的时候，他每天都以一个老者的身份死去。他在夜晚的星空中以猎户座出现，这是他的鬼魂，或者更确切地说，是苏美尔人的 Zi，即生命之精神实质。奥西里斯，像有多个形象的神祇塔穆兹，在伊希斯的一首颂歌里这样被吟唱：

> 每日夜间休憩时，夜空中的猎户座闪闪发亮！看，是我（伊希斯），在接近天狼星（Sirius）的时候守候他（少年奥西里斯），我会常伴他身侧，因为你（活着的奥西里斯）发出的光芒让人敬畏。你的光芒造了众神和人类，昆虫和动物，他们依着你存活。来我们身边吧——在你的灵魂开始绽放光芒的那一天——向你的灵魂献祭的那一天，众神和人类才会存活。①

这段节选的文字强调了通过简单命名的方式，例如“太阳神”“月神”“星神”“大地之神”，将某些神祇限制在狭窄的范围内，是多么的不可靠。一个神祇可能同时既是太阳神又是月神，既是天神又是地神，可能既生又死，也可能既未出生又已年老。巴比伦和埃及的祭司可能比 20 世纪的评论者和解说者更加不习惯于具体的、富有逻辑的定义。对古老信仰的简单解释经常因为原因过于简单而不具备可能性。必须承认，巴比伦和埃及的宗教思想既令人费解，又非常复杂；而且也必须承认，即使是对于祭司来说，宗教信仰的教条往往包含了几个世纪沉淀下来的思想，可能既含糊不清、令人困惑，又充满矛盾，虽然可以接受，但无法理解。就这一点而言，它们的确非常神秘而玄妙。比如，一个神祇可以以单数或复数的形式称呼，这或许是因为他是从万物有灵论的众神中发展而来的，又或许是因为一些我们未曾发现的原因。这一点在巴比伦出土的一块泥版上的一段富有深意的摘录中得以体现：“充满力量的七位一体，就是你（Powerful, O Sevenfold, one are ye.）。”其译者 L. W. 金先生曾对此发表如下评论：“可以确定的是，一个名字往往用于一群与之密切相关的神，虽然是以复数的形式称呼，但在同一个句子中可以被看作其形成了一个单独的个体。”②

和埃及的奥西里斯一样，巴比伦的米罗达也是一位非常复杂的神。他是深

---

① *The Burden of Isis*, Dennis, p.24.

② *Babylonian Magic and Sorcery*, p.117.

渊之神埃阿的儿子。他的死换来人类的生命：他下令将自己的头砍下来，把血与土混合在一起，创造了第一批人。他是风神，为世间送去“生命的气息”。他是雷霆与天空之神。当他是塔穆兹时，他是春天的太阳。他是每日升起的太阳，是萨卢（Sharru，即 Regulus，指天狮星），是木星（Jupiter），还是水星。在不同的季节他表现为不同的星群。女神伊什塔尔是一月到三月间出现的伊库（Iku，即 Capella，指五车二星①），而米罗达是五月到六月间出现的伊库。这种将主神等同于不同时期的不同星宿，或同一时期的同一星宿的奇怪方法，一定不能与一神论中将主神与其他神祇等同起来的方法相混淆。米罗达和伊什塔尔一样变化多样，有各种不同的形态。伊什塔尔即使与一个特定的星体相联系，她也会不停地改变。根据一个泥版碎片的描述，她和金星一样，“在日落的时候是女性，日出的时候是男性”②，也就是说，她与乌尔的南纳一样，是个双性神，是父神与母神的结合体，是埃及的伊希斯。一首著名的赞美诗中对南纳是这样描述的：

父神南纳，主啊，众神的统治者……创造万物的母体……仁慈、和蔼的父，地上万物的生命都掌握在他手中。

埃及的一首称颂伊希斯的赞美诗对奥西里斯这样说道：

你来了，伊希斯，地平线之女，你照着众神的样子而生……你在何露斯面前复仇。何露斯即被她的父奥西里斯变成男人的女人。③

如同奥西里斯-索卡尔（Osiris-Sokar）一样，米罗达是“众生之主”，而且“很神秘，不为人类所知”④。对于人类而言，无法了解一个“比自身更伟大者”。

我们还没有证据确定在什么时期巴比伦众主神与众行星相互对应，但有一点很清楚，在取代恩利尔而成为万神殿主神的巴比伦城市守护神米罗达崛起之前，以星宿形式存在的米罗达无法取得优势地位。同时必须认识到，早在汉谟拉比时代之前，底格里斯河和幼发拉底河谷的观星者们就发现了行星与恒星的活动情况，并且将这种活动情况与季节变化联系在一起，就像在埃及一样。巴

① 五车二：御夫星座之一等星，即最亮的那颗星星。——译注

② *Babylonian and Assyrian Religion*, T.G.Pinches, p.100.

③ *The Burden of Isis*, J.T.Dennis, p.49.

④ *The Burden of Isis*, J.T.Dennis, p.52.

比伦天文学被引进埃及时，也就是托勒密时代很久之前，伊希斯就被认为是天狼星。人们认为何露斯不仅是太阳，也是土星、木星和火星（Mars）。[①] 正如前文提到的那样，即使是原始澳大利亚人也有自己的星宿神话。他们和古希腊人一样，指出双子星是两个男子，而非洲的布什曼人（Bushmen）则确信双子星是两个女子。然而，关于史前苏美尔人是真正的天文学家这一推断是错误的。像吠陀时代的雅利安 - 印度人一样，他们也许只是“不怎么精确的观察者”[②]。

有趣的是，人们发现巴比伦人早期将星宿七个一组，分成多组。由于七个恶魔怒气冲天地从深渊爬到地面上，因此“七”这个神奇数字的重要性得到了强调（p. 71）。也许“七”的神圣性在于猎户座、大熊座和昴宿星暗含的意义。这些星座中的一个可能就是“七位合一”的神祇。无论如何，人们开始将其他星宿也七个一组地任意组织，是因为参考了七个塔喀什（Tikshi）、七个卢玛什（Lumashi）和七个玛什（Mashi），它们比十二黄道宫更为古老。目前可以确定的是，这些分组是从不同的星宿中挑选出来的。当五个行星被确定时，人们发现它们与太阳、月亮以及汉谟拉比万神庙的主神们有关。大英博物馆的双语目录中按以下顺序列出了七大神祇及其行星：

> 月亮，西恩。太阳，沙玛什。木星，米罗达。金星，伊什塔尔。土星，尼尼普（尼里格）。水星，尼波。火星，尼格尔。

月亮的古老叫法是 Aa、Â、或 Ai，这让人想起埃及语中的 Aâh 或 Ah。苏美尔人的月亮叫作阿库（Aku），意即“测量者”，如同埃及的透特一样，是月亮形象的命运之神，可以测算人类的寿命。他还是司掌建筑、数学和书吏的神。月亮是太阳及其配偶的父母亲，可能是父亲，也可能是母亲，或者作为双性神，既是父亲又是母亲。

作为“光之公牛”的木星不仅与太阳关系密切，还是星宿的“牧羊人”，并与猎户座的塔穆兹共享这个头衔。宁 - 吉尔苏是塔穆兹的一种成熟形态，同时被等同于猎户座及木星。

伊什塔尔就是金星这一说法颇为有趣。当该行星最亮的时候，人们认为它发出来的光线是女神的“胡子”。她是“长胡子的阿佛洛狄忒”——明显是个双

---

① *Religion of the Ancient Egyptians*, A.Wiedemann, p.30.

② *Vedic Index*, Macdonell & Keith, vol. i, pp.423 et seq.

性神祇。占星术士认为明亮的金星预示着吉祥，而暗淡的金星则是不祥之兆。

土星是尼里格（Nrig），即著名的尼尼普，一个被恩利尔，即老贝尔取代，后来又成为其儿子的神祇。人们虽然没有发现有关他生平的记载，但是从一些参考资料来看，那是一个流传甚广的弑父故事，类似于朱庇特杀掉萨图恩（Saturn）和因陀罗杀掉帝尤斯，也可能与失落的古埃及神话故事相似，该神话故事解释说有两个何露斯：一个是老何露斯，另一个是奥西里斯的遗腹子何露斯。无论如何，有趣的是，就这一点而言，我们发现在埃及土星赫尔－卡（Her-Ka）被认为是“公牛何露斯”，尼尼普就是公牛。这两个神祇都与春天的太阳有关——这点与塔穆兹相似，并且都是杀死敌人的可怕的杀手。尼尼普发怒时，像一场暴雨洪水席卷巴比伦；而何露斯沿尼罗河一泻而下，屠杀了赛特的追随者。作为神圣的播种者，尼尼普可能是由塔穆兹发展而来的，如同何露斯由奥西里斯发展而来一样。他们都既是父，又是子，是一年四季中同一个神祇的不同形态。父辈神由他们的儿子（春天）取代，当儿子们成年后，他们的孩子又会杀掉他们，循环往复。作为土星，尼尼普是父辈神祇的鬼魂；作为贝尔的儿子，他又是春天的太阳战神，是强壮的野牛，是丰饶之神。他作为贝尔时，又是“野猪的头领”，一种与临门①有关的动物。②

尼波（Nebo，又作 Nabu），即水星，是波尔西帕的一位神，他是众神的使者和“传声筒”，正如埃及的何露斯与朱庇特连起来就是何阿赦塔（Her-ap-sheta），意即“何露斯是公开秘密之人”。③ 尼波的原始形态还不甚清晰，但当人们将他奉为波尔西帕高贵的守护神时，他似乎是一个高度文明的民族发展较为成熟的神祇。虽然他曾被汉谟拉比忽视，但后来却和米罗达一起被敬拜，并且在许多方面与米罗达相似。实际上，米罗达也是水星。和古希腊神祇赫尔墨斯一样，尼波是众神的使者，是人类的引导者。贾斯特罗认为他是与“埃阿相对的神祇”，并认为他“和埃阿一样，他是智慧的来源和化身。写作的艺术——因此包括所有文学——都与他密切相关。他名字的一般形式表明他是‘书写之神’”。④ 他好像也是埃阿的化身塔穆兹的一种成熟形态。平奇斯教授指出，他的

---

① 临门：《圣经·列王记下》中亚述人与巴比伦人崇拜的神。

② *Religion of the Ancient Babylonians*, Sayce, p.153, n.6.

③ *Religion of the Ancient Egyptians*, A.Wiedemann, p.30.

④ *Aspects of Religious Belief and Practice in Babylonia and Assyria*, p.95.

一个名字梅尔梅尔（Mermer），是拉曼的非闪米特语的名字。[①] 作为春天的战神，塔穆兹与拉曼在性格上非常相似。这样看来，代表木星的米罗达在巴比伦取代了代表土星的父辈神祇尼波，就如同贝尔－恩利尔取代了父辈神祇尼尼普在尼普尔的地位。

代表火星的神祇是尼格尔，古他城的守护神。[②] 他坠入冥界，被迫屈服于厄里西－基－加勒（珀尔赛福涅），后来与她结成伴侣。平奇斯教授说他的名字的“意思应该是‘伟大居所的主人’，和他的配偶厄里西－基－加勒的意思相似”。[③] 在埃雷克，他象征着太阳毁灭性的力量，并有瘟疫恶魔陪伴左右。火星是代表邪恶、疾病和死亡的行星，它的动物形象是狼。在埃及，人们称它为何德舍尔（Herdesher），即“红色的何露斯”。在希腊，他与战神阿瑞斯（即罗马的玛尔斯）相关，战神阿瑞斯曾变成野猪杀死了阿多尼斯（塔穆兹）。

尼格尔也是一位火神，与雅利安－印度人的阿格尼一样。如前所述，阿格尼作为一名弑魔者和丰饶之神，与塔穆兹关系密切。他或许是塔穆兹的一种特殊形态。在一则神话中，塔穆兹应厄里西－基－加勒的要求，以征服者的形象进入冥界，并且像奥西里斯一样，成为逝者之王。如果是这样的话，尼格尔就既是杀戮者，又是被杀者。

与行星相关的各个巴比伦神祇，作为众神中的一员，都有各自的特点。但在此之前，某些重要天体，或者说所有的行星，都被看作是一个神祇的不同表现形式，这神祇就是塔穆兹，他是埃阿的一种形态，也是埃阿和安努这对神祇的一种形态。塔穆兹可能是赞美诗中提到的“七位一体”的神。在早期，星星是力量的表现形式，这种力量是后吠陀－印度时代有教养的婆罗们眼中的“世界之魂”，也是焦达纳格布尔的“丛林居民”们试图安抚的对象。那些约定俗成了的与行星有关的神祇和塔穆兹有众多相似之处，而且具有塔穆兹的很多特征。另外，埃及人认为太阳、金星、土星和火星都是何露斯的表现形式。这两点说明塔木兹和何露斯可能就是自然论阶段人们模糊认识中的“力量”或者“世界之魂”的拟人化表现形式。

---

① *Babylonian and Assyrian Religion*, pp.63, 83.

② 当亚述王将巴比伦人及古他人迁移至撒马利亚时，“巴比伦人造疏割比讷像”。参见《列王记下》，xvii, 30。

③ *Babylonian and Assyrian Religion*, p.80.

万物有灵论思想的影响体现在以下观点中，即行星和恒星是那些被儿子取代的神祇的灵魂。这些儿子与他们的父亲一样，成为“他们母亲的丈夫”，这点与埃及相同。这种思想贯穿于雅利安－印度《摩奴法典》（*Laws of Manu*）的始终。法典中说：“丈夫在妻子受孕之后重新变成胚胎，并再次由妻子生产出来。”① 神祇每年都会死去，死亡只是改变。在这周而复始的循环中，他们依然保留自己的不同形态。何露斯在人们的记忆中是各种行星的形态——猎鹰、年老的太阳神和奥西里斯的儿子；而塔穆兹是春天的太阳、孩童、青年、战士、丰饶之神、逝者之王（猎户座——尼格尔），以及所有行星。

恒星也是每天都会死去的神祇的灵魂。当太阳像一个耄耋老人一般在夜晚死去时，又会变成猎户座重新升上天空，也会像代表“牧羊人”——巴比伦米罗达的木星，以及小亚细亚的阿提斯神一样，在星群中若隐若现。这些星群是在白天就隐匿起来的天上的精灵，是“天界的主人”——掌控一切的力量的使者或是灵魂。

这些行星还掌管着一年中不同的月份。西恩（月亮）与三月有关，他同时掌管历法；尼尼普（土星）与四月有关；伊什塔尔（金星）与六月有关；沙玛什（太阳）与七月有关；米罗达（木星）与八月有关；尼格尔（火星）与九月有关；而诸神的使者尼波（水星）则与十月息息相关。

每个黄道星座也掌控着一个月份。巴比伦创世神话称，在米罗达积极构建宇宙秩序时，他“让诸神都待在他们各自的地方”，并“创建他们的形象，即黄道十二宫星宿②，然后将他们一一对应”（p. 147）。

黄道十二宫起源于巴比伦，然后由腓尼基人和赫梯人传入希腊。赛斯教授说道：“那时，赫梯人曾一度受巴比伦文化、宗教和艺术的影响……‘他们’带着古老的巴比伦和埃及文明前往埃及最遥远的边界，然后再从那里传播到文明伊始的西方……希腊历史认定迈锡尼（Mykenae）统治者来自吕底亚，他们带来了小亚细亚的文明和宝藏。现代研究也肯定了这种说法。迈锡尼和其他地方揭秘，尽管希腊史前文明中的一些元素来自于埃及和腓尼基，但也有其他一些元

① *Indian Myth and Legend*, p.13.

② 源于希腊语 zoon，意即动物。

素源自于小亚细亚。而小亚细亚的文明就是赫梯文明。”①

当然，早期的巴比伦天文学家并不知道地球是围绕着太阳转的。他们认为，太阳在天空中移动，就像鸟在空中飞翔，船在水中航行一样。② 在研究太阳运动时，他们发现，太阳总是沿着一条宽阔的轨道从西方移向东方，日复一日，年复一年，从一边移向另一边，亘古不变。这条宽阔的轨道就是黄道带——太阳在天空中的“必行环”。太阳移动路线的中间部分就是黄道。巴比伦的科学家将黄道等分为十二个部分，聚合每个部分的恒星组成星座，也称为“黄道十二宫”。这样一来，每个月份都有自己的对应宫和星座了。

今天十二星座的名称就连小孩子都能轻易记住，因为大人鼓励孩子们重复吟唱下面这些句子：

白羊、金牛和双子，

巨蟹旁边是狮子。

处女、天秤和天蝎，

射手后边有摩羯。

一人手中举水瓶，

还有鱼尾亮晶晶。③

下文中的表格显示我们现有的十二宫源自古巴比伦。

古巴比伦人将天空分成至少三个部分。这三个“领地”分属于埃阿、安努和贝尔。黄道就穿过这些“领地”。埃阿的领地在西边，与亚摩利人的土地相邻；安努的领地在南边，与埃兰相邻；贝尔的中心“领地”与阿卡德的土地相邻。当阿卡德的统治者自称为“四方之王”时，这里的“四方”是指与上述三大神圣领地有关的国家，还有库提姆④（东边等于我们的东北方）。库提姆是恶魔之地吗？就像在斯堪的纳维亚，其东北方是巨人之地，雷神托尔曾向这些巨

---

① *The Hittites*, pp. 116, 119, 120, 272.

② “太阳……是新郎，走出他的宫殿，像跑赢了比赛的壮汉一样雀跃。”（《诗篇》，xix，4 et seq）太阳作为新郎，月亮作为新娘，二者结为夫妻，这出现在赫梯人的神话里。在雅利安－印度的吠陀神话里，太阳神（苏利耶）的新娘是黎明女神乌莎斯。太阳神侍女也嫁给了月神。吠陀神话中，众神进行跑步比赛，因陀罗和阿格尼赢得了比赛。太阳神也具有“火神阿格尼的特性”。参见《印度神话与传说》，第14、36、37页。

③ 指拥有金色尾巴的鱼。

④ 后者指的是亚述。这些早期信仰发展起来时还没有亚述王国。

人发动战争。

黄道十二宫	太阳入宫时间	巴比伦历法	巴比伦对等物	星座	对等月份
白羊宫	3月20日	尼散月	工人或信使	白羊座	3—4月
金牛宫	4月20日	以珥月	神圣的形象和公牛	金牛座	4—5月
双子宫	5月21日	西弯月	虔诚的放牧人和双胞胎（背靠背，头挨头，脚贴脚）	双子座	5—6月
巨蟹宫	6月21日	坦木兹月	螃蟹和蝎子	巨蟹座	6—7月
狮子宫	7月22日	埃波月	巨型犬	狮子座	7—8月
室女宫	8月23日	以禄月	伊什塔尔，处女的耳朵	处女座	8—9月
天秤宫	9月23日	提斯利月	天平	天秤座	9—10月
天蝎宫	10月23日	赫色汪月	黑暗中的蝎子	天蝎座	10—11月
人马宫	11月22日	基斯流月	人或半人半马挎着弓箭（伊安弓箭象征）	射手座	11—12月
摩羯宫	12月21日	提别月	埃阿的羊－鱼	摩羯座	12—1月
宝瓶宫	1月19日	细罢特月	拿着水瓶的神，操控水的神	水瓶座	1—2月
双鱼宫	2月18日	亚达月	河里的鱼尾	双鱼座	2—3月

古巴比伦创世神话中，米罗达确定了黄道十二宫中的星宿，每个月对应三个星宿。小罗伯特·布朗先生竭尽所能，根据收集到的数据，详细研究了古巴比伦天文学。他认为三大星座主位星是指：①居于中央区域或者黄道十二宫的星座；②北方星座；③南方星座。因而现在有三十六个星座。“黄道十二宫星宿位于非黄道十二宫星宿的一侧。”在这方面布朗先生引用了迪奥多罗斯（Diodorus）的观点，迪奥多罗斯总结了古巴比伦的天文占星术。他认为“五个行星可统称为‘翻译官’，隶属于‘三十星宿’，可称为‘议会诸神’……其中主神有十二位，每位分管一个月和黄道十二宫的一宫。”太阳、月亮和行星穿过这十二

宫，各行其道。“他们在黄道圈上形成二十四星宿，南边和北边各十二个。”① 布朗先生指出三十星宿“组成了幼发拉底河原始星宿，是流传至今的七个古老星宿之源，即波斯、古索格代亚纳、霍拉桑、中国人、印度、阿拉伯、和科普特星宿”。

每个月都有三大代表星座，每个星座都反映所代表月份的特点。比如，在雨季的高峰期，雷神拉曼之月，受黄道十二宫的“水瓶座”、北方的“双鱼座”和南方的“人马座”统辖。在印度，黑色的马匹是祈求降雨和丰收仪式上的祭品。代表生长、瘟疫和酷暑的月份也各有其象征。“大熊星座”象征着“战车”，“银河”是“高云之河”，即天上的幼发拉底河，在埃及就是天上的尼罗河。

在巴比伦天文学知识中，特别有趣的当属宇宙周期理论或宇宙年龄说。印度、希腊和爱尔兰神话中均有四个时代——白银时代（白色）、黄金时代（黄色）、青铜时代（红色）和黑铁时代（黑色）。小罗伯特·布朗先生表示：“印度的由迦时代说呈现出很多特点，使我们不由自主地联想到幼发拉底河的年代体系。”巴比伦有十位古老的君主，都以长期统治而声名远扬，他们统治的时间加起来长达一百二十萨罗伊②（Saroi），即四十三万两千年。这一数字使人立刻想起印度四百三十二万年（432 000 × 10）的马哈 - 由迦（Maha-Yuga）。显然，巴比伦和印度的计算系统有相同的起源。在这两个国家，时间和空间都是用数字 10 和 6 测算的。

当原始人类开始计数时，他们采用的是如今每一个小学生都会用的方法，即用手指计算。两个五就是十，再从十算到二十，再到一百以及更大的数字。在测量过程中，他们会用上手、胳膊还有脚。如今我们依然使用尺和码（标准步量单位）计量。而那些依然从事远古的编织技艺和新石器时代陶器设计的人在测量时，继续延用手指的宽度、长度和手掌的宽度进行计量，正如古代人把一个手臂的长度叫作一腕尺。用跨度计量的方法也从未被遗忘，尤其男孩子玩弹珠游戏时会用到。从远古时期开始，手掌张开时大拇指根部到小拇指根部的距离便是一种重要的测量方式。

随着在计算方面取得成就，古巴比伦人还发现了除五根手指和五根脚趾外的身体构造的其他一些细节。比如，他们发现食指、中指、无名指、小指各有

---

① *Primitive Constellations*, R.Brown, jun., vol. ii, pp.1 et seq.

② 萨罗伊：从 11 世纪拜占庭式的词典 *Suda* 中提取。萨罗伊是约 223 个朔望月（约 6585.3211 天，或 18 年 11 天 8 小时）的时期，可用于预测日月食。在日食之后的一个战国时期，太阳、地球和月球恢复到几乎相同的相对几何形状，接近直线，并且在所谓的食循环中将发生几乎相同的日食。——译注

三个指节，而拇指只有两个指节。[①] 四个手指乘以 3 就是 12，3 乘以 12 是 36。数字 6 显然吸引了他们的注意力。身体可以分成 6 个部分——双臂、双腿、头和躯干；双耳、双眼、嘴巴和鼻子加在一起也是 6。基数 6 乘以 10 根手指是 60，而 60 乘以 2（两只手）是 120。在巴比伦的算术中，6 和 60 是非常重要的数字。在巴比伦的记数制中，数字 1 和数字 10 的符号合起来代表 60，这一点不足为奇。

在确定神话时期的跨度时，巴比伦人自然而然地学会了关于 120 的第一个伟大的计算方法，在承诺计算黄道十二宫时，他们决定用 120 度等分时间和空间。他们的第一个黄道带就是苏美尔人的二十八星宿，其中包括与泥版上的“三十星宿”有关的三十个月亮宫（ moon chambers)，迪奥多罗斯称其为“议会诸神”。“三十星宿”的主宰星宿有十二个。在该计法中，一年始于冬至。休伊特（Hewitt）先生指出，印度达罗毗荼人（Dravidians）一年中最主要的节日都始于冬日节后的第一个满月。布朗先生强调：泰米尔人（即达罗毗荼人）的阴历月份和阳历月份的命名与巴比伦的星座名相似。[②] 马克思·梅勒（Max Mailer）教授写道：“无论在哪里，月亮年表似乎都早于太阳年表。”[③] 后来的闪米特巴比伦体系包括十二个“太阳宫（solar chamber)”和三十六个星座。

一度有 60 分钟，一分钟有 60 秒。昼夜各有 12 个小时。

巴比伦人用 6 乘以 10（pur)，得到 60（soss)；60 乘以 10 等于 600（ner)，而 600 乘以 6 等于 3600（sar)，3600 乘以 10 等于 36 000，36 000 乘以 12 等于 432 000 年或 120 萨罗伊，也等于“sar”乘以两倍的“soss”。“pur”意思是“堆”——算完之后十指握拳；而“ner”意思是“脚”。乔治·伯廷先生（Mr. George Bertin）指出 6 乘以 10 根手指等于 60，60 再乘以 10 根脚指头，得 600，这跟后来的度量单位“英尺”（原意是“脚”）有关。巴比伦数字“10”的标志类似于两个脚后跟合并，脚指头分开。这就是第一轮指头算法的原始记录。

---

① 在印度，“指算法”同祈祷或反复诵读祈祷文有关。计算是由拇指进行的，摊开手掌，拇指触摸第三根手指的上部。第三根手指最上部的两个“宫”就算出来了，之后就是小指最上部的两个“宫”；然后拇指触摸从小指到第一根手指的指尖；当触摸到第一根手指上部的宫时，9 就算出来了。同样的方法，用右手计算一轮 9，再用左手计算，一直计算 12 轮，12 乘以 9 等于 108，这就是诵读祈祷文的次数。手指上部的“宫”是“最好的”或“最高级的”（uttma），低级（adhama）的宫不参与计算祈祷的过程。湿婆祷告时，盘腿而坐，紧闭双眼，右手自手肘处举起，置于身体前侧，每重复一次祈祷文就动一下拇指；左手放于左腿之上，手心朝上，每数到九个祈祷文就动一次拇指。

② *Primitive Constellations*, R.Brown, jun., vol. ii, p.61; *Early History of Northern India*, J.F.Hewitt, pp.551-552.

③ *Rigveda-Samhita*, vol. iv (1892), p.67.

在印度婆罗门时期，这套巴比伦计算方法得到快速发展。四个由伽[1]（Yugas）或者时代代表早期数学家用的四根指头，共计12 000圣年，这段时期被称作马哈－由伽。它相当于巴比伦的120萨罗伊乘以100（共43 200 000年）。一百个马哈－由伽乘以十倍就等于“梵天之日[2]”（Day of Brahma）。

婆罗门解释说，神祇的一天等于凡人的一年。12 000圣年乘以360天等于人间4 320 000年。而马哈－由伽乘以1000等于“梵天之日”，也就是人间4 320 000 000年。

最短的印度由伽是卡里纪，即巴比伦120萨罗伊的10倍，等于1200圣年；乘以2以后也就是2400圣年的达夫帕拉纪；特雷达纪由伽是2400圣年加上1200圣年等于3600圣年；再加上1200圣年，等于4800圣年，即克里达纪由伽（Krita Yuga）。

巴比伦在计算法方面的影响力显而易见。吠陀时期，“由伽”常用来表示一“代”（generation），但“四个时代”的说法却没有确切的史料记载。“卡里”“达夫帕拉”“特雷达”“克里达”这些名称源于骰子掷出的点数。[3] 直至“后来者”，即后吠陀－雅利安人（post-Vedic Aryans）来到印度，由伽这个纪年方法才在印度得到发展。

《印度神话传说》[4] 中指出，印度和爱尔兰的宇宙时代有相同的颜色序列：①白色或银色；②红色或青铜色；③黄色或金色；④黑色或铁色。希腊的顺序则是：①金色；②银色；③青铜色；④铁色。

巴比伦给七大行星分配的颜色如下：月亮——银色；太阳——金色；火星——红色；土星——黑色；木星——橙色；金星——黄色；水星——蓝色。

统治时间长达一百二十萨罗伊的十位巴比伦古老的君主都与星宿有关。他们的统治时长与“黄道内或附近主要星宿之间相隔的距离”[5] 对应。因此，行星极有可能也与神话中的时代有关。神话时代等同于天上的“四宫”及地上的“四个区域”，盖尔人的故事中称之为“世界的四大红色分区”。

行星中有三颗可以预示变化的出现。金星，作为“迪尔巴特”（Dilbat），是

① 由伽：印度教神话中将时代划分为四个由伽，即卡里纪、达夫帕拉纪、特雷达纪以及克里达纪。——译注

② 梵天之日：等于43.2亿年。

③ *Vedic Index*, Macdonell & Keith, vol. ii, pp.192 et seq.

④ *Indian Myth and Legend* pp.107 et seq.

⑤《原始星宿》（R. Brown, jun., vol. i, 1. 333）中给出一张表格，表格显示120萨罗伊是如何等同于360度的，每个国王都对应一颗星。

“宣告者”，木星和水星都被称作“光之声”和“初升太阳的英雄”，以及诸如此类的名字。木星作为早晨的星星，是“黄金时代”的使者。它作为“卡库布·乌尔德”（Kakkub Urud），还与青铜有关，是“青铜之星”。火星作为“卡库布–阿班–卡–乌尔德”（Kakkub Aban Kha-urud），则是“青铜鱼石之星”。水星是“青金石之星”，也许与黑色的土星、逝去之太阳的鬼魂以及古老的恶神有关。在埃及，青金石色是太阳神拉变老后的头发的颜色，埃及考古学家将其翻译为黑色。① 水星鲜少露面，只会定期出现，这表明它与重复出现的时代有关。金星作为傍晚的星星，或许被当作月亮或者白银时代的使者。人们将她视为吉祥的、蓄须的神祇，与季节的使者米罗达交替出现。

将木星与吉兆之星太阳相连，再和毁灭之星火星相连，金星与月亮相连，水星与土星相连，我们就得到了四种颜色，分别代表黄金、白银、青铜和铁器四大时代。希腊神话时代的顺序也许跟太阳有关，以“黄金”时代为开端。然而印度和爱尔兰则以白色的月亮或白银时代为开端。印度的白银时代（特雷达由伽）是完美之人的时代，而希腊的黄金时代则是像神祇一般生活的人的时代。因此，不管是在印度还是希腊，第一个时代都是完美时代。希腊的青铜时代是臭名昭著的掠夺者和噬命之徒生活的时代，巴比伦的青铜色行星火星象征着具有毁灭性的战神和瘟疫之神尼格尔。而木星如同杀死提亚玛特的米罗达一样，也是毁灭者。在印度，黑暗时代（the Black Age）是充满罪恶的时代。如我们所见，巴比伦的土星是黑色的，它代表的神祇尼尼普是一头毁灭性的野猪，这使我们想起埃及恶魔赛特也是头黑色的野猪。希腊的克罗诺斯（Cronos）甚至毁掉了自己的孩子。所有古老的神祇都有暴虐的品性，就像人类的鬼魂一样。

在太阳崇拜和太阳黄道开始发展之前，巴比伦的白道②之说就被引入印度。历史悠久的由伽学说的起源也是如此。而希腊则是很久以后才受到巴比伦的影响。在埃及，太阳神拉是一位古老的君王，之后是奥西里斯。奥西里斯被赛特所杀。赛特时而被描述成红色，时而为黑色。此外还有一个何露斯时代（Horus Age）。

爱尔兰的年代体系表明，早期文化途经小亚细亚，沿着高山人（the Alpine people）和亚美尼亚人占据的高地传入欧洲。高山人和亚美尼亚人在从兴都库什

---

① “看，伟大的太阳神拉变老了：他的骨头变成了银色，四肢变成了金色，头发变成了青金石色。”参见《古代埃及的宗教》（A. Wiedemann, p. 58）。拉完成作为人间帝王的统治后，就变成了毁灭者。

② 白道：天文学术语，指月球的运行轨道。——译注

山脉（Hindu Kush）到布列塔尼（Brittany）的地带都有迹可循。高卢文化和印度文化在某些方面相似。比如，高卢人和后吠陀—雅利安人都相信灵魂转世轮回的说法，都有“（寡妇）殉夫”的习俗。在罗马人占领高卢（Gaul）之后，爱尔兰仿佛成了高卢学者的避难所，他们带来自己的信仰与传统，为璀璨文明的发展奠定了基础。该文明在异教徒时代晚期和基督教时代早期使这座绿岛熠熠生辉。

亚洲文化在欧洲大陆传播的过程中，雅利安语系的米坦尼人或许发挥了十分重要的作用，不过我们对其传播活动和影响力知之甚少，甚至一无所知，也没有足够的证据证明米坦尼人与青铜时代施行火葬的侵略者有关。这些侵略者的侵略范围远到苏格兰北部和斯堪的纳维亚。但可以确定的是，赫梯人采用了巴比伦的行星系统并将其传播到包括希腊在内的欧洲国家。什希腊人根据其神祇的名字，将巴比伦五大行星尼尼普、米罗达、尼格尔、伊什塔尔和那布依次称作克罗诺斯、宙斯、阿瑞斯、阿佛洛狄忒和赫尔墨斯，而古罗马人则称之为萨图尔努斯（Saturnus）、朱庇特、玛尔斯（Mars）、维纳斯（Venus）和墨丘利（Mercurius）。但必须认识到，这种对应在某种程度上有些随性。虽然尼尼普像克罗诺斯、萨图尔努斯一样是位父亲，但同时他还兼具儿子的身份；他是古埃及的老年何露斯，也是青年何露斯。米罗达的身份同样也很复杂——他是埃阿、安努、恩利尔和塔穆兹的结合体。当米罗达在巴比伦的亚摩利王朝受到尊崇时，他又具有了以“群山之主”阿穆路形态存在的雷神阿达德-拉曼（Adad-Ramman）的特征。在汉谟拉比时代，人们很喜欢以阿穆路来取名。正是因为阿穆路-拉曼，米罗达才能与宙斯相提并论。米罗达还与赫拉克勒斯有关。因此，没有必要就古希腊与古罗马神祇跟外国神祇之间的对应大做文章。穆拉（Mulla），高卢的骡神，在某种程度上类似于玛尔斯，但玛尔斯-穆拉与玛尔斯-尼格尔却大不相同。高卢的莫库斯（Moccus）是一头野猪，叫作“墨丘利”，与底格里斯-幼发拉底河谷的“墨丘利”——文化之神尼波同样相去甚远。埃及的“朱庇特-阿蒙”和巴比伦的“朱庇特-米罗达”也是相异大于相同。

巴比伦占星术的基本思想是将天体看作影响众神、世界和人类的灵魂或者命运。行星在还未被命名时就成群地受到崇拜。一个星群被称为“啊！无比强大的七重体，你们是一体”，也许是因为它是由七颗星组成的。[①] 赛斯教授说：

---

① 与宁恩-吉尔苏一样，塔穆兹也同“七重体”猎户座有关。

“对发现并命名的恒星和行星的崇拜似乎从未传播到有学识的阶层之外，而且始终都是一套人造的体系。广大民众将群星看作一个整体来崇拜，且仅作为整体，而非个体。”① 民众延续了古老的万物有灵论的思想，就像前希腊时期的希腊人民一样。希罗多德写道：“我在多多纳（Dodona）的时候得知，皮拉斯基人（the Pelasgians）之前将所有的东西都不加区分，一股脑儿地献祭给众神。他们没有根据名字或姓氏来区分神祇，因为他们对二者都不熟悉。但是通过观察宇宙各个部分有序的安排与分布，他们将其统称为神，词源学上意为‘安排者’。”② 最古老的神都没有名字。他们只是简单地被看作“命运”或是统称为“七重体”。苏格兰野蛮而巨大的神被统称为“弗魔里人”（Fomorians），像在爱尔兰一样没有自己的名字。家族和部落皆由命运三女神或无名之神掌管，这些无名神祇会变成野兽或鸟类，发出敲击声或尖叫声。

在巴比伦有关星宿的赞美诗中，星灵与神祇相关，而且被看作命运的启示者。“最灿烂的星星……最闪亮的星星……是安努创造了你，为了摧毁邪恶……依你之令，人类得以命名（被创造）！给予你真言，让伟大的神祇与你同在！给予你判断力，替我做出决定！”③

有证据表明，印度人对星座，特别是明亮的星星的识别早于行星。的确，在吠陀文学中，虽然星座已被命名，但并未明确提及某颗行星。巴比伦神祇与星宿联系起来之前，人们普遍相信星宿影响人类的生命。比如，印度的一本《森林书》④ 中提到“出生在纳沙特拉（Nakshatra）的罗希尼（Rohini）”下的人。⑤ “纳沙特拉”是《梨俱吠陀》中及之后提到的星宿，是婆罗门著作中的“月宫”。⑥ “罗希尼，‘红宝石’，是一颗耀眼的红色星星，即（希腊主星）金牛星或者金牛座，是毕宿星团的名称。”⑦ 该参考资料可追溯至公元前 600 年，或公元前 800 年。

普鲁塔克关于巴比伦占星术原理的证据来自希腊。他写道：“迦勒底人尊重行星——他们称其为掌控生命诞生的神，因此将其中两颗星（金星和木星）确定为吉兆之星，两颗星（火星和土星）视为凶兆之星，三颗星（太阳、月亮和

---

① *Babylonian and Assyrian Life*, pp.61, 62.

② Herodotus (ii, 52) as quoted in *Egypt and Scythia* (London, 1886), p.49.

③ *Babylonian Magic and Sorcery*, L.W.King (London, 1896), pp.43, 115.

④《森林书》：古印度的一种宗教文献。婆罗门教吠陀类文献之一。——译注

⑤ *Vedic Index*, Macdonell & Keith, vol.ii, p.229.

⑥ *Vedic Index*, Macdonell & Keith, vol.i, pp.409, 410.

⑦ *Vedic Index*, Macdonell & Keith, vol.i, p.415.

水星）视为中性之星，还有一颗普通的星星。”布朗先生评论道：“也就是说，占星师认为那三颗中性行星对好人来说就是吉兆，对坏人来说可能就是凶兆。”①

在这一点上，贾斯特罗的观点颇具争议。他认为巴比伦的占星术仅研究国家事务，不关心“个人出生时的情况”，并不预测“个人未来的命运”。他认为希腊人对巴比伦占星术进行了改造，加入了具有其宗教特点的个人主义精神。他们最先为占星术赋予了个人意义。

贾斯特罗还坚持认为天文学起源于希腊。他说：“在亚历山大大帝统治前的几个世纪里，希腊人就已经开始研究天空，其目的不是为了占卜预言，而是秉持着科学精神将其视为一门可帮助求解宇宙奥秘的学科知识。”然而，这也有可能高估了希腊人的“科学精神”。因为他们也许只是一个手段高超的文明窃取者。早期的天文学在希腊很可能不受重视，就像在其他地方一样。就这一点，晚年的安德鲁·朗格先生写道：“关于星星是人类变成的这一流传下来的观念，最罕见的例子可在阿里斯托芬②（Aristophanes）的作品《和平》中找到。这部喜剧里的特里伽俄斯（Trygaeus）去天国探险，遇到一个奴隶，奴隶问他：‘传说我们死后会变成星星，这是真的吗?’特里伽俄斯回答‘当然’，并用手指向希俄斯（Chios）的伊翁③（Ion）刚变成的那颗星星。”朗格先生补充道：“阿里斯托芬是在取笑希腊广为流传的迷信说法。”爱斯基摩人、波斯人、雅利安-印度人、德国人、新西兰人等都有类似的迷信说法。④

贾斯特罗接着说道，希腊人“将他们科学的宇宙观传入东方。他们成为东方人在天文学领域的老师，就像在医药学和其他学科领域一样。发现分点岁差⑤原理的荣誉也要归功于希腊天文学家希帕克（Hipparchus），他于公元前约130年公布了这一重要理论”。⑥ 毋庸置疑，希腊人促进了天文学的进步。正如其他权威人士所认为的那样，在亚述人和巴比伦人将这门科学长足发展了之后，希腊人更加向前推进了一步。

---

① *Primitive Constellations*, vol. i, p.343.

② 阿里斯托芬：古希腊喜剧作家，有“喜剧之父”之称。现存代表作有《骑士》《和平》《鸟》等。——译注

③ 希俄斯的伊翁：古希腊诗人，以撰写悲剧闻名。——译注

④ *Custom and Myth*, pp.133 et seq.

⑤ 分点岁差：在天文学中是指以春分点（或秋分点）为参考系观测到的回归年与恒星年的时间差。——译注

⑥ 阿尔佛雷德·耶利米亚教授给出了充分的理由，认为古巴比伦人十分熟悉分点岁差。（*Das Alter der Babylonischen Astronomie*, Hinrichs, Leipzig, 1908, pp. 47 et seq）

贾斯特罗还说："*我们可以假设*（斜体代表我们的观点），与希腊科学的接触使巴比伦的天文学家改进了他们的天文学计算方法，作为回报，希腊接受了巴比伦对黄道星座的命名。"[①] 这种承认有些勉强，因为他们接受的显然不仅仅是名字。

贾斯特罗的假说当然很有趣，尤其他还是一位享有很高声誉的东方语言学家。但他的观点并未得到广泛认可。在亚述处于鼎盛时期时，底格里斯－幼发拉底河流域的天文学家取得了突飞猛进的发展，这些进展当归功于当地伟大的科学家，即古时的牛顿[②]（Newton）们和赫歇尔[③]（Herschel）们的一些重要发现。这些当地的科学家们致力于研究最早的天体运动记录者即占星术士们一代代积累下来的数据。很难相信希腊人在鉴别行星，并通过赫梯人和腓尼基人了解巴比伦的星座学说之前，科学家已经取得很大的成就。可以确定的是，在希腊科学为人知晓前漫长的数个世纪里，巴比伦就已经出现了科学家。顾斯比教授说，苏美尔时期"几何形状及其关系就已经用于占卜术。人们绘制出诸天，追溯天体运行的轨迹，以推定天体运动对人类命运的影响"。[④]

在古希腊天文学家希帕克出生前的几个世纪里，亚述王的宫殿里就有官方的天文学家，他们能够预言日月食发生的时间，虽然准确度时有变化。他们会以国王的名义下令各个天文台递交对即将到来的月食做出的观测汇报。哈勃（Harper）教授出版了巴比伦天文台送到尼尼微的其中一份官方文件的译本。以下是其中一段节选："关于国王陛下信中提到的月食现象，我们在阿卡德、波尔西帕还有尼普尔都设立了观测点，我们亲自在阿卡德观测……鉴于国王陛下也命令我观测日食现象，我观察了天上的情况，现将我的所见汇报给陛下。天上出现的是月食……覆盖了整个叙利亚，月影投射到亚摩利人和赫梯人的土地上，还有部分投射到迦勒底人的土地上。"赛斯教授评论道："从这封信我们可以了解到，在巴比伦北部至少有三个天文台：一个在西巴拉（Sippara）附近的阿卡德城；一个在尼普尔，即如今的尼费尔（Niffer）；还有一个在波尔西帕，巴比伦的不远处。因为波尔西帕有一所大学，所以三个天文台中的一个建在那里不足为奇。"[⑤]

---

① *Aspects of Religious Belief and Practice in Babylonia and Assyria*, pp.207 et seq.

② 牛顿：著名英格兰物理学家、天文学家。——译注

③ 赫歇尔：英国天文学家，恒星天文学的创始人。——译注

④ *A History of the Babylonians and Assyrians*, p.93.

⑤ *Babylonians and Assyrians*: *Life and Customs*, pp.219, 220.

显然，尼尼微的天文学家在能够预言日月食之前，就已经在科学方面取得了不小的成就。他们掌握了近两千年的数据。小布朗先生计算出黄道十二宫在公元前 2084 年就已确定。① 这些星群现在的位置与早期天文学家们观测到的位置不同。因为转动的地球就像是一个旋转的陀螺，它的极点并非一直指向天空中的同一个位置。每年，虚拟的黄道线和赤道线的交汇处都以约五十角秒的角度向西偏移。最后，随着时间的推移，当巴比伦人命名星座的时候，这个极点又转回旋转时的起点。通过计算这条地球旋转曲线的时长，得出时间是公元前 2084 年。

由于地球转动，今天的黄道十二宫与星座不再一一对应。比如，在 3 月，太阳穿过赤道时，就进入了白羊宫，但直到 20 日才会进入白羊座，如前文中的对照表所示。

顾斯比教授说“当黄道被划分为十二个区域”，以及黄道十二宫被确定了之后，“人们才开始知道一年有三百六十五又四分之一天，虽然普遍认为每年有十二个月，每个月有三十天②，在合适的时候插入一个闰月就等于一个太阳年……一个月分为几周，一周有七天……漏壶和日晷是由巴比伦人发明的用于测量时间的工具”。③

亚哈斯的日晷很可能是巴比伦人设计的。当日影“往后退十度”（《列王记下》第 20 章，II），巴比伦就派使臣“查问国中所现的奇事”（《历代记下》第 32 章，31）。人们认为国王的病因与这起事件有关。根据天文计算，公元前 689 年 1 月 11 日，约上午 11：30，人们在耶路撒冷观测到日偏食现象。奇怪的是，当太阳的上半部分模糊不清时，日晷上的影子就受到影响。

在巴比伦的官方文件中，比起影响个人的预兆，天文学家更关心关于世界的预兆。他们不仅观察星星，还观察属于他们的行星之一的月亮，此外还记录云和风的变化。

正如诸天分属不同的国家，月亮也出于同样的目的，被分成了四个部分——上半部分属于北部的库提姆（Gutium），下半部属于南部的阿卡德或巴比伦，东部属于埃兰，而西部属于阿穆路。新月也采用同样的分割法。面向南边，占星术士将右边的角分配给西部，左边给东部。另外，某些日子和月份还与不

---

① *Primitive Constellations*, vol. ii, pp. 147 et seq.

② 雅利安 - 印第安人的太阴年有 360 天。（*Vedic Index*，ii，158）

③ *A History of the Babylonians and Assyrians*, p.94.

同的区域有关，因此月亮占星术极其复杂。当月亮在与阿穆路有关的相位时变得暗淡，人们认为这片地区的命运正在走向衰亡。如果它恰好在与巴比伦有关的相位时熠熠生辉，人们就会认为这是向西征战的吉兆。日月食很受重视，而且幸运的是，它们被记录了下来，所以古时的天文学家终于能够预测出日月食发生的时间。

四方之内不同国家的命运同样受到行星的影响。比如，当金星在安努的土地上熠熠升起时，就预示着埃兰的“繁荣昌盛”；如果其黯淡则预示着灾难。人们也非常重视行星吉凶之时星座所在的位置。没有一个国王会在“不祥之星主宰时”远征。

《圣经》中提到了著名的巴比伦的星座：

> 你能系住昴星的结吗？能解开参星的带吗？你能按时领出十二宫吗？你能引导北斗和随它的众星（“星”原文作“子”）吗？你知道天的定例吗？能使地归在天的权下吗？（《约伯记》第38章，31—33）他造北斗、参星、昴星，并南方的密宫。（《约伯记》第9章，9）要寻求那造昴星和参星，使死荫变为晨光，使白日变为黑夜，命海水来浇在地上的。（《阿摩司书》第5章，8）

所谓的占星学起源于古巴比伦，向东西方传播，至今尚未灭绝。我们国家现今还有其信徒，只是与莎士比亚①《第十二夜》中马伏里奥②（Malvolio）说：“照我的命运而论，我是在你之上，可是你不用惧怕富贵：有的人是生来的富贵，有的人是挣来的富贵，有的人是送上来的富贵。你的好运已经向你伸出手来……”，或者如拜伦写：“繁星啊，你们便是太空中的诗章！如果说我们从你们辉煌的篇幅里，推测人们和帝国的命运，那请原谅，我们总希望自身变得伟大无比，把自己的命运看得远超过七尺躯体，甚至拿命运来和你们相提并论……”的时代相比，数量大大减少了。

我们伟大的天文学家不再是占星术士，但他们仍然沿用巴比伦某些星座的名称。每当我们看手表的时候，就会想到古时的数学家们扳着手指计算十乘以六，发明了分和秒，将时间沉重的双脚乘以六，把日夜划分成十二个小时。过去依然活在现在。

---

① 莎士比亚：英国文学史上最杰出的戏剧家，代表作有《哈姆雷特》《奥赛罗》等。

② 马伏里奥：莎士比亚创作的喜剧《第十二夜》中的一位管家。

第十四章　阿淑尔——亚述的主神

阿淑尔的起源—阿淑尔即安沙尔和安努—天空之神的动物形态—安沙尔即天山上的星神—以赛亚的寓言故事—世界之神和世界之山的象征—星座的变化和萨堤尔的舞蹈—山羊神和公牛神—作为“最高统领”的神祇的象征物—带翼的圆盘—人形即太阳之魂—阿淑尔即赫拉克勒斯和吉尔伽美什—根据宗教崇拜区分神祇—丰饶之神即战神—阿淑尔之圣树与动物形态—阿淑尔即尼斯洛—圆盘上的闪电象征—以西结生命之轮的说法—印度车轮和铁饼—沙玛什和阿胡拉-玛兹达的圆环—赫梯人的带翼圆盘—太阳车轮造成的四季更替—使太阳神变强的篝火—神祇和国王的焚烧—苏格兰魔环和其他象征—阿淑尔的生命之轮和鹰翼—国王和阿淑尔—阿淑尔和月亮、火，以及星神的联系—奥西里斯的启示—赫梯人和波斯人的影响

亚述的崛起为其国家主神阿淑尔带来无上的荣誉与声望。他曾是古老的阿舒尔城的守护神。当你第一次看见他时，会发现他是一位复杂且神秘的神祇。因此，探究他的起源也变成一个异常困难的问题。语言学家对阿淑尔名字由来的看法没有受到大家的认可。像当初研究奥西里斯的名字一样，语言学家们提出了很多不同的观点。有些人认为阿淑尔这个名字具有地理意义，坚持认为其最初的书写形式为“Aushar”，是“水域”的意思；另外一些人则倾向于将其翻译为“神圣的”、“仁慈的”或“善良的”；还有相当一部分人认为阿淑尔只是“安沙尔”的一种方言形式。“安沙尔”在巴比伦创世神话的亚述版本或摹本里，主要是天界的“众神之主”，是安努、埃阿和恩利尔的父亲。

如果人们将阿淑尔视作一个抽象的太阳神，从一个地名发展而来，那么接下来他就会有一段历史，如同安努和埃阿一样，植根于自然论和泛灵论之中。我们不能假定阿淑尔具有的地域特点完全是当地思维模式影响的结果。毫无疑问，定居在阿舒尔的殖民者从其他一些文化地区引进了信仰。在他们开始在

“水域”排水和进行养殖工作，以及建造起可永久居住的房屋之前，肯定信奉了一个或一些神明，或者将树木、山川、河流、太阳、月亮、星星还有动物看作是宇宙“自我力量”的表现形式。比如，在尼尼微定居的人相信，他们受苏美尔尼娜城的守护神尼娜女神的庇护，因为这位女神在拉格什也受到崇拜，是伟大母神的一种形式。如此看来，在远古时代，神祇具有部落意义，而非地理意义。

如果人们接受阿淑尔就是安沙尔这一观点，那么就有理由相信他是从苏美尔引进的。根据《圣经》所言：

> 从那片土地（希纳尔）一路来到阿舒尔，建立了尼尼微。①

阿斯舒尔（Asshur）或阿淑尔（Ashur）——戴利奇（Delitzsch）和贾斯特罗（Jastrow）相信阿淑尔就是阿诗尔（Ashir）②，可能是一位同名的英雄——一位被神化的君王，就像埃塔纳和吉尔伽美什一样。人们视其为古代神祇的化身。因为安沙尔是安努在星界或早期的形态，那么原苏美尔城很有可能是埃雷克，那里也盛行对母亲女神的崇拜。

达马希乌斯③（Damascius）把安沙尔的名字译为阿索罗斯（Assoros），这一事实经常被引用来把阿淑尔与该神祇联系起来。这位作家称，巴比伦人忽视“创造天地的母神西格（Sige）”④，她创造出阿卜苏及其妻子塔特（Tiawath、Tiamat），他们的儿子是穆木。然后他们有了其他的后裔——拉赫穆和拉哈穆。接着又有了后裔基沙尔和安沙尔。“他们生了安努、恩利尔和埃阿。埃阿斯和达姆金娜生了造物神贝尔-米罗达（执行神祇法令的世界巨匠）。”⑤

拉赫穆和拉哈穆，像古埃及雌雄双神中的第二对神祇一样，可能象征黑暗的再生性和持续性。安沙尔显然代表夜空，而他的儿子安努则代表白天的天空。人们相信，安沙尔的灵魂在月亮里，即月神南纳，或者是在星星里，也可以说月亮和星星是他的化身，而安努的灵魂存在于太阳之中或苍穹之上，或者说太阳、苍

---

① *Genesis*, x, 11.

②“在卡帕多西亚发现了乌尔第二王朝时期的众多泥版，表明其与亚述关系密切。阿淑尔是亚述一位神的名字，在亚述早期的文字里出现，还有和亚述同样的名字，以及众多普通人的名字，都是如此特别，以致于我们不得不承认这各类人群之间的密切关系。然而，这些泥版是否能证明人们曾从亚述来到卡帕多西亚定居，或从卡帕多西亚来到亚述定居，并不明确。”参见《古代亚述》（C. H. W. Johns, Cambridge, 1912, pp. 12-13）。

③ 达马希乌斯：6世纪早期哲学家，是“最后一位新柏拉图主义者”。——译注

④ 苏美尔的Ziku，很明显来源于Zi，意为生命的精神本质，宇宙的“自我力量”。

⑤ *Peri Archon*, cxxv.

穹和风都是这种“自我力量”的表现形式。

如果阿淑尔结合了安沙尔和安努的特点，那么他早期的神秘性就说得通了。比如印度的梵天，他最高级形式可能是“自我力量”的人格化或象征物，或者是成熟的自然主义中的“世界之魂”——不仅集“创造者”“保护者”“破坏者”为一体，还是掌管水、陆、大气、天空的神祇，或是掌管日、月、星辰、火与闪电之神，也是森林之神。他作为森林之神时，置其精魄于无花果或冷杉果之内，如同动物置其精魄于体内一样。底比斯的埃及主神阿蒙与水、土地、空气、天空、太阳及月亮都息息相关，他形似公羊，是“隐藏者”，由八大古老神祇之一发展而来，在金字塔铭文中，他和他的伴侣是古老的雌雄双体神祇中的第四对。当阿蒙和太阳神拉（Ra）融合在一起时，他被置于九柱神之首，成为造物主。贾斯特罗说道：

在亚述的创世神话中，我们发现造物主把权利传承给了阿淑尔。①

早期的人们在设想神祇的创世之举之前，已经认识到物质的永恒性，这种永恒性深受“自我力量”的影响。古老的八位雌雄双体神只是这一“自我力量”的较为模糊的发展阶段。实际上，这些古老神祇的形象的确过于模糊，以至于很难进行个体崇拜。“自我力量”的形态可以是树木、河流、山川以及动物。正如上一章所指出的那样，部落往往会崇拜动物或自然物体。该动物可能是食物来源，也可能被供奉以保证食物供给。于是，他们将宇宙的“自我力量”等同于他们关心的某种动物。一个地方的人认为天空之神是公牛，另外一个地方的人则认为是公羊。印度的天神帝尤斯是一头公牛，而他的伴侣，地母波哩提毗（Prithivi）是一头奶牛。埃及的天空之神哈索尔是一头奶牛，其他女神则是河马、蛇、猫或者秃鹰。太阳神拉具有猫、驴、公牛、白羊和鳄鱼的形态，这是因为拉吸收了当地神祇的各种动物形态。巴比伦和印度的鹰，埃及的秃鹫、猎鹰还有充满神秘色彩的凤凰都与太阳、火、风和雷电有关。与阿淑尔神有关的动物形象是公牛、鹰和狮子。他要么吸收了其他神祇的特征，要么象征着“自我力量”，这种力量体现在动物身上。

创世神话早期发端于“夜晚是白天的父母，水是大地的父母”这一观念。光明与生命来自黑暗与死亡。生命也是一种运动。当原始水域开始变得混沌时，生命就开始了。秩序与组织源于混沌。这个过程体现了一种思维，即宇宙间有一个稳定且具控制性的力量，并且一群神祇——被动神祇和主动神祇——相继

① *Religion of Babylonia and Assyria*, pp.197 et seq.

出现。当巴比伦的占星术士协助发展创世神话时，他们将宇宙间稳定且具控制性的力量看作是夜空中稳若磐石的北极星。安沙尔，就像莎士比亚笔下的恺撒一样，仿佛说道：

我如北方之星一般永恒，他的真实性与稳定性，还有稳若磐石的品质，在这苍穹之上无可比拟。天空中点缀着无数的星光，他们都在熊熊燃烧，每个都是如此的闪亮。但是没有一个能如他一样坚定的驻守在自己的领土之上。①

与北极星有关的是小熊星座（Ursa Minor），巴比伦占星术士称“小熊”为“来塞战车”（the Lesser Chariot）。战车先于战马被引进巴比伦。拉格什的大祭司（Patesi②）就有一辆驴拉的战车。

人们将这颗看上去稳若磐石的北极星叫作“莎尔天神”，或“高处的星”安沙尔，或“最高处的莎尔”。它似乎位于苍穹的顶点，因此天神莎尔被描述为站在巴比伦奥林匹斯的天山（the celestial mountain）顶上。他是古老的父辈神祇的鬼魂。这些父辈神祇在巴比伦被代表水星、晨星，或太阳、白昼行星的年轻神祇米罗达取代；在亚述被象征太阳、狮子座、大角星或猎户座的阿淑尔取代。但无论是父辈神祇，还是年轻神祇，都代表“自我力量”的不同阶段。

神化的君主往往是神祇的化身。他死后便与神祇结合，像埃及的乌纳斯③一样。同名英雄阿淑尔也与万能的阿淑尔神合二为一。同奥西里斯的化身何露斯一样，万能的阿淑尔神也有许多不同的形态。

以赛亚似乎很熟悉底格里斯河和幼发拉底河神话中关于国王的神性，以及年轻神祇替代年老神祇的故事。这些故事中的君主一般都是神祇的化身。以赛亚似乎也很熟悉“北方之星”——安沙尔的象征——坐落于天山顶上的说法。以赛亚用巴比伦的象征主义手法大声说道：“你必题这诗歌论巴比伦王说，欺压人的何竟熄灭，强暴的何竟止息！……明亮之星，早晨之子阿，你何竟从天坠落。你这攻败列国的，何竟被砍倒在地上。你心里曾说，我要升到天上。我要高举我的宝座在神众星以上。我要坐在聚会的山上，在北方的极处，我要升到

---

① *Julius Caesar*, act iii, scene I.

② Patesi：文中指大祭司。此外，还可译作“帕特西”，指古巴比伦的最高统治者——最高祭司，他作为神明在人间的布道者与代表，负责将神明的旨意传达给凡人。——译注

③ 乌纳斯：古埃及第五王朝的最后一位法老，在位期间曾发生一场战争和大饥荒。饥荒过后，古王国时期结束了黄金时代，走向衰落。——译注

高云之上。我要与至上者同等。”[1] 这里提到的王就是火神与早晨之星路西法[2]（Lucife）。路西法是一位年轻的神祇，渴望占有其父亲莎尔天神——北极星或北方之星——在山巅的王座。

巴比伦关于天山的说法衍生出这样的信仰，即埃塔纳驾着鹰飞向天界时看到地球是一座四面环海的山峰。在印度，这座山被称作须弥山（Mount Meru），即“世界屋脊”，“支撑着整个地球”；它被因陀罗的瓦尔哈拉殿堂或者说“梵天的伟大城市”（the great city of Brahma）超越。在条顿人的神话中，天界围绕北极星转动，北极星为“维拉达尔·纳格利”[3]（Veraldar nagli），即“世界之钉”；而地球则由“世界之树”支撑。埃及的护身符“ded”象征着世界之神奥西里斯的脊柱：“ded”的意思是“坚固”“确定的”[4]；在葬礼仪式上，棺材在坟墓中被竖着放置“在一个小沙丘上，这个小沙丘代表西方之山，即逝者的领地”。[5] 巴比伦塔庙显然是“世界之山”的象征。在巴比伦，Du-azaga 意为“圣山”，是米罗达的神庙埃-萨吉拉，即“高头神庙”。埃-库尔（E-kur）译为“大山之屋或寺庙”，是尼普尔的贝尔·恩利尔神庙。在埃雷克，伊什塔尔女神的神庙是伊-安纳（E-anna）。这个神庙将她［作为尼娜（Nina）或妮妮（Ninni）］与安努联系起来。安努源自“阿纳”（ana），意为“天界”。伊什塔尔是“天界女王”。

现在位于天山山顶的北极星，被等同于神圣的山羊，即“夜间璀璨群星里最高的一颗”。[6] 赛斯教授说，小熊星座可能是一只“六头山羊”。[7] 六头星羊或山羊人围绕着主要的山羊人或萨堤尔[8]（Satyr，即安沙尔）舞动。甚至在柏拉图的对话录中，星座如“舞蹈般移动”这种古老的信仰依然存在。舞蹈在最初被当作一种魔法或宗教活动。在早期的占星术士看来，星座在天空中有节奏的运动反映了他们的舞蹈习俗。无疑，当以赛亚预言“他们的房子充满了阴郁的生物，猫头鹰（鬼魂）会在那里居住，萨堤尔会在那里跳舞”的时候，他已经接

---

① *Isaiah*, xiv, 4-14.

② 路西法：即金星，“明亮之星”，用来影射古巴比伦的君王尼布甲尼撒。——译注

③ *Eddubrott*, ii.

④ *Religion of the Ancient Egyptians*, A.Wiedemann, pp.289-290.

⑤ 阿特拉斯也被认为是在西方。（*Religion of the Ancient Egyptians*, A.Wiedemann, p.236）

⑥ *Primitive Constellations*, vol. ii, p.184.

⑦ *Cuneiform Inscriptions of Western Asia*, xxx, ii.

⑧ 萨堤尔：古希腊神话中半人半羊的森林之神。——译注

受巴比伦人有关山羊神跳舞这一信仰。[①]换句话说，没有人会在“废弃的房子”旁边表演宗教舞蹈，星星只会绕着北极星转动。

与安沙尔一样，塔穆兹作为夜空的守卫者，是一只山羊，拉格什的宁-吉尔苏也是一只山羊。苏美尔人提到的“恩-美尔西（En Mersi，宁-吉尔苏）的白人孩子”译为闪米特语是“塔穆兹的白人孩子”。山羊还与米罗达有关。巴比伦人祈祷神祇带走疾病和罪孽时，会放生一只山羊，将其驱赶至荒漠里。现在的北极星（当然不是早期占星术士提到的北极星，因为整个世界已经向西移动了）在阿拉伯语中叫作“AI-Jedy”，意为“孩子”。在印度，山羊与阿格尼和伐楼拿有关。人们在葬礼上宰杀山羊以告知神祇有一个灵魂即将去往天堂。埃阿，苏美尔人的水神、土地神和天神，他的象征物是一只“半羊半鱼”的生物。托尔，条顿人的丰饶之神和雷神，有一辆山羊拉的战车。有趣的是，人们发现神圣的苏美尔山羊的额头处有一个与埃及阿庇斯公牛一模一样的三角标志。

阿淑尔不是一只“天上的山羊”，而是一只“天上的公牛”，就像苏美尔的南纳（西恩），乌尔的月神，萨图恩的尼尼普，以及贝尔-恩利尔一样。他和安沙尔一样，作为天上的公牛，是统治天界的动物。

在不同中心、不同时期同样被奉为“首要”神祇的，还包括安努、贝尔-恩利尔、埃阿、米罗达、尼格尔和沙玛什。前三位的标志是其宝座或祭坛上有一块头巾，这或许象征着“世界之山”。“世界脊柱”——埃阿的象征是一个带有白羊头的圆柱，它立在王座之上，旁边蜷伏着一只“半羊半鱼”的生物。米罗达的石柱顶端是一个矛头，尼格尔的石柱顶上则是一个狮头。这些圆柱可能与柱石崇拜有关。由于对树木的崇拜，柱石便成了“世界之树”的树干。太阳神沙玛什的标志是一个圆盘，圆盘中有水流出。显然，他散发的光芒同埃及太阳神拉的光芒一样，是“丰饶的泪水”。埃及鹰神何露斯的标志是带翼的太阳圆盘。

研究阿淑尔之前，有必要先理清其他神祇及其标志的一些详情。研究阿淑尔的标志很有必要，因为它们是我们了解神的起源和特征的知识来源。这些标志包括：①带翼有角的圆盘，周围的四个圆环围绕中间的一个圆环旋转，圆盘的两边垂下波浪形的光线；②一个圆环或者一个轮子吊在两翼上，环绕着一个拉弓射箭的战士；③同样的圆环，不同的是战士左手拿弓，右手高高举起，似

---

① 参见《以赛亚书》，xiii，21。对于“萨堤尔”，修订本给出了另外一种翻译，即“雄性山羊”。

乎在向他的信徒们赐福。这些标志都在密封的圆柱上被发现。

亚述标准的标志是将一个圆盘放在长角的公牛头顶。圆盘的上半部分是一个战士，战士的头、弓箭的一部分以及箭头从圆环中伸出。泛着涟漪的水纹呈“V”字形，两头公牛踏着河流般的射线，占据着由此而形成的分区。上面还有张着大嘴的狮头和人头，可能象征着暴风雨、太阳的毁灭性力量或是底格里斯河和幼发拉底河的源头。

贾斯特罗将带翼的圆盘视作“太阳神阿淑尔更为纯洁和更为真实的象征”。他称其为“发光的太阳圆盘”，并且说道：“拉弓射箭的战士是加上去的，他是亚述帝国尚武精神的世俗化象征。”①

拉的太阳船上的太阳标志同样包围着一个人像，人们认为它就是太阳的灵魂：神祇的生命是太阳孕育的。印度的一篇散文里这样写道：“远处天体（太阳）里的人和右眼看到的人是死神（灵魂）。他的行动由心控制，当他迈出双脚时，便会有人死去。当他们谈及逝去的人时，会说‘他被斩断了（他的生命或生命线被切断了）’。”② 不管是在埃及还是印度，人像并不是在暗示一种“世俗化”的过程。何露斯的“带翼的圆盘”不仅是光明与丰饶的象征，还是毁灭与战争的象征。在一则神话传说中，何露斯以“带翼圆盘”的形象毁灭了塞特及其追随者们。③ 但是，对同样的标志，不同的民族有不同的理解。正如布雷克（Blake）所说：

> 一件事对于别人来说微不足道，于我却是充满了笑与泪。我内心的双眼看到的是一个白发苍苍的老人，而我外在的双眼看到的是一个挡路的西斯尔④（Thistle）。

事实上，“带翼的圆盘”很有可能对于亚述的祭司来说是一种意思，而对于不理解布雷克所谓的“双重视角”的人来说又是另一种意思。

但肯定的是，“射手”与“翅膀”“光芒”一样，与太阳有关。在巴比伦和亚述，太阳最初是个破坏者。因此我们不难发现，阿淑尔和米罗达一样，在某一方面与赫拉克勒斯或者他的原型吉尔伽美什有着相同的特性。传说中吉尔伽美什的功绩之一便是斩杀了三只恶魔鸟。这三只恶魔鸟类似于赫拉克勒斯在执

---

① *Aspects of Religious Belief and Practice in Babylonia and Assyria*, p.120, plate 18 and note.

② *Satapatha Brahmana*, translated by Professor Eggeling, part iv, 1897, p.371. (*Sacred Books of the East.*)

③ *Egyptian Myth and Legend*, pp.165 et seq.

④ 西斯尔：指困难的事。——译注

行第六项任务[①]时在斯廷法罗斯湖[②]（Stymphalus）射杀的猛禽。在希腊的希帕乔苏斯-托勒密星表（Hipparcho-Ptolemy star list）中，赫拉克勒斯是一个跪着的人像星座。在巴比伦-亚述天文学中，他（如同吉尔伽美什和米罗达一样）是“萨鲁”“国王”。星箭（射手座）的箭头直指天鹰座、秃鹫座和天鹅座。在腓尼基天文学中，秃鹫座是“竖琴”（天琴座），是赫拉克勒斯用来杀死音乐家里诺斯（Linos）的武器。赫拉克勒斯用的太阳箭来自阿波罗[③]（Apollo）。在各种神话故事里，箭都与太阳神、月神和大气之神相关，它不仅是饥饿、疾病、战争和死亡的象征，还是雷电、暴雨和丰收的象征。希腊人将利比亚的绿脸女神尼斯与密涅瓦（Minerva）相比较，她手持一张弓和两支箭。[④] 如果我们对雅典娜（密涅瓦）的形象和阿淑尔一样有所了解的话，就会知道她是一位身披羊皮胸甲，头顶金盔，手持利刃与盾牌的女战神。亚述太阳圆盘中的弓箭手可能代表着阿淑尔神——一个类似于米罗达的神祇，明显具有塔穆兹的特性，因此与其他地方诸神如尼尼普、尼格尔和沙玛什有关联，并且还具有那些古老的神祇如安努、贝尔-恩利尔和埃阿的特征。

亚述人供奉的其他神祇都源于巴比伦。阿淑尔与其他神祇的区别就如同巴比伦神祇之间的区别。他反映了亚述人的生活经验和愿望，但难以确定的是，他性格中庄重严肃的一面是因为早期对亚述人产生深刻影响的外来民族的信仰，还是因为先进的巴比伦思想家的教导——他们的教义在“新国度”比在墨守成规的古苏美尔和阿卡德城邦更具传播力。在巴比伦，不时地会产生新的宗教崇拜。当新的崇拜取得政治优势时，就会赋予所在城邦的宗教以显著的特征。而其他没有获得政治支持且毫无名气的宗教崇拜则只能在远处扩大其影响。比如，佛教起源于印度，经由传教士在其他国家盛行，但在本土，却因为婆罗门教的透兴而没落。佛教源于婆罗门教，并且意图永久取代它。例如，发展较为成熟的宗教信仰在政治因素的影响下会取得令人瞩目的地位，例如在埃及，所谓的“梦想王”阿肯那顿就将发展成熟的阿托恩[⑤]宗教（Aton religion）立为国教。狂热的信徒们寻找推行宗教自由、宣传宗教信仰的新地方，所以有时的确促进了

---

① 第六项任务：欧律斯透斯召赫拉克勒斯服役。他去求神示，神示证实他应为欧律斯透斯完成十二项任务。——译注

② 参见《古典神话与传说》，第 105 页。这些鸟被称作“斯廷法罗斯怪鸟”。

③ 阿波罗：奥林匹斯十二主神之一，是主神宙斯与暗夜女神勒托所生之子，阿尔忒弥斯的孪生哥哥，主管光明、医药和青春。——译注

④ 尼斯所谓的“梭”或许是雷电。苏格兰古时的雷神是位女神，弓和箭暗示这是一位闪电女神。

⑤ 阿托恩：古埃及人信奉的太阳神。——译注

人类迁徙。奠定了婆罗门教基础的“后来者”在吠陀时代末期入侵印度的事实就说明了这一点。他们在“中心地”，即“梵书和后来的吠陀经本集出现之地”扎根。从这里走出的传教士确立了印度其他地方的婆罗门教派。①

因此，阿淑尔崇拜或许在发展过程中深受来自巴比伦的先进的宗教思想家的教义的影响。波斯密特拉教②也是来自巴比伦的传教士们努力的结果。如前所述，密特拉是巴比伦太阳神的诸多名字之一，也是丰饶之神。但阿淑尔却不仅仅是一个战神和太阳神，他一定深受农民、工匠和商人的崇拜，被视为丰饶、文化、商贸与法律之神。身为国家主神，他的影响力也不仅限于知识阶层和统治阶层。尼普尔的贝尔-恩利尔是“世界之神”和战神，但也是当地的谷物之神。

阿淑尔反映了亚述的伟大，以及这伟大的起源和发展，他是以农业为基础的文明的产物。这一文明随着亚述自然资源的发展而萌芽，一位希伯来先知对此有深刻的认识，他说：“瞧！亚述王是黎巴嫩枝繁叶茂的香柏树……众水使它生长。深水使它长大。所栽之地有江河围流，汊出的水道延到田野诸树。所以它高大超过田野诸树。发旺的时候，枝子繁多，因得大水之力枝条长长。空中的飞鸟都在枝子上搭窝。田野的走兽都在枝杆下生子。所有大国的人民都在它荫下居住。树大条长，成为荣美，因为根在众水之旁。神园中的香柏树不能遮蔽它。松树不及它的枝子。枫树不及它的枝条。神园中的树都没有它荣美。”③

古都阿舒尔以商人而闻名，《圣经》将其描述为与推罗通商的众多城市之一：“这些商人将美好的货物包在绣花蓝色包袱内，又有华丽的衣服装在香柏木的箱子里，用绳捆着与你交易。”④

军事大国亚述之名威力十足。以赛亚对希西家王（King Hezekiah）说：“瞧！你总听说亚述诸王向列国所行的，乃是尽行灭绝。”⑤ 以赛亚在预言以色列的遭遇时惊呼道：“啊！亚述是我怒气的棍，手中拿我恼恨的杖。我要打发他攻击亵渎的国民，吩咐他攻击我所恼怒的百姓，抢财为掳物，夺货为掠物，将他

---

① *Vedic Index*, Macdonell & Keith, vol. ii, pp.125-126, vol. i, pp. 168-169.

② 密特拉教：盛行于公元前1世纪到公元5世纪，它主要是崇拜密特拉神，是史前文明社会雅利安人曾信拜的神。自公元前1世纪起在罗马帝国传播，此教只接受男性入教，所以在罗马士兵内十分流行。——译注

③ *Ezekiel*, xxii, 3-8.

④ *Ezekiel*, xxvii, 23, 24.

⑤ *Isaiah*, xxxvii, 11.

们践踏，像街上的泥土一样。”[①]

我们期望了解反映在亚述文明三个阶段中的阿淑尔。如果我们首先将他视为丰饶之神，那么他的其他属性就会包含在内了。丰饶之神亦是谷物之神和水神。河流本身是“造物者”（p. 29），因此阿淑尔与“多水之地”紧密相连，这里有运河，以及“河流遍布满是植被的土地”，太阳的光盘上洒下涟漪般的、成串的水珠，那也是丰饶之神的泪水。如果将他视为谷物之神，那么他亦是战神。塔穆兹的首要任务是杀死冬天和风暴恶魔，正如印度的因陀罗首先要对付干旱恶魔，斯堪的纳维亚的托尔首先要灭绝冰霜巨人一样。谷物之神需以人类为祭品，因此人们对外族发动战争以寻求牺牲品。由于阿淑尔与他的子民签下契约，他也因此成为商业之神。他给人民带来食物，人民也用贡品供奉他。

以西结将亚述比作枝繁叶茂的大树，毫无疑问是参考了神话故事。希伯来先知总是利用人们的各种独具特色的信仰作为他们的诗的意象。如前文所述，以赛亚提到的巴比伦的猫头鹰、萨梯[②]（satyrs）和龙都来自巴比伦神话。因此，以西结在诗中将亚述比作比杉树或栗树还要大的香柏树，称鸟儿在枝头筑巢，野兽在枝条下生子，树的茂盛是由于“所栽之地有江河围流”。由此可得出结论：阿淑尔的象征所反映的亚述宗教包括对树木、鸟儿、野兽和水的崇拜。亚述之树的象征——或许就是其宗教中的“世界之树”——就是“我怒气的棍，……我恼恨的杖”，也就是说，阿淑尔的另一象征是战旗。塔穆兹和奥西里斯都既是谷物之神，又是树神。

既然阿淑尔是一位复杂的神祇，若试图解读他的象征，就必须参考古代城邦废墟中出土的亚述神话遗迹，否则只会一无所获。这些遗迹要么反映阿淑尔的特征，要么反映他发展演变的过程。

正如莱亚德多年前指出的那样，亚述人有一棵被世俗化了的圣树。圣树是“形象典雅，枝节从卷曲的树干中生发，盘根错节向上伸展，枝头绽放鲜艳的花朵。因为上文所描述的形象之一[③]，它显然是神圣的象征。我意识到这圣树，或生命之树，曾受到远古时期的东方人的广泛崇拜，并且一直被保存在波斯人的

---

① *Isaiah*, x, 5, 6.

② 萨梯：即萨堤尔，在希腊神话里是一位森林之神，他半人半羊，长着山羊耳朵，拖着山羊尾巴，头发散乱，鼻子扁平而上翘。——译注

③ 带翼人形，一手挎篮，另一手持冷杉果。

宗教体系中，直至波斯帝国覆灭……树上的花儿有七片花瓣”。①

这棵树看起来像根柱子，三对顶端有环形标志的公牛角从中穿过，这些环形标志有可能是星星。最高的一对公牛角之间是一个较大的环，但只能看到部分，似乎是新月形。这棵具有“七重”设计的圣树可能象征“七位合一”的神祇。这显然是被称作“棍”或“杖”的亚述圣树。

这棵树庇护哪四种神秘的动物呢？莱亚德发现：“墙壁上经常雕刻有四种生物，即人类、狮子、公牛和鹰。”②

在苏美尔，神祇被赋予人形，但在此之前，象征月神南纳（西恩）、尼尼普（萨图恩，古老的太阳神）和恩利尔的是公牛，而尼格尔作为部落的太阳神，是一头狮子。鹰代表着象征风暴和太阳相位，同时也是丰饶之神的祖鸟。在拉格什的银质花瓶上，狮子和鹰组合在一起形成一种狮头鹰身的动物，它是宁-吉尔苏（塔穆兹）的一种形象，并与野山羊、牡鹿、狮子和公牛有关联。在一个献给宁-吉尔苏的权杖上，画着一头狮子杀死了一头公牛，就像民间传说中的祖鸟杀死了蟒蛇一样，据某一学派的观点，这暗示着图腾神祇间的战争。而据另一学派的观点，它代表着太阳与乌云之间的争斗。无论如何解释，可以确定的是，这种冲突与献祭以获取食物供给的想法有关。

在亚述，各种原始神祇都是合并的产物，例如带翼公牛、人头带翼公牛（国王的头）、人头带翼狮子、带翼的人、狮头人身，长着鹰腿和鹰爪的神祇，以及鹰首人身带翼神祇。鹰首人身带翼神祇戴有羽毛头饰，身着长袍羽衣，一手挎金属篮，篮中是两名向圣树祭拜的带翼人，另一手持冷杉果。③

莱亚德表示鹰首人身的神就是尼斯洛（Nisroch），“在所有闪族语中，Nisr 意为鹰”。④《圣经》中对该神祇这样写道：“亚述王西拿基立在尼斯洛的神庙中向他的神祈祷。”⑤ 平奇斯教授确定尼斯洛就是阿淑尔，但是他认为“尼”（ni）与“阿淑尔”（Ashur、Ashuraku 或 Ashurachu）连在一起，就像“尼”与“马洛德”（Marad，米罗达）连在一起读作尼-姆鲁德（Ni-Marad），也就是“宁录”⑥（Nimrod）。外邦神祇的名字也因此变得“无法识别，甚至有点荒谬……但虔诚

① Layard's *Nineveh*（1856），p.44.

② Layard's *Nineveh*（1856），p.309.

③ 这冷杉果是献给阿提斯和密特拉的。它同阿淑尔的关系说明，伟大的亚述女神类似于掌管谷物、树木和丰收的神祇。

④ *Nineveh*，p.47.

⑤ *Isaiah*，xxxvii，37-38.

⑥ 宁录：《创世记》中英勇的猎人。——译注

和正统的信徒可念出神的名字，不用担心将其亵渎”。[①] 与此同时，关于“Nisr”的说法也是可能的：它可能代表语言演化过程中的另一面。希伯来祭司们并非都以类似方式对待外邦神祇的名字。例如，平奇斯教授指出，“亚伯-尼波”（Abed-nebo）在《但以理书》第一章第七段变为“亚伯-尼歌”[②]（Abed-nego）。

鉴于鹰在苏美尔和亚述神话中占有重要地位，阿淑尔作为带有太阳和大气神的特性的丰饶之神，其象征物就像埃及鹰神何露斯的太阳圆盘一样，很有可能是象征生命、丰饶及破坏力的长有双翼之物。鹰代表处于日食阶段的太阳，散发刺眼的光芒这一观点很牵强，因为日食是灾难，是众神愤怒的表现[③]；这当然也无法解释为什么“光芒”只能像翅膀一样向两侧延展，以及像尾巴一样向下延展；为什么“光芒”会是两道，就像天使及公牛的两翼一样，又像羽毛一样分为多段；或者为什么太阳圆盘的顶端会是约定俗成的带有星状圆环标志的犄角，这与圣树中描绘的图像相似。太阳圆盘中的五个小环与日食之间究竟有什么特定联系，这点很难解释。

其中另一个标志是一个身着羽衣长袍的弓箭手。重要的是，明显可以看出他搭在弦上的箭的箭头形似三叉戟，显然象征着雷电。

当以西结在提勒-亚毕（Tel-abib），即迦勒底［科柏尔（Kheber），尼普尔附近］的“迦巴鲁（Chebar）河边”，向以色列俘虏预言时，似乎使用了亚述的象征手法。这或许是因为他在巴比伦接触到了从亚述城邦逃亡而来的祭司。

有趣的是，这位伟大的先知提到“四个活物”，有“四个脸面”——人面、狮面、牛面及鹰面，“在四面的翅膀以下有人的手……翅膀彼此相接……各展开上边的两个翅膀相接翅膀彼此相接……至于四活物的形象，就如烧着火炭的形状、又如火把的形状……这活物往来奔走，好像电光一闪”。[④]

以西结还提到了阿荷拉（Aholah）和阿荷利巴（Aholibah）这对姐妹，描述她们曾在埃及的淫乱生活。阿荷利巴“贪恋亚述人”，她“看见人像画在墙上，就是用丹色所画迦勒底人的像，腰间系着带子”。[⑤] 发掘者在亚述寺庙和宫殿的墙上发现了朱红色遗迹。或许“如燃烧的火炭”的带翼之神正是用朱红色所画。

以西结还提到“环”和“轮”的标志。他看到另一段关于这个活物的描述

---

① *The Old Testament in the Light of the Historical Records and Legends of Assyria and Babylonia*, pp.129-130.

② 亚伯-尼歌：基督教《圣经》中的人物。——译注

③ 公元前763年6月15日亚述出现了日食，随后发生了内战。

④ *Ezekiel*, i, 4-14.

⑤ *Ezekiel*, xxiii, 1-15.

如下："他们全身，连背带手和翅膀，并轮周围，都满了眼睛。这四个基路伯的轮子，都是如此。（10：13）至于这些轮子，我耳中听见说，是旋转的。基路伯行走，轮也在旁边行走，基路伯展开翅膀，离地上升，轮也不转离他们旁边。"①

显然，轮子（或者另一种叫法——环）是生命的象征，轮中圈住的穿羽衣长袍的亚述人是一位神。他既是战神，也是丰饶之神。前文提到，他手中的三叉箭头象征雷电。《以西结书》中已暗示了这种联系。当活物"往来奔走"，"好像电光一闪"，"翅膀的响声"就像"大水的声音"。他们的身形"像燃烧的火炭"。因此，丰饶之神与火、雷电以及水都有联系。印度的阿格尼、小亚细亚的山段以及腓尼基的麦尔卡特都被奉为司掌丰饶的火神。苏美尔也有崇拜火的宗教。

印度史诗《摩诃婆罗多》中，旋转的环或轮子保护着神赖以生存的苏麻液②（神的食物）。巨鹰迦楼罗飞去盗窃苏麻液。众神全副武装，聚集在一起共同保护这生命所需的汁液。迦楼罗飞过来，"挥动翅膀刮起一阵飓风，扬起尘土，整个世界变得昏暗"。天神"受不了尘土"，纷纷昏厥。然后迦楼罗变成一团火的形状，看起来"似一团乌云"，最后身体变得金光闪闪"如万丈阳光"。苏麻液由火焰守护，据说这只巨鹰用它的数张大嘴，"从多条河流中饮水"，将火焰浇熄。迦楼罗发现苏麻液的正上方是"一个十分尖锐的钢轮，如刀片一般锋利，无休止地旋转着。这件锋利的工具，泛着阳光的金泽，形状可怕，众神用它来粉碎任何企图窃取苏麻液之人"。迦楼罗"避开了钢轮的锯齿"，开始对付"带着炙热火光的两条巨蟒，蛇信快如闪电，蕴含巨大能量，口中喷火，眼睛发红"，他杀了这两条巨蟒。后来众神又找回了被偷走的苏麻液。

迦楼罗成为毗湿奴神的坐骑，他拿着铁饼，即另一个如闪电般旋转的火轮。"他（毗湿奴）把那只鸟放在车的旗杆上，说：'你就待在我头顶上方。'"③

波斯神阿胡拉-玛兹达（Ahura Mazda）盘旋在高贵的国王雕像上方，被带翼的车轮或圆盘围住；国王像阿淑尔一样，一手抓着圆环，一手高高举起，仿佛在祝福那些崇拜者。

巴比伦的太阳神沙玛什、天空女神伊什塔尔和其他神祇都拿着圆环，就像埃及神祇拿着象征生命的T形十字章。沙玛什的形象也是坐在宝座上，宝座位

---

① *Ezekiel*, x, 11-15.

② 又名"甘露"。

③ The *Mahabharata* (*Adi Parva*), Sections xxxiii-iv.

于一个由柱子支撑的亭子里，亭子的前面是一个太阳车轮，轮辐上有星星符号和三重“水波纹”。

在赫梯人的泥版里，有一些有趣的翅膀图案，其中一个图案的“中心部分似乎是由一个圆盘下面的两个月牙形状构成（圆盘也像月牙一样是分开的），图案上方有神圣的符号（分裂的椭圆形）和象形文字，赛斯教授认为那是桑德斯（Sandes）神的名字”。另一个例子是“翅膀图案的中心可以看到一个玫瑰形饰物，下面有一个奇特的巨大物体；上面，桑德斯神的名字后面有两个圆点，旁边有一个‘崇拜者’弯曲着的手臂……”加斯坦（Garstang）教授在这里研究“岩石或山顶上的圣地，证实波伽兹-奎（Boghaz-Keui）附近雕塑的启示[①]。根据合理猜想，波伽兹-奎可能存在山体崇拜或者山神崇拜残存的遗迹，隐含着新的宗教象征”。不知道山神是谁，但是“山神有时候被认为是桑德斯神”。[②] 山神的名字也可能是“祭司王用的名字”。也许祭司王被认为是这山神的化身。

桑德斯或山段等同于塔尔苏斯的桑敦（Sandon），即“阿提斯的原型”[③]，与巴比伦的塔穆兹有关联。桑敦的动物标志是狮子，手拿丰饶之神和雷神的“双斧”。如弗雷泽教授在《金枝》中指出的，他与赫拉克勒斯和麦尔卡特有关。[④]

就像年岁更替一样，丰饶之神、战神、闪电之神、火神和太阳神等年轻的神祇替代年长的神祇。因此，阿淑尔可能像深渊之神埃阿的儿子米罗达一样，是塔穆兹最初的形态。他的灵存在于太阳轮中，太阳轮随着四季的交替而旋转。在苏格兰，人们相信五朔节的早晨，冉冉升起的太阳会旋转三次。这个年轻的神祇是春天的太阳神和火神，点燃熊熊篝火能使他变强，也可以作为一种摆脱仪式，将过去的一年燃烧殆尽。事实上，神祇（即年长的神）被焚烧后，才能获得新生。麦尔卡特在提尔被焚烧。赫拉克勒斯在山顶自焚，灵魂像鹰一样飞上了天界。

巴比伦和亚述显然有这些火祭仪式。根据《圣经》的叙述，尼布甲尼撒（Nebuchadnezzar）“在巴比伦省杜拉（Dura）平原上立金像”时，命令道：“各

---

① 另一种拼写土耳其名字的方法，意为“山口的村庄”。说英语的人并不常发低沉的软腭音“gh”，一个常见的词是“Bog-haz´Kay-ee”，轻音“oo”是“Kay”这个字中的“a”的发音；“z”这个音比较硬，听起来像嗞嗞声。

② *The Land of the Hittites*, J.Garstang, pp.178 et seq.

③ *The Land of the Hittites*, J.Garstang, p.173.

④ *Adonis*, *Attis*, *Osiris*, chaps. v-vi.

方、各国、各族的人哪，有令传与你们……你们一听见角、笛、琵琶、琴、瑟、笙、和各样乐器的声音……就当俯伏敬拜尼布甲尼撒王所立的金像。”一些“侵占巴比伦王国”的犹太人，即“沙得拉（Shadrach）、米煞（Meshach）和亚伯-尼歌”，拒绝膜拜金像。他们被惩罚“必立时扔在烈火的窑中”，火炉的热量是“平常的七倍”。但是，他们出来时，毫发无伤。①

根据《古兰经》的记载，亚伯拉罕摧毁了迦勒底诸神的神像。“除了其中最大的神像，其余均被亚伯拉罕劈成碎片；他们可能会责罚他。”② 据说，迦勒底人当时“在田野上庆祝一个伟大的节日”。为了惩罚冒犯者，宁录在古他堆起一个巨大的柴堆。“然后，他们把亚伯拉罕捆起来，放到一个装置里，并射入火中。然而亚伯拉罕受到天使加百利（Gabriel）的保护，助其逃过一难。”东方基督徒习惯在叙利亚历法的1月25日，纪念亚伯拉罕成功地从宁录的柴堆上脱难。③

显然，巴比伦的火祭仪式在春季举行，人被作为祭品奉献给太阳神。人们烧死仿制的假国王，用来代替献祭真正的国王们——太阳神的化身。

《以赛亚书》中提到亚述王们的燔祭：“亚述人必因耶和华的声音惊惶。耶和华必用杖击打他。耶和华必将命定的杖，加在他身上，每打一下，人必击鼓弹琴。打仗的时候，耶和华必抡起手来，与他交战。原来又深又宽的陀斐特早已为王豫备好了，其中堆的是燃料与许多木柴。耶和华呼出的气如一股硫磺火，使它着起来。”④ 尼尼微即将沦陷时，亚述帝国也随之濒临覆灭，亚述王萨尔丹那帕勒斯（Sardanapalus），那个传说中建立了塔尔苏斯城的国王，在王宫中架起一个柴堆，将他的妻子、妃嫔和宦官们连同他自己全部烧死。统治以色列七天的国王心利（Zimri），“放火越过他，焚烧宫殿”，“放火焚烧宫殿，自焚而死”。⑤ 在战斗中死去的以色列王扫罗，死后也被焚烧，他的骨头被埋在“雅比（Jabesh）的橡树下”。⑥ 在欧洲，橡树与掌管丰饶及雷电的神祇密切相关，这些神祇中包括众神之王朱庇特和托尔。焚烧扫罗王的仪式意义重大。犹大正统的王亚撒（Asa）死后，“葬在大卫城自己所凿的坟墓里，放在床上，其床堆满各

---

① *Daniel*, iii, 1-26.

② 亚伯拉罕破坏其他神像后又拿斧头砍掉巴力头颅的故事来源于犹太人。

③ *The Koran*, George Sale, pp.245-246.

④ *Isaiah*, xxx, 31-33. See also for Tophet customs 2; *Kings*, xxiii, 10; *Jeremiah*, vii, 31, 32 and xix, 5-12.

⑤ *1 Kings*, xvi, 18.

⑥ *1 Samuel*, xxxi, 12, 13 and 1 *Chronicles*, x, 11, 12.

样馨香的香料，就是按做香的做法调和的香料；又为他烧了许多的物件”（《历代志下》第16章，第14段）。犹大的异端之王约兰（Jehoram），“照着以色列诸王的道路而行”，“病重而死。他的民没有为他烧什么物件，像从前为他列祖所烧的一样”（《历代志下》第21章，第18、19段）。

根据相邻民族信仰的比较研究，以及亚述雕塑提供的证据，可得出如下结论：阿淑尔是丰饶之神高度成熟的一种形态，在他与恶魔的斗争中，因为其崇拜者的焚烧献祭而得到供养和帮助。

人们很可能过度解读了他的象征物。他的象征并不比苏格兰立石上的符号更为复杂和模糊——“裂开”的箭头上的新月、带有双环的三叉戟、由两个月牙相连的轮子、中心带有圆点的环、带有圆点的三角形、两侧有两条直线穿过的小圆环的大圆盘、所谓的“镜子”等等。高度成熟的象征符号可能并不像持续不断的、神奇的宗教信仰和实践一样，能够反映神灵化的过程。事实上，事实上，并没有任何直接证据可以证明，亚述带翼的圆盘，或“带有太阳光芒”的圆盘，比圈住身着羽衣、手持三叉戟状弓箭的射手的轮子更具灵性。

各种象征符号可能代表神的不同方面。当春季的火焰点燃，神祇“像鹰一样重生”时，他的符号可能就是太阳轮或者带有鹰翼的圆盘，这被视为生命的象征。神给世界带来生机和光明，他使庄稼生长、人口增长，他供养他的崇拜者。但他也杀死黑暗和暴风雨的恶魔。赫梯的带翼圆盘就是站在公牛背上的闪电之神桑德斯或桑敦。由于闪电之神也是一位战神，为了与其性格相符，他在亚述被塑造为拉弓射箭的射手阿淑尔的形象。在亚述的圆盘上有狮子、公牛和射手，他们是战神阿淑尔的象征，也是丰饶之神阿淑尔的象征。

神祇的生命或灵魂存在于圆环或车轮中，就如埃及与印度的神祇和民间神话中巨人的生命存在于“蛋”中一样。“环内的圆点”是一个广泛的象征，它可能在不止一种神话中代表“蛋”内的种子，也可能在不止一个传奇里代表了蛋中的刺。在亚述，就像在印度一样，人民大众的原始信仰和象征被善于投机的祭司们神灵化了，但没有任何留存的文字证据能够让我们将亚述祭司与编著《奥义书》[①] 的婆罗门等而论之。

许多神殿为阿淑尔而建，但人们可以在任何地方敬拜他，就像在耶路撒冷的街头也能敬拜天界女王一样。因为，正如平奇斯教授所说，“他无须神殿”。很难

①《奥义书》：印度最古老文献《吠陀》经典的最后一部分，讲人与宇宙的关系。——译注

说这是因为他是个高度成熟的神祇，还是因为他是民间信仰的产物。有一个重要的事实是，亚述王与阿淑尔崇拜之间的联系比巴比伦王与米罗达崇拜之间的联系更为紧密。这可能是因为亚述王像埃及法老一样，被认为是其神祇的化身。阿淑尔陪伴亚述王征战沙场：他是他们征战过程中的战神。国王在哪儿，阿淑尔就在哪儿。人们并没有为他塑像，但他的象征物，就像史诗《摩诃婆罗多》所述伟大战争中印度神祇的象征物一样，被置于高处。

人们有时还会在其他神祇的神殿中敬拜阿淑尔。在一段有趣的铭文中，他被与哈兰的月神南纳联系起来。据信，亚述王以撒哈顿曾在这个城市加冕。平奇斯教授说："作家显然是在向阿淑尔-巴尼-阿普利（Assur-bani-apli），即'伟大而高贵的亚斯那巴（Asnapper）'致辞：当我主，即我王的父亲去到埃及时，于哈兰甘尼（ganni）的雪松圣殿［又作圣所（Bethel）］加冕，神祇西恩在（神圣）旗帜的上方，他的头上戴着两顶王冠，（且）努斯库（Nusku）站在他身旁。王的父亲，我主进来了，他（西恩的祭司）将（王冠?）置于他的头顶，说道：'你将去征服中部大陆。'他去到那儿，并征服埃及。这片土地上其余不愿向阿淑尔和西恩屈服的人，王和王的神祇将征服（他们）。"①

阿淑尔和西恩在这里的关系是平等的。与他们有关联的是神之使者努斯库，他在亚述名声显赫。亚述王们经常向他祈求。作为埃阿的儿子，他充当米罗达和深渊之神间的使者。他还是贝尔-恩利尔的一个儿子，像安努一样是诸小神们的的守护者或首领。平奇斯教授指出，他要么与苏美尔火神吉比尔是同一个神，要么是他的兄弟，也可能是火光与日光的人形。在哈兰，他与月神相伴，因此或许也象征着月光。平奇斯教授补充说，在一篇铭文中，"他被等同于尼瑞格或恩-睿斯图（En-reshtu）。"（宁-吉尔苏等于塔穆兹）。② 巴比伦人和亚述人把火和光与水分和丰饶联系在一起。

阿淑尔很可能与星相有关联。如前所述，安沙尔在希腊语中被翻译为阿索罗斯，就暗示了这种关联。然而，贾斯特罗指出，直到公元前 8 世纪，人们才用安沙尔指代阿淑尔。他说："阿诗尔到阿淑尔的变化在语言学上是可以解释的，但安-沙尔转化为阿淑尔或阿诗尔就无法解释了。因此，我们必须假定，一些有学识的抄书吏提出的阿淑尔的'词源'一说，其本质是一种命名的游

① *The Old Testament in the Light of the Historical Records and Legends of Assyria and Babylonia*, pp.201-202.

② *Babylonian and Assyrian Religion*, pp.57-58.

戏。”[①] 另一方面，在我们看来武断的结论，或许在古代亚述被认为是完全合理的，或者在某种程度上是符合其传统的。平奇斯教授指出，作为一个太阳神，阿淑尔与米罗达相似。“他与米罗达身份的重合，如果曾被人们接受的话，可能是由于他的姓名与神祇姓名之一的亚沙里相似。”[②] 作为亚沙里，米罗达被拿来与埃及的奥西里斯相比较，奥西里斯作为尼罗河神，也被称作亚沙里-哈皮（Asar-Hapi）。奥西里斯与塔穆兹相似，也是谷物之神，并且统治着生者与死者，和太阳、月亮、恒星、水及植物都有关联。如果我们认为阿淑尔与塔穆兹、奥西里斯、阿提斯——一个丰饶之神和谷物之神成熟的和本地化的形态——有着共同的渊源，那么我们也许就能把他与“水田之神”奥沙尔（Aushar）、“高处之神”或“至高之神”安沙尔联系在一起，也能将他与和他同名的、曾去宁录之地建立尼尼微城的国王阿淑尔联系在一起。

阿淑尔有一个被称为阿舒瑞图（Ashuritu）或贝图的配偶，“那女子”（the lady）。然而没人知道她的名字，但她很可能被等同于尼尼微的伊什塔尔。在历史文献中，作为皇室神祇的阿淑尔没有配偶。像赫梯人的伟大父神一样，他也许被认为是生命的起源。的确，可能是受到早期亚述北方山地人的影响，阿淑尔被发展演变为父神——一个叫巴力的神。当我们阅读赫梯的碑文时，会得到更多有关阿淑尔问题的启示。另一个文化影响的源头可能是波斯。正如前文已经指出的那样，至高之神阿胡拉-玛兹达［也作欧马兹特（Ormuzd）］像阿淑尔一样，也有能够代表他的象征物，它盘旋在国王的头顶，或刻在带翼的圆盘或轮子上，以及波斯神话中的圣树上。早期的亚述国王有着非闪族人和非苏美尔人的名字。我们有理由认为，他们所代表的民族的宗教文化一定对阿淑尔神的发展产生了重要影响。

---

① *Aspects of Religious Belief and Practice in Babylonia and Assyria*, p.121.

② *Babylonian and Assyrian Religion*, p.86.

第十五章　贸易与霸权之争

现代巴比伦—历史重演—美索不达米亚平原上的巴比伦王国贸易路线—埃及在叙利亚的霸权—米坦尼王国和巴比伦王国—土匪抢劫商队—阿拉伯沙漠贸易路线开通—亚述和埃兰与巴比伦的斗争—亚述帝国的快速扩张—赫梯人控制西部贸易路线—埃及第十九王朝的征服—拉美西斯二世发动的战役—埃及人与赫梯人结为盟友—巴比伦惧怕亚述—撒缦以色的胜利—亚述在美索不达米亚称霸—巴比伦的征服—伟大国王的陨落—亚述内战—亚述帝国分崩离析—巴比伦与埃兰之战—巴比伦重振雄风—亚述人和埃兰人的入侵—加喜特王朝的终结—巴比伦和亚述的比较

若巴比伦如今依然存在，它很有可能再次成为世界上小麦的生产大国之一。目前在两河流域，一项土地开垦计划已经开始实施——通过建造大坝分流幼发拉底河水。如果在接下来的几年中这项计划能大规模实施，那么古运河将被再次利用，使整个国家像古时一样繁荣富饶。而现在，古运河被用作商队通道。这项计划圆满完成后，新的城市将在古巴比伦文化中心的废墟旁繁荣壮大。

随着农业的复兴，商业也开始蒸蒸日上。古时的贸易线路将再次开通，移动缓慢的商队将被高速火车取代。这一目标正在实现：第一条现代商业高速通道由德国建造，途经小亚细亚、叙利亚北部、美索不达米亚平原，直至伊拉克首都巴格达。① 这条铁路跨过了迈向巴比伦新纪元的门槛。它拉近了以前汉谟拉比统治的地区与欧洲的距离，同时将会解决许多曾引起君王纷争的问题，这些问题存在了几个世纪，直到世界公认“荣耀属于希腊，伟大属于罗马”②。

这些骤变使历史重演。世界超级大国再一次纷纷关注自己在西亚的势力范

---

① 在迦基米施，一条铁路桥横跨在几英里宽的河流渡口上，以往亚述士兵习惯借助羊皮筏子来渡河。工程师们发现，迄今三千年历史的赫梯河墙仍可能被使用——这是世界上最古老的工程建造。这个渡口位于旧时的贸易通道上。

② “荣耀属于希腊，伟大属于罗马。”出自爱伦·坡《致海伦》。——译注

围，不约而同地将目光聚焦在古时的巴比伦及其周边地区。东部曾经先是被骁勇善战的埃兰人和加喜特人占据，然后是耀武扬威的波斯人和米底人。俄罗斯和英国也在这里划分势力范围，他们都声称自己是波斯领土的守护者。英国在波斯湾地区占据主导地位。俄罗斯如巨人般挺进亚美尼亚高原。同时，土耳其掌控着古时赫梯王国的领土。土耳其还掌控着叙利亚以及美索不达米亚地区。德国修建的巴格达铁路穿越而过。法国正在叙利亚修建铁路，意图控制古“非利士人的道路”。英国则占领了地中海沿岸的塞浦路斯岛，并主宰着古埃及领土的命运。古埃及在第十八王朝的辉煌统治下，将其势力范围扩展到了小亚细亚边境。经过漫长的世纪更迭，国际政治格局再次深受巴比伦及其周边地区贸易发展问题的影响。

古代敌对邦国的历史被现在的发掘者重新拼接在一起，从当今政治发展的视角来看，这带给我们许多特殊的利益。人们曾见证亚述走向强大，成为帝国。那时，埃及称霸亚摩利人的疆土，向北直达卡帕多西亚的边境。在加喜特政权的领导下，巴比伦王国在美索不达米亚平原的政治影响有所下降，但其文化影响依然深远，因为商人和外交人员依旧使用其语言和文字。

阿肯那顿法老统治初始，米坦尼王国占领着美索不达米亚地区。作为埃及的盟友，它在叙利亚北部边境形成了一个缓冲地带，阻止了从小亚细亚向南扩张的赫梯联盟和向西扩张的强悍尚武的亚述。同时，它还牵制着对“亚摩利人领土”宣誓主权的巴比伦人的野心。只要米坦尼王国一直保持强大，埃及就容易持有对叙利亚的掌控权。与巴比伦人相比，埃及商人在叙利亚享有特权。但是，当米坦尼王国被征服，领土被亚述人和赫梯人瓜分，埃及统治的北叙利亚帝国也就随之土崩瓦解了。接着，西亚众国为争夺对“亚摩利人领土”的政治霸权展开了激烈的斗争。

巴比伦王国失去西部商道的控制权后元气大伤。在加喜特王朝之前，它在美索不达米亚和叙利亚中部拥有霸权。从阿卡德帝国萨尔贡王及纳拉姆·辛王时期到汉谟拉比时代的终结，巴比伦商人从不用担心幼发拉底河沿岸与地中海海岸之间的土匪或小国国王。巴比伦的城市富裕又强大，成为当时西亚地区的商业大都市。

由于被广阔而危险的不毛之地阿拉伯沙漠与三角洲分开，巴比伦和埃及只能借由一条迂回的道路进行贸易。商道沿着幼发拉底河西岸向北延伸，直至哈兰，然后向南穿过巴勒斯坦。这条路又长又绕，却是唯一的可行之道。

加喜特王朝初始，来自巴比伦的商队必须经过米坦尼控制的区域，巴比伦人因此被征收重税，金银珠宝都装进了米坦尼人的腰包。即使后来米坦尼在美索不达米亚南部的影响力衰弱下去，这样的情况也没有得到改善。事实上，贸易商遭受更加严峻的考验：商道总是遍布掠夺成性的“苏图”团伙，在阿玛尔纳书信中能够找到对苏图人的文献记载。这群强盗蔑视一切权威，十分强大，甚至国王之间的信使也可能被他们毫不留情地抢劫和杀害。大国之间爆发战争的时候，他们趁火打劫，在没有受到保护的地区掠夺家畜，洗劫村镇。

苏图人是有着阿拉米人（Aramaean）血统的阿拉伯人。闪米特人的第三次迁移就是在这一时期进行的。这些游牧民给巴比伦和亚述带来很大麻烦，他们穿过美索不达米亚和叙利亚，削弱了米坦尼王国的势力，最终导致米坦尼难以抵抗亚述人和赫梯人的攻击。

阿拉米人的部落在不同时期的不同人群中存在不同的叫法，不仅被称为苏图人，还被称为阿克拉姆人（Achlame）、阿瑞米人（Arimi）和卡贝瑞人。后来，这些人被简单地统称为叙利亚人。叙利亚人是希伯来人世袭的敌人，尽管雅各也拥有叙利亚血统。《圣经》中这样记载：“我祖原是一个将亡的叙利亚人，他与少数人下到埃及寄居，在那里发展出一个又大又强、人口众多的国家。”①

古巴比伦加喜特王朝的一位国王曾有过一次勇敢的尝试：他给在阿拉伯半岛和美索不达米亚之间经商的商人提供保护，铲除土匪，并且开辟了一条笔直的商道穿过阿拉伯沙漠通向埃及。这位令人津津乐道的国王名为卡达什曼-哈尔伯（Kadashman-Kharbe）——亚述国王阿淑尔-乌巴里特之孙。他将武力与他强大而尊贵的宗族力量结合起来，给苏图人沉重的一击。之后他开凿深井，建起了一连串的防御工事，例如碉堡。这样一来，商道畅通无阻，商人们经过哈兰路线时也不用再给必经之小国的国王们付关税。

然而这项勇敢的计划却注定要失败，巴比伦加喜特人并不赞成这项计划。并无史料记载这对祖孙最终达成了什么样的协议，但毫无疑问的是，巴比伦为此要完全或是部分地放弃有史以来对美索不达米亚的主权，同时承认亚述在该地区的主权。或许是由于卡达什曼-哈尔伯的“亲亚述”倾向，加喜特人后来谋杀了哈尔伯，并将一位觊觎王位但血统不正的人送上王位，但他在位时间极短。

哈尔伯的继承者将亚述视为危险且不择手段的竞争对手。他再次发起战争，

---

① *Deuteronomy*, xxvi, 5.

意图夺取美索不达米亚。穿过阿拉伯沙漠的贸易路线不得不被放弃了，因为需要强大的武力才能确保其安全通畅。此后巴比伦几乎卷入了亚述的每一场征服之战，而且一直在等待合适的时机削弱亚述的力量。

但想要保护自己的国土，巴比伦不仅要抵御亚述的攻击，还要阻止东部边境埃兰野心勃勃的扩张。埃兰的主商道始于苏萨，穿过亚述通向小亚细亚，之后经由巴比伦到达腓尼基海岸（Phoenician coast）。北部亚述力量的增强阻碍了埃兰的商业发展，正如今天奥地利阻碍了塞尔维亚的商业贸易一样。也许是由于这一原因，埃兰人也梦想着征服巴比伦。事实上，随着加喜特王朝的衰败，一个关于世界政治格局的重要问题浮出水面：埃兰和亚述是否应该划归苏美尔和阿卡德旧时的领土。

阿淑尔-乌巴里特强势的亚述扩张策略仍在持续，并由其子贝尔-尼拉瑞延续下去。他的孙子阿里克-丹-伊鲁（Arik-den-ilu）打了好几次胜仗，向西扩张到遥远的哈兰地带。扩张的过程中穿过了巴比伦的商道，在此他截获了成群的牛羊并把它们运送到阿舒尔，有一次甚至还带走了二十五万囚犯。

当时，巴比伦与埃兰正处于激战中。据说埃兰国王库厄-巴提拉（Khur-batila）派使者向巴比伦国王库瑞噶尔祖三世[①]（Kurigalzu III）下了份战书，说："来吧！我将与你决一死战！"巴比伦国王欣然接受挑战。经过一番激战，巴比伦取得了巨大胜利并占领了埃兰领土。埃兰国王被他的军队抛弃，沦为阶下囚，直到他同意割让部分领土并每年向巴比伦进贡才重获自由。

胜利的喜悦促使这位加喜特王在亚述王阿达德-尼拉瑞一世（Adad-nirari I）去世、其子阿里克-丹-伊鲁继位后，对亚述发动了一次侵略战争，但他很快就发现亚述人远比埃兰人强大，加喜特王惨遭失败。他的儿子那兹-玛-鲁塔什[②]（Na'zi-mar-ut'tash）继位后也曾尝试遏制其北方强敌亚述的力量，但以失败告终。

这些不断出现的纷争的根源都与美索不达米亚问题有关。亚述逐渐向西扩张，并粉碎了巴比伦政治家和贸易商试图恢复的商道控制权，以及在西部地区重振威望的美梦。

亚述国王阿达德-尼拉瑞一世继承了父亲强悍尚武的传统。他袭击了居住在哈兰地带的阿拉米部落的苏图人，进一步占领了古米坦尼王国的部分领土，从

① 库瑞噶尔祖三世：卡达什曼-哈尔伯的后裔。——译注

② Pr.*u as oo.*

而统治了美索不达米亚北部的部分地区。战胜加喜特国王那兹-玛-鲁塔什后，他从自己国家的利益出发，为亚述和巴比伦划定了势力范围。

在国内，阿达德-尼拉瑞实施了一系列强有力的政策。他通过修建大坝和岸壁开发了亚述首都阿舒尔的资源，同时扩建了阿淑尔神庙，这为祭司制的繁荣和亚述文化的发展做出了贡献。尼拉瑞逝世前荣享许多美誉，如“沙尔-基什沙特”（Shar Kishshate）、“世界之王”，他的儿子撒缦以色一世也沿用了这些美誉。尼拉瑞的统治长达三十年，于公元前1300年终结。

撒缦以色继位后不久，他的国家就遭受了一场地震带来的重创。地震使尼尼微的伊什塔尔神庙和阿淑尔神庙倒塌。震后，一场大火将阿淑尔神庙烧得面目全非。

自然灾害并未击垮年轻的君王，相反刺激了他征战的野心。他的目的是掠夺财富和奴隶，以便尽快重建倒塌的神庙。他不仅是位杰出的建设者，更是个不知疲倦的征战者，正如埃及图特摩斯三世一样。在他的带领下，亚述成为西亚地区最强大的帝国。撒缦以色逝世前，他的军队震慑力如此强大，以至于埃及人和亚述人不得不结束他们在叙利亚为争夺霸权而展开的常年争战，并结成相互保护的联盟来抵御共同的敌人。

说到这里，很有必要简单回顾一下在苏庇-努里乌马（Subbi-luliuma）领导下的赫梯王国的扩张，以及阿肯那顿领导下的埃及霸权衰落之后巴勒斯坦和叙利亚北部的历史。那时，米坦尼西部地区和叙利亚北部的大部分地区都是赫梯的殖民地。[①] 在更远的南部，他们的同盟亚摩利人，在埃及于巴勒斯坦南部有限的势力范围和巴比伦于美索不达米亚南部势力范围的边界处，形成了一个缓冲地带。当时米坦尼由一个臣服于他国的国王统治，人们希望他能够阻止亚述占领米坦尼西北部的领土。

苏庇-努里乌马的儿子穆尔西里国王（King Mursil）继承了赫梯的王位，埃及人称其子为“马拉萨”（Meraser）或“毛拉萨尔”（Maurasar）。穆尔西里国王统治的大部分时间里，国家是和平昌盛的。他的盟友帮其守护边境，这样他便全神贯注地巩固赫梯在小亚细亚和叙利亚北部的霸权。他在博阿兹柯伊城建造了一座宏伟的宫殿，似乎梦想能够模仿埃及、亚述和巴比伦皇家宫廷的辉煌。

---

① 北叙利亚的主要城市先于这个时期的赫梯。赫梯的扩张并没有改变殖民地的文明，但扩大了自己的领土及统治范围。

在这一时期，赫梯王国正走向权力的巅峰。它控制着巴比伦和埃及的商道。赫梯的统治者不仅与这两个国家建立了亲密的外交关系，甚至还参与到它们的内政之中。埃及第十九王朝之初，拉美西斯一世即位，他和赫梯王国签订了一份秘密协定。之后，代表穆尔西里国王第二子哈图西里二世（Hattusil Ⅱ）的赫梯驻巴比伦使者确实干预了推举巴比伦王位继承人的纷争。

穆尔西里国王统治的最后几年饱受埃及军事征服的侵扰，征战使得拉美西斯一世统治下的埃及更加强盛。那时赫梯王国的发展处于停滞状态，国王不再四处征战。拉美西斯一世之子，同时也是埃及强大的第十九王朝的第三任法老塞提一世（Seti I）很好地利用了这一点，侵略了叙利亚南部。他首先打败了亚摩利人，然后一路向北直至图尼普（Tunip），在与一支赫梯军队作战的过程中取得了决定性胜利，从而稳固了埃及很长一段时期内对巴勒斯坦以及北部远至腓尼基的控制。

赫梯国王穆尔西里逝世后，其子穆瓦塔里（Mutallu）继位。埃及人称穆瓦塔里为“梅特拉”（Metella）或是“毛提尼尔”（Mautinel）。这位精力充沛、野心勃勃的君主没有给亚摩利人留下任何喘息的机会。他迫使亚摩利人放弃效忠埃及，转而将他视作最高统治者。因此，埃及国王拉美西斯二世登上王位后肩负重任，他要赢回父亲曾在亚洲拥有的土地和财富。

拉美西斯在巴勒斯坦海岸采取的初步措施获得了巨大成功。在位第五年，他想要效仿图特摩斯三世的成就，并且赢得勇武的征服者的美誉，于是带领着一支强大的军队一路北上。然而他低估了敌军的势力，只能狼狈逃脱。他的军队也支离破碎，被分成了四部分。他带着其中的两支队伍继续前进，却发现自己被狡猾的赫梯国王穆瓦塔里困在了卡迭石城附近的奥龙特斯河岸（the Orontes）。他的两支队伍只剩下一支，另一支慑于敌军强大的武力而四散逃走。虽然身陷危险绝望的境地，拉美西斯并没有放弃，他带着残余的队伍与河岸上的赫梯军队决一死战，并最终获胜。赫梯人退回城里避难，对于为何战败，他们百思不得其解。但拉美西斯法老并没有继续追击敌人。

虽然拉美西斯大获全胜，风光回国，但事实上，这场战役还是笼罩着失败的阴影，因为他再也难以赢回埃及第十八王朝时期对于北部领土享有的宗主权。随后，他便专注于维持和提高他在巴勒斯坦北部和腓尼基附近地区享有的威望。后来，他在亚洲地区持续了二十年的军事活动以一种出人意料的戏剧性方式结束了。赫梯国王穆瓦塔里在战役中死亡，还有种说法是他被刺客所杀。他的兄弟哈图西里二世登上王位，与伟大的法老拉美西斯签订了和平条款。

今天我们仍可以在底比斯一座寺庙的墙壁上看到埃及人复制的这个有趣的和平条款，但它缺失了能够令当今历史学家感兴趣的确凿的细节。例如，条款中没有提及埃及在叙利亚的领土范围，这使得历史学家难以评估拉美西斯战役到底取得了多大成功。一位名为雨果·温克勒的教授在博阿兹－柯伊发现了记录和平条款大意的碑文。这段碑文记载着赫梯国王哈图西里二世应巴比伦国王的要求写给他的一封信："埃及国王同我结成联盟，我们结拜为兄弟。我们将团结一致，抵御共同的敌人，结交共同的朋友。"[①] 这里"共同的敌人"是指亚述。赫梯国王的信向巴比伦国王卡达什曼-图古尔（Kadashman-turgu）传递了这样的暗示：他应该与拉美西斯二世和赫梯国王结成同盟，共图大事。

亚述国王撒缦以色一世坚定不移地实施向西和向北扩张的战略。他带兵袭击赫梯王国东部城邦并攻占了马拉提亚（Malatia），在那里搜刮了大量金银珠宝献给阿淑尔神。他甚至在赫梯势力范围内的亚美尼亚边境地区建立殖民地。撒缦以色的第二场战役是攻占古米坦尼王国的部分地区，这里是赫梯的附属国。据说附属国国王萨图艾瑞（Sattuari）是图什拉塔[②]的后裔。在赫梯人和阿拉米人的帮助下，他顽强抵御亚述的进攻，但他的同盟军却被敌军强大的武力击败溃逃。撒缦以色越战越勇，继续向西扩张，最终将势力范围扩张到幼发拉底河岸的迦基米施地区[③]（Carchemish）。

占领了米坦尼全部的领土后，亚述国王撒缦以色一世转而将进攻目标指向长期侵扰哈兰地带的阿拉米部落，迫使其俯首称臣。

撒缦以色赢得了对美索不达米亚北部以及巴比伦通往哈兰的商道的控制权，这导致赫梯王国在巴比伦享有的威望不断被削弱。一个世纪以来，赫梯人迫使巴比伦商人任其摆布，并缴纳繁重的赋税。温克勒教授在博阿兹－柯伊的石碑上发现了巴比伦国王的几封书信，他抱怨亚摩利土匪猖獗，请求控制并惩罚他们。这些书信清楚地表明，巴比伦国王被赋予了用履行即有协议的方式代替赋税的权利。

随着帝国不断扩张，撒缦以色意识到，古都城阿舒尔作为行政中心已经不

① Garstang's *The Land of the Hittites*, p.349.

② 图什拉塔：米坦尼国王，约公元前 1375 年在位。他嫁女于埃及法老阿蒙霍特普三世，以此加强双方联系，防御赫梯人入侵。——译注

③ 迦基米施：西亚地区，位于今土耳其和叙利亚之间的边境地区。该城对米坦尼、赫梯以及亚述等历史时代均产生了重要影响。——译注

能满足需求。所以他迁都至卡尔胡（Kalkhi，即尼姆鲁德），也就是《圣经》中的卡拉赫（Calah）。底格里斯河和大扎卜河之间形成了一块三角地带，尼姆鲁德就战略性地坐落在三角地带肥沃的草地上，撒缦以色将自己宏伟的宫殿也迁建于此地。

其子图库尔提-尼尼普一世（Tukulti-Ninip Ⅰ）即位后，成为亚述古帝国历史上最强大的君主。他在北部和东部的征服之战取得了巨大成功，扩大和加强了亚述在美索不达米亚地区的影响力，并不断逼近赫梯的领土，令四十多位国王俯首称臣并交纳年贡。他不可避免地被卷入与巴比伦国王的战争中，后者与赫梯人密谋联合起来对付他。温克勒在博阿兹-柯伊发现的碑文中有一封信件记录了这段有趣的历史。赫梯国王哈图西里建议这位年轻的巴比伦君主“去抢回敌人的土地”。显然，哈图西里暗藏心机，想要说服他的巴比伦盟友充当傀儡，以使自己逃避亚述的侵袭。

我们无法得知巴比伦国王卡什提里亚什二世（Kashtiliash Ⅱ）是否真的向亚述发起进攻以削弱对方的力量。总之，两国之间的战争就这么爆发了。图库尔提-尼尼普在战役中所向披靡，他攻陷巴比伦，击败并俘获了卡什提里亚什，将其带回阿舒尔，上着镣铐，献给阿淑尔神。

整个巴比伦城都沦陷了。城墙被拆毁，无辜的居民死在剑下。显然，图库尔提-尼尼普正在发起一场征服战争。他贪婪地掠夺埃-萨吉拉神庙——古巴比伦“主神之庙”的金银珠宝，并将金质米罗达神像运回亚述，在那里伫立了十六年之久。他征服了整个巴比伦南至波斯湾地区，并派遣总督[①]（viceroys）加以管理。

然而，图库尔提-尼尼普并不是一个受人爱戴的国王，甚至在自己的国家也不受欢迎。他显示出对巴比伦的偏爱，这冒犯了国人的敏感心理。他甚至在巴比伦建了一座新的城市，并根据自己的名字命名为“卡尔-图库尔提-尼尼普城”（Kar-Tukulti-Ninip），但今天我们还未发现该城的遗址。接着，他又在新的城市建起宏伟的宫殿及供奉阿淑尔和众神的神庙。

征服巴比伦七年后，旨在推翻这个同时统治两国的君主的起义爆发了。他的儿子阿淑尔-纳西尔-帕尔一世（Ashur-natsir-pal Ⅰ）带兵包围了宫殿并抓获了国王。最后父死子手，儿子即位。同时，巴比伦的贵族将亚述守卫部队逐出城外，并将加喜特王子阿达德-舒姆-乌苏尔（Adad-shum-utsur）扶上王位。

① 总督：代表国王管辖行省或殖民地等的人。——译注

图库尔提-尼尼普长达三十年的统治结束后，从亚美尼亚边境到波斯湾地区，席卷整个两河流域的古亚述帝国即刻土崩瓦解。接下来一个世纪的历史模糊不清，亚述在这期间遭到敌国不断侵袭，最终分裂成许多小城邦。

埃兰人不失时机地利用了亚述统治巴比伦的最后几年时间。这一时期巴比伦处于无政府状态。埃兰人侵占了古苏美尔的部分地区，并攻陷了尼普尔城，在那里他们滥杀无辜，俘获了许多囚犯。后来，他们又掠夺了伊辛王国。然而，巴比伦国王将亚述人清除干净后便袭击了埃兰人，并把他们逐出边境。

目前并无史料记载亚述弑父君主阿淑尔-纳西尔-帕尔一世的统治。在他之后，尼尼普-图库尔提-阿淑尔和阿达德-舒姆-利希尔继位。他们或者是同时统治，或者是父子关系相继统治。在位不久，他们便被另外两位统治者阿淑尔-尼拉瑞三世（Ashur-nirari Ⅲ）和那布-丹（Nabu-dan）取代。

我们无法得知尼尼普-图库尔提-阿淑尔被废黜的原因。也许因为他是巴比伦国王阿达德-舒姆-乌苏尔（Adad-shum-utsur）的盟友，因此不受亚述人欢迎。一次，他带着米罗达雕像前往巴比伦，之后再也没有返回亚述。也许他是从叛军手中逃走了。当时亚述的一位权贵，可能是阿淑尔-尼拉瑞三世，要求巴比伦国王遣返尼尼普-图库尔提-阿淑尔。巴比伦国王拒绝了他的请求，并且没有正式承认新上任的亚述统治者。

随后，又一位篡位者贝尔-库杜尔-乌苏尔（Bel-kudur-utsur）带领一支亚述军队袭击巴比伦，却战死沙场。即位者尼尼普-阿皮尔-伊莎瑞亚（Ninip-apil-esharia）带领他的军队返回阿淑尔城，阿达德-舒姆-乌苏尔紧随其后。巴比伦军队最终包围却没有占领阿淑尔。

在阿达德-舒姆-乌苏尔长达三十年的统治下，巴比伦重振雄风。它将埃兰控制于掌上，并对深受内战困扰的亚述采取高压手段。它再次拥有了美索不达米亚地区，并且掌控着通往哈兰和腓尼基的商道。显然，它与赫梯和叙利亚保持着亲密友好关系。下一任国王美里-什帕克（Meli-shipak）在位十五年，国家繁荣昌盛，他也获得了亚述“世界之王”的美誉。之后，马杜克-阿普鲁-伊丁（Marduk-aplu-iddin Ⅰ）登上王位，从此主宰巴比伦命运长达十三年。此后，加喜特王朝的荣耀渐渐褪去。下一任国王扎巴巴-舒姆-伊丁（Zamama-shum-iddin）在位仅一年便被从北部突围的阿淑尔-丹一世统治下的亚述人，以及从东面而来的由一位不知名的国王统治下的埃兰人推翻。数座城镇遭到掠夺和侵占，赃物被带去阿淑尔和苏萨。

扎巴巴-舒姆-伊丁国王被推翻后，贝尔-舒姆-伊丁（Bel-shum-iddin）即位，但仅仅三年后便被伊辛的一位国王废黜了。自此，巴比伦的加喜特王朝长达五百七十六年零九个月的统治宣告结束。

在加喜特时期，巴比伦被称为“卡尔杜尼亚什”（Karduniash）。这个名称最早指的是河口地区。那里，外来统治者的权力越来越大，处于支配地位。显然，这些外来统治者深得当地人中非闪米特人的拥护，而且代表着当时普遍的对巴比伦城政治霸权及其主神米罗达的反抗。基于史实，我们得到了很有意义的发现：早期的加喜特国王倾向于将尼普尔定为都城，并且极力推崇恩利尔（也叫作老贝尔）崇拜，将其等同于他们自己的生育与战争之神。他们崇拜的太阳神沙琪（Sachi）后来似乎被巴比伦太阳神沙玛什取代了。然而不久，加喜特的国王们都纷纷效仿汉谟拉比信奉米罗达神。

巴比伦民众使用的多种语言中也增加了加喜特语，但在题写铭文或碑文时，加喜特语从未被使用过。早期的外来统治者完全被巴比伦化了。他们统治巴比伦近六个世纪，因此不能不说他们是受巴比伦人欢迎的。这些外来者任其早期在山地的聚居地或是曾经在东部的定居地被亚述夺走并受其监管。他们在巴比伦定居之后，似乎还与故地有着断断续续的联系，正如英格兰的撒克逊人与他们在欧洲大陆的起源地之间仍保持着联系一样。

虽然加喜特人统治下的巴比伦王国不如汉谟拉比时期那般繁荣强大，但它的工业、农业和贸易依然蓬勃发展。巴比伦语是西亚地区外交和经贸的通用语言，巴比伦城也是当时世界上最著名的商业大都会。巴比伦的商人通过直接或间接的方式与来自遥远国度的商人建立贸易联系。他们从中国进口钴，钴用于给玻璃制品着色，使其呈现鲜亮的蓝色。有时，他们会碰到西行的中国商队。同时他们也和埃兰人，或者经由埃兰人做买卖大理石和石灰石的生意。埃及是黄金供应大国，黄金主要产自努比亚的金矿。为了得到这稀有而珍贵的金属，巴比伦人用来自巴克特里亚（Bactria）的金青石、珐琅、自制的彩色玻璃，以及战车和战马与尼罗河流域的商人进行交换。加喜特人善于养马，巴比伦纳马尔（Namar）地区战事不断，战马供不应求。他们还促进了牛的买卖。养牛业主要在波斯湾湾岬的湿润地区和阿拉伯沙漠边界广阔的草原地带发展，因为这些地区有绝好的牧场，亚伯拉罕和他的祖先对此了如指掌。农业也在蓬勃发展——就像在埃及一样，农业也构成了巴比伦国家和商业繁荣的基础。

显然，在加喜特王朝统治时期，卡尔杜尼亚什（巴比伦）积累了大量财富。当米罗达和萨尔帕尼图的雕像从亚述运回巴比伦后，巴比伦人给它们穿上做工精细的华服，上面点缀着黄金和闪耀夺目的宝石。巴比伦人还重新装修了埃-萨吉拉神庙，工程浩大，造价不菲，工艺精湛。

亚述和巴比伦形成了鲜明对比。巴比伦是亚述的发源地，亚述文化由此开始。作为一个独立的王国，亚述不得不沿着不同的方向和线路发展自己。事实上，如果不是强制性地与周边众国合作，亚述不可能成为世界强国。巴比伦则与亚述不同，它可以在相对孤立的环境下繁荣发展，就像古王国时期的埃及一样，因为只要在每年长达八个月的旱季得到持续灌溉，巴比伦就可以自给自足，并维持庞大的人口数量。

巴格达以北地区与南部平原地区的地形地貌完全不同，因此不太适合独立文明的形成和生长。亚述建立在后中生代形成的白垩高原上，土壤贫瘠，遗留着第三纪的沉积物，因此适合发展农业的土地非常有限。它早期的居民是游牧民或狩猎部落。显然，农业是由底格里斯河沿岸的巴比伦殖民者引入的。他们在这里建成城邦并效忠于苏美尔和阿卡德的国王。

汉谟拉比时代之后，亚述崛起为一个掠夺成性的国家，它通过征服和控制一些富饶的小国来维持自身的稳定。亚述农业人口稀少，即使是这少量的农业人口最终也消失殆尽了，因为亚述国王执着于一个目光短浅的殖民政策，即在帝国的边境地区，也就是他忠诚的子民们生活的地方设立殖民地，而将外来者置于帝国的中心。如此，他们建立的帝国事实上是一个虚假的帝国，在历史上每逢关键时刻都备受劫难，因为它缺乏由悠久的民族传统和作为真正爱国主义精髓的爱国热情凝聚起来的强大的内驱力和持久力。亚述的民族认同感主要局限于军事贵族和牧师，奴隶和没有文化的外来者只关心自己的生活日常，被奴役者则渴望回到故土，就像被俘的以色列人那样。

亚述不得不维持一支常备军。这支常备军最初由一伙土匪发展而来，他们先是奴役当地居民，继而又把魔爪伸向周边城邦。常备军的胜利让亚述变得越来越强大。热衷于征服的国王们通过掠夺他国城池，并向他们控制下的城邦征收年贡的方式积累财富，以此使自己变得越来越富有。他们甚至贪婪地觊觎巴比伦。正是为了要征服富饶而繁荣的母国巴比伦，早期的亚述君主们在西北部展开军事活动并控制了美索不达米亚地区。而想要成功，没有比控制商道更好的方法了。控制古巴比伦商道之战略意义与控制当今大不列颠的海道如出一辙。

相比亚述，巴比伦很少战败。丰富的自然资源赋予它强大的恢复能力，并且本土居民都有着强烈的爱国心，以至于几个世纪以来外来者的统治始终无法抹杀他们的爱国热情。巴比伦的征服者必须成为一个真正的巴比伦人，正如亚摩利人和加喜特人反过来适应巴比伦本地居民的生活方式和思维模式那样。如同埃及人一样，巴比伦人在文化上征服了他们的征服者。亚述帝国则与之大不相同。当它那由雇佣兵组成的军队遭受一连串打击后，它便像纸牌屋一样轰然倒塌。我们之前提到过，亚述国王用附属国的贡品给士兵和神职人员发俸禄。一旦附属国变得强大，成功地反抗了他们，国家的土崩瓦解便近在眼前。

作为世界强国，亚述的历史可以分为三个时期：①古亚述时期（约前2500—前1500）；②中亚述时期（约前1400—前1078）；③新亚述时期（前935—前605）。

我们已经回顾了从阿淑尔-乌巴利特一世到图库尔提-尼尼普统治时期的古亚述帝国的兴起和发展，看到了它的繁荣兴盛和突然的分崩离析。到了古亚述帝国的第二个时期，亚述由少数城邦组成。这些城邦农业资源丰富，并且是贸易中心。城邦中最具雄心壮志的当属阿舒尔。阿舒尔的一位统治者通过节约税收的方式累积了大笔资金进行商业投资，组建起一支由雇佣兵构成的强大军队，然后在古老帝国的废墟上着手建立新的帝国。当然，在早期阶段，这个过程缓慢而艰难。亚述的本土居民纷纷投身于军事生涯，学习管理军队。这些军队不得不通过抢劫掠夺的方式得到训练和约束，劫掠的财物成为他们丰厚的奖赏。巴比伦通过缔造和平走向强大，亚述则通过发展军事走向强大。

第十六章　种族迁移摧毁帝国

第三次闪米特人迁移—亚加亚人征服希腊—克里特岛的覆灭—入侵者的部落—小亚细亚的欧洲移民—穆士奇人推翻赫梯人—海上突袭埃及—荷马时代—巴勒斯坦的以色列人和非利士人—非利士文化—巴比伦国王尼布甲尼撒一世—反抗埃兰人和赫梯人的战斗—征服美索不达米亚和叙利亚—亚述人和巴比伦人交战—亚述国王提革拉-毗尼色一世—亚述国王的全面征服—穆士奇势力瓦解—美索不达米亚的狩猎活动—杀死海怪—亚述和巴比伦的衰落—赫梯文明的复兴—历史上的重要时期—非利士人成为希伯来人的领主—大卫和扫罗之国—所罗门与埃及和腓尼基的关系—与印度的海上贸易—阿拉米征服—迦勒底人—埃及国王劫掠犹大和以色列—种族迁移的历史意义

古代世界风云迭起，期间亚述走向繁荣，又突然衰落。历史巨变相继发生，主要是由于亚洲和欧洲大草原上的游牧民族广泛迁移，从而取代了定居部落。大国的军事征服也是一个干扰因素，因为他们不仅不断扩大势力范围，而且使小国结成联盟抵御共同的敌人，诱发大规模征服的野心不断膨胀。

埃及十八王朝末期，即最后的伟大君主阿蒙霍特普三世（Amenhotep Ⅲ）和阿肯那顿时期，两场规模浩大的移民运动正在进行。阿拉米移民如潮水般从阿拉伯半岛源源不断地涌入叙利亚。同时在欧洲地区，来自山地的游牧战斗民族在东南部海岸组建部落。他们穿过达达尼尔海峡侵占赫梯人的土地。这样的种族迁移注定给古老世界的历史形成带来巨大影响。

阿拉米人的迁移，或称闪米特人第三次迁移，将许多正在走向衰落的国家卷入其中。尽管大国为此做了诸多努力，却还是难逃被占领的命运。最终，闪米特人占领了整个叙利亚地区和美索不达米亚部分地区。阿拉米语也成为广阔地区混合人种沟通交流的通用语。直到来自阿拉伯半岛的第四次闪米特人迁移，或称穆斯林迁移时期，阿拉米语才被替代。第四次闪米特人迁移始于基督纪元第七世纪，移民队伍向北行进并穿过叙利亚到达小亚细亚，之后向东跨越美索不达米亚来到波斯和印度，向西穿过埃及并沿着北非海岸到达摩洛哥（Morocco），最终抵达西班牙。

当叙利亚还在承受第一次阿拉米人侵袭带来的后果时，最后一批被称为“驯马师”“牧羊人”的亚加亚人（Achaeans）征服了希腊，推翻了克里特岛米诺斯国王的王朝。里奇伟（Ridgeway）教授认为这个人种是几个世纪以来一直向南部缓缓移动的、拥有伟岸身材、浅色秀发和灰色眼睛的凯尔特人①。哈顿博士认为，凯尔特人代表着具有“北部和阿尔卑斯山人种血统的混合人种”。②而霍伊斯教授与塞尔吉教授则持有不同观点，他们认为亚加亚人“与本地（佩拉斯基-地中海）人种相比有着浅色的头发，但不一定是金色”。③ 最早的亚加亚人十分粗鲁，是未开化的野蛮人，而最后一波来自未知文明中心的亚加亚人则可能会使用铁器，甚至青铜武器。

旧时的克里特人被埃及人称为“克弗悌乌”（keftiu），他们在地中海和黑海之间经商。然而历史学家发现在阿蒙霍特普三世统治期之后的法老的碑文中再也没有关于“克弗悌乌”的记载。取而代之的是莎达娜人（Shardana），即迈锡尼人，他们以自己的名字命名了撒丁岛（Sardinia）；达那那（Danauna）人，他们被认为是荷马史诗中的达奈人（Danaoi）；阿凯瓦沙人（Akhaivasha），或许就是亚加亚人，还有图尔沙人（Tursha）和沙卡尔沙人（Shakalsha），他们可能与海盗利西亚人（Lycians）属于同一种族。

当拉美西斯二世在卡迭石打了漂亮的一仗时，赫梯国王占领了色雷斯（Thrace）和马其顿，并且进入小亚细亚。赫梯国王盟军包括来自阿拉伯半岛的阿拉米人和其他雇佣兵，例如达尔达诺人（Dardanui）和玛莎人（Masa），他们是色雷斯-弗里吉亚人（Thraco-Phrygian）的代表，曾侵占过巴尔干半岛诸国。随着时间的推移，欧洲移民破坏了赫梯联盟。移民中最主要的部落就是穆士奇人④（Muski），即希腊的穆斯基人（Moschoi），《圣经·旧约》中称之为“米设人”（Meshech）。这支部落与亚述人为敌。穆士奇人是弗里吉亚人的先驱，又或许是与后者的混合人种。

拉美西斯二世之子美尼普塔（Meneptah）法老并未从赫梯结盟中获益。相反，饥荒时他还要为赫梯提供粮食。他发现有必要进攻叙利亚，在那里他们的

---

①《大英百科全书》（第 11 版）之“凯尔特人”词条。

② *The Wanderings of Peoples*, p.41.

③ *Crete, the Forerunner of Greece*, p.146.

④ 也作 Moosh'kee。

影响力已经下降，并且不得不击退在小亚细亚落脚、从三角洲地区不断入侵的同一部落的海盗。美尼普塔与以色列人的战斗在叙利亚打响。显然，以色列人在美尼普塔统治时期开始征服迦南。

加喜特王朝结束之前，埃及拉美西斯三世[①]（Rameses Ⅲ）使他的国家免受欧洲人从水陆两路发起的大规模入侵。他在三角洲海岸驱散了一支舰队，阻止了向南穿过腓尼基向埃及边境挺进的一支强大的军队的进攻。这些事件发生在荷马时代初期，接着就是特洛伊城遭到围攻，据希腊人记载，大约始于公元前1194年。

被拉美西斯三世挫败的陆上入侵者是非利士人，他们来自克里特岛。[②] 当埃及的威望削弱后，他们侵占了迦南的海岸线地带，建立了国家，这个国家于是被称为巴勒斯坦，即“非利士人的领土”，同时埃及通往腓尼基的陆上贸易路线也得名“非利士人之路”（the way of the philistines）。读者应该非常熟悉《旧约》中非利士人与希伯来人之间的矛盾冲突。麦卡利斯特教授在书中这样写道：“希伯来人对这个国家文化的唯一贡献是他们简单的沙漠习俗和宗教组织。另一方面，非利士人来自古老世界的艺术殿堂，有着属于他们这个种族的艺术天赋：他们的确走向衰败，但依然比他们在这片土地上遇到的一切事物显得尊贵。在基色发现的非利士人的坟墓十分华丽，装点着美丽昂贵的珠宝和饰品。事实上，非利士人是占领过巴勒斯坦土地的唯一有文化和艺术天赋的种族，至少在古希腊宣称其文化艺术之影响力势不可挡之前。这些人使农夫的生活充满生机，脱离了动物般的存在。现代乡村中的农民……依旧会讲起古时那些伟大的日子，那时强大的菲尼士人[③]（Fenish）就居住在巴勒斯坦地区。”[④]

大约公元前1140年，也就是巴比伦的加喜特王朝灭亡之时，巴勒斯坦的亚摩利人被非利士人和以色列部落取代；阿拉米人扩大了在叙利亚和美索不达米亚地区的征服；穆士奇人成为赫梯人的领主；亚述的力量在古亚述时期的第二个阶段初期开始复兴；而此时的埃及由拉美西斯八世（Rameses Ⅷ）统治，他软弱无能，成为神职人员手中的提线木偶，甚至没有能力保护十八王朝法老豪华的墓室，只能眼睁睁看着财宝被土匪抢劫。

---

① 拉美西斯三世：公元前1198—前1167年。——译注

② “我岂不是领以色列人出埃及地，领非利士人出迦斐托（克里特）？”参见《阿摩司书》，viii，7。

③ 菲尼士人：非利士人。——译注

④ *A History of Civilization in Palestine*, p.58.

一个新的王朝——帕什王朝（Pashe）在古苏美尔城市伊辛兴起了。帕什王朝早期的国王与加喜特王朝晚期的国王同处一个时代，他们卷入与埃兰人的斗争中。当时埃兰人正在一步步蚕食巴比伦的疆土，最终占领纳马尔。纳马尔位于阿卡德东部，以骏马闻名于世。亚述人在阿淑尔-丹一世（Ashur-dan I）的带领下，不仅夺回了失去的领土，还侵略了巴比伦并掠夺了大量财物。阿淑尔-丹还给予加喜特王朝倒数第二位统治者①毁灭性的打击。

三年后，帕什王朝国王尼布甲尼撒一世（Nebuchadrezzar Ⅰ）登上巴比伦王位。他是极其强大和杰出的君主，是战绩卓著的将军和聪明绝顶的政治家。他的名字的意思是“愿神尼波保护我的国土”。他的第一要务是赶走埃兰人并赢回他们从神庙中抢走的米罗达神像。刚开始并不是很顺利，但尽管时值盛夏，酷暑难耐，他依然坚持作战。埃兰人被迫撤退，国王带兵紧追其主力军队，在底格里斯河支流乌拉河岸边给这些残兵败将以粉碎性的打击。接着，他入侵埃兰并带回丰厚的战利品。纳马尔失而复得，它的总督瑞缇·米罗达（Ritti Merodach）是尼布甲尼撒战场上的好伙伴。他不仅收回了曾经的家族财产，而且被免除了赋税。米罗达神像则是在又一次进攻埃兰的战争中失而复得的。加喜特和卢卢米（Lullume）的山地居民也得到了实惠，并且被教导要敬畏新君主的权力。

摆脱埃兰的控制并将亚述赶出边境后，尼布甲尼撒陷入与赫梯人的矛盾之中。赫梯人似乎已经侵占了美索不达米亚。或许他们是与穆士奇人合作，穆士奇人当时正在亚述北部地区扩张他们的势力。他们不满足对贸易路线的控制，还努力在巴比伦这个被他们攻陷的商业大都市建立永久的势力范围。这发生在尼布甲尼撒统治的第三年，那时他的统治中心依然在伊辛。他组建了一支强大的军队，一路急速向北，打败了赫梯人。显然，他取得了一次又一次胜利。或许就是在这个时期，他攻下了“西部土地”（亚摩利人的土地），并且将势力延伸到地中海海岸。埃及的势力在这个地区已经消失很久了。

占领美索不达米亚对巴比伦来说是一次标志性胜利，然而这使得尼布甲尼撒几年之后不可避免地卷入与亚述国王阿淑尔-莱什-伊什一世（Ashur-resh-ishi Ⅰ）的斗争之中。阿淑尔-莱什-伊什一世是阿淑尔-丹（Ashur-dan）之孙，同时也是著名的提格拉特-帕拉沙尔一世（Tiglath-pileser Ⅰ）之父。这位北方的君主致力

① 加喜特王朝倒数第二位统治者：指扎巴巴-舒姆-伊丁。——译注

于征服东南部的卢卢米和阿克拉米山地部落，而这些部落的领土本是由尼布甲尼撒掌控的。后来，亚述国王进入了巴比伦的边境。尼布甲尼撒将他驱逐出境，然后围攻了赞基（Zanki）的边境堡垒。然而亚述国王进行了一次突击侦查，这次侦查十分成功，使巴比伦军队陷入危险的境地。但是通过焚烧随军的攻城装备，巴比伦军队首领得以带领队伍有序撤退。

不久，尼布甲尼撒向北派遣了另一支军队，但遭到严重挫败，军队的将军卡拉什图（Karashtu）落入敌军之手。

尼布甲尼撒在位不足二十年，他通过重建被加喜特人废除的封建体制而获得贵族的效忠。他自诩为“国家的太阳，恢复了古时的地标和疆界”，还促进了人们对伊什塔尔女神的崇拜。通过夺回米罗达神像，他获得了巴比伦人的支持，并将自己的宫殿迁至巴比伦城。

尼布甲尼撒之子恩利尔-那丁-阿普利（Ellil-nadin-apli）在位仅几年时间，史书中关于他的记载寥寥无几。他的孙子马杜克-那丁-阿海（Marduk-nadin-akhe）与亚述国王提格拉特-帕拉沙尔（Tiglath-pileser）一世交战，却以惨败而告终，以至于巴比伦在此后的一个世纪里都难以走出阴影，重现辉煌。

提格拉特-帕拉沙尔一世在一个碑文中郑重地写道：“我把敌军的脚步阻挡在国土之外。”他登上国王的宝座后，亚述北部受到穆士奇及其同盟赫梯人和古米坦尼的舒蓓瑞人（Shubari）的威胁。喀什艾瑞（Kashiari）山地部落位于尼尼微北部，被撒缦以色一世征服，过了半个世纪之久才摆脱亚述的控制。这些部落的国王们显然沦为了穆士奇人的附庸。

提格拉特-帕拉沙尔首先对米坦尼发起进攻，他沿着固定的路线打击舒蓓瑞山地居民和赫梯人形成的同盟。随后，一支强大的穆士奇军队和同盟军向南逼近，目的是粉碎亚述人的势力。亚述作为一个孤立的国家，其存在受到了威胁。所幸提格拉特-帕拉沙尔完全能够应对这一局势。他在喀什艾瑞山区突袭侵略者，使之溃败。他的军队杀死敌军一万四千人，并俘虏六千名囚犯，运至阿舒尔。事实上，他完全消灭了侵略者的军队，掠走了他们的军火干粮。随后，提格拉特-帕拉沙尔又占领了几座城市，将亚述帝国的势力延伸到喀什艾瑞山区并进入米坦尼腹地。

提格拉特-帕拉沙尔的第二场战役也直指米坦尼地区。在他离开的间隙，一支由四千名强兵构成的赫梯军队占领了此地。他刚刚逼近，赫梯军队就投降了，于是他将这支军队编入自己的常备军。

随后向北的军事行动恢复了亚述在奈瑞国[①]（Nairi）曾经的辉煌。这个国家位于亚美尼亚的凡湖[②]（Lake Van）岸边。提格拉特-帕拉沙尔在此俘虏了二十多个小国国王。这些国王宣誓效忠并答应交纳年贡后才被释放。

提格拉特-帕拉沙尔在位第四年时得知阿拉米人正穿越幼发拉底河并占领米坦尼地区。这里本应是亚述的地盘，他曾在此驱逐赫梯人。通过一系列军事行动，他出其不意地打击并驱散了敌人，使他们乱作一团。接着，他入侵并劫掠了迦基米施城。随后，他的军队乘坐兽皮船穿过幼发拉底河，劫掠并摧毁了比什如（Bishru）山脚下的六座城市。

提格拉特-帕拉沙尔在这片区域率兵打仗时，曾狩猎过大型动物，他这样记录："在哈兰地带和哈布尔河岸边，我杀死了十头巨大的公象并活捉了四头。我将它们的毛皮、牙齿和活着的四头象带回了我的城市阿舒尔。"[③] 他还声称杀死了九百二十头狮子和大批野牛。当然，这丰硕的战果也包括他的军官和士兵捕获的猎物。后来一位国王称提格拉特-帕拉沙尔深入腓尼基海岸打猎，他纵身跃入大海，杀死了一只名为那卡如（nakhiru）的水怪。故事仍在继续：在阿尔瓦德（Arvad），一位不知其名的埃及国王给这位亚述王献上了一只河马，名为帕古图（pagutu），但这个故事的真实性受到质疑。大约在这个时期，埃及的势力和威望处于低谷，其使者甚至遭到腓尼基众国王的侮辱。

提格拉特-帕拉沙尔的征服又一次在巴比伦挑起了美索不达米亚问题，因为巴比伦在美索不达米亚地区的势力范围受到了入侵。尼布甲尼撒一世之孙马杜克-那丁-阿海"部署战车"抵御提格拉特-帕拉沙尔的侵略。在首次交战中，巴比伦取得了些许胜利，但后来在阿卡德的土地上战败。随后，亚述军队长驱直入，攻陷了包括巴比伦和西帕尔在内的几座城市。

亚述从此再次成为世界大国，其领土范围从赫梯人的土地延伸至巴比伦腹地。骁勇善战的军队首领带回了数不胜数的战利品，城市也因此变得更加富裕，附属国的贡品填满了城市的金库。亚述翻修了防御工事，建起更多寺庙，祭司也收到更加丰厚的俸禄。亚述还雇佣了更多艺术家和工匠，希望借他们之手重现古帝国时期消逝了的壮丽辉煌。同时，为了使疏于打理的土地和以前一样肥沃而勤勤恳恳地耕作，成千上万的奴隶遍布城市的每个角落。运河得以修缮并

---

① 奈瑞国：位于亚美尼亚的一支部族的名称，组建了国家，其力量一度十分强大。——译注

② 凡湖：土耳其最大湖泊，位于安纳托利亚高原东部，靠近伊朗边境。——译注

③ 平奇斯的翻译。

重新投入使用；阿舒尔的土木工事和码头岸壁被加固；城墙全部重建，与防御土墙相对而立，外部则由深深的护城河包围和保护；皇家宫殿也被扩建并重新装修。

同时期的巴比伦却深受内战和侵略的消耗。阿拉米人不止一次地入侵巴比伦并在南部和北部的几座城市大肆抢劫。随后，阿达德-阿普拉-伊地那（Adad-aplu-iddina）登上王位，他是“无名氏”之孙，统治巴比伦大约十年。他得到了亚述国王阿淑尔-贝尔-卡拉（Ashur-bel-kala）即提格拉特-帕拉沙尔一世之子的认可。亚述王娶了这位巴比伦国王的女儿，收到丰厚的嫁妆后便把西帕尔和巴比伦城归还给巴比伦王。阿淑尔-贝尔-卡拉膝下无子，他去世后王位由弟弟沙姆什-阿达德（Shamshi-Adad）继承。

接下来是一段模糊不明的历史时期。在不到半个世纪的时间内，巴比伦经历了两个衰弱的王朝，随后是持续大约六年的埃兰王朝，继而是持续五十多年的第八王朝（the Eighth Dynasty）。记录第八王朝早期国王及其顺序的历史文献非常匮乏。那布-穆金-阿普利（Nabu-mukin-apli）似乎是第四位君主，他在位时，阿拉米人垂涎巴比伦的土地，时常徘徊在国土周边，一有机会就一而再再而三地侵略巴比伦。那布-穆金-阿普利之后的两到三个国王的名字就不得而知了。

一个半世纪之后，提格拉特-帕拉沙尔一世从赫梯人手中夺取了北叙利亚，古亚述帝国的历史接近第二阶段末期和最后一个阶段。然而，懒惰成性、奢华糜烂的国王使帝国走向衰败，最终难以抵挡蠢蠢欲动的山地部落从四面八方的入侵。这些部落时刻做好准备，在阿淑尔政权没有得到武装保护的时候大肆进攻。

公元前950年之后，北叙利亚的赫梯人脱掉了亚述政权的外衣，重获自由，恢复了权力，在之后的一个世纪里尽享独立和繁荣。在卡帕多西亚地区，他们的同族宗亲更早地摆脱了穆士奇人的控制，而穆士奇人曾在提格拉特-帕拉沙尔一世的统治下痛苦呻吟。我们能够从这一时期赫梯的建筑和石雕中看出古老的哈提文明的印记。我们需要耐心等待有关前弗里吉亚时期的历史细节，直到能够读懂这一时期的象形文字。前弗里吉亚时期具有十分重大的历史意义，文化影响的巨浪达到最高点，推动着古老世界迈向新的时期。希腊在古迈锡尼①和克

① 迈锡尼文明：迈锡尼文明是古希腊青铜时代的文明，它由伯罗奔尼撒半岛的迈锡尼城而得名，是爱琴文明的重要组成部分。——译注

里特文明[①]的废墟上开始呈现出繁荣的景象。

或许非利士人占领巴勒斯坦的大片领土与北部赫梯势力的复兴有关系。非利士人迁至南部，成为强大的西里西亚城邦（Cilician State）的盟友。有一段时期，他们是希伯来人的领主。在这片“乐土”上，希伯来人曾经取代了老一辈的居住者，并开始用铁质武器武装自己。《撒母耳记》中有关于这种铁器的记载，他们在这种金属上制成一个“角”，并且严格控制附属国使用这种铁质兵器。《圣经》中这样记载：“那时，以色列全地没有一个铁匠，因为非利士人说，恐怕希伯来人制造刀枪。以色列人要磨锄、犁、斧、铲，就下到非利士人那里去磨。”[②] 麦卡里斯特（Macalister）教授说：“我们总是倾向于将西方描绘成昨日之物，因其新奇的发明和不断进步的文明而历久弥新，而东方则是古老不变的传统的化身。但当西方文明与东方文明首次在圣地巴勒斯坦的海岸产生碰撞时，前者则代表着过去恢宏的传统，而后者则翘首期盼未来的世界。非利士人是克里特已逝荣耀的余晖，而希伯来人的过去则是一片空白，但他们却凭借刚刚缔结的一份神圣契约进入了这片他们认为是自己遗产的圣地。”[③]

扫罗带领一支军队反抗巴勒斯坦北部的非利士人，并成为以色列王国的君主。扫罗之后即位的君主是大卫，他解救犹大于非利士人的魔爪之中，然后定都于耶路撒冷。大卫还征服了以东人（Edom）和摩押人（Moab），但在试图征服亚扪人（Ammon）时却失败了。非利士人被困在海岸上的一片限制区域，在此地他们渐渐与闪米特人融合，最终失去了自己的种族特征。在著名的所罗门王的带领下，希伯来联合王国走向了繁荣辉煌的顶峰。

如果非利士人获得赫梯人的支持，希伯来人的势力便会在埃及同盟的帮助下增强。在长达两个半世纪的时间里，埃及军队再也没能越过三角洲边界进入叙利亚。曾经为埃及法老们所拥有的土地笼罩在一片无政府主义的乌云下，接二连三的海盗和强盗团伙在埃及的海岸地区随意地安营扎寨。最终，一位名叫示撒（Sheshonk）的利比亚将军从塔尼泰王朝（the Tanite Dynasty）接替了王位。他就是与所罗门“结亲”的法老[④]，从他那里，所罗门得到了基色城，该城曾被一支埃及军队占领[⑤]。所罗门娶了示撒的女儿为妻。

---

① 克里特文明：是爱琴海地区的古代文明，属于迈锡尼文明之前的青铜文明。——译注

② *I Samuel*, xiii, 19.

③ *A History of Civilization in Palestine*, p.54.

④ *1 Kings*, iii, 1.

⑤ *1 Kings*, ix, 16.

腓尼基也在走向繁荣。推罗和西顿（Sidon）摆脱了埃及、赫梯和亚述的控制后得到快速发展，成为强大的独立城邦。在大卫和所罗门统治期间，推罗是占主导地位的腓尼基城邦。它的君主阿比巴尔[①]（Abibaal）及其儿子希兰王（Hiram）成了“西顿人的国王”，并将统治范围扩展至塞浦路斯的部分地区。希伯来人和腓尼基人的关系十分友好，最后结为同盟。

> 推罗王希兰，平素爱大卫。他听见以色列人膏所罗门，接续他父亲作王，就差遣臣仆来见他。所罗门也差遣人去见希兰，说，你知道我父亲大卫因四围的争战，不能为耶和华他神的名建殿，直等到耶和华使仇敌都服在他脚下。现在耶和华我的神使我四围平安，没有仇敌，没有灾祸。我定意要为耶和华我神的名建殿，是照耶和华应许我父亲大卫的话说，我必使你儿子接续你坐你的位，他必为我的名建殿。所以求你吩咐你的仆人在黎巴嫩为我砍伐香柏木，我的仆人也必帮助他们，我必照你所定的，给你仆人的工价。因为你知道，在我们中间没有人像西顿人善于砍伐树木。希兰听见所罗门的话，就甚喜悦，说，今日应当称颂耶和华。因他赐给大卫一个有智慧的儿子，治理这众多的民。希兰打发人去见所罗门，说，你差遣人向我所提的那事，我都听见了。论到香柏木和松木，我必照你的心愿而行。我的仆人必将这木料从黎巴嫩运到海里，扎成筏子，浮海运到你所指定我的地方，在那里拆开，你就可以收取，你也要成全我的心愿，将食物给我的家。于是希兰照着所罗门所要的，给他香柏木和松木。所罗门给希兰麦子二万歌珥，清油二十歌珥，作他家的食物。所罗门每年都是这样给希兰。耶和华照着所应许的赐智慧给所罗门。希兰与所罗门和好，彼此立约。[②]

希兰王还将很多技艺娴熟的工匠遣往耶路撒冷，协助修建寺庙和所罗门的宫殿，其中就包括一位与他同名之人。户兰[③]是“拿弗他利（Naphtali）支派中一个寡妇的儿子，他父亲是推罗人，作铜匠的。户兰满有智慧、聪明、技能，善于各样铜作”。[④]

所罗门一定与迦勒底人建立了非常友好的关系，因为他在波斯湾有一队由

---

① 阿比巴尔：推罗列王的第一位国王，在希兰王之前。——译注

② *1 Kings*，v，1-12.

③ 所罗门建造圣殿具体通过两个人：一个是推罗王希兰；另一个是推罗的工匠，名字叫户兰，希伯来文同希兰。

④ *1 Kings*，vii，14 et seq.

腓尼基水手操作的商船。《圣经》中这样写道："因为王有他施船只与希兰的船只一同航海，三年一次，装载金银、象牙、猿猴、孔雀回来。"[①] 显然他与孔雀之国印度在婆罗门时期[②]有着贸易往来。这一时期，曾经意指广阔印度河"汇集的流水"的梵文"萨穆德拉"被用来指印度洋。[③]

第三次闪米特人迁移中的阿拉米人不失时机地利用了亚述和巴比伦的衰落。他们占领了整个叙利亚，然后进入美索不达米亚地区，从而掌握了通往西方商道的完全控制权。巴比伦从北至南的广阔地区都惨遭阿拉米人的蹂躏。大批阿拉米人永久地定居巴比伦，就像汉谟拉比时代之前第二次闪米特人迁移中的亚摩利人一样。

阿拉米人在叙利亚建成许多小城邦，这其中大马士革作为重要的贸易中心，发展最快，也最强盛。在古亚述帝国覆灭之后，大马士革享有极其重要的政治影响力。

也是在这一时期，迦勒底人开始称霸巴比伦。迦勒底人的卡尔迪亚王国（Chaldaea，即卡都，代表着海岛）位于阿拉伯和埃兰之间的波斯湾海岸地带，疆土十分辽阔。汉谟拉比时代，这块土地曾经孕育了一个蓬勃发展的王朝。不止一个巴比伦国王记载他已经消灭了这个海上霸主，但其实它在整个加喜特王朝时期都依然存在。这个历史模糊不明的王国可能是由不同种族构成的，并且还受到苏美尔、埃兰、加喜特和阿拉伯军事首领们的轮流控制。加喜特衰落后，卡尔迪亚王国深受闪米特人影响，变得闪米特化。这或许是由阿拉米人的迁移造成的，波斯湾海岬地区是他们迁移的必经之地。古代苏美尔城市乌尔位于幼发拉底河西边一片广袤无垠的草原上，它也被这个海岛王国占有，后来得名"迦勒底人的乌尔"。

所罗门统治犹大和以色列时期，巴比伦分裂成众多小城邦，与苏美尔时代早期的情况相同。尼布甲尼撒一世对封建势力的复兴削弱了中央权力，结果就是有名无实的君主难以抵挡外敌入侵。阿拉米、埃兰和迦勒底的军事贵族统治着巴比伦河谷的不同地区，为了争夺霸权不断发动战争。

亚述在重获独立之时宣称对巴比伦享有主权，表面上是保护其独立，实际上却想将其占为己有。有一段时间，迦勒底人与埃兰人联合起来反抗亚述。而

---

① *I Kings*, x, 22-23.

② 婆罗门时期：史诗中所赞美的一切最著名的英雄人物生活的时代。——译注

③ *Indian Myth and Legend*, pp.83-84.

未来最终还是掌握在了迦勒底人手中，他们和加喜特人一样，成为古巴比伦居民的解放者。亚述这颗巨星陨落之后，迦勒底人恢复了巴比伦旧时的荣耀，取代苏美尔人成为西亚地区拥有智慧和学识的人。他们在叙利亚，甚至希腊，享有盛誉，被誉为“东方的智者”，还是十分有名望的占星家。

所罗门逝世后，希伯来王国的声望急剧下降。法老示撒培养了一股反抗力量使以色列从犹大独立出来，在一个绝佳的时机入侵了巴勒斯坦和叙利亚，在拉美西斯二世占有的部分土地上重建埃及的宗主权，并用丰厚的战利品和强制征收的贡品把空空如也的国库重新填满。腓尼基依然保持着独立，但在亚述人西迁之前，西顿就摆脱了推罗的控制成为独立的城邦。

从本章概述的事件中我们可以看出，大草原上游牧民族的周期性迁移对古代世界的历史影响巨大。人类迁移的浪潮是不可阻挡的，可能迁移的方向有时会发生改变，但人们最终会凭借毅力和力量克服所有障碍。亚述和埃及强大的君主们通过加强边防力量和延伸势力范围来保护国家免受“贝都因威胁”[①]，但历史的洪流无法阻挡，人类的抗争只能延缓，却不能避免历史的发生。

文中提到的这些迁移是由于自然原因造成的。气候变化导致的粮食短缺，或者和平时期人口的急剧增长都会迫使人类迁移。

移民的浪潮一旦开始涌动，便会有千千万万的支流汇入其中，最后这股大潮汇集在最有吸引力的地区。繁荣富强、治理井然的城邦会面临野蛮人入侵的危险——他们被文明的果实深深吸引。巴比伦和埃及的军事征服获得了丰厚的回报，使得两国土地丰饶，城市繁荣。来自文明中心的殖民者改造荒废的土地，将其重新利用，而总在迁移的游牧民却缺乏在未开发的土地上建立新部族的动力和经验。拥有高度文明的人们辛勤播种，累累硕果却被野蛮人偷走。

然而，不能就此得出结论，说移民潮是历史灾难，或者移民阻碍了人类向前发展。随着时间的推移，野蛮人受到教化，渐渐变得文明，并且与被他们征服的人民融为一体。文明人给停滞不前、虚弱无力的部族带来新鲜活力和勃勃生机，从而成为部落人民各领域活动的助推器。举个例子，加喜特就是巴比伦地区的一股团结和强化的力量，它摆脱了过去的桎梏，这桎梏曾使苏美尔和阿

---

①“贝都因威胁”：指来自游牧民贝都因人的威胁，在阿文中，贝都因人指“逐水草而居的人”，主要是指生活在阿拉伯半岛以及北非沙漠、荒原、丘陵和农村边缘地区的游牧和半游牧的阿拉伯人，他们经常掠劫他人财产。——译注

卡德固守着基于宿怨而形成的政策传统。它关注的是未来。拥有沙漠行走经验的游牧民促进了贸易，而贸易的苏醒开启了古老的文化中心走向兴盛的新纪元，也使得人们的联系比以往任何时候都紧密。希腊的崛起归功于亚加亚人和其他游牧战斗民族以及土生土长的佩拉斯基人的融合。孕育了古迈锡尼文明的早期城邦受到了来自埃及海岸，经由小亚细亚和腓尼基的东方文化的影响。同时，来自草原的征服者贡献了他们天赋的组织能力、简朴的生活方式和正直的道德品质。他们给希腊人的德、智、体带来了深刻的影响。

第十七章　亚述历史上的希伯来人

亚述力量的复兴—叙利亚-卡帕多西亚的赫梯人—大马士革的阿拉米城邦—美索不达米亚平原的恐怖统治—阿淑尔-纳西尔-帕尔三世的残暴统治—被征服的巴比伦和卡尔迪亚—凯尔奇山谷的昙花一现—犹大和以色列的希伯来王国—敌对的君主以及他们之间的战争—犹大国臣服于大马士革—亚哈和妻子腓尼基人耶洗别—以利亚和其他先知遭受迫害—以色列人反抗亚述人—撒缦以色成为巴比伦的领主—以色列耶户及大马士革哈薛的起义—撒缦以色打败哈薛—耶户向撒缦以色进贡—以色列的金牛崇拜（Golden Calf Worship）取代巴力崇拜（Baal worship）—犹大女王亚他利雅—约阿施国王加冕—大马士革在叙利亚和巴勒斯坦的霸权—亚述内战—沙姆什-阿达德七世的胜利—巴比伦沦为亚述的一个行省

在有关“七眠子”传奇的苏格兰版本中，七个被施了魔法的伟大英雄躺在一个洞穴中熟睡，一个牧羊人走进洞穴，吹了两声悬挂在房顶上的号角，沉睡的英雄们睁开眼睛，用肘部支撑着站了起来。然后牧羊人听到一个像风一样倏忽来去的警告的声音：“如果号角再次响起，世界将会全然覆灭。”这个声音很快就消失了。怪诞的声音和英雄们凶猛的外表着实把牧羊人吓了一跳，他匆忙退了出去并且锁上了洞穴的门，将钥匙扔进大海。接下来的故事是这样的：“如果有人找到了钥匙并且打开了门，只消吹一声号角，所有的芬兰人就会出现。这对于奥尔本①（Alban）来说将是伟大的一天。”②

在一个模糊的世纪过后，北部和西部山间雷神的胜利号角被反复吹响，似乎唤醒了睡梦中亚述的民族英雄——叙利亚的阿达德或临门，亚美尼亚的特舒卜，西赫梯王国的塔尔库。这些前来“颠覆世界”的伟大的国王们有着人们

① 奥尔本：古代苏格兰王国，今为苏格兰的一部分。——译注

② *Finn and His Warrior Band*, pp.245 et seq. (London, 1911).

耳熟能详的名字——阿淑尔-纳西尔-帕尔（Ashur-natsir-pal）、撒缦以色、沙玛什-阿达德（Shamash-Adad）、阿淑尔-丹（Ashur-dan）、阿达德-尼拉瑞（Adad-nirari）和阿淑尔-尼拉瑞（Ashur-nirari）。他们恢复并加强了亚述在中王国时期（Middle Empire）的辉煌与荣耀。

叙利亚-卡帕多西亚（Syro-Cappadocian）的赫梯人再次变得强大和富有，但没有出现像苏比路里乌玛（Subbiluliuma）一样伟大的领袖，能够将各个小城邦统一成大的帝国，从而确保各种族人民免受亚述王国好战且野心勃勃的领主们发起的战争的侵害。赫梯人的一个王国建都哈麦斯[①]（Hamath），另一个王国建都幼发拉底河岸的迦基米施[②]。塔巴尔王国（the Kingdom of Tabal）在西里西亚繁荣发展，它包括好几个城邦，如塔尔苏斯[③]、蒂亚纳[④]（Tiana）和科马纳。再往西边，则是色雷斯-弗里吉亚人的穆士奇王国（Thraco-Phrygian Muski）的统治范围。凡湖周边的部落宣示了他们的主权并扩大了势力范围。乌拉尔图城邦（the State of Urartu）的重要性日益凸显，奈瑞部落的范围也已经扩展到凡湖的东南岸。亚述王国的北部边疆不断受到来自独立的山地国家的威胁。这些国家如果联合起来共同对付亚述的话，他们将势不可挡；但是如果亚述采取各个击破的战略，他们就会轻易地被消灭。

美索不达米亚和整个叙利亚地区有许多阿拉米人的王国，其中影响力最大的当属大马士革城邦[⑤]（the State of Damascus）。公元前 885 年阿淑尔-纳西尔-帕尔三世登上王位成为亚述国王时，大马士革的国王是希伯来人的以色列和犹大王国的最高领主。那时阿拉米人的文化发展程度已经很高，成为商人和工匠。大量阿拉米人流入巴比伦、亚述和赫梯人控制的叙利亚北部地区。他们世世代代都习惯于沙漠作战，是无畏的斗士。他们的军队大多由骑兵组成，灵活性强，不会轻易被亚述的步兵和战车打败。事实上，直到亚述的常备军中有了骑兵兵种，亚述对阿拉米的战争才无往而不胜。

在阿淑尔-纳西尔-帕尔三世[⑥]之前，亚述还有两个强有力的统治者，阿达德-尼拉瑞三世（前 911—前 890）和图库尔提-尼尼普二世（Tukulti-Ninip II）

---

① 哈麦斯：叙利亚第四大城市。——译注

② 迦基米施：亚述西部重镇。——译注

③ 塔尔苏斯：土耳其中南部的一座古代城市，位于塔尔苏斯河畔。——译注

④ 蒂亚纳：巴塞罗那一省。——译注

⑤ 大马士革城邦：《圣经》中的大马色。——译注

⑥ 也被译作阿淑尔-纳西尔-帕尔。

（前 890—前 885）。前者曾袭击北叙利亚直至地中海海岸。结果，他与巴比伦发生冲突，但最终选择与其结盟。他的儿子图库尔提-尼尼普活跃在美索不达米亚南部，并且攻占了古城西帕尔[①]。在美索不达米亚北部，图库尔提-尼尼普击退了穆士奇军队的进犯。虽然他像自己的父亲那样在阿舒尔大兴土木，但还是把宫殿迁往尼尼微，这表明亚述王国在美索不达米亚北部以及通往亚美尼亚的地区再次变得强大起来。

阿淑尔-纳西尔-帕尔三世，即图库尔提-尼尼普二世的儿子，在美索不达米亚及叙利亚北部开始了一段名副其实的恐怖统治。他处理叛乱部落的方式极其血腥。叛乱的部落首领们被活剥。他洗劫叛乱的城市时，不只是战士，妇女和儿童也被屠杀，或被绑在柱子上烧死。因此，不止一次地，当阿淑尔-纳西尔-帕尔三世入侵一些小国时，小国国王不经反抗就立即投降。

在他统治的第一年，他占领了凡湖和底格里斯河上游之间的山区。尼苏通[②]（Nishtun）总督反叛的儿子布布（Bubu）被俘后，被押送至阿贝拉[③]（Arbela），并在那里被活剥。阿淑尔-纳西尔-帕尔三世同他的父亲一样，攻打了日渐衰落的穆士奇王国。之后，他转而从小亚细亚边界南下，镇压了美索不达米亚北部的一场叛乱。

一位名叫阿哈阿巴巴（Akhiababa）的觊觎王位的阿拉米人在幼发拉底河东岸的苏鲁（Suru）地区建立城邦，自立为王，其附属国卡巴尔（Khabar）和巴利克（Balikh）围绕在城邦周边。他来自于邻国阿拉米人的比特-阿迪尼城邦（Bit-Adini），似乎准备建立一个强大的联邦以对抗亚述人。

当阿淑尔-纳西尔-帕尔三世接近苏鲁地区时，城邦中的一部分人对他表示欢迎。而后他进城并俘虏了阿哈阿巴巴及其追随者。他以极其血腥的方式处理了反叛者：有些人被活剥，有些人被钉在尖桩上，还有些人被密封进一个柱子里。这个柱子是阿淑尔-纳西尔-帕尔三世特意建造的，目的是提醒阿拉米人，他的意志不容违抗。阿哈阿巴巴及其追随者被送到尼尼微，他们的皮肤在活剥后被钉在城墙上。

另一次叛乱发生在底格里斯河上游和凡湖西南岸之间的凯尔奇地区，由奈瑞部落发动，甚至得到了一些亚述官员的支持。叛乱分子遭到亚述国王可怕的

---

① 西帕尔：幼发拉底河东岸古城。——译注
② 尼苏通：也门东南部的一个小镇。——译注
③ 阿贝拉：古波斯城市。——译注

报复。当肯纳布城（the city of Kinabu）被攻破后，三千多囚犯被活活烧死，那个不忠的部落首领也被活剥。达姆达莫萨城（the City of Damdamusa）被付之一炬，继而特拉城（Tela）也遭到攻击。阿淑尔-纳西尔-帕尔三世自己记录了这次镇压叛乱的行动：

> 特拉城异常坚固，三面环墙。城中居民相信他们坚固的城墙和无数的士兵，不愿向我俯首称臣。经过战斗和屠杀，我攻陷了特拉城。我在战场上杀戮了三千名士兵，拿走战利品和财产、牛、羊，烧死俘虏。活捉的士兵，我砍断他们的四肢，或剜去他们的眼、鼻、耳，或砍掉他们的头颅，高挂在城邦附近的树上。我烧死他们的儿女。我毁了这座城，把它翻了个底朝天，并且一把火烧了它。①

这场战争使后来的几个奈瑞国王不得不承认阿淑尔-纳西尔-帕尔三世是他们的领主。叙利亚-卡帕多西亚的赫梯人如此害怕他，以至于当阿淑尔-纳西尔-帕尔三世接近他们的领土时，他们就送上贡品，不予反抗，立即投降。

很多年来，这位伟大的征服者都致力于征服叛乱的部落和拓展亚述的疆土。他的军事总部设在凯尔奇，宫殿也迁到那里。在那里他抽调了成千上万名囚犯，将他们纳入亚述军队。出于战略目的，亚述王国在不同地区建立了殖民地，在某些北部城邦还以官员取代了小的城邦主。

美索不达米亚平原的阿拉米人给阿淑尔-纳西尔-帕尔制造了很多麻烦。即使阿淑尔-纳西尔-帕尔在苏鲁地区实行高压政策，作为巴比伦盟国的南部部落苏希（Sukhi）还是在美索不达米亚发动了叛乱。有一次，阿淑尔-纳西尔-帕尔向南进发时路过这一地区，攻击了苏希和巴比伦的联军。当时巴比伦军队由巴比伦国王那布-阿普鲁-伊丁（Nabu-aplu-iddin）的兄弟赞丹奴（Zabdanu）指挥，他显然急于重新控制西部商道。然而，事实证明亚述是一个过于强大的对手。战争结果是，亚述大获全胜，并且俘虏了巴比伦的将军以及三千名士兵。巴比伦和卡尔迪亚王国的人民迫于亚述军力的威慑，不得不同意增加朝贡。

阿淑尔-纳西尔-帕尔在位长达四分之一世纪，但他的战争岁月在其中占到不足一半。积累了足够的战利品、帝国也确保和平后，他开始致力于重建凯尔奇。他在那里建造了一座伟大的宫殿，并且记录下他的丰功伟绩。他还扩建并重新装修了位于尼尼微的王宫，对建造神庙也颇为用心。

附属国的贡品源源不断地涌入。北方的山地部落供奉了葡萄酒、玉米、牛、

---

① *A History of the Babylonians and Assyrians*, G.S.Goodspeed, p.197.

马和绵羊，美索不达米亚的阿拉米人以及叙利亚-卡帕多西亚的赫梯人则献上了大量金、银、铜、铅、珠宝、象牙，以及装饰华丽的家具、盔甲和武器。此外，附属国还送来了艺术家和工匠。这一时期的艺术受腓尼基文化影响很大。

阿淑尔-纳西尔-帕尔位于凯尔奇的宏伟宫殿后来被莱亚德发掘。那时正值春季，他生动地描绘了这座古老城市所在的那片翠绿的平原。“那片被称为杰夫（Jaif）的草场因足量且肥沃的牧草而广负盛名”。他写道：“在和平时期，土耳其权贵以及将军的种马，连同骑兵部队的战马以及摩苏尔居民的马都会被送到这里喂养。草原上各色花朵争奇斗艳。这些花儿并非像在北部地区那样零星散落在草间，相反，它们花团锦簇，布满草原，使得整个草原看起来就像五颜六色的拼图。狩猎归来的猎狗从被花儿装点的五颜六色的长草中冒出来，在花丛中奋力穿行。经过一天的劳作后，晚上我常常坐在帐篷门口，充分享受大自然赋予我的安静平和。郁郁葱葱的低矮的山丘隔开了河流和沙漠，黄昏来临，太阳掩起妩媚的笑脸，纵身慢慢没入山丘之间。笼罩着大地的金光渐渐褪去，山川河流披上了一层透明轻纱，清澈无云的天空投下最后一缕阳光。眺望远方，目光越过扎卜河（Zab）和卡沙夫（Keshaf），一片庄严肃穆的废墟在夜晚的薄雾中若隐若现。再向远处，朦胧中一座孤零零的山峰俯瞰着整个阿贝拉古城。库尔德（Kurdish）山脉顶峰的积雪反射着最后一丝太阳光，奋力与黄昏做斗争，仿佛不忍太阳的离去。远处轻轻飘来了羊群的咩咩声和牛群低沉的吼叫声，慢慢地，声音近了、响亮了，萦绕在帐篷周围，是它们从草场回来了。女孩们兴奋地在草地上奔跑，寻找父亲赶来的牛群。也有三三两两的牛落单了，它们慢悠悠地寻找熟悉的伙伴，女孩们便俯下身子挤着牛奶。打水的人从河边归来，头上或肩上托着盛满水的罐子；还有些人姿势随意、兴高采烈地站在满载着新割牧草的马车上。”①

到了3月，阿淑尔-纳西尔-帕尔的大军穿过美丽的草场，带回了重大战役的战利品——牛、马、羊、绣花服饰、金银、象牙、珠宝及许多国家的特产；成千上万的战俘被聚集起来建造宏伟的建筑，这些建筑物最终不是变得腐朽，就是被流沙掩埋。

莱亚德挖掘了这位国王的宫殿，并将所得连同其他宝藏一起运往伦敦，例如守卫在宫殿入口处长有翅膀的庄严的人面狮子及许多浅浮雕。

这个时期亚述的雕塑工艺尚且不足，缺乏苏美尔和阿卡德艺术的精致和想

---

① *Discoveries at Nineveh*, Sir A.H.Layard (London, 1856), pp.55, 56.

象力，但却充满活力，端庄威严、规模庞大、栩栩如生。它们反映出亚述的伟大——尽管是以物质为基础的。亚述的艺术注重外形的勾画，而非努力创造一个“美丽的事物”，让人永远感到精神愉悦。

阿淑尔-纳西尔-帕尔死后，他的儿子撒缦以色三世（前860—前825）登上王位。撒缦以色三世的军事活动贯穿了他整个统治时期，他那块著名的黑色方尖碑上记录了不少于三十二次的军事远征。

由于撒缦以色是第一个与希伯来人有直接接触的亚述国王，因此在这里回顾一下《圣经》中记载的以色列和犹大这两个分裂王国的历史还是非常有趣的。因为这段历史叙述了撒缦以色统治早期在美索不达米亚和叙利亚所面临的政治局势。

所罗门死后，他的儿子罗波安[①]（Rehoboam）统治的王国被局限在犹大、班杰明（Benjamin）、莫阿布[②]（Moab）和以东[③]（Edom）地区。以色列的“十支派”[④]（ten tribes）奋起反抗，后来被耶罗波安[⑤]（Jeroboam）统治，其首府位于得撒（Tirzah）。[⑥]“罗波安和耶罗波安时常争战。”[⑦]

使希伯来人团结在大卫和所罗门的统治之下的宗教组织被迫解散。耶罗波安建立了迦南人的宗教，并制作了神像和铸像。他因这种偶像崇拜而受到先知亚希雅（Ahijah）的谴责，亚希雅宣称：“耶和华必击打以色列人，使他们摇动，像水中的芦苇一般；又将他们从耶和华赐给他们列祖的美地上拔出来，分散在大河那边。因为他们做木偶，惹耶和华发怒。因耶罗波安所犯的罪，又使以色列人陷在罪里，耶和华必将以色列人交给仇敌。”[⑧]

在犹大，耶罗波安同样“行耶和华眼中看为恶的事”；他的臣民也“在各高冈上，各青翠树下筑坛，立柱像和木偶”。[⑨] 遭遇埃及法老示撒的袭击之后，耶罗波安忏悔了。“王自卑的时候，耶和华的怒气就转消了，不将他灭尽，并且在

---

① 罗波安：所罗门的儿子，犹大王。——译注

② 莫阿布：死海东面的古王国。——译注

③ 以东：死海东面的古代南亚王国。——译注

④ 以色列的“十支派”：以色列有十二个儿子，后代形成十二支派，后来在巴勒斯坦统一成为一个国家，之后又分裂成为两个国家，分别是由十个支派组成的北国和两个支派组成的南国。——译注

⑤ 耶罗波安：以色列王。——译注

⑥ “我的佳偶啊，你美丽如得撒，秀美如耶路撒冷。”——《旧约·雅歌》

⑦ *2 Chronicles*, xii, 15.

⑧ *1 Kings*, xiv, 1-20.

⑨ *1 Kings*, 21-23.

犹大中间也有善益的事。”[①]

罗波安死后，他的儿子亚比雅（Abijah）接替王位。亚比雅粉碎了耶罗波安的势力，当耶罗波安在战场上被包围后，击败了他，就像埃及法老拉美西斯二世被赫梯军队包围一样。“以色列人在犹大人面前逃跑，神将他们交在犹大人手里。亚比雅和他的军兵大大杀戮以色列人。以色列人仆倒死亡的精兵有五十万。那时，以色列人被制服了，犹大人得胜，是因倚靠耶和华他们列祖的神。亚比雅追赶耶罗波安，攻取了他的几座城，就是伯特利（Bethel）和属伯特利的镇市，耶沙拿（Jeshanah）和属耶沙拿的镇市，以法莲（Ephraim）和属以法莲的镇市。亚比雅在世的时候，耶罗波安不能再强盛，耶和华攻击他，他就死了。”[②]

然而，耶罗波安死前，“亚比雅与他的列祖同睡，葬在大卫的城里。他儿子亚撒接续他做王。亚撒年间，国中太平十年。亚撒行耶和华他神眼中看为善为正的事。除掉外邦神的坛和丘坛，打碎柱像，砍下木偶。吩咐犹大人寻求耶和华他们列祖的神，遵行他的律法、诫命；又在犹大各城邑除掉丘坛和日像，那时国享太平；又在犹大建造了几座坚固城。国中太平数年，没有战争，因为耶和华赐他平安”。[③] 耶罗波安在亚撒统治的第二年去世，他的儿子拿答（Nadab）继承王位，他“行耶和华眼中看为恶的事，行他父亲所行的，犯他父亲使以色列人陷在罪里的那罪”。[④] 拿答向非利士人发动战争并包围了基比顿（Gibbethon）。巴沙[⑤]（Baasha）背叛拿答，将其杀死。以色列王国第一王朝就此结束。

巴沙称王，继续向犹大国发起挑战。成功地对犹大王亚撒发动战争之后，他开始在仅距耶路撒冷北部几英里的拉玛（Ramah）修筑防御工事，“不许人从犹大王亚撒那里出入”。[⑥]

现在，以色列是强大的大马士革王国的盟友之一，它在阿淑尔-纳西尔-帕尔一世统治时期抵抗了亚述军队的进攻，同时高调支持美索不达米亚北部众国王的反抗。犹大名义上受埃及管辖，但埃及当时受内乱所累，既无法在犹大宣示主权，

---

① *2 Chronicles*, xii, 1-12.

② *2 Chronicles*, xiii, 1-20.

③ *2 Chronicles*, xiv, 1-6.

④ *1 Kings*, xv, 25-26.

⑤ 巴沙：先知亚希雅的儿子。——译注

⑥ *1 Kings*, xv, 16-17.

也无法帮助犹大国王抵抗以色列人的进攻。

危急时刻，犹大寻求大马士革国王的帮助。亚撒将耶和华殿和王宫府库里所剩下的金银都交在他臣仆手中，打发他们往大马色[①]的叙利亚王，希旬（Hezion）的孙子、他伯利们（Tabrimon）的儿子便-哈达（Ben-hadad）那里去，说："你父曾与我父立约，我与你也要立约。现在我将金银送你为礼物，求你废掉你与以色列王巴沙所立的约，使他离开我。"[②]

便-哈达愉快地接受了邀请。他对以色列发动战争，巴沙被迫放弃在拉玛修筑防御工事。"于是亚撒王宣告犹大众人，不准一个推辞，吩咐他们将巴沙修筑拉玛所用的石头、木头都运去，用以修筑班杰明的迦巴（Geba）和米斯巴（Mizpah）。"[③]

犹大和以色列因此都臣服于大马士革，不得不承认大马士革的王为他们所有纠纷的仲裁者。

统治约二十四年后，以色列王巴沙于公元前 886 年去世，他的儿子以拉（Elah）"在犹大王亚撒二十六年"登上王位。他仅统治以色列一年多就被"管理他一半战车的臣子心利"谋杀了，那是他在"位于得撒的一栋房子里的管家亚杂（Arza）家里喝醉的时候"。[④] 以色列国的第二王朝就此结束。

心利的叛乱是短命的，他仅统治了"七日在得撒"。那时军队正在"围攻非利士的基比顿。民在营中听说心利背叛，又杀了王，故此以色列众人当日在营中立元帅暗利（Omri）作以色列王。暗利率领以色列众人从基比顿上去，围困得撒。心利见城破失，就进了王宫的卫所，放火焚烧宫殿，自焚而死"。[⑤]

暗利登上王位激起了竞争对手提比尼（Tibni）极大的不满。"但随从暗利的民，胜过随从基纳的儿子提比尼的民。提比尼死了，暗利就做了王。"[⑥]

暗利建造了撒马利亚（Samaria），六年的统治即将结束时，他将都城从得撒迁至撒马利亚。暗利死后，他的儿子亚哈（Ahab）继承王位，"犹大王亚撒三十八年，暗利的儿子亚哈登基做了以色列王。暗利的儿子亚哈行耶和华眼中看为恶的事，比他以前的列王更甚"。这对父子如此臭名昭著，以至于先知弥迦

① 大马色：大马士革。——译注

② *1 Kings*, 18-19.

③ *1 Kings*, 20-2.

④ *1 Kings*, xvi, 9-10.

⑤ *1 Kings*, 15-18.

⑥ *1 Kings*, 21-22.

（Micah）向他那个时代故伎重演的人宣称道："因为你守暗利的恶规，行亚哈家一切所行的，顺从他们的计谋；因此我必使你荒凉，使你的居民令人嗤笑，你们也必担当我民的羞辱。"① 亚哈显然是西顿的盟友，也是大马士革的附庸，因为他娶了西顿王的女儿——臭名昭著的公主耶洗别（Jezebel）。他也成为腓尼基神巴力的崇拜者，在撒马利亚有为巴力建造的神庙。"亚哈又作亚舍拉，他所行的惹耶和华以色列神的怒气，比他以前的以色列诸王更甚。"② 俄巴底（Obadiah）是亚哈家的总管，他"甚是敬畏耶和华"。然而，直率的先知以利亚（Elijah）却是耶洗别的死敌。耶洗别杀耶和华众先知的时候，俄巴底将一百个先知藏在两个山洞里，其中便包括以利亚。③

亚哈变得如此强大，以至于大马士革的便-哈达二世（Ben-hadad Ⅱ）开始寻衅滋事，并出兵攻打撒马利亚。正在这个时候，亚哈给便-哈达送去口信，口信至今仍很出名："你告诉他说，才顶盔贯甲的，休要像摘盔卸甲的夸口。"以色列人从撒马利亚出发，分散了侵犯者的兵力。"以色列人追赶他们。叙利亚王便-哈达骑着马和马兵一同逃跑。以色列王出城攻打车马，大大击杀叙利亚人。"事后，便-哈达的谋士使他相信他的失败是因为以色列人的神是"山神，所以他们胜过我们"。谋士们继续说："我们在平原与他们打仗，必定得胜。"次年，便-哈达与以色列人在亚弗（Aphek）交战，但再次战败。于是，他发现有必要与亚哈订立一个"契约"。④

公元前854年，亚述的撒缦以色三世开始对阿拉米的叙利亚人发动战争。两年前他就摧毁了阿胡尼（Akhuni）的势力，阿胡尼是美索不达米亚北部比特-阿迪尼国的国王，也是众小国组成的强大联盟的领导人。此后，撒缦以色三世转向西南地区，袭击了赫梯人的哈麦斯城邦以及阿拉米人的大马士革城邦。叙利亚各王国联合起来反对他，以一支由七万盟军组成的军队，试图阻挠他在奥龙特斯河（the river of Orontes）上的卡加尔（Qarqar）的进攻。虽然撒缦以色在这场战争中取得了胜利，但他并未因此而占有多少优势，因为他无法更进一步。参战的盟军中有大马士革的便-哈达二世和以色列的亚哈，后者拥有多达一万的兵力。

亚哈继位四年后，亚撒在耶路撒冷去世，他的儿子约沙法（Jehoshaphat）

---

① *Micah*, vi, 16.

② *1 Kings*, xvi, 29-33.

③ *1 Kings*, xviii, 1-4.

④ *1 Kings*, xx.

继位，称犹大王。“约沙法行他父亲亚撒所行的道，不偏离左右，行耶和华眼中看为正的事，只是邱坛还没有废去，百姓仍在那里献祭烧香。”①

这段时期，以色列和犹大之间没有任何战争记录，但很明显，两个王国已经联合在一起，并且以色列占主导地位。约沙法“与亚哈结亲”，几年之后，他去撒马利亚，在那里他受到热情接待。② 两个国王于是在一起密谋。显然约沙法与亚哈均渴望摆脱大马士革的控制。大马士革当时正严防亚述的入侵。《圣经》中记载，约沙法和亚哈集结军队，踏上征途去往基列（Gilead）的拉末（Ramoth），以色列声称要将它“从叙利亚国王的手中夺过来”。③ 在接下来的战斗中（前853），以色列国王亚哈受了重伤，“到晚上，王就死了”。亚哈死后，他的儿子亚哈谢（Ahaziah）继位，并承认了大马士革的宗主权。在位两年后，亚哈谢的兄弟约兰继承王位。

约沙法并未再次与大马士革发生冲突，他致力于本国的发展，并试图复兴所罗门统治时期波斯湾异常繁荣的海上贸易。“约沙法制造他施船只，要往俄斐去，将金子运来；只是没有去，因为船在以旬迦别破坏了。”以色列国王亚哈谢给他提供腓尼基的水手，但被约沙法拒绝。④ 显然约沙法与迦勒底人有着密切的贸易往来，迦勒底人正试图侵占巴比伦的领土，并威胁巴比伦王的权力。约沙法去世后，约兰继位，执政八年。

公元前854年，撒缦以色三世在奥龙特斯河岸的卡加尔击退了叙利亚盟军后，发现有必要继续侵占巴比伦。于是，他继位不久，便与巴比伦国王那布-阿普鲁-伊丁结盟，以便亚述王国能够在美索不达米亚的西北部自由活动，无须惧怕对手的攻击。那布-阿普鲁-伊丁死后，他的两个儿子马杜克-扎基尔-舒姆（Marduk-zakir-shum）和马杜克-贝尔-塞特（Marduk-bel-usate）展开了王位之争。马杜克-扎基尔-舒姆作为王位的合法继承人，向撒缦以色寻求帮助，于是撒缦以色立刻宣示了他在巴比伦王国的主权。公元前851年，得到一支阿拉米军队支持的马杜克-贝尔-塞特最终被击败并处死。

随后马杜克-扎基尔-舒姆统治了巴比伦，巴比伦成为亚述的附属国，其领主撒缦以色则向巴比伦、波尔西帕以及古他的诸神献祭。后来，撒缦以色征服了迦勒底人，迫使其进献年贡。

---

① *1 Kings*, xxii, 43.

② *2 Chronicles*, xviii, 1-2.

③ *1 Kings*, xxii; 2 *Chronicles*, xviii.

④ *1 Kings*, xxii, 48-49.

在接下来的一年，撒缦以色不得不带领军队进入美索不达米亚北部，镇压了一次新的叛乱。然而，西部的盟军很快又联合在一起，积聚力量。公元前846年，撒缦以色发现必须带着大批军队返回。敌军虽被赶跑，但撒缦以色再也没有取得任何永久性的胜利。西部各王国，包括大马士革、以色列、推罗和西顿，并没有屈服，而是继续密谋反对他。

然而，叙利亚盟军的抵抗力正在被内部的叛乱大大削弱，叛乱可能是由亚述使臣们鼓动而起。以东摆脱犹大的约束，获得独立。犹大国王约兰已去世，他的妻子是以色列公主亚他利雅（Athaliah）。他的儿子亚哈谢继位，加入堂兄和领主以色列约兰王的军队，协助其攻陷大马士革王控制下的基列的拉末 。以色列约兰王占领了拉末，却受了伤，于是返回耶斯列（Jezreel）疗伤。[1] 他是以色列暗利王朝（Omri Dynasty）的最后一个王。先知以利沙派使者去耶户那里。耶户是一个军队首领，就住在基列的拉末。使者去时带去一瓶膏油和一个不祥的消息："耶和华以色列的神如此说：我膏你做耶和华民以色列的王。你要击杀你主人亚哈的全家，我好在耶洗别身上伸我仆人众先知和耶和华一切仆人流血的冤……耶洗别必在耶斯列田里被狗所吃，无人葬埋。"

耶户"密谋杀掉约兰"。在随从的陪护下，耶户"坐车到耶斯列去"，因此他可能是第一个反抗他将废黜的王的人。

耶斯列塔楼上的守卫看到耶户带着一群人来，便把此事通报给约兰王。约兰王两次遣使者前去询问："平安不平安？"使者们都没有回来，守卫便向这位受伤的以色列王报告说："他到了他们那里，也不回来。车赶得甚猛，像宁示的孙子耶户的赶法。"

约兰王便驾车出去迎接耶户，知道耶户此行的真实目的后，约兰王转身就逃。耶户拉弓射穿了约兰王的心脏。犹大国王亚哈谢拼命藏身于撒马利亚，但最终还是被杀。耶洗别被从王宫内室的窗户扔了下来，耶户手下的士兵骑马从耶洗别的尸体践踏过去，最后尸体被狗吃掉。[2]

与约兰王在基列的拉末交战的叙利亚王就是哈薛（Hazael）。哈薛谋杀了便-哈达二世。当便-哈达因病卧床的时候，哈薛浸湿棉被，蒙住便-哈达的脸使其窒息而死。然后，他在大马士革称王。先知以利沙曾在哈薛面前哭诉："我知道你必苦害以色列人，用火焚烧他们的保障，用刀杀死他们的壮丁，摔死他们

---

① *1 Kings*, viii.

② *2 Kings*, ix; *2 Chronicles*, xxii.

的婴孩，剖开他们的孕妇。”[1]

亚述征服叙利亚的时机似乎已经成熟。公元前 843 年，撒缦以色三世跨越幼发拉底河第十六次进入叙利亚。他的第一个目标是阿勒颇[2]（Aleppo），那里的人民欢迎他。他在那里向当地的雷神哈达德献祭，然后突然向南进发。哈薛出兵反抗亚述人的进军，并在赫尔蒙山（Mount Hermon）附近与亚述军队发生冲突。“我和他开战，”撒缦以色三世记录道，“并且打败了他，我用战剑杀死了他一千六百名士兵，缴获一千一百二十一辆战车和四百七十匹战马。他仓皇逃命去了。”

为逃避追杀，哈薛躲在大马士革的城墙内。亚述人围攻但未攻破大马士革，于是撒缦以色三世的军队洗劫和烧毁了不计其数的城市，抢走大批战利品。“在那段时期，亚述人将大马士革团团围住，但并未俘获哈薛，”撒缦以色三世记录道，“我收到了来自推罗人、西顿人和暗利的儿子耶户进贡的物品。”以下是耶户进贡物品的详细信息，由平奇斯教授根据一座浅浮雕上的文字翻译而来：

> 我收到暗利的儿子耶户进贡的物品如下：银，金，一个金杯，金花瓶，金船，金桶，铅和权杖。[3]

平奇斯教授补充道：“值得注意的是亚述人名的构成，Yaua 表明当时不发音的希伯来语首字母放在末尾时是发音的，因此希伯来人一定称他为 Yahua（Jehua）。”

撒缦以色三世没有再攻打大马士革，因此他的势力范围仅限于北叙利亚。事实是，他发现将版图扩展到小亚细亚更有利可图。几年来，他一直致力于控制西北商道，从未停止过征战的步伐，直至征服西里西亚，并占领赫梯人的塔巴尔王国和马拉提亚王国。

同时，大马士革王哈薛对轻易便承认亚述宗主国地位的不忠的盟友以色列国进行了疯狂的报复。“在那些日子，耶和华才割裂以色列国，使哈薛攻击以色列的境界，乃是约旦河东、基列全地，从靠近亚嫩谷边的亚罗珥起，就是基列和巴珊（Bashan）的迦得人（Gadites）、流便人（Reubenites）、玛拿西人（Man-

---

① *2 Kings*, viii, 1-15.

② 阿勒颇：叙利亚的一个城市。——译注

③ *The Old Testament in the Light of the Historical Records and Legends of Assyria and Babylonia*, pp.337 et seq.

assites）之地。”[①] 于是，以色列完全处于大马士革的掌控之下。耶户一直抱有将以色列和犹大统一起来的野心。他的反叛得到正统希伯来人的支持。他开始在王国北部进行改革，以期重建大卫之神的崇拜。他迫害巴力的先知，但很快又故伎重演，因为他虽然放弃了腓尼基人的宗教，“只是耶户不离开尼八的儿子耶罗波安使以色列人陷在罪里的那罪，就是拜伯特利和但的金牛犊（Golden calf）”。[②] 显然，他发现获得“天界女王”崇拜者的支持是很有必要的。

> 以色列女王亚他利雅的儿子亚哈谢被耶户杀死，随后亚他利雅称王。[③] 她意图剿灭“犹大王室”。然而另一个女人挫败了她那残忍的计划。这个女人就是约示巴（Jehoshabeath），亚哈谢的妹妹、祭司耶何耶大（Jehoiada）的妻子，她偷出了亚哈谢的儿子——年轻的王子约阿施（Joash），把“他和他的乳母”都藏在“神殿”的卧房里，在那里约阿施被护卫保护了六年。[④]

一段时间之后，祭司耶何耶大煽动了一场针对崇拜巴力的犹大女王的叛乱。在获得了皇家护卫队以及一部分军队的支持后，他将七岁的王子约阿施从圣殿里领出来，给他戴上王冠，并将证据交给他，立他为王。耶何耶大和他的儿子们用油膏他，说：“愿王万岁。”

> 亚他利雅听见护卫兵和民的声音，就到民那里，进耶和华的殿，看见王照例站在柱旁，百夫长和吹号的人侍立在王左右，国中的众民欢乐吹号；亚他利雅就撕裂衣服，喊叫说：“反了，反了。”
>
> 于是耶何耶大带管辖军兵的百夫长出来，吩咐他们说：“将她赶到班外，杀死所有跟随她的人。”因为祭司表示不可以在耶和华殿里杀她。因此，士兵将手放在她的肩上；当她走到王宫的马门时，便在那里把她杀了。
>
> 耶何耶大与众民与国王立约，都要做耶和华的民。于是众民都到巴力庙，拆毁了庙，打碎坛和像，又在坛前将巴力的祭司玛坦杀了。[⑤]

以色列的耶户死后，他的儿子约哈斯（Jehoahaz）继位。“耶和华的怒气向以色列人发作，将他们屡次交在叙利亚王哈薛和他的儿子便-哈达的手里。”于

① *2 Kings*, x, 32-33.
② *2 Kings*, 1-31.
③ *2 Kings*, xi, 1-3.
④ *2 Chronicles*, xxii, 10-12.
⑤ *2 Chronicles*, xxiii, 1-17.

是，约哈斯开始忏悔，他“恳求耶和华，耶和华就听允他，因为见以色列人所受叙利亚王的欺压。耶和华赐给以色列人一位拯救者，使他们脱离叙利亚人的手”。[①] 这位“拯救者”便是亚述。不仅以色列，还包括犹大、以东、非利士人和亚扪人都被迫承认大马士革的宗主国地位。

撒缦以色三世统治下的帝国幅员辽阔，国力强大。他的将领们常年驻守边境镇压叛乱。当他征服了赫梯人之后，塔巴尔国王凯提（Kati）将自己的女儿送给了他，这位公主被收入撒缦以色三世的后宫。米底人部落向他称臣，奈瑞和乌拉尔图部落在北部边界继续与他的士兵作战，正如印度的边境部落与英国军队作战那样。乌拉尔图王国变得越来越强大。

公元前829年，内战的爆发撼动了伟大帝国的根基。叛军由撒缦以色的儿子阿淑尔–丹宁–阿普利（Ashur-danin-apli）领导，他显然希望取代国王沙姆什–阿达德（Shamshi-Adad）。阿淑尔–丹宁–阿普利是一个受欢迎的英雄，他得到亚述大多数重要城市的支持，包括尼尼微、阿舒尔、阿贝拉、伊姆古尔贝（Imgurbe）、迪尔–巴拉特（Dur-balat）及一些附属国的支持。撒缦以色保留了凯尔奇和美索不达米亚北部的省份，看来大部分军队依然效忠于他。

四年内战之后，撒缦以色去世。他选择的继承人沙姆什–阿达德七世为争得王位不得不继续奋斗了两年多。

这位新国王最终平定了王国内最后一次叛乱后，他又不得不重新征服内战期间不再效忠亚述的城邦。北方的乌拉尔图变得更加咄咄逼人，叙利亚人公开挑衅，米底人大胆突袭，巴比伦人与迦勒底人、埃兰人及阿拉米人相互勾结反抗新国王的统治。然而，事实证明，沙姆什–阿达德七世与他父亲一样，是一位伟大的将领。他征服了米底人和奈瑞部落，烧毁了许多城池，聚敛了大量贡品，成千上万的囚犯被带走并被迫效忠于他。

在北部建立起权威后，沙姆什–阿达德七世将目光投向巴比伦。在南进的路上他征服了许多村庄。在阿卡德的迪尔–帕苏卡拉（Dur-papsukal），他与巴比伦联军的第一支主力部队交战，结果大获全胜，杀死一万三千名敌军，带走三千名俘虏。之后巴比伦王马杜克–巴拉苏–伊克比（Marduk-balatsu-ikbi）率领由巴比伦人、迦勒底人、埃兰人以及阿拉米人组成的联军继续与他交战，但在大阪运河（Daban canal）河岸的激战中再次被击败。巴比伦军营被占领，亚述军队带走的俘虏包括五千名步兵、两百名骑兵和一百辆战车。

---

① *2 Kings*, xiii, 1-5.

沙姆什-阿达德七世在巴比伦和迦勒底共发动五次战争，最终迫使他们彻底臣服，他的势力范围也深入到波斯湾海岸。最后，他俘虏了巴比伦的新王巴乌-阿克-伊地那（Bau-akh-iddina），即马杜克-巴拉苏-伊克比的继承人，将其送到亚述，并摆上贡品，奉其为巴比伦、波尔西帕以及古他的领主。这场灾难过去半个多世纪后，巴比伦成为亚述的一个行省。然而在那个时期，巴比伦对亚述皇室的影响极大，导致第二亚述帝国皇室的垮台。

第十八章 塞米拉米斯时代

塞米拉米斯的原型萨穆-拉玛特女王—“女性崇拜者”中的“女权”—塞米拉米斯与王后缇之比较—女神崇拜的流行—神庙崇拜和国内崇拜—巴比伦文化对亚述的影响—沙玛什崇拜中的道德倾向—尼波的宗教反抗—埃及阿托恩反抗—亚述皇家图书馆—亚述的巴比伦鱼神—塞米拉米斯与夏琨塔拉的故事—假国王和王后—亚述、腓尼基和塞浦路斯的鸽神—伊什塔尔的鸽子形态—情人节信仰—克里特人、赫梯人以及埃及人的圣鸽—大不列颠和爱尔兰的鸽子传说—与各种动物相关的神祇—图腾理论—古代女神崇拜的共同点—农业信仰的影响—尼波、埃阿的一种形态—尼波的配偶塔什米特（爱神和调解之神）—著名的母亲女神的传统—以色列的“拯救者”阿达德-尼拉瑞四世—乌拉尔图帝国的扩张—乌拉尔图著名的国王—亚述中王国的衰落

在美索不达米亚的历史上，亚述中王国时期最有趣、最著名的人物之一便是萨穆-拉玛特（Sammu-rammat），一个亚述统治者的巴比伦妻子。像阿卡德的萨尔贡王、亚历山大大帝以及迪特里希·凡·贝恩（Dietrich von Bern）一样，她因为自身的功绩与影响而给人类的想象力打上了深刻的烙印。传统上，人们将上述君王等同于战争或生育之神，却将她与主宰人类命运的爱神和战神联系起来。这位亚述国的王后在希腊文学中以传奇人物塞米拉米斯的形象出现，同时被誉为阿斯卡伦[①]（Askalon）的鸽神与鱼神德塞特之女，最后以鸟的形态离开这个世界。

塞米拉米斯究竟是沙姆什-阿达德七世（Shamshi-Adad Ⅶ）之妻，还是其儿子阿达德-尼拉瑞四世（Adad-nirari Ⅳ）之妻，还不得而知。在沙姆什-阿达德七世将巴比伦变成亚述的附属国之前，曾与巴比伦国王签订了一项和平协议，而且暗示这项和平协议将以缔结姻亲结盟的方式加以确认。巴比伦国王巴乌-阿

① 阿斯卡伦：古巴勒斯坦城市。——译注

克-伊地那拒绝了这项协议，他后来和其皇宫宝物一起被移交给亚述。

塞米拉米斯是巴比伦的公主，她的婚姻显然带有明确的目的性——使亚述领主名正言顺地登上巴比伦王国的宝座。当时在这些国家，“母权”很流行，人们对于“大母神”的崇拜，即使不是官方信仰，至少在民间信仰中是根深蒂固的。不少埃及法老都是以皇家公主的丈夫或儿子的身份登上王位的。赫梯人也遵守女性继承这一传统。

当哈图西里二世将他的女儿嫁给亚摩利（Amorites）国王普塔奇（Putakhi）时，他在结盟协议中添加了一项条款：“亚摩利的王位应永远属于儿子以及他女儿的子嗣。”[1]

作为王后抑或是母后，塞米拉米斯在亚述高居显位，正如埃及王后缇在她的丈夫阿蒙霍特普三世或是她的儿子阿蒙霍特普四世（Amenhotep IV）执政时期享有尊贵的地位一样。阿玛尔纳书信证实了王后缇在埃及“外交部”的影响，在国内她则与丈夫联合执政，并与丈夫一起出席公共仪式。他们执政时期修建了母亲女神穆特[2]的神庙，神庙旁边建有一个巨大的湖泊，与神秘的宗教仪式有关的“阿托恩船”（barque of Aton）泊于湖上。自从阿肯那顿的宗教反叛[3]开始以来，“穆特崇拜”便戛然而止，王后缇也宣布退隐。在阿肯那顿时代，象征穆特女神的秃鹰标志并未出现在皇室人物的雕像中。

在王后缇执政时期，阿托恩神与穆特的关系始终是一个谜。没有证据显示阿托恩就是第一个被尊为伟大母亲女神之子的神，但这也并非全无可能。

亚述王后塞米拉米斯与埃及王后缇一样，都与社会和宗教改革有关联。塞米拉米斯是亚述第一个，也是唯一一个与丈夫享有平等地位、一起被载入官方铭文的皇室女性。在献给巴比伦智慧和农业之神尼波的题词中，她被誉为“阿达德-尼拉瑞生命的守护者、阿淑尔土地之王、他的主、塞米拉米斯的生命、皇宫的她、他的女人”。[4]

阿达德-尼拉瑞四世执政时期，亚述发扬了巴比伦的传统和文化。阿达德-尼拉瑞四世不仅记录了他拥有撒缦以色的血统，而且宣布自己就是贝尔-卡普-卡布（Bel-kap-kapu）的后代。贝尔-卡普-卡布是巴比伦一个比汉谟拉比的

---

① *The Land of the Hittites*, J.Garstang, p.354.

② 穆特：埃及神话中的女神，掌管战争，外形为狮子。——译注

③ 阿肯那顿的宗教反叛：指阿肯那顿的宗教改革。——译注

④ *The Old Testament in the Light of the Historical Records and Legends of Assyria and Babylonia*, T.G.Pinches, p.343.

曾曾曾祖父苏利利（Sulili），即苏姆-拉-伊鲁（Sumu-la-ilu）还要早的王，我们则完全没听说过。贝尔-卡普-卡布还被尊为亚述的领主。

显然，阿达德-尼拉瑞渴望被看作亚述和巴比伦王位的合法继承人。但要作为巴比伦王位继承人，他必须提供实在的证据。假设他是古巴比伦王国公主之子并不过分，那么塞米拉米斯就可能是他的母亲。然而，从神话学的意义上来讲，塞米拉米斯也可能是他的“妻子”，那么他就变成了“他母亲的丈夫”。如果这是事实的话，这对皇家夫妻就可能以古代女神崇拜的高级祭司的形象示人——“大母神”的化身和取代其祖先的儿子。

对于西亚，包括小亚细亚的一部分、埃及、南欧和西欧的当地居民来说，“大母神”崇拜是非常流行的。这似乎与地中海人种的代表性族群举行的农业仪式密切相关。在巴比伦和亚述，女神崇拜者和男神崇拜者融合在一起，但占主导地位的依然是巴比伦的女神伊什塔尔，她吸收了很多古老的母亲神祇的特点。这证明了两河流域最早期居民的后代对于古老的思维习惯和宗教仪式的坚持。米罗达的妻子萨尔帕尼图并非一个虚无的神，而是一个与丈夫有着同等影响力的女神。如同苏美尔的土地之神阿鲁鲁，她与丈夫共同创造了人类。在小亚细亚，赫梯人占主导地位的时代，母亲女神在父亲神祇的光芒下黯然失色。然而，当海岸和农业谷地的早期居民摆脱了父神崇拜的桎梏后，萨尔帕尼图崇拜就再次复兴了。

我们必须认识到，官方宗教并不总是能完全反映民间流行的宗教信仰。任何一个伟大的古代文明中，都存在军事贵族的信仰与其统治下的民众信仰之间的妥协。因此，神庙崇拜具有政治性，它旨在巩固统治阶级的地位。然而，古代的神祇依然可能，或者正在被民众在家中、田野、树丛抑或山顶上加以崇拜。耶利米已经证实了巴勒斯坦民众对母亲女神崇拜的执着。祭祀之火被点燃，烘焙好的蛋糕被献祭给耶路撒冷和其他城市街道上供奉的“天后”。在巴比伦和埃及，民间宗教习俗从未完全被神庙中举行的宗教仪式取代，后者中统治者扮演更为重要的角色。因此，对于篡位者来说，只要能够复兴民间古老而执着的宗教信仰及其仪式，就有可能赢得民心。正如我们所见，以色列的耶户废弃了腓尼基的巴力神崇拜，转而正式承认金牛崇拜，因此广大民众追随其左右。

今天我们已不大可能详述阿达德-尼拉瑞四世及其父亲统治期间（前 810—前 782）由塞米拉米斯提出或可归功于她的各项改革措施。因为我们并没有发现如阿玛尔纳书信这样的证据可以解释这段有趣时期的社会和政治生活。然而，亚述深受巴比伦文化影响已是不争的事实。皇家铭文记述了亚述军队的战绩，却刻意隐瞒了残忍的细节，例如那些玷污阿淑尔－纳西尔－帕尔（Ashur-natsir-pal）的史册的暴行：将孩童放在柴堆上烧死，将小国的英雄们活剥。把巴比伦的沙玛什塑造为一个热爱法律和秩序，能用智慧启迪君王，并且决定人类命运的抽象的神，是具有明显的伦理道德上的用意的。人们像祈求阿淑尔神一样祈求他的护佑。

在阿达德-尼拉瑞四世统治时期，波尔西帕的神尼波地位显赫，这具有重要的意义。他后来被作为文化和智慧之神，是作家和艺术家的保护神，众神的智囊。他是巴比伦精神文化生活的象征。巴比伦的精神文化生活与宗教伦理有关，而亚述的精神文化生活则基于其骁勇好战的传统。

凯尔奇建有一座尼波神庙，神庙中有四尊尼波的雕塑，其中的两尊在今天的大英博物馆。一尊雕像上刻有铭文，赞美尊贵智慧的尼波，祈求他保护阿达德-尼拉瑞和王后塞米拉米斯，铭文的末尾劝诫众人："来这里的人啊，让他只相信尼波，而非别的神。"

发生在凯尔奇的这场宗教改革使阿舒尔城中信奉阿淑尔神的祭司们大为震惊，正如阿肯那顿背叛底比斯，摈弃其主神，转而在他的新都城阿玛尔纳崇拜太阳神阿托恩，使得信奉阿蒙神的祭司们感到震惊一样。

这突如其来的巴比伦文化热潮早在撒缦以色三世统治时期就开始涌入亚述，可能正是由于撒缦以色三世的亲巴比伦倾向，引发了贵族和祭司的反抗。撒缦以色在凯尔奇建造了一座皇家图书馆，储藏有巴比伦王国的文学作品。在阿达德-尼拉瑞四世统治期间，这类藏书大幅增加，他的继任者继续丰富藏书量，尤其是阿淑尔-尼拉瑞四世（Ashur-nirari Ⅳ），他是中王国时期最后一位君主。撒缦以色三世之子沙玛什-阿达德的题字颇有文采，明显区别于他的前辈统治者们，或许他是受了向北迁移的巴比伦学者的影响。

阿达德-尼拉瑞统治时期还出现了重要的汇编本《亚述和巴比伦同步史》，主要讲述两个王国之间的关系，还提及了现代的一些事件和统治者。

塞米拉米斯传说表明，其原型萨穆-拉玛特也如埃及王后缇一样，与母亲崇拜的复兴有关。正如我们所说的，她以鱼神的女儿德塞特的身份成为亚述国传统文化的一部分。古罗马学者普利尼认为鱼神就是希拉波利斯[1]的阿塔加蒂斯。[2]

---

① 希拉波利斯：古希腊城市，位于土耳其西南部。——译注

② *Nat. Hist.*, v, 19; *Strabo* xvi, 1-27.

在巴比伦，鱼神是尼娜，即埃利都埃阿的妻子达姆金娜进化后的形式。在尼波雕塑上的碑文中，鱼神也被称为“埃阿的儿子”。尼娜以自己的名字命名了尼尼微城，因此在塞米拉米斯统治时期，尼波可能被视为尼娜的儿子。关于塞米拉米斯身世的故事显然历史悠久。童话“木头中的婴儿”似乎在欧洲家喻户晓。在印度有一个类似的故事，就是著名的夏琨塔拉传奇，该故事首次被提及是为了用作对比研究。夏琨塔拉是四仙子的女儿，四仙子分别为瑞师（rishi）、维斯瓦米塔（Viswamitra）、门娜卡（Menaka）和阿布沙罗斯。门娜卡在圣河马利尼河边生下了女儿，“之后她把婴儿遗弃在河岸上，转身离去。看到这个新生儿独自躺在渺无人烟、狮虎成群的森林里，许多秃鹫纷纷飞落在她身旁保护她”。一个圣人发现并收养了她。“因为，”他说，“她被一群鸟包围，因此我给她取名叫夏琨塔拉（受鸟保护）。”①

同夏琨塔拉的经历相似，塞米拉米斯刚一出生便被她的仙女母亲遗弃。她被一群鸽子保护，她的亚述名 Sammu-rammat 被认为是源自“Summat”（即“鸽子”），意为“鸽神爱她”。皇家牧羊人之首西蒙斯（Simmas）发现并收养了她。塞米拉米斯像夏琨塔拉一样非常美丽。夏琨塔拉的身形“完美对称”，拥有“甜蜜的笑容”和“无瑕的面容”。国王杜师亚塔（Dushyanta）对她一见钟情，并载歌载舞地娶她为妻。②

塞米拉米斯成为尼尼微总督昂内斯③（Onnes）的妻子，昂内斯同时也是尼尼微奠基人尼努斯王手下的一名将军。她陪同丈夫去巴克特里亚作战，据说塞米拉米斯还指导丈夫如何攻陷那座城池。国王尼努斯爱上了塞米拉米斯，她的丈夫昂内斯拒绝放弃她，自缢而死。这个美丽而淫荡的女人便成了尼努斯的妻子。

塞米拉米斯对易受人摆布的尼努斯王有着强大的影响力，她说服尼努斯宣告她为亚述王后的第五天，她穿着皇袍登上了国王的宝座。第一天她大摆筵席，第二天她便把尼努斯关进监狱，或是将其处死。她以这种方式篡夺了王位，统治亚述四十多年。

弗雷泽教授倾向于认为传说是对习俗的回忆，这个习俗就是指派一个虚假的国王和王后统治一个王国五天。塞米拉米斯扮演着母亲女神的角色，而国

---

① *The Mahabharata*：Adi Parva，sections lxxi and lxxii（Roy's translation，pp.213-216）and *Indian Myth and Legend*，pp.157 et seq.

② 国王杜师亚塔与塞米拉米斯自愿结为伴侣，但没有举行仪式。

③ 昂内斯：前文的杜师亚塔。——译注

王作为她神圣的情人则不幸暴死。“遍布整个西亚的塞米拉米斯的尖顶坟堆据说是她活埋情人的坟墓……这一传说明确显示，神秘的塞米拉米斯与巴比伦女神伊什塔尔或阿施塔特极为相似。”① 正如我们所看到的，伊什塔尔和其他母亲女神都有许多情人，但被这些“无情的女人”（La Belle Dame sans Merci）抛弃（pp. 174 – 175）。

据说作为亚述王后的塞米拉米斯曾切断通往山区的道路，同时修造了许多建筑。还有传说称她建立了巴比伦城。然而，希罗多德认为，“塞米拉米斯曾在位五代人之久，直到公主尼托克里丝（Nitocris）出现……塞米拉米斯在巴比伦附近的平原上修建了很多路堤，意图控制当时依然泛滥成灾，洪水动辄危及整个国家的幼发拉底河”。② 希腊语讽刺作家琉善（Lucian）将著名的塞米拉米斯与“亚洲的强大工事”联系起来，说她被一些人誉为利巴纳斯（Libanus）的古阿佛洛狄忒神庙的建造者，尽管其他人将这一功劳归于辛瑞斯（Cinyras），或丢卡利翁。③ 梅迪安（Median）的许多地方都以她的名字命名，根据古亚美尼亚传说，她也是凡湖的修建者，凡湖以前被称为“Shamiramagerd”。古罗马历史和地理学家斯特拉说，西亚不知名的山都是以塞米拉米斯的名字命名的。④ 事实上，底格里斯河和幼发拉底河河谷的许多伟大建筑工事，甚至包括古波斯帝国国王大流士著名的铭文，都被归功于这位巴比伦和亚述的传奇女王。⑤ 传说中，她作为统治者、建筑家和征服者，是埃及著名的塞索斯特里斯（Sesostris）的敌人。

塞米拉米斯所有的军事远征都大获全胜，除了对印度的侵袭。她的军队应该是在印度西北的旁遮普被击败的。这次战败后，她不幸去世，也或许是让位给了她的儿子宁亚斯（Ninyas）。在最古老的传说中，她变成了一只鸽子，飞往天堂。她死后被作为鸽神来崇拜，正如塞浦路斯的“圣母树与鸽子”。希罗多德说，她位于古帕福斯⑥（Paphos）的神龛被来自阿斯卡伦的腓尼基殖民者发现。⑦ 对于美人鱼形的德塞特来说，鱼和鸽子是神圣的。⑧ “我看到了，”琉善说，“我

---

① 参见《金枝》（pp. 369 et seq.，3rd edition）。塞米拉米斯及其相关传说或许早在萨穆-拉玛特之前就已存在，尽管二者常被混为一谈。

② *Herodotus*，i，184.

③ *De dea Syria*，9-14.

④ *Strabo*，xvi，1，2.

⑤ *Diodorus Siculus*，ii，3.

⑥ 帕福斯：塞浦路斯古城。——译注

⑦ *Herodotus*，i，105.

⑧ *Diodorus Siculus*，ii，4.

在腓尼基看到了德塞特的样子，那真是太奇妙了！她的上半身是一个女人，从大腿延伸到脚的部分却是鱼的尾巴。”①

德塞特应该是一个女人，在绝望之中投湖自尽。死后她作为女神被崇拜，其崇拜者都戒绝吃鱼，祭祀时除外。人们将一条金色的鱼悬挂在为纪念她而修建的神庙里。叙利亚女神阿塔加蒂斯与德塞特一样，传说是从蛋中出生，这个蛋在幼发拉底河中被圣鱼发现并推上岸（p.28）。据希腊诗人赫西俄德描述，阿佛洛狄忒从海洋的泡沫中出生，置身于海贝里，漂浮在海上。

汹涌的波浪首先把她带到神圣的塞西拉岛（Cythera）：她来到被波浪包围着的塞浦路斯，面前出现了一个美丽绝伦的女神。她纤巧的脚踩在沙子上，沙滩长出了嫩绿的草。阿佛洛狄忒是泡沫中出生的女神，被称作赛希莉亚（Cytherea）。这名字象征着盛开的花环，因为她曾踏足塞西拉岛开满鲜花的海岸；她也被称为塞普瑞斯（Cypris），因为她在无尽的海浪的簇拥下踏上塞浦路斯海岸。埃尔顿的译文如下：

> 麻雀、鸽子、天鹅、燕子和啄木鸟因阿佛洛狄忒而变得神圣。② 她主宰着四月，桃金娘、玫瑰、罂粟和苹果都因她而变得神圣。

一些作家将鸽神塞米拉米斯与米底和古波斯帝国母亲女神阿奈提斯联系起来，认为将她等同于鱼神德塞特或阿塔加蒂斯有些武断。在巴比伦和亚述的宗教艺术中，鸽子显然不是受欢迎的鸟，但是平奇斯教授在他翻译的一首赞美诗中写道：“伊什塔尔说，我栖息，如同一只孤独的鸽子。”在另一首赞美诗中，伊什塔尔的崇拜者们试图通过哭泣感动伊什塔尔的心，说：“我悲叹，像鸽子一样。”苏美尔的一位赞美诗作者创造了一个女神［即古拉，她主宰着伊辛的拉勒克（Larak）］，她在城市被敌人攻陷后哀叹道：

> 我在拉勒克的寺庙啊，贝尔-恩利尔赐予的城市拉勒克啊，从里到外都变得如此陌生。里拉琴③奏响哀乐（wailings），我的居所被陌生人包围。他们蓄谋破坏鸽舍，设套抓住鸽子。他使得乌鸦飞起。④

---

① *De dea Syria*, 14.

② 这种小鸟是啄木鸟的一种，在受到惊吓时会将脖子扭曲到难以想象的程度。它可能象征着漂亮姑娘的风情。然而，正如爱神也是“命运三女神”，这种鸟扭曲脖子的现象也与这样一种说法息息相关：当谋杀案的凶手，或死亡咒语靠近受害人尸体时，就会被它发现。如若没有伤口“再次流血”，那么“尸体舞蹈”（即尸体的扭曲变形）可能会指明真凶。在一首讲述被爱人杀死的女子的苏格兰民谣中有如下诗句：“午夜，公鸡鸣叫；午夜，尸体舞蹈。”

③ 里拉琴：古希腊的一种弦乐器，琴身作U形。——译注

④ Langdon's *Sumerian and Babylonian Psalms*, pp.133, 135.

显然，在巴比伦，鸽子有神庙的和家养的两种。古代和现代的埃及人家里都有鸽舍。莱恩（Lane）提到了许多村庄里的大型鸽舍。它们式样古朴，“墙壁向内倾斜（如同许多古埃及建筑物）”，并且“用粗糙的砖瓦、陶片和泥浆建在棚屋的屋顶……每对鸽子拥有一个独立的鸽舍”。[①] 可能民间宗教中的鸽子比官方宗教中的鸽子体型更大，且具有特殊的季节性意义。伊什塔尔曾经也具有鸽子的形态。在《吉尔伽美什》史诗里，据说她深爱“耀眼的阿拉鲁鸟”（即“羽毛鲜艳的木鸽子”），后来折断了鸽子的翅膀使之受伤。[②] 她也爱狮子和马，因此也具有这些动物的形态。在一首苏美尔赞美诗中，“家园被毁”的女神巴乌哀叹：

> 就像鸽子依恋鸽舍，我的居所还会陪伴我多久，我神圣的避难所还会陪伴我多久……我休憩的地方，我的城伊辛的城墙，你被毁了；我的避难所，我神庙的神龛，你被毁了。

以下是兰登的解释：

> 这里女神被看作鸽子，落在墙上休憩，在神龛里筑巢。苏美尔诗人不用毫无意义的图画般的意象作诗，而是用严肃的事实作诗；这些意象如同神奇的咒语一般，有着魔法或宗教意义；崇拜者们通过命名众神不同的特点和外形来祈求他们护佑。

颇为有趣的是苏美尔赞美诗中对女神的乌鸦和鸽子的描写。在整个亚欧地区，乌鸦都是不祥之兆。在苏格兰仍然存在古怪的民间信仰，认为人死后会有乌鸦和鸽子出现。伟大的魔法师迈克尔·斯科特（Michael Scott）临死前曾让他的朋友将他的尸体放在小山丘上，“三只乌鸦和三只鸽子会同时向他的尸体飞来。如果乌鸦先到，尸体就被焚烧；如果鸽子先到，尸体将接受基督教葬礼。乌鸦先到，但匆忙间越过了标记线。因此希望迈克尔被焚烧的恶魔不得不失望了”。[③]

在印度神话中，混沌巨人原人（Purusha）第一次将自己一分为二。“因此世界上就出现了丈夫和妻子”。这对夫妇化身为各种动物，继而“将小至蚂蚁的世间万物都创造成对”。[④] 在许多国家民间故事中的女神和仙女有时会以鸟的形式出现。“命运三女神”在那勒故事中化身为携带爱之讯息的天鹅，出现在达摩

---

① 参见莱恩《现代埃及风俗习惯》一书的引言。

② 在一首苏美尔人的圣歌中，曾用“声若鸽鸣”来形容塔穆兹，他可能状若鸽子。作为凯尔特的春天之神、爱神和丰收之神，安格斯状若天鹅；同塔穆兹一样，安格斯也会周期性地进入睡眠状态。

③ Campbell's *Superstitions of the Scottish Highlands*, p.288.

④ *Indian Myth and Legend*, p.95.

衍蒂面前。[1]

在印度的信仰中，鸟类被“佑以生育权”。巴比伦的埃塔纳鹰和埃及的秃鹫就是生育之神的象征。根据民间信仰，在整个欧洲，鸟类都会在二月的情人节这天交配，农民也会抽签求妻。诗人盖伊提到了这一古老习俗的另一种形式：

> 去年的情人节，我早早起床，看到一对鸟儿在窗外啁啾。是我看到的第一对鸟儿情侣。抛开运气，我们之间的真爱也会像我们看到的第一对鸟儿情侣吗？

在地中海人的部落占领的地区，鸽子被看作是圣鸟。在迈锡尼的两个皇家坟墓中发现的神龛模型上站着一对鸽子，象征着孪生女神，例如埃及伊希斯和内普特斯，以及巴比伦的伊什塔尔和贝利特-雪莉（Belitsheri）。鸽子和蛇与母亲女神克里特（Crete）相关联，一种观点认为，这“代表着她与空气和土地的关系。虽然她的性格看起来非常善良、平和，然而作为野生动物女神（Lady of Wild Creatures），她也有更为可怕的一面，正如我们在雕刻的宝石上看到的，狮子总是伴她左右”。[2] 关于这个母亲女神的特点和象征，巴罗斯（Burrows）教授说：“蛇从土地的缝隙中钻出，显示她对地下树木或柱子的所有权，而与母亲女神密切相关的鸽子，则显示她对于天空的所有权。”[3] 罗伯森·史密斯教授指出，鸽子在闪米特人看来是神圣不可侵犯的。[4] 鸽子的形象出现在赫梯人的雕塑中，并且可能与小亚细亚的女神崇拜密切相关。尽管埃及没有鸽神，情侣们依然对鸟儿说——

> 我听到你的声音，噢！斑鸠——拂晓已至——我已经厌倦了爱情，噢！我该随爱去向哪里？[5]

鸽子在埃及也被看作是圣鸟。几年前，英国士兵因为射杀鸽子而引起了一场动乱。鸽子与古希腊的多多纳神谕[6]有关。在许多国家，鸽子与爱情密切相

---

① *Indian Myth and Legend*, pp.329-330.

② *Crete, the Forerunner of Greece*, C.H.and H.B.Hawes, p.139.

③ *The Discoveries in Crete*, pp.137-138.

④ *Religion of the Semites*, p.294.

⑤ *Egyptian Myth and Legend*, p.59.

⑥ 多多纳神谕：最古老的希腊神谕。神谕殿堂坐落于伊庇鲁斯地区，与约阿尼纳城相距大约二十二公里，它被认为是古希腊最古老的神谕所。据说两只黑色的鸽子创立了多多纳和阿蒙神庙。当鸽子飞来的时候，当地的臣民都听见了一个声音说：如果朱庇特神得到了很好的供奉，那么来年他会在这儿传送神谕。希腊历史学家希罗多德是这样解释鸽子这种“难以置信，而又玄妙无比”的形象的：腓尼基人从埃及带回了两个女祭司，其中一个来到多多纳神殿，其实“鸽子”的形象是暗指年龄稍长的女人。——译注

关，还象征着天真、温柔和圣洁。

在这些岛屿上，鸽子是一种古老的圣鸟。布兰德曾记录了各种与鸽子有关的古怪的民间信仰。在某些地区盛行一种观念，就是任何人都不能在有鸽子羽毛的床上死去。一个记者写道："如果有人生病濒临死亡，他们若躺在鸽羽上，将会饱受痛苦折磨，生不如死。"在其他地区还有与各种禽鸟羽毛相关的类似的迷信故事。[1] 在约克郡、兰开夏郡、德比郡和威尔士及爱尔兰的一些村镇，布兰德也发现了这个有趣的传统信仰。[2] 甚至在苏格兰高地的部分地区，这种信仰依然存在。在古老的民谣《血腥园丁》中，一个年轻人的爱人被他的母亲谋杀了，白鸽作为他的爱人的灵魂出现在他面前。年轻人看到鸽子首先飞落在他的胸口，然后"停在桃金娘树上"。[3]

鸽子不仅象征着塞米拉米斯，同时也代表她的母亲腓尼基鱼神德塞特。鸟和鱼之间的联系可能还被赋予了占星学方面的意义。在 1757 年的《穷查理年鉴》[4]（*Poor Robin's Almanack*）中，一首情人节的韵诗开头如下：

> 这个月，光芒万丈的太阳神福玻斯（phoebus）降临双鱼座，少女已备好她们的吻，太阳来了，情人节还会远吗？万千少男少女都憧憬着完美的恋人。

正如我们所看到的，交配的鸟儿就是一个例子。《穷查理年鉴》的作者无疑用他的诗证实了一个古老的占星学信仰：当春天的太阳进入双鱼座，爱神将以鸟的形式重返人间。

另一方面，图腾理论的倡导者或许认为将鸽子与代表生育的蛇神和鱼神联系在一起，是缘于具有不同动物图腾的部落间的融合。"帛琉群岛的岛民相信，"弗雷泽教授说，"他们祖先的灵魂住在某种动物的躯体里，因此他们认为该动物是神圣不可侵犯的。因此，有的部落不杀蛇，有的部落不伤害鸽子，等等，但是对邻近部落视为神圣的动物却随意宰而食之。"[5] 在埃及也有类似的习俗，历史学家希罗多德就曾这样说道："那些居住在靠近底比斯城和摩里斯湖（Lake Moeris）的人敬奉鳄鱼……然而，那些住在或靠近象岛的人从不视这些动物为神

---

① 还包括鹅，鹅是丰收女神的一种存在形态。

② Brand's *Popular Antiquities*, vol. ii, 230-231 and vol. iii, 232 (1899 ed.).

③ 桃金娘树被用作爱情魔咒。(Brand's *Popular Antiquities*, vol. iii, 217)

④《穷查理年鉴》：由本杰明·富兰克林撰写。这些年鉴在殖民地居民中极受欢迎。典型的年鉴包含日历、天气预测、忠告、食谱及其他许多有用的知识。——译注

⑤ *The Golden Bough* (*Spirits of the Corn and of the Wild*), vol. ii, p.293 (3rd ed.).

圣，把它们当作食物……在埃及帕普雷米斯（Papremis）地区，河马被视为神圣，其他地区则不然……他们将鸟和鱼烘烤煮食，只有那些被视为神圣的动物才能幸免。"[①] 图腾动物控制着部落和家族的命运。"格罗斯（Grose）告诉我们，"布兰德说，"除了一般的死亡通知，许多家族还有特别的警告或通知的标志：有的是鸟，有的是一个身着白衣的高大女子……彭南特（Pennant）说，许多苏格兰显赫的家族都拥有他们的恶魔或守护神，对于未来可能发生的事情给予忠告。"[②] 因此，视鸽子为神圣的部落成员们，像埃及的爱情诗人那样乞灵，或从鸽子留下的印记中发现预兆，或者将出现的鸽子看作死者的灵魂，犹如民谣《血腥园丁》中被谋杀的爱人的灵魂。他们也不宰杀鸽子，除非用作祭祀，临死前在有鸽羽的床上痛苦呻吟，因为"禁忌"被打破了。

这样的一些解释被用来说明某些女神被特殊化为鱼神、蛇神、猫神或鸟神的原因。如同伊什塔尔一样，阿佛洛狄忒吸收了几位生育和命运女神的特性，为自己赋予了不同的动物形态，显著地存在于不同地区或接触频繁的部落间。与此同时，罂粟、玫瑰和桃金娘等被用作爱情魔咒，或被用来制作激发性欲的药，也被用来敬献给她。民间宗教中的符号和花朵还被用来装饰人化的神。

从已经收集的比较研究的证据中可以看出，关于塞米拉米斯神话的梅迪安或波斯渊源的理论还有很大局限性。在亚述和巴比伦的影响通过腓尼基人和赫梯人向西渗透之前的几个世纪中，鸽子可能就在塞浦路斯被圣化，就像在克里特岛一样。亚瑟·埃文斯爵士（Sir Arthur Evans）指出了克里特人和早期闪米特人信仰的相似之处："他们的相同点在于拥有某些古老的共性，尽管其性质目前还模糊不清，而非一方明显地借鉴另一方。"[③]

从塞米拉米斯传说提供的证据和亚述中王朝后半期的铭文中，我们可以推断出，当时正在发生的社会和政治变革使得"母亲崇拜"得以复兴。首先，巴比伦的影响起着很重要的作用。阿达德-尼拉瑞发现有必要通过宣称自己有巴比伦皇室血统来赢得巴比伦人的支持，这表明他不仅在乎巴比伦学者们的态度，而且在乎古苏美尔和阿卡德民众的态度。这些苏美尔和阿卡德人仍然烘烤面包供奉"天后"，以此祈求丰收。其次，可能尼波神和他的配偶在亚述变得广受欢迎。在亚述王国，外来人口占大多数，他们大多来自"母亲崇拜"

---

① *Herodotus*, ii, 69, 71, 77.

② *Brand's Popular Antiquities*, vol. iii, p.227.

③ 巴罗斯教授在《克里特岛的发现》中引用了此句，见第134页。

盛行的地区，并不敬拜亚述战神阿淑尔，甚至对以可怕的阿淑尔神的名义征服和统治其他地区的军事贵族们充满敌意。或许，摧毁了巴比伦太阳神庙的阿拉米人的影响也不可小觑。他们倾向于复兴地中海人种的古代宗教。耶户在以色列的宗教改革再次复兴了女神阿什脱雷思崇拜，但这改革发生在他臣服于大马士革的统治之后，而且恐怕与其他地方的女神崇拜享有的政治优势也不无联系。

阿达德-尼拉瑞在凯尔奇尊奉的尼波神并不仅是波尔西帕本土的神祇。"最令人满意的观点，"贾斯特罗说，"是将他视为与埃阿相当的神祇。如同埃阿，他也是智慧的化身和源泉……尼波神拥有的智慧中，有一部分是对于天体的研究，波尔西帕的寺学（temple school）也成为占星术研究的中心之一，随后又成为巴比伦天文学研究的中心……像尼波一样，人们也将埃阿与土地灌溉及其之后的肥沃联系起来。人们创作圣歌赞美他灌注运河、修建堤坝、保护田地，使作物成熟。"尼波与米罗达（马杜克）关系密切，后者有时被认为是他的父亲。贾斯特罗认为那布和米罗达之间的密切关系"使得马杜克将其太阳神的特性传给了尼波[①]，他的儿子，正如埃阿将他的特性传给了儿子马杜克"。[②]

作为众神中的"记录员"或"书吏"，那布与埃及月神透特有相似之处，后者跟主宰爱情和生育的月神、春日太阳之神孔苏及埃及冥神奥西里斯关系密切。在波尔西帕，他像巴比伦的米罗达神，有着显著的塔穆兹神的特点。事实上，尼波似乎是新时代的塔穆兹，即古老女神的儿子，成为"他母亲的丈夫"的神祇。如果尼波与伟大母亲崇拜没有关系，他雕塑上的碑文中就不会将国王阿达德-尼拉瑞和女王塞米拉米斯置于平等的地位。尼波的配偶在亚述被称为塔什米特（Tashmit），这位主祈祷和爱的女神与月亮有关。一个向她的祷告将她与巴比伦月神南纳以及伊什塔尔联系在一起：

> 邪恶的月食，邪恶的权力，邪恶的征兆。我的宫殿，我的土地，都处在邪恶中。邪恶，我已转身向你！……在尼波，你的丈夫，你的主人，那个王子，埃-萨吉拉的第一个孩子，为我说情之前！愿他听到我的哭泣，愿他消除我的叹息，愿他知晓我的祈愿！

---

① 如同埃及的太阳神何露斯一般，尼波也有许多形态：他与太阳、月亮、水星、水和庄稼都有关联；他时而年轻，时而年老——真是一个神秘的神祇。

② *Aspects of Religious Belief and Practice in Babylonia and Assyria*, pp.94 et seq.

还有一个向埃阿妻子达姆金娜的祷告：

> 噢，达姆金娜，众神中最强大的女王，噢，埃阿的妻子，勇敢如你，噢，达姆金娜，众神中最强大的女王……你居住在深渊，噢，天地的女儿！…… 在月食的邪恶中……

巴乌也被作为“住在明亮天空的强大的女人”“天界女王”而受到祷告。[①]根据贾斯特罗的说法，塔什米特的名字代表“服从”，而赛斯认为它代表“倾听”。塔什米特将崇拜者的祷告带给尼波，她的配偶。就像伊希斯向冥神奥西里斯求情一样，塔什米特代表人类向尼波求情。但这并不代表她是夫妻神祇中影响力最弱小的。一个女神往往扮演多种角色：她是母亲、女儿、神的妻子、某个神的仆人或“众神最为强大的女王”。如前文指出的，“伟大母亲”被认为是永恒的、永不凋谢的。众神去世，子继父位，只有她一如既往。因此，当国王和众神纷纷被遗忘之后，作为广为流传的传说中的女王和女神，塞米拉米斯依然存在于人们的记忆中。那时，在那片土地上，所有伟大的建筑工事都归功于她，当地居民最先崇拜“伟大母亲”达姆金纳、尼娜、巴乌、伊什塔尔或塔什米特，因为女神自古就被认为是万物之源、创始者，赋予统治之神权力的强大的神——因他是她的丈夫而行统治权，正如尼格尔因是冥府女王厄里西-基-加勒的丈夫而行统治权。

特征明确的女神的数量成倍增长，一方面是由于人们倾向于将“伟大母亲”的特点符号化，另一方面是由于在某些地区，伟大“女性”的发展越来越反映当地的风土人情，其崇拜者的政治影响力的增强也进一步强化了她的伟大。关于著名女神的传说总是与其他女神相关。我们在阿佛洛狄忒和德塞特身上看到了母亲女神的特征，而这特征是她们吸收了多个当地河流、平原、森林和山脉之女神身上的特点而形成的。另一方面，塞米拉米斯是联结旧世界与新世界的纽带，她将古代文化的发源地与接纳这种文化的宗教信仰连接起来。作为最高女祭司，她被等同于女神，有着鸽子的名字，就如同吉尔伽美什和埃塔纳被当作是原始文化中的英雄或古苏美尔人的族长，萨尔贡被当作是塔穆兹。毫无疑问，塞米拉米斯之所以声名显赫，是因为她作为萨穆-拉玛特女王，与宗教革新关系密切，这些宗教革新在亚述中王朝时期给阿淑尔神占支配地位的地区带来了骚动。

阿达德-尼拉瑞四世，萨穆-拉玛特的儿子或丈夫，是一个充满活力的、成

---

① *Babylonian Magic and Sorcery*, L.W.King, pp.6-7, 26-27.

功的征战者。他是后来成为以色列“救世主”的亚述国王。虽然无法细数他的各种军事远征，我们依然可以从名称编年录中发现，他统治时期的亚述帝国的领土范围最为辽阔，超过历代所有国王。他在东北部征服了梅迪安和其他部落，并将伊朗高原的大部分领土收入囊中；他强迫以东进贡，并通过限制迦勒底人在海地王朝的势力而掌控了巴比伦。在北方，他占领了——至少他自己宣称——奈瑞人的大部分领土。他还确立了对赫梯人的霸权。

阿拉米人的大马士革经受住了伟大的亚述王撒缦以色的攻击，后来又压制了以色列和犹大王国，却被阿达德-尼拉瑞完全征服。当亚述的势力在王国的边境日渐增强时，老国王哈薛去世了。他的儿子马里（Mari）继承了王位，人们相信他就是《圣经》中的便-哈达三世（Ben-Hadad Ⅲ）。[①]

这位新国王继位不久，阿达德-尼拉瑞四世就率领大军前来攻打他。这位叙利亚统治者似乎惊慌失策，或许是因为他的王国曾因以色列人的起义而遭遇了三次败北。[②] 无论如何马里也无法召集一个盟军来抵御亚述的进犯，也不能在大马士革的城墙后避难。这座严密设防的城市几乎被包围，马里最终不得不屈服，并承认阿达德-尼拉瑞为最高统治者。和平的代价是沉重的，包括两万三千塔兰特白银、二十塔兰特黄金、三千塔兰特铜和五千塔兰特铁，还有象牙饰品、家具、刺绣品和“不计其数”的其他物品。因此，“耶和华赐给以色列人一位拯救者，使他们脱离叙利亚人的手。于是以色列人仍旧安居在家里”。亚述王在这里提到大马士革征服后，又提到了另一次征服，只不过将重点放在了这一时期的宗教现象上：“然而他们不离开耶罗波安家使以色列人陷在罪里的那罪，仍然去行，并且在撒马利亚留下亚舍拉。”[③] 人们继续崇拜女神阿什脱雷思和她的金牛，鸽子被献祭给当地的阿多尼斯神。

不能确定阿达德-尼拉瑞的疆域是否已经拓展到大马士革，不过可能所有曾宣誓效忠于大马士革国王的城邦都立即心甘情愿地成为亚述的附庸国，视亚述为保护者。阿达德-尼拉瑞收到的来自推罗、西顿、以色列、以东和帕拉斯图（Palastu）的贡品可以被看作是对其宗主权的正式承认，众城邦的目的是将自己直接置于亚述的统治之下，以防大马士革对他们采取报复性行动。有关下一任国王撒缦以色四世（前 781—前 772）的历史记载很少，不过在乌拉尔图的碑文

---

① *2 Kings*, xiii, 3.

② *2 Kings*, xiii, 14-25.

③ *3 Kings*, xiii, 5, 6.

中倒是有一些关于他的描写。尽管阿达德-尼拉瑞鼓吹他已经征服了北部的乌拉尔图王国，但事实上他只是短暂地阻止了其向南扩张。

和米坦尼人一样，乌拉尔图人是军事贵族，通过征战将东部和北部高地的部落聚集在一起。这些高地部落曾被几代亚述君王划归亚述帝国的疆域。他们习得了亚述文化，将亚述文字作为自己的语言。他们称自己的神为卡尔迪斯（Khaldis），称自己的国为卡尔迪亚（Khaldia）。在阿淑尔-纳西尔-帕尔统治期间，其疆域仅限于阿拉克斯河（the river Araxes）沿岸，但是在后来几位骁勇善战的君主的征战下，疆域向西南扩张至凡湖岸边。他们早期的三位君主分别是鲁提普瑞斯（Lutipris）、萨尔杜里一世（Sharduris Ⅰ）和阿瑞美（Arame）。

沙姆什-阿达德在位期间，亚述人和乌拉尔图人爆发了冲突，当时乌拉尔图人由萨尔杜里二世的儿子依思普尼斯（Ishpuinis）统治。乌拉尔图王国迅速扩张，逼近亚述边界。西面是马纳人（Mannai）的部落，是属印欧语系的米底人在北方的敌人。

阿达德-尼拉瑞四世向乌拉尔图人发动战争时，他们的国王是玛瑙斯（Menuas），依思普尼斯的儿子。玛瑙斯是一位伟大的军事领主，与亚述王实力相当。他通过征战使得乌拉尔图的疆界扩大到他的先辈统治时期的两倍。阿达德-尼拉瑞努力想要将敌人向北驱逐，但玛瑙斯迫使亚述的前哨部队沿着幼发拉底河至扎卜河下游的亚述边界向南撤退。简而言之，亚述人已经招架不住了。

在向南拓展疆域之后，玛瑙斯侵占了赫梯人的领土，征服了马拉提亚（Malatia）并迫使马拉提亚国王进贡。他还征服了马纳和其他部落。玛瑙斯还将自己的领土向北部和西北部拓展了一大片，变得和亚述的疆域一样辽阔。

玛瑙斯的首府是图孺沙帕（Turushpa），或户帕斯（Dhuspas），以主神的名字命名为卡尔迪纳（Khaldinas）。一个世纪以来，它都是乌拉尔图的行政中心。玛瑙斯及其后继者建造的建筑物后来都与塞米拉米斯的传说联系了起来。塞米拉米斯，作为亚述的萨穆-拉玛特女王，是伟大的乌拉尔图征服者的同时代人。同样，希罗多德提到，一尊代表这位赫梯女神的雕像就是为了纪念古埃及国王塞索斯特里斯。

户帕斯最坚固的防御工事就是城堡，建在深入凡湖的岬角上，即便是小小的卫戍部队也能够抵御长时间的围攻。城市的水供应依靠地下管道而得到了保障。玛瑙斯也修筑了一个非常豪华的宫殿，用战争中得来的战利品装饰，以此来挑衅亚述国王建在凯尔奇的宫殿。玛瑙斯非常喜欢树，自己也种植了许多树，他的花园中盛开着鲜艳的亚洲花朵。从这个宫殿望出去，美丽的凡湖西南岸的山谷风景可尽收眼底。

玛瑙斯的王位由儿子阿尔吉什蒂（Argistis）继承，他在亚述国王阿达德-尼拉瑞的有生之年继位。阿尔吉什蒂统治早期向北发动军事征战，跨越了阿拉克斯河。他后来与亚述开战，在其北部边界夺取了更多领土。他还镇压了马纳的叛乱。

公元前 781 至公元前 778 年的三年间，撒缦以色四世的军事将领不断对乌拉尔图发动战争，并于公元前 776 和公元前 774 年两次试图阻止乌拉尔图向南扩张。亚述军队不止一次地败北并被迫撤退。

由于无法击败北部的对手乌拉尔图，亚述的威望严重受挫。大马士革开始反叛，必须要镇压；叙利亚北部也受到严重侵扰。撒缦以色四世在位的最后一年征服了哈得拉（Hadrach）。

阿淑尔-丹三世（Ashur-dan Ⅲ，前 771—前 763）继位时，亚述时局动荡不安。他没有能力攻打乌拉尔图，于是军队不得不转而在东部和南部边境作战。公元前 765 年爆发了一次大瘟疫，同年哈得拉再次叛乱。公元前 763 年 6 月 15 日出现了日全食，随后阿舒尔发生了叛乱，这毫无疑问是由祭司们引发的。国王的儿子阿达德-尼拉瑞卷入了这场叛乱，但无法确定他是否曾经一度取代了他的父王。公元前 758 年，阿淑尔-丹又一次蠢蠢欲动，试图镇压内战时期叙利亚爆发的叛乱。

阿达德-尼拉瑞五世于公元前 763 年登上王位。他不得不采取措施镇压阿舒尔及其他城市的起义。他在位的大部分时间似乎就忙于在亚述境内建立自己的权威。叙利亚的城市重获独立。

阿淑尔-尼拉瑞四世（前 753—前 746）即位后的第一个四年间，军队一直驻扎在亚述。公元前 749 至公元前 748 年，纳瑞人（Namri）来袭，不过无法确定他们是否攻打过乌拉尔图人或是阿拉米人，后者在亚述衰落时期变得活跃起来。公元前 746 年，凯尔奇发生暴动，国王出逃，不久便去世——或许是被暗杀，他的子嗣都没能继承王位。此前一年，那布-纳西尔（Nabu-natsir），希腊人称之为那多-纳西尔，加冕为巴比伦国王。

阿淑尔-尼拉瑞四世的性格与著名的埃及国王阿肯那顿颇为相似，他们都是对战争毫无兴趣的理想主义者。当他的附庸国一个接一个反叛时，他始终按兵不动。显然他梦想通过签署和平条约的方式来保护亚述免受攻击。他设法与一位美索不达米亚的王，即阿古西（Agusi）的玛提-伊鲁（Mati-ilu），签订了和平条约，后者承诺除非亚述国王同意，否则不会发动战争。或许还有其他类似的协议被签署，但是没有留存下来。阿淑尔-尼拉瑞四世闲时热衷于学术研究，扩建了皇家图书馆。最终，士兵对他的统治感到失望，从亚述的将领中找到了一个更为合适的统治者。这位大将军继承王位，取皇室名为提格拉特-帕拉沙尔。

阿淑尔-尼拉瑞四世是亚述中王朝时期最后一位国王。虽然对于一个掠夺成性的国家而言，他是一位不合格的统治者，但他是一个品格高尚、值得尊敬的人。

第十九章　亚述的辉煌时代

提格拉特-帕拉沙尔四世（《圣经》中的“普勒”）—巴比伦战役—乌拉尔图在北叙利亚的野心—两王之战和萨尔杜里出逃—征服叙利亚-卡帕多西亚众城邦—耶户至梅纳哈姆的希伯来历史—以色列臣服亚述—乌拉尔图政权破灭—亚哈斯求助亚述—征服大马士革及以色列—巴比伦与亚述结盟—撒缦以色和何细亚—萨尔贡驱逐“消失十支派”—巴比伦王麦若达赫-巴拉丹—击溃埃及盟军—亚哈斯和以赛亚—边境战争—推翻麦若达赫-巴拉丹—西拿基立和赫梯王国—麦若达赫-巴拉丹第二次短暂统治—希西家和西拿基立—亚述军队被击溃—洗劫巴比伦—以撒哈顿—第二个塞米拉米斯—埃兰人、辛梅里安人、斯基泰人和米底人的突袭—洗劫西顿—玛拿西和以赛亚的命运—以撒哈顿征服下埃及—亚述贵族的反叛—阿淑尔-巴尼-帕尔

现在我们即将走进亚述文明最辉煌的终章——亚述第三帝国或亚述新帝国。在此期间涌现出许多著名人物：强大的征服者提格拉特-帕拉沙尔四世（Tiglath-pileser Ⅳ）即《圣经》中的撒缦以色，流放以色列“消失十支派”①（lost ten tribes）的“后期萨尔贡”②（Sargon the Later），巴比伦的摧毁者西拿基立和征服下埃及（Lower Egypt），使之成为亚述行省的以撒哈顿。此外，还有《圣经》中广为人知的亚哈斯、希西家、以赛亚以及崇拜偶像的玛拿西（Manasseh）。

提格拉特-帕拉沙尔四世在罢黜阿淑尔-尼拉瑞四世（Ashur-nirari Ⅳ）之

① 消失十支派：以色列原有十二个儿子，他们的后代形成了十二支派。《圣经·列王记》记载，公元前8世纪，亚述灭了北国以色列。以色列十二支派中的十支自此从历史和神话中消失。——译注

② 后期萨尔贡：亚述王国历史上一共有三个萨尔贡帝王，一个是阿卡德帝国的开创者萨尔贡，一个是亚述国王萨尔贡一世，另一个是亚述帝国的杰出君主萨尔贡二世。本章所提到的即亚述帝国的萨尔贡二世，因其在位时期亚述帝国已接近晚期，因此被称为“后期萨尔贡”。——译注

后[①]，于公元前745年4月底登基成为亚述王，统治亚述直至公元前727年。巴比伦人称他为普鲁（Pulu）——据说暗含蔑视的意味，意为“野兽”。《圣经》中也称其为普勒（Pul）、提格拉特-毗尼色（Tiglath-pilneser）或提格拉特-帕拉沙尔。其出生无从考证，但明显不是王室后裔。他带头反抗阿淑尔-尼拉瑞，并广受民众欢迎。提格拉特-帕拉沙尔与其先辈一样，同属亲巴比伦派。值得一提的是，这位新亚述王虔诚信奉阿淑尔神，因此得到宗教信徒的大力支持。

提格拉特-帕拉沙尔兼备领导才干与政治才能，此乃他重建亚述王国及其军事威望的关键。登基初期，社会动荡，国困民苦。各省起义、拒绝纳贡、贸易中断、工业日渐衰落，导致亚述国库亏空。阿拉米人不但洗劫亚述西部边境地区，还在巴比伦北部地区作恶；叙利亚新的政治联盟不断骚扰西北地区；新崛起的乌拉尔图王国也威胁着叙利亚-卡帕多西亚众城邦，似乎企图趁亚述衰败之际建立一个强大帝国。

提格拉特-帕拉沙尔首先整治了巴比伦，驱逐了阿卡德地区的阿拉米人。巴比伦王纳巴那沙（Nabonassar）似乎十分欢迎提格拉特-帕拉沙尔，甘愿成为他的诸侯，并供奉祭品给巴比伦、西帕尔、古他和尼普尔等城市。阿拉米人曾占领了西帕尔，之前他们还摧毁了由巴比伦的那布-阿普鲁-伊丁（Nabu-aplu-iddina）重建的太阳神沙玛什的神庙。

提格拉特-帕拉沙尔虽未占领卡尔迪亚王国，但摧毁了其都城萨拉巴鲁（Sarrabanu），并将国王那布-乌萨布什（Nabu-ushabshi）钉死在木桩上，然后自封为“苏美尔与阿卡德之王”“四方之王”。此外他还征服了埃兰和米底等边境城邦。

驱逐了阿拉米人和其他入侵者后，提格拉特-帕拉沙尔开始对付最强大的对手——乌拉尔图。那时，萨尔杜里三世（Sharduris Ⅲ）继承阿尔吉什蒂一世（Argistis Ⅰ）成为乌拉尔图王。他与阿淑尔-尼拉瑞曾十分信任的北部美索不达米亚王阿古西的马提-伊鲁（Mati-ilu）结盟。不久，萨尔杜里从马拉提亚一路向南逼近，征服了包括迦基米施在内的北部叙利亚赫梯王国，确立了其宗主权。后来，乌拉尔图与亚述为争夺叙利亚-卡帕多西亚众城邦的统治权发生了冲突。

提格拉特-帕拉沙尔此时进退两难。如果他攻打乌拉尔图失败，他在王国内外的威信就会丧失殆尽。而萨尔杜里很可能会在占领叙利亚北部后，入侵亚述，

---

① *2 Kings*, xv, 19, 29; 2 Chronicles, xxviii, 20.

并迫使亚述臣服。

提格拉特-帕拉沙尔有两个选择。一是翻山越岭入侵乌拉尔图；二是在北部叙利亚袭击乌拉尔图，但亚述对北叙利亚已毫无威慑力。后者似乎是最为明智可行的选择。一旦他成功击退乌拉尔图入侵者，便可同时迫使叛乱的赫梯王国效忠于他。

公元前 743 年春，提格拉特-帕拉沙尔率领军队穿过幼发拉底河直达亚珥拔（Arpad），一路畅行无阻。尽管亚珥拔归属马提-伊鲁的王国，而马提-伊鲁的王国又受乌拉尔图统治，但亚珥拔却敞开大门迎接提格拉特-帕拉沙尔。乌拉尔图驻防军被屠杀。看到这种情况，萨尔杜里可能会借用先知的话大喊："亚珥拔的国王何在？亚珥拔的神何在？"①

离开亚珥拔，提格拉特-帕拉沙尔开始对抗加紧向南偷袭亚述后方的萨尔杜里。向北进发途经幼发拉底河时，提格拉特-帕拉沙尔出其不意地偷袭了乌拉尔图在昆姆（Qummukh）的军队，随后双方展开激烈交战，其中极具戏剧性的一幕是双方国王间的单打独斗。亚述逐渐占了上风。夜幕降临时，乌拉尔图的战车和骑兵陷入混乱，溃不成军，国王萨尔杜里不得不从战车上跳下来，骑马落荒而逃。亚述的一支骑兵部队趁天黑对其穷追猛打，直追到"幼发拉底河桥"才放弃。

提格拉特-帕拉沙尔在这场以少胜多的战役中取得了决定性的胜利。七万多敌军被杀或被俘。乌拉尔图营地的仓库、马匹和军队悉数被缴。提格拉特-帕拉沙尔放火烧了乌拉尔图皇家营帐和宝座，作为对阿淑尔的献礼，并把萨尔杜里的床带到尼尼微女神的神庙中，然后返回，为攻击北部敌军做新的战术上的准备。

尽管已击败乌拉尔图，但亚述并未即刻重占北叙利亚。马提-伊鲁摇摆不定，他既希望萨尔杜里能恢复兵力，再次发难北叙利亚；又希望自己能占领北叙利亚并建立帝国。此时，提格拉特-帕拉沙尔再次西征，但却受到顽强抵抗，致使他花了足足三年时间才征服这片"西部领土"。公元前 740 年，亚述占领亚珥拔，废黜并可能处死了国王马-缇怒。两年后，库拉尼（Kullani）和哈麦斯也沦陷，其辖地被纳入亚述帝国的版图，交由亚述王室大臣们统治。

希伯来人再次与亚述交手，耶户王朝（the Dynasty of Jehu）到此终结。它的衰落可能与中亚述帝国晚期战事纷争有关。

---

① *2 Kings*, xviii, 34 and xix, 13.

在亚述的支持下，以色列各王势力愈发强大，也愈发自大。耶户的孙子以色列王约阿施（Jehoash）击败了大马士革。犹大王约阿施（Joash）的儿子亚玛谢（Amaziah）脾气乖戾，勇猛异常，在打击以东人并尝到胜利的甜头后，决心推翻其领主以色列王。他给约阿施寄了一封信，信中就两国政治关系提出建议，并于信末提出挑战："你来，我们二人相见于战场。"而约阿施的回信则充满蔑视：

> 以色列王约阿施差遣使者去见犹大王亚玛谢，说，黎巴嫩的蒺藜差遣使者去见黎巴嫩的香柏树，说，将你的女儿给我儿子为妻。后来黎巴嫩有一个野兽经过，把蒺藜践踏了。你打败了以东人就心高气傲，你以此为荣耀，在家里安居就罢了，为何要惹祸，使自己和犹大国一同败亡呢？亚玛谢却不肯听这话。于是以色列王约阿施上来，在犹大的伯示麦（Beth-shemesh，太阳神沙玛什之城）与犹大王亚玛谢相见于战场。犹太人败在以色列人面前，各自逃回家里去了。

随后，约阿施拆毁了大部分耶路撒冷城墙，掠夺神庙和宫殿，带着丰富的战利品和人质回到都城撒马利亚。[①] 犹大王国仍为以色列的附庸国。

约阿施的儿子耶罗波安在位时间长，国内经济繁荣昌盛。约公元前 773 年，他与亚述联手征服了大马士革和哈麦斯。他的儿子撒迦利亚（Zachariah）于公元前 740 年登基［犹大王亚玛谢的儿子亚撒利雅（Azariah）统治结束时期］，成为以色列耶户王朝的最后一位国王。六个月后，撒迦利亚就被沙龙（Shallum）暗杀。而这位篡位者仅在位一个月，因为"加尼（Gadi）的儿子梅纳哈姆（Menahem）从得撒上撒马利亚，杀了雅比的儿子沙龙，篡夺了他的王位"。[②]

在与他国交战期间，提格拉特-帕拉沙尔成功占领了叙利亚中部，受到"撒马利亚城的米拿现（梅纳哈姆）"的朝贡。篡位者梅纳哈姆并未做任何抵抗，相反可能已准备好迎接这个亚述征服者，以便通过结盟来保全自己的王位。《圣经》中提到："亚述王普勒来攻击以色列国，梅纳哈姆给他一千他连得[③]（Talents）银子，请普勒帮助他坚定国位。梅纳哈姆向以色列一切大富户索要银子，使他们各出五十锡克尔[④]（Shekels），就给了亚述王。于是亚述王回去，不

---

① 2 *Kings*, xiv, 1-14.

② 2 *Kings*, xv, 1-14.

③ 他连得：《圣经》里的计量单位，可用来计算重量或充当货币单位。——译注

④ 锡克尔：古希伯来重量单位，约相当于 11.25 克。《圣经》提到锡克尔时，多用来指银子或金子的重量。——译注

在国中停留。”[①] 此时（前 738）大马士革王利汛（Rezin），推罗王希兰以及阿拉伯女王扎比比（Zabibi）纷纷给亚述王送礼。在埃兰边境叛乱的阿拉米人遭到亚述总督镇压，大批居民被流放至叙利亚各地。

接下来提格拉特-帕拉沙尔开始向东北部的米底人和其他山地部落进军。公元前 735 年，提格拉特-帕拉沙尔举兵入侵乌拉尔图，因为这个庞大的亚美尼亚城邦威胁到亚述在叙利亚北部及卡帕多西亚的霸权地位。面对来势汹汹的亚述军，乌拉尔图王萨尔杜里束手无策，无力守护边境地区，只能任由亚述军队长驱直入，直捣都城。不久，户帕斯沦陷，萨尔杜里退守岩石城堡，这是他与先辈们筑造的坚固要塞，唯有城堡西面的一条狭窄小道通往外界，小道两旁是高墙和高塔，只有小部分兵力能够攻入城堡与城内众多驻兵对抗。因此，萨尔杜里成功击退了亚述军队。

提格拉特-帕拉沙尔怒火中烧，将都帕斯城和附近村庄夷为平地。他摧毁建筑，践踏果园，将未被屠尽的住民与牲畜虏往尼尼微。乌拉尔图惨遭摧残和羞辱，丧失了昔日在北部各邦享有的威望，从此一蹶不振。

第二年，提格拉特-帕拉沙尔回到叙利亚。他这番长途跋涉的缘由在《圣经》中有相关记载。以色列国王梅纳哈姆死后，他的儿子比加辖（Pekahiah）继位。“比加辖的将军、利玛利（Remaliah）的儿子比加（Pekah）背叛他，在撒马利亚王宫里的卫所杀了他……比加击杀他，篡了他的位。”[②] 比加登基时，亚哈斯也开始统治犹大王国。

犹大趁以色列动乱之时宣布独立。亚哈斯的父亲约坦（Jotham）重建耶路撒冷墙，还修建了一条水渠用来供水。在《以赛亚书》中提到这条水渠：“向前走，去迎接亚哈斯……到上池的水沟头，漂布地的大路上。”（《以赛亚书》7：3）

比加称王后面临着以色列一支实力雄厚的教派的威胁，这支教派主张复辟巴勒斯坦的大卫王国。他们的卓越领袖先知阿摩司（Amos）能言善辩。阿摩司谴责以色列的偶像崇拜，他大喊：

> 耶和华向以色列家如此说，你们要寻求我，就必存活。以色列家阿，你们在旷野四十年，岂是将祭物和供物献给我呢。你们抬着为自己所造之摩洛的帐幕和偶像的龛，并你们的神星。[③]

---

① *2 Kings*, xv, 19, 20.

② *2 Kings*, xv, 25.

③ *Amos*, v.

比加试图通过征服犹大王国来终结这支正统教派的复辟运动。为此，他同大马士革王利汛暗中谋划。阿摩司预言：

> 耶和华如此说，我却要降火在哈薛的家中，烧灭便-哈达的宫殿。我必折断大马士革的门闩……叙利亚人必被掳到吉珥。这是耶和华说的……非利士人所余剩的必都灭亡。

推罗、以东、阿蒙（Ammon）也将受到惩罚。[①] 因此，所有以大马士革为尊的盟军全都孤立犹大王国。亚哈斯刚继任犹大王位就发现自己四面楚歌，各方敌军都想要推翻他的政权。"叙利亚王利汛和以色列王利玛利的儿子比加上来攻打耶路撒冷，围困亚哈斯，却不能胜他。"[②] 但犹大王国却惨遭蹂躏，以拉他（Elath）被以东占领，重归以东。非利士人也脱离了耶路撒冷的控制。

以赛亚去见亚哈斯，对他说：

> 你要谨慎安静。不要因叙利亚王利汛，和利玛利的儿子，这两个冒烟的火把头所发的烈怒害怕，也不要心里胆怯。因为叙利亚，和以法莲（Ephraim），并利玛利的儿子，设恶谋害你。说，我们可以上去，攻击犹大，扰乱他，攻破他，在其中立他比勒的儿子为王。所以主耶和华如此说，这所谋的必立不住，也不得成就。[③]

地位岌岌可危的亚哈斯于是求助巴力，"照着耶和华从以色列人面前赶出的外邦人所行可憎的事，使他的儿子经火"。[④] 他设法笼络某个强权大国，寻求庇佑。"埃及江河源头的苍蝇"是完全指望不上了，因为埃塞俄比亚法老还未征服尼罗河三角洲地区。于是，他将目标转向"亚述地的蜂子"。[⑤] 亚述是犹大国王最后的救命稻草。

> 亚哈斯差遣使者去见亚述王说，我是你的仆人，你的儿子。现在叙利亚王和以色列王攻击我，求你来救我脱离他们的手。亚哈斯将耶和华殿里和王宫府库里所有的金银都送给亚述王为礼物。亚述王应允了他，就上去攻打大马士革，将城攻取，杀了利汛[⑥]，把居民掳到吉珥。[⑦]

---

① *Amos*, i.

② *2 Kings*, xvi, 5.

③ *Isaiah*, vii, 3-7.

④ *2 Kings*, xv, 3.

⑤ *Isaiah*, vii, 18.

⑥ *2 Kings*, xvi, 7-9.

⑦ 吉珥可能位于埃兰边界。

据提格拉特-帕拉沙尔记载，利汛躲在城里就像一只“老鼠”。以色列也遭到惩罚。

以色列王比加年间，亚述王提格拉特-帕拉沙尔夺了以云（Ijon）、亚伯-伯-玛迦（Abel-beth-maachah）、亚挪（Janoah）、基低斯（Kedesh）、夏琐（Hazor）、基列、加利利（Galilee）、和拿弗他利全地，将这些地方的居民都掳到亚述去了。乌西雅的儿子约坦二十年，以拉的儿子何细亚（Hoshea）背叛利玛利的儿子比加，击杀他，篡了他的位。[①]

提格拉特-帕拉沙尔记载：“他们推翻了国王比加，拥护何细亚为王。”亚述王就像“一阵飓风”席卷了以色列，制服了非利士人以及荒漠上的阿拉伯人。腓尼基莫阿布、阿蒙、以东纷纷向亚述王献上贡品。当时亚哈斯很荣幸地在大马士革拜访了提格拉特－帕拉沙尔。[②] 亚述派了一名总督统治叙利亚及其属国。

提格拉特-帕拉沙尔的下一个征服目标是巴比伦王国。巴比伦王纳巴那沙死后，其子那布-那丁-泽瑞（Nabu-nadin-zeri）继位，但在位仅两年就在叛乱中被杀。而后那布-舒姆-乌金（Nabu-shum-ukin）继位，不到两个月也被杀害。于是，迦勒底人的一位首领乌金泽（Ukinzer）称王（前732）。

公元前731年亚述王从叙利亚返回，开始入侵巴比伦，但遭到巴比伦的顽强抵抗。国王乌金泽在都城萨皮亚（Shapia）避难，成功抵御了入侵，亚述军便在周边城市烧杀劫掠。两年后提格拉特-帕拉沙尔再次来袭，萨皮亚沦陷，巴比伦恢复了和平。提格拉特-帕拉沙尔受到巴比伦人的拥戴，人们敞开大门欢迎这位亚述王。他自称苏美尔与阿卡德之王。迦勒底人开始进贡。

至此，提格拉特-帕拉沙尔的雄心壮志到达巅峰。他不仅将亚述帝国向西从卡帕多西亚扩展至埃及河畔，还摧毁了乌拉尔图，平定东部边疆，与大地之母、文化之源、众神之国的巴比伦建立友好关系。可惜，提格拉特-帕拉沙尔还未享受到最后的胜利，便在巴比伦“接手贝尔（米罗达）[③]”仪式之后仅一年多就去世了。

提格拉特-帕拉沙尔死后，撒缦以色五世（Shalmaneser V，前727—前722）继位。撒缦以色五世可能是他的儿子，但并不能确定。关于这位新国王的政绩记载也并不详细。公元前725年，撒缦以色带军远征叙利亚和腓尼基。那些曾

---

① *2 Kings*, xv, 29, 30.

② *2 Kings*, xvi, 10.

③ 接手贝尔（米罗达）：巴比伦的主神，国王继任后需要举行“接手贝尔（米罗达）”仪式，才能得到神的承认，人民的许可，成为真正的巴比伦王。——译注

经附庸亚述的腓尼基人、非利士人还有以色列人一听到提格拉特-帕拉沙尔的死讯便揭竿而起。他们与埃及或穆特瑞（Mutsri）筹划阴谋诡计。

以色列王何细亚假装欢迎亚述军入城。但撒缦以色识破了他的诡计，将他囚禁起来。尽管国王何细亚已被押到亚述，但撒马利亚人仍紧闭城门，对抗撒缦以色。

《圣经》中这样描述这场战争："亚述王撒缦以色上来攻击何细亚，何细亚就服事他，给他进贡。何细亚背叛，差人去见埃及王梭[1]，不照往年所行的与亚述王进贡。亚述王知道了，就把他锁禁，囚在监里。"

> 亚述王上来攻击以色列遍地，上到撒马利亚，围困三年。[2]

撒马利亚还未被占领，亚述王撒缦以色就去世了，可能是被暗杀了。于是，下一位君主萨尔贡二世（Sargon Ⅱ）（前722—前705）登基。这位萨尔贡与亚述历史上前两位也叫萨尔贡的国王并无任何关系。《圣经·以赛亚书》[3] 曾提到他，称之为"托勒密的阿基诺斯"。他就是亚述历史上流放了以色列"消失十支派"的那位君主。

"何细亚九年（萨尔贡一年），亚述王攻取了撒马利亚，将以色列人掳到亚述，把他们安置在哈腊（Halah）与歌散（Gozen）的哈博河边，并玛代（Madia）人的城邑。"[4] 据萨尔贡记载，"我从城里（撒马利亚）掳走的居民有两万七千两百九十人"。

> 离弃耶和华他们神的一切诫命，为自己铸了两个牛犊的像，立了亚舍拉，敬拜天上的万象，事奉巴力，又使他们的儿女经火，用占卜、行法术卖了自己，行耶和华眼中看为恶的事，惹动他的怒气。所以耶和华向以色列人大大发怒，从自己面前赶出他们，只剩下犹大一个支派。
>
> 亚述王从巴比伦、古他、亚瓦、哈麦斯和西法瓦音（Sepharvaim）迁移人来，安置在撒玛利亚的城邑，代替以色列人，他们就得了撒玛利亚，住在其中……巴比伦人造疏割比讷像；古他人造匿甲像；哈麦

---

① 埃及学家马斯佩罗（Maspero）称，在希伯来文本中，埃及这位君主被称作 Sua、Seveh 和 So。亚述文本中，这位君王也被称作 Sebek、Shibahi 或 Shabè 等。他被视作埃及第二十五王朝的法老沙巴卡。他在建立自己的王朝前，可能只是一个不起眼的国王。另外的说法是，他是穆特瑞国王塞夫；还有一种说法，称他是三角洲地带埃及一个小国的国王，并不是沙巴卡。

② *2 Kings*, xvii, 3-5.

③ *Isaiah*, xx, 1.

④ *2 Kings*, xvii, 6.

斯人造亚示玛像；亚瓦人造匿哈和他珥他像；西法瓦音人用火焚烧儿女，献给西法瓦音的神亚得-米勒（Adram-melech）和亚拿米勒（Anam-melech）。

一些人刚住进撒玛利亚就被狮子咬死了（他们才住那里的时候，不敬畏耶和华，所以耶和华叫狮子进入他们中间，咬死了这些人）。亚述王命令一个撒玛利亚的祭司“将那地之神的规矩指教那些民”。这个祭司肯定是个正统的希伯来人，因为他教给这些住民“怎样敬畏耶和华……所以，敬畏耶和华”，“侍奉自己的神……侍奉他们的偶像”。①

关于“消失十支派”有很多说法，但都毫无依据。因此，十支派融入美索不达米亚和米底高地之间的当地人也只是传说而已，没有实际证据。② 这十支派之间很快失去了联系。他们并不像一个半世纪后被流放到巴比伦的犹太人（犹大王国的人民）一样有着共同的宗教信仰，因为尽管有少部分以色列人依旧信仰亚伯拉罕的上帝，但大部分以色列人信仰巴力或者天空女神。

亚述通常会将叛国的居民流放至该国的其他地方，以此瓦解他们的民族凝聚力，强迫他们迅速融入异国他乡，臣服于厌恶他们的当地人。法国的埃及学家马斯佩罗（Maspero）说：“这些殖民者一开始仇恨亚述征服者。很快，他们就会忘记自己所受的压迫，忘记过去的伤痛记忆，开始讨好亚述人。亚述总督尽力保护殖民者不受当地人的欺侮。作为回报，殖民者开始拥护总督，协助他摆平当地人的叛乱，或共同抵抗叛军直至援军的到来。由此，帝国政权越加稳固，远离都城的边远地区也未发生太多暴动，巩固了君主的统治。”③

萨尔贡二世离开西部后，巴比伦就爆发了起义。迦勒底国王麦若达赫-巴拉丹三世（Merodach Baladan Ⅲ）与埃兰人结盟，占领巴比伦。双方在杜-利鲁（Dur-ilu）交战，埃兰人撤退。即便萨尔贡已成功横扫这片土地，但胜利的果实却落入敌人手中。萨尔贡不得不让他的敌人，暴虐的迦勒底人麦若达赫-巴拉丹三世占领巴比伦都城，统治巴比伦近十一年。

叙利亚也开始滋生事端。很明显，一位埃及王——也许是波克霍利斯（Bocchoris of Sais，埃及第二十四王朝目前唯一确认的法老）与下埃及各城邦领

---

① *2 Kings*, xvii, 16-41.

② 被掳走的并不是全部的居民——人们估计，可能只是达观显贵之人，这些人的数量也差不多够上面提到的两万七千两百九十人了。

③ *Passing of the Empires*, pp.200-201.

主结盟（上埃及由埃塞俄比亚人统治），意图将其统治领域扩大至亚洲。一个意欲摆脱亚述桎梏的联盟就这样建立起来。亚珥拔、洗米拉（Simirra）、大马士革、撒马利亚和加沙等城邦都加入联盟。当初亚述王提格拉特-帕拉沙尔支援犹大王国，俘虏大马士革，惩治撒玛利亚、加沙等城邦后，反叛者联盟解体。加沙王汉诺（Hanno）逃往埃及，直至萨尔贡统治时期才又回到加沙。他的回归很明显与他参与的这场新的反叛有关。一个铁匠兼冒险家易鲁-比底（Ilu-bi-di）篡夺了哈麦斯的王位。亚实突的非利士人和阿拉伯人都是亲埃及派，同情并愿意协助埃及反抗憎恶的亚述。

埃及的反叛计划还未成型，萨尔贡就带着一支强军远征西部。他与哈麦斯王在卡加尔交战，将其打败并活剥。而后萨尔贡又继续向南进发，在拉菲亚（Raphia）打败了同盟军的一支队伍。皮鲁[①]（Pi'ru，法老），即穆特瑞国王［穆特瑞也许是一个与米斯莱穆（Misraim，埃及）混淆了的阿拉伯国家］的他珥探（Tartan，指挥官）萨比（Shabi）“就像失了羊的牧羊人”惊慌失措地跑了。皮鲁和其他两位南部的国王——瑟姆西（Samsi）和易他玛拉（Itamara）后来纷纷向萨尔贡进贡。加沙王汉诺则被遣送到阿舒尔。

据萨尔贡记载，公元前715年，当他领兵出现在阿拉伯时，穆特瑞的皮鲁、亚利比（Aribi）的瑟姆西及塞巴（Saba）的易他玛拉都向他献礼。

四年后，埃塞俄比亚法老沙巴卡（Shabaka）罢免了塞易斯（Sais）的波克霍利斯，导致亚实突爆发叛乱。此时，又结成了第二支反亚述联盟军。亚实突国王阿祖瑞（Azuri）因亲埃及而被亚述总督罢免。阿祖瑞的兄弟阿卡米提（Akhimiti）登基，又被人民推翻。一个来自塞浦路斯的探险家称王（前711）。

反亚述同盟在犹大王亚哈斯身上有了突破。亚哈斯当时可谓进退两难：一方面，若不加入联盟，反亚述同盟在成功粉碎亚述对叙利亚和巴勒斯坦的控制后，必会将他废黜；另一方面，若他加入同盟，万一反抗失败，亚述王定不轻饶于他。巴比伦公开反抗萨尔贡之后，埃兰积极给予支持，北部起义的谣言四起，似乎西部各王都认定亚述很可能再次土崩瓦解。

所幸，彼时亚哈斯麾下有一位明智的军师——伟大的政治家、先知、学者以赛亚。耶和华晓谕以赛亚说：“你去解掉你腰间的麻布，脱下你脚上的鞋。以

---

① 同埃及学家布雷斯特德一样，那些将穆特瑞的皮鲁视作埃及法老的人认为波克霍利斯向萨尔贡纳贡。然而，皮鲁后来被指与两位阿拉伯国王一起，成为萨尔贡的纳贡人，这明显是在下埃及臣服于埃塞俄比亚第一任国王或埃及第二十五代法老沙巴卡的统治之后。

赛亚就这样做，露身赤脚行走。耶和华说，我仆人以赛亚怎样露身赤脚行走三年，作为关乎埃及和古实的预兆奇迹。照样，亚述王也必掳去埃及人……以色列人必因所仰望的古实，所夸耀的埃及，惊惶羞愧。”[①]

以赛亚劝诫亚哈斯拒绝加入联盟，“亚述王萨尔贡打发他珥探[②]到亚实突的那年，他珥探就攻打亚实突，将城攻取”。[③] 据萨尔贡记载，亚实突的觊觎者逃往阿拉伯半岛，后被一位阿拉伯酋长捉住，押回亚述。之后，巴勒斯坦支持埃及的队伍陷入低迷。

对付巴比伦王麦若达赫-巴拉丹三世之前，萨尔贡认为有必要先完成一项艰巨的任务——击溃北部建起的那支强大的反亚述联盟。叙利亚-卡帕多西亚赫梯众王国（包括小亚细亚的塔巴尔［Tabal］、北部叙利亚的迦基米施）最后一次联手反抗亚述。他们得到了穆士奇-弗里吉亚人（Muski-Phrygians）的国王米塔（Mita，也称弥达斯）和乌拉尔图王鲁萨一世[④]（Rusas，萨尔杜里二世的儿子）的支持。

乌拉尔图遭到提格拉特-帕拉沙尔重挫后调息整顿，国力已有所恢复，并夺回了一部分在亚述东北部边境被占领的地区。提格拉特-帕拉沙尔在世时，为帮助马纳王（the king of the Mannai）统一凡湖与乌尔米湖（Lake Urmia）之间的山地部族，曾在亚述与乌拉尔图两国毗邻地区建立了一个中介小国。因此，马纳王伊纳祖（Iranzu）效忠亚述王，加入了亚述与乌拉尔图之战。乌拉尔图王鲁萨曾攻陷或赢得马纳的几座城。伊纳祖的儿子阿扎（Aza）继位后，公开支持亚述，因此被国内的亲乌拉尔图派暗杀。乌米底什（Umildish）的巴达提（Bagdatti）继位。

萨尔贡军队抵达北部后很快就俘虏了巴达提，并将其活剥。然而他的兄弟乌鲁苏努（Ullusunu）依然高举反叛之旗。但不久野心勃勃的乌鲁苏努就明智地选择听命于萨尔贡，成为亚述忠诚的属国从而保住了王位。他突然改变主意似乎是因为米底部落已稳步挺进马纳领土。萨尔贡经过一番激战，成功打击叛贼，扩大了乌鲁苏努的统治区域。

现在进攻乌拉尔图之路已经畅通。公元前 714 年，萨尔贡袭击了起义的泽卡尔图王（Zikirtu），泽卡尔图王的领主乌拉尔图王鲁萨带兵支援他。经过激烈

---

① *Isaiah*, xx, 2-5.

② 亚述军队的统帅。

③ *Isaiah*, xx, 1.

④ 鲁萨一世：实为萨尔杜里二世的儿子，原文误写作萨尔杜里三世。——译注

的战斗，亚述大胜，鲁萨出逃。据亚述记载，亚述军任意践踏乌拉尔图，庆祝胜利，于是鲁萨就自杀了。但乌拉尔图人称他并未自杀，而是又加入了反萨尔贡的斗争。乌拉尔图战败，亚美尼亚人被迫承认亚述的领主地位。凡湖与里海（Caspian Sea）之间的部落，以及凡湖沿线东南方向直到埃兰边境的各部族都向亚述王进贡。

鲁萨死后，阿尔吉什蒂二世（Argistis Ⅱ）继位。此时，乌拉尔图疆域已经缩小了很多。阿尔吉什蒂联合周边城邦密谋反抗亚述，但很快败露，不久他发现自己腹背受敌。在他统治期间，臭名昭著的辛梅里安人（Cimmerians）和斯基泰人（Scythians）在乌拉尔图北部烧杀劫掠，侵占疆土。

色雷斯-弗里吉亚部落开始迁入西部小亚细亚，迫使穆士奇王弥达斯（Midas）不得不采取对策。他联合乌拉尔图打击亚述在西里西亚、卡帕多西亚及北部叙利亚的势力。公元前718年，塔巴尔发生叛变，随后被萨尔贡剿灭。然而接下来却爆发了一场势头更猛烈、影响更深远的起义。迦基米施王皮西利斯（Pisiris）挣脱了亚述的枷锁，然而还未得到盟国的支援，就被警觉的萨尔贡击败。萨尔贡驱逐了城内大部分居民，将其合并成亚述的行省。公元前713年的塔巴尔起义也几乎以同样的方式被镇压。公元前712年，米里德（Milid）投降，城内居民全被流放，“苏提”阿拉米人移居城内。科马根（Commagene）王始终效忠亚述，因此领地得以大范围扩张。公元前709年，穆士奇-弗里吉亚人的弥达斯也被迫臣服亚述。北部反亚述联盟终于完全瓦解。包括塞浦路斯王在内的君主们纷纷向亚述进贡。

萨尔贡终于抽出身来对付巴比伦。麦若达赫-巴拉丹在统治巴比伦的约十二年间欺压百姓，蔑视王法，侵吞私人财产，并将财产转移至其迦勒底亲属名下。但他依然获得埃兰的强烈支持。

萨尔贡首先安排军队混入巴比伦人和埃兰人之中，然后向南推进，制服底格里斯河东岸的阿拉米人，将埃兰人驱逐到山区，紧接着又从东面径直侵入巴比伦中部地区。巴比伦王匆忙向南撤退，成功避开萨尔贡的军队。因为埃兰人无法支援他，他不得不撤到巴比伦南部的迦勒底都城比特-加金（Bit Jakin）避难。

巴比伦和波尔西帕的祭司前来拜访萨尔贡，尊称他为古老帝国的救世主。随后萨尔贡在埃-萨吉拉称王，“接手贝尔”，将阿拉米人赶出西帕尔，又加紧向南远征，攻占比特-加金。麦若达赫-巴拉丹逃到埃兰。至此，迦勒底彻底沦陷。

“后期萨尔贡”在位时期亚述疆土完全囊括了整个阿卡德的萨尔贡王国。他在巴比伦自称是同名先辈的化身，同样肩负救世主使命（毫无疑问是受巴比伦祭司的启发）。在其统治期间，亚述帝国进入全盛时期。

萨尔贡不仅自豪地记录了自己的征战霸业，还记载了国内公共事业的建设：重建古城，兴农务水利，发展贸易，促进工业发展。如道貌岸然的埃及法老一般，他自称自己保护弱小，使平民实现温饱。

萨尔贡四处征战之时也不忘筑造新城。在尼尼微北部，他建造了“萨尔贡的要塞”——杜尔-舍鲁金古城（Dur-Sharrukin）。在未攻下巴比伦之前，这座城就已竣工。萨尔贡于公元前708年迁居新宫殿，此前他多居住在阿淑尔-纳西尔-帕尔三世在凯尔奇重建的宫殿中。

萨尔贡是一个多神崇拜者。尽管他声称恢复了“已经终结”的阿淑尔至高无上的地位，但他除了崇拜阿淑尔，还复兴了古代“三神”——安努、贝尔和埃阿，并扶植对亚述远古女神伊什塔尔的“母神崇拜”。萨尔贡死前任命他的一个儿子西拿基立为帝国北部总督。萨尔贡可能在阅兵大典上被暗杀，又或许是死于边境战争。关于萨尔贡之死只在名祖[①]（eponym list）目录的一个词条中有如下记载：

> 乌帕哈尔-伯努（Upahhir-belu）的命名，阿美杜（Amedu）之城的总督……据克鲁米特（Kulummite）的神谕……一个士兵（进入）亚述王的营帐（之后杀了他?），西拿基立（在位），Ab月的第十二天。[②]

西拿基立痛诉父亲的罪行，这表明萨尔贡曾冒犯过祭司。或许就像中期亚述帝国的一些君王一样，他在晚年屈服于巴比伦的影响。据说“他未被葬在自己的房子里”，这意味着传统宗教仪式不愿接受他。于是，他迷失的灵魂就如同乞丐或罪犯的幽灵一般四处游荡，吃着残渣剩滓，喝着地沟水。

西拿基立（前705—前680）继位后首要解决的难题就是维持他那卓越的父亲打下来的辽阔帝国的统一。他发动小规模战争征服埃兰边境的加喜特人和艾立普人（Illipi），以及卡帕多西亚、西里西亚的穆士奇人和赫梯人部落。然而，加喜特人已不足为惧，赫梯也衰落了——在受到亚述重创之后，尚未恢复国力，

---

① 名祖：姓名或名称被用以命名地方、发明、发现等的人或物。——译注

② *The Old Testament in the Light of the Historical Records and Legends of Assyria and Babylonia*, T G.Pinches, p.372.

辛梅里安部落的铁蹄又踏入疆土大肆劫掠。乌拉尔图也受到北部凶残的野蛮人的践踏蹂躏。亚述最后征服的地区有赫梯的塔巴尔和穆士奇人（米设人）的领土。希伯来先知后来说道：

亚述和他的众民都在那里，他民的坟墓在他四围。他们都是被杀倒在刀下的……米设、土巴和他们的群众都在那里。他民的坟墓在他四围，他们都是未受割礼被刀杀的。他们曾在活人之地使人惊恐。（《以西结书》第32章）

发现爱奥尼亚人（Ionians）在西里西亚定居后，西拿基立就把大部分爱奥尼亚人驱逐到尼尼微。这一时期之后尼尼微的金属和象牙工艺品都彰显着希腊对于亚述的影响。

萨尔贡二世的死讯传开后，数国共同谋反，反抗西拿基立，埃及也位列其中。埃塞俄比亚王朝的最后一位法老塔哈尔卡（Taharka,《圣经》中的特哈加[①]）企图在巴勒斯坦和叙利亚重建埃及霸权。于是他与推罗王努尼（Luli）、犹大王希西家等结盟。被萨尔贡罢免的迦勒底王麦若达赫-巴拉丹得到埃兰人和阿拉米人的支持，也参与谋反。“那时巴比伦王巴拉但的儿子麦若达赫-巴拉丹，听见希西家病而痊愈，就送书信和礼物给他。希西家喜欢见使者。”[②]

派去管理巴比伦的萨尔贡之子被谋杀篡位，篡位者王位还未坐热，就被麦若达赫-巴拉丹推翻。于是，麦若达赫-巴拉丹重新登上巴比伦王位，统治近九个月。在此期间，他一直煽动犹大王和推罗王谋反。西拿基立带领大军入侵巴比伦，废黜麦若达赫-巴拉丹，击溃迦勒底人和阿拉米人，任命当地一位效忠亚述三年的君主贝尔-尼（Bel-ibni）为诸侯王。

公元前707年，西拿基立远征西部。当军队到达推罗时，推罗王努尼逃往塞浦路斯。尽管城未沦陷，但其大部分领土都已割让给西顿王。阿斯卡隆的领土也被削割。西拿基立在伊利提基（Eltekeh）与埃塞俄比亚人、埃及人和阿拉伯的穆特瑞人组成的联军大战，西拿基立获胜。他占领了犹太王国的许多城市，流放了二十万零一百五十人。但此时他已元气大伤，无力攻入耶路撒冷。犹大王希西家被困在耶路撒冷犹如“笼中之鸟”。后来，他似乎用金银珠宝、昂贵家具、音乐家以及女奴“收买了”亚述。

公元前689年，西拿基立觉得有必要入侵阿拉伯。此时，另一场阴谋正在

---

① *Isaiah*, xxxvii, 9.

② *Isaiah*, xxix, 1, 2.

酝酿，希西家再次叛变。据曾去过埃及的巴比伦神庙祭司波洛修斯所言，西拿基立南归时曾出现在埃及——为了前去攻打犹大王。

希西家见西拿基立来，定意要攻打耶路撒冷，就与首领和勇士商议，塞住城外的泉源；他们就都帮助他。于是有许多人聚集，塞了一切泉源，并通流国中的小河，说："亚述王来，为何让他得着许多水呢?"

西拿基立差遣臣仆到耶路撒冷，试图鼓动人民反抗希西家。"西拿基立也写信毁谤耶和华（以色列的神）说，列邦的神既不能救他的民脱离我手，希西家的神也不能救他的民脱离我手了。"①

先知以赛亚当时也在耶路撒冷，于是希西家派仆人去见以赛亚。以赛亚对仆人说：

> 要这样对你们的主人说，耶和华如此说，你听见亚述王的仆人亵渎我的话，不要惧怕。我必使灵进入他的心，他要听见风声就归回本地。我必使他在那里倒在刀下。②

波洛修斯称，夜里大群田鼠跑进西拿基立的营帐，咬坏了弓箭和盾牌。第二天，西拿基立的军队弃甲而逃。

《圣经》这样描述此次灾难：

> 当夜，耶和华的使者出去，在亚述营中杀了十八万五千人。清早有人起来，一看，都是死尸了。亚述王西拿基立就拔营回去，住在尼尼微。③

也许是田鼠跑到西拿基立军营传染了鼠疫，亚述溃不成军。惨败的景象激发了19世纪英国诗人拜伦④的想象。

> 亚述人来了，像狼扑群羊，盔甲迸射着紫焰金光；枪矛闪烁，似点点银星，俯照着加利利汹涛万顷。
>
> 日落时，到处是人马、旌旗，像夏日密林，绿荫匝地；天一亮，却只见尸横遍野，像秋风扫落的满林枯叶。
>
> 天使展翅，让致死的阴风吹向来犯的敌人的面孔；沉睡的眼睛便冷却、呆滞，心房跳一下，便永远静止！

---

① *2 Chronicles*, xxxii, 9-17.

② *2 Kings*, xix, 6, 7.

③ *2 Kings*, xix, 35, 36.

④ 拜伦（George Gordon Byron，1788—1824）：英国19世纪初期伟大的浪漫主义诗人。他创作了一首名为 *The Destruction of Sennacherib*（即《西拿基立的覆灭》）的诗。——译注

战马倒地，张开的鼻孔里再也喷不出得意的鼻息；吐出的白沫还留在地下，冷得像扑打岩石的浪花。

惨白、拘挛，躺着那骑士，眉头凝露，铁甲锈蚀；营帐悄然，残旗独在，枪矛不举，号声不再！

亚述的遗孀号啕挥泪，太阳神庙宇里金身破碎；何需用刀剑，上帝只一瞥，异教徒声威便消融似雪！①

西拿基立遭此大难之前，诸侯王贝利尼与迦勒底人联手起义，亚述再度出兵巴比伦镇压起义。巴比伦被围攻后沦陷，不忠的国王和一批贵族被流放到亚述。年迈的麦若达赫–巴拉丹参与谋反，逃到被迦勒底人占为殖民地的埃兰海岸避难，不久便去世了。

西拿基立抵达巴比伦南部之后进攻埃兰。但他还没来得及返回亚述，就遭到麦若达赫–巴拉丹之子萨姆努（Samunu）带领的巴比伦尼亚人、迦勒底人、阿拉米人、埃兰人及波斯人组成的一支精锐联军的反抗。双方展开了殊死搏斗。尽管最后西拿基立获胜，但连番交战已使他无力乘胜追击。公元前 692 年，一位名叫穆塞吉布–米罗达（Mushezib-Merodach）的迦勒底人夺取了巴比伦的王位。

公元前 691 年，西拿基立再次举兵攻打巴比伦，但未能废黜穆塞吉布–米罗达。两年后机会来了。埃兰受到波斯人突袭，遭受重创，无法支援巴比伦的迦勒底王。西拿基立就乘机攻占巴比伦这座贸易大都市，废黜穆塞吉布–米罗达，将他囚禁，并押往尼尼微。西拿基立大肆摧残巴比伦，亚述士兵连续几天四处洗劫房屋、庙宇，肆意屠杀住民。埃–萨吉拉神庙的财富被洗劫一空，神像要么被毁，要么被运往尼尼微。贝尔–米罗达的神像也被运到亚述，位于众多臣服于阿淑尔的神像之中。据西拿基立记载：“我将整座城连根拔起，再用烈火焚烧；城墙、门户、教堂、高塔、瓦片，我将它们一一扔到阿拉图。”②

英国考古学家金先生写道：“公元前 689 年，西拿基立将巴比伦夷为平地。德国考古学家科尔德威博士（Dr. Koldewey）经过多年努力总算寻到当时被毁建筑的踪迹。最近，他确认出一些早期的遗迹和几块可追溯到第一王朝的石碑，并挖掘出许多深埋地底的早期容器。尽管对大量遗迹进行了仔细研究，但这对

① 该译文节选自杨德豫先生《拜伦抒情诗七十首》中的《西拿基立的覆灭》。杨德豫（1928—2013），中国作家协会会员、中国翻译工作者协会理事、中国现代格律诗学会理事。——译注

② Smith-Sayce, *History of Sennacherib*, pp.132-135.

我们了解新巴比伦时期之前的巴比伦城收效甚微。”①

也许西拿基立想将尼尼微打造成取代巴比伦的贸易大都城。他扩建、加固城市，修建两道防御墙，外侧围着护城河。希腊历史学家迪奥多罗斯称墙高一百英尺，宽约五十英尺。挖掘者测量出大门宽约一百英尺。此外，西拿基立还修建了水坝和运河，为城内供水；建造稳固的埠头预防洪灾。他还修复了一座高耸平台，平台四周围着运河，并在平台之上为自己修建了一座辉煌的宫殿，又在另一个平台上建了军火库。

西拿基立的宫殿是亚述历代君主所建最为宏伟辉煌的建筑。装修奢华，浮雕精致，展现了当时非凡卓越的本土艺术。文化的发展也可从留存的文学作品中窥见一斑（从文体风格上可辨认出是当时的碑文）。这证明亚述的文人雅士一定非常多。西拿基立——这位巴比伦的摧毁者在位时期，凯尔奇的皇家图书馆馆藏亦增加不少。

如同其父萨尔贡二世，西拿基立最后也是横死。据《巴比伦编年史》②（*Babylonian Chronicle*）记载，西拿基立在“太贝特月③（Tebet）的第二十天”（前680）被他叛变的儿子所杀。这场叛变持续了很久，从“太贝特月的第二十天”（1 月初）直至阿达尔月的第二天（2 月中旬）。半个月后，西拿基立的儿子以撒哈顿登基为王。

波洛修斯称西拿基立是被他的两个儿子谋杀，但以撒哈顿并未参与其中。《圣经》中是这样描述的：“亚述王西拿基立……住在尼尼微。一日在他的神，尼斯洛（阿淑尔）庙里叩拜，他儿子亚得-米勒和沙利色（Sharezer），用刀杀了他，就逃到亚拉腊地（land of Armenia）。他儿子以撒哈顿接续他作王。”沙利色似乎一直都觊觎着王位。

以撒哈顿（前680—前668）的个性与父亲截然不同。为了确保帝国的长治久安，他安抚诸侯国，宽宏对待受邻国威胁而被迫卷入谋反叛乱的国王们。因此，亚述帝国荣享安稳与和平。只有偏远行省受到侵略时，他才会为了保护主权发动战争。

以撒哈顿受母亲纳齐亚（Naki'a）影响极大。纳齐亚是一位巴比伦公主，跟亚述传奇女王萨穆-拉玛特一样受人尊敬。或许萨穆-拉玛特的传奇故事是

---

① *A History of Sumer and Akkad*, p.37.

②《巴比伦编年史》：一份记载巴比伦主要历史事件的楔形文字泥版。记载时间从巴比伦国王纳巴那沙到安息统治时期。——译注

③ 太贝特月：属于犹太教历。犹太教历是以色列国目前使用的古老历法，是一种阴阳合历。——译注

根据她的传说编纂而来的。但以撒哈顿选择支持亲巴比伦派并非完全因为他的母亲。他似乎与波洛修斯所提到的亚薛德斯（Axerdes）一样，统治巴比伦这个南部王国八年时间。巴比伦沦陷后，西拿基立派遣他前去管理巴比伦。也许正是由于这段时间他深受巴比伦伦理道德观的影响，导致他的性格与他的父亲、祖父迥然不同。他的妻子也是一位巴比伦公主，儿子沙玛什-舒姆-乌金（Shamash-shum-ukin）降生在一个巴比伦宫殿中，或许在西帕尔。以撒哈顿信奉尼尼微的母神伊什塔尔、阿贝拉的伊什塔尔、太阳神沙玛什及主神阿淑尔。

以撒哈顿登上王位后开始重建巴比伦，迁回许多原住民，仅用三年时间就把巴比伦重新打造成显赫的贸易和工业中心。此外，他又驱逐了麦若达赫-巴拉丹在任时抢占私人住宅的迦勒底人，恢复当地人的合法继承权，赢得了他们的支持。

此举必然引起迦勒底人的反抗。麦若达赫-巴拉丹的两个儿子在南部制造内乱，但都被平定了。一个逃到埃兰后被暗杀；另一个表示愿意归顺，被以撒哈顿封为诸侯王。

埃及开始在西部作乱。埃塞俄比亚王塔哈尔卡（《圣经》中称为特哈加）在西拿基立统治时煽动希西家造反。一名出使耶路撒冷的亚述使者“听见人论古实王特哈加说……就打发使者去见希西家，吩咐他们说……不要听你所倚靠的神欺哄你，说，耶路撒冷必不交在亚述王的手中。你总听说亚述诸王向列国所行的，乃是尽行灭绝，难道你还能得救吗？我列祖所毁灭的，就是歌散、哈兰、利色（Rezeph）和属提拉撒（Telassar）的伊甸人。这些国的神，何曾拯救这些国呢？哈麦斯的王、亚珥拔的王、西法瓦音城的王、希拿和以瓦的王，都在那里呢”。[①] 西顿——一个建于巴勒斯坦和叙利亚之间的小国，是亲埃及联盟中的一员。

以撒哈顿在位早期曾到西部展开军事行动，此间由他的母亲纳齐亚监国。埃兰认为这是亚述王软弱无能的表现，决定乘机攻打巴比伦。他们洗劫西帕尔，带走神像。然而，埃兰王最后被亚述总督击败，返回埃兰后被罢黜。他的儿子继位，将神像归还，与以撒哈顿建立友好关系。由于受到米底和波斯人游牧战士的袭击，这段时期的埃兰王国极其动荡不安。

北部辛梅里安人和斯基泰人也不断与乌拉尔图交战，或者相互交战，战况

① *Isaiah*, xxxvii, 8-13.

越演越烈，向东、西部蔓延。于是以撒哈顿带军将辛梅里安入侵者逐出卡帕多西亚，但辛梅里安人吞并了弗里吉亚。

更为强硬的斯基泰人使得东北部边境地区岌岌可危。野蛮的山民与米底部落联手洗劫了马纳这个中介国，亚述和乌拉尔图也深受其害。以撒哈顿的大将带兵镇压，平定了东北部后与乌拉尔图达成结盟。

以撒哈顿王最棘手的问题是在西部。一直受西拿基立器重的西顿王此时拥护埃及，与西里西亚王结盟起义，但奇里乞亚王能力有限。西顿被攻占后，皇室盟友落荒而逃，几年后被抓斩首。赫赫有名的海港遭到破坏，大笔财富运送到亚述（前676）。以撒哈顿在其上重建了一座新城，名为卡尔-以撒哈顿（Kar-Esarhaddon），成为新西顿的中心。

这一时期，犹大和其他忿忿不平的国家也遭到镇压。玛拿西继承希西家成为犹大王时年仅十二岁，似乎颇受异教徒导师的影响。

> 玛拿西重新建筑他父希西家所拆毁的邱坛，又为巴力筑坛，作木偶，且敬拜事奉天上的万象……他在耶和华殿的两院中为天上的万象筑坛，并在欣嫩子谷使他的儿女经火，又观兆，用法术，行邪术，立交鬼的和行巫术的，多行耶和华眼中看为恶的事，惹动他的怒气，又在神殿内立雕刻的偶像。神曾对大卫和他儿子所罗门说，我在以色列各支派中所选择的耶路撒冷和这殿，必立我的名直到永远。[①]

玛拿西登基后以赛亚就不再预言。据拉比犹太教[②]（Rabbinic）传说，敌人抓住以赛亚，关在树洞中，然后将其锯死。其他的正统传教者似乎也被杀了。“玛拿西流许多无辜人的血，充满了耶路撒冷，从这边直到那边。”[③] 也许早期基督教挽歌中有关迫害信徒部分已暗示了以赛亚的命运：“又有人忍受戏弄，鞭打，捆锁，监禁，各等的磨炼。被石头打死，被锯锯死，受试探，被刀杀。”[④]亚述的记载中没有提到玛拿西被俘。“所以耶和华使亚述王的将帅来攻击他们，用铙钩钩住玛拿西，用铜链锁住他，带到巴比伦去。他在急难的时候，就恳求耶和华他的神，且在他列祖的神面前极其自卑。他祈祷耶和华，耶和华就允准他的祈求，垂听他的祷告，使他归回耶路撒冷，仍坐国位。”[⑤] 以撒哈顿对待叛

---

① *2 Kings*, xxi, 3-7.

② 拉比犹太教：犹太教发展过程中的一个阶段性宗教，是现存犹太教的基础。——译注

③ *2 Kings*, xxi, 16.

④ *Hebrews*, xi, 36, 37.

⑤ 玛拿西可能是在阿淑尔-巴尼-帕尔执政期间被带到巴比伦的。详情参见下一章。

乱的诸侯王也这般仁慈。据亚述记载，包括犹大王玛拿西、以东王、莫阿布王、阿蒙王等在内的“哈提二十二国王”都歌颂他们的领主以撒哈顿。以撒哈顿将西拿基立卷走的神像归还给阿拉伯的哈薛，以示安抚。

埃及仍密谋反抗亚述。因此，以撒哈顿决心对付埃塞俄比亚最后的法老塔哈尔卡。公元前 674 年，他带兵攻入埃及，反被击退，吃了败仗。紧接着第二年，推罗也开始造反（前 673）。

以撒哈顿开始为下一次的征伐精心做准备。公元前 671 年，他带领一支更加强大的军队再次西征。他分派一支军队平定推罗，主军则极速前进，一路穿过尼罗河三角洲边界，横扫南部孟斐斯等城市。塔哈尔卡在孟斐斯受到重创。以撒哈顿的士兵占领了埃及的宏伟都城，四处掠夺。下埃及由此变成亚述的一个行省。包括塞易斯的尼哥（Necho）在内的其他各小城邦主都被任命为亚述总督。平定推罗也赢得了胜利。

以撒哈顿回到亚述后，在辛格尔里（Singirli）的叙利亚-卡帕多西亚城[①]立了一座胜利纪念碑，如今被收藏在柏林博物馆。纪念碑上亚述的“埃及众王之王”被刻画成一个巨人，一只手拿着神的祭品，另一只手抓着权杖和两条绳索，绳索套着环，刺穿两个侏儒的唇。这两个侏儒分别象征法老塔哈尔卡和不忠的推罗王。

公元前 668 年，曾经战败逃往埃塞俄比亚那帕塔（Napata）的塔哈尔卡回到上埃及，再次发动叛变。以撒哈顿策划再次远征，彻底摧毁塔哈尔卡的残余势力。但远征之前，他必须先整顿国内。

在以撒哈顿出征期间，一些亚述旧党由于反对他亲巴比伦的行为而密谋篡位。据《巴比伦编年史》记载，在公元前 669 年“王留在亚述，用剑刺杀了许多贵族”。

他的儿子阿淑尔-巴尼-帕（Ashur-bani-pal）为这些密谋篡位者求情，很明显这次谋逆他也难逃干系。亚述皇储希尼底那巴尔（Sinidinabal）死了，也许是被暗杀。

公元前 668 年 4 月末，在祭祀女神古拉（等同于巴乌，尼努塔的妻子）的盛宴上，以撒哈顿宣布将帝国一分为二，交给他的两个儿子掌管——阿淑尔-巴尼-帕尔成为亚述王，沙玛什-舒姆-乌金（Shamash-Shum-ukin）为巴比伦王和亚述诸侯王。其他儿子分管重要祭司事务。

---

① “g” 的发音如同其在 “gem” 中的发音。

将一切安排好之后，以撒哈顿即刻动身前往埃及，此时他的身体每况愈下。同年10月末，以撒哈顿就去世了。阿淑尔-巴尼-帕尔统治期的文献记录了他发动战争的早期事件。塔哈尔卡在孟斐斯战败后向南撤退至底比斯。

去世的亚述王以撒哈顿被赞誉为“最高尚和富有同情心的亚述王”，性格极富魅力。他推行社会改革，抑制贵族专横，发展贸易。他虽不似父亲萨尔贡二世一般建造了新城，但也善于兴建和修复寺庙，赢得祭司的称赞。以撒哈顿不仅在尼尼微建造了一座新的“阿淑尔神殿”，还重建了几座巴比伦庙宇。他的儿子阿淑尔-巴尼-帕尔是亚述最后一位伟大的君主。

第二十章　亚述和巴比伦的最后时期

尼尼微和巴比伦的宿命—巴比伦一神论—阿淑尔-巴尼-帕尔与其兄巴比伦王—“接手贝尔”仪式—米罗达重回埃-萨吉拉—亚述入侵埃及、洗劫底比斯—吕底亚求助亚述—征服埃兰—巴比伦起义—巴比伦王之死—洗劫苏萨—埃及萨姆提克—击溃辛梅里安人—阿淑尔-巴尼-帕尔的文学活动—萨尔丹那帕勒斯传说—亚述最后的君主—尼尼微沦陷—新巴比伦帝国—埃及尼哥逐出叙利亚—废黜犹大王约雅敬—西底家起义受罚—耶路撒冷沦陷，希伯来人被俘—耶利米恸哭耶路撒冷—巴比伦最后一位独立君主—征服者居鲁士的崛起—波斯族和鹰的传说—居鲁士征服吕底亚—巴比伦沦陷—犹大人返回犹大王国—从居鲁士到亚历山大大帝时期的巴比伦

论尼尼微的默示，……耶和华不轻易发怒，大有能力，万不以有罪的为无罪。他乘旋风和暴风而来，云彩为他脚下的尘土。他斥责海，使海干了，使一切江河干涸。巴珊（Bash）和迦密（Carmel）的树林衰残，黎巴嫩的花草也衰残了……尼尼微啊，那打碎邦国的上来攻击你……河闸开放，宫殿冲没。王后蒙羞，被人掳去，宫女捶胸，哀鸣如鸽。此乃命定之事。……你要打水预备受困，要坚固你的保障。踹土和泥，修补砖窑。在那里，火必烧灭你，刀必杀戮你，……亚述王啊，你的牧人睡觉，你的贵胄安歇。你的人民散在山间，无人招聚。你的损伤无法医治，你的伤痕极其重大。凡听你信息的，必都因此向你拍掌。你所行的恶，谁没有时常遭遇呢。[①]

关于巴比伦宿命的预言：

贝勒[②]屈身，尼波弯腰，…… 巴比伦的处女啊，下来坐在尘埃；

---

① *Nahum*, i, ii, and iii.

② 贝勒：《圣经》将“Bel”译作贝勒，本书统一译为贝尔。——译注

迦勒底的闺女啊，没有宝座，要坐在地上，……站起来吧，用你从幼年劳神施行的符咒和你许多的邪术，或者可得益处，或者可得强胜。你筹划太多，以致疲倦。让那些观天象的，看星宿的，在月朔说预言的，都站起来，救你脱离所要临到你的事。他们要像碎秸被火焚烧，不能救自己脱离火焰之力，……你所劳神的事，都要这样与你无益。从幼年与你贸易的，也都各奔各乡，无人救你。①

不祥之兆如阴沉的雷雨云般笼罩着这片土地。现在，让我们走进美索不达米亚辉煌的最后一个世纪，见证亚述的宏伟和巴比伦的壮丽。古代文明在灭亡之前迅速发展成熟。各君主仍沉迷于纸醉金迷、穷奢极欲的生活。古城四处“鞭声响亮，车轮轰轰，马匹踢跳，车辆奔腾，马兵争先，刀剑发光，枪矛闪烁……精兵都穿朱红衣服”。② 此时的学者却前所未有地积极投身于探索生命和创造的奥秘。在图书馆、神殿及天文台，哲学家和科学家正逐步瓦解远古迷信薄弱的根基；他们对于人类使命和职责的认识已经升华；他们设想神圣的爱与指引；他们发现，如英国浪漫主义诗人华兹华斯（William Wordsworth）所写，灵魂——

拥有一种对崇高的模糊渴望，而这种渴望与日俱增。

巴比伦王国最后时期的一位国王尼布甲尼撒曾记录一篇祈祷文。这篇祈祷文反映出宗教思想的崇高，以及人们不再崇拜和敬畏泥塑伪神的感情——对人们来说，神不再是人造的——

哦，亲爱的国王！万物之主啊！您所挚爱的国王，您喜悦的国王，愿您指引他，带领他走上正道。我就是那个国王啊，是您创造了我，我顺从于您；是您创造了我，将您统治的万民托付于我。受您福泽，主啊，将万民赠予我，让我拥有最高统治权，让我深深崇拜您的神性，让您喜悦，您已赠予我生命。③

“观星之人”成了科学家，他们预言日月食。智者已从人类各个领域智力活动的迷信废墟中找出真理。命运悲歌已经奏响，帝国权力逐渐瓦解，巴比伦和亚述似乎即将迈向一个新时期。尼尼微戏剧性地突然消亡，巴比伦则走向末路。

公元前 668 年，亚述王以撒哈顿在远征埃及途中死亡的消息传到尼尼微，

---

① *Isaiah*, xlxi, 1; xlvii, 1-15.

② *Nahum*, iii, 2, 3; ii, 3.

③ Goodspeed's *A History of the Babylonians and Assyrians*, p.348.

他死前所做的继任安排即刻开始顺利执行。他的母亲纳齐亚作为摄政者，发布公告号召所有忠臣及诸侯服从新统治者——她的孙子，新亚述王阿淑尔-巴尼-帕和新巴比伦王沙玛什-舒姆-乌金。至此她完成了毕生使命。都城稳定，各行省也未发生任何大的动乱。除委任新统治者管理阿尔瓦德和阿蒙诸城邦外，其他并无任何改变。

巴比伦迎来了新的国王——一位诞生于巴比伦的巴比伦公主之子。巴比伦不再作为行省受亚述管制，因此举国欢庆。旧时的荣耀和尊贵有所恢复，但人们心中仍有一个奇耻大辱——巴比伦主神米罗达仍被关在阿淑尔神殿中。若是无法使米罗达重归埃-萨吉拉，国王的统治只能屈尊受辱，只有举行“接手贝尔”仪式才能成为真正的巴比伦统治者。

“接手神”的仪式是表达对神的敬意。国王完成仪式，意味着成为米罗达的使者或臣仆。自此以后，需每天拜神并接受教诲。王国繁荣与否就取决于国王如何对待神。若是米罗达对国王满意，国家就能受主神庇佑，广受福泽。否则，就将遭受灾难。因此，虔诚、忠贞的君主是人民的守护者。

国王与神之间的密切联系赋予巴比伦祭司巨大的影响力。可以说，他们才是王权背后真正的执权者。皇室的命运掌握在他们手中——他们既可以巩固王权，但如果国王没有满足他们的要求，他们也能亲手推翻王权。如果巴比伦王没有得到祭司势力的支持，那王位可能随时不保。而米罗达神像不归入埃-萨吉拉神庙，国王就得不到祭司的支持。巴比伦王在哪儿，米罗达就必须在哪儿。

沙玛什-舒姆-乌金请求阿淑尔-巴尼-帕（既是他的王兄，也是领主）将贝尔-米罗达归还巴比伦。阿淑尔-巴尼-帕尔犹豫不决，因为作为阿淑尔神的代表，他不愿在与南部王国巴比伦的关系中显得不如后者尊贵。但是，最后在咨询了太阳立法者、命运启示者沙玛什的神谕之后，他同意了。于是神询问巴比伦王沙玛什-舒姆-乌金是否愿意在阿淑尔神庙中“接手贝尔”，然后作为代表将米罗达迎回巴比伦。但是沙玛什的祭司称由于贝尔-米罗达曾被囚禁于非本国的城中，无法再作为至高之主统治一国。

阿淑尔-巴尼-帕尔接受了这个决定，他到阿淑尔神殿请求贝尔-米罗达迁回巴比伦。他对着神哀求：“回到巴比伦吧，将您的愤怒化为乌有。回到埃-萨吉拉，回到您巍峨神圣的殿堂。回到您曾摒弃的城市。米罗达！万物之神，愿您重回号令巴比伦。”

于是阿淑尔-巴尼-帕尔虔诚、庄严地顺从祭司的意愿。他派遣一支强大的队伍负责将神像运回埃-萨吉拉，当然受到了米罗达的赞许。阿淑尔-巴尼-帕尔和沙玛什-舒姆-乌金领着祭司和士兵组成的队列前行，在途经的每个城中都举行繁杂的仪式，以使当地各神向米罗达表示敬意。

神像被掳约二十五年之后，巴比伦终于再次将守护神迎回神殿。祭司们庆祝沙玛什-舒姆-乌金"接手贝尔"的仪式，毫不掩饰内心的欣慰和自豪。巴比伦人民精心准备，举国欢庆。巴比伦人相信繁荣复兴的新时代已经开始，祭司和贵族也期望着王国再次变得自由、独立和强大。

阿淑尔-巴尼-帕（前668—前626）继任后积极着手完成父亲占领埃及的遗愿。他的大将他珥探继续带兵远征。之前已提过，塔哈尔卡被逐出孟斐斯。随后他又回到埃塞俄比亚，但已放弃对抗亚述，并于公元前666年去世。据记录，曾与塔哈尔卡密谋的下埃及的一些小国王及其城市都被亚述狠狠蹂躏。其中塞易斯的尼哥也被俘，后来阿淑尔-巴尼-帕尔饶恕了他，将他遣回埃及担任亚述总督。

法老沙巴卡的儿子他努塔蒙（Tanutamon）继塔哈尔卡之位。公元前663年，他带着重兵从底比斯出发一路向北攻占孟斐斯。古希腊历史学家希罗多德称尼哥被杀，尼哥的儿子萨姆提克（Psamtik）逃到叙利亚避难。公元前661年，阿淑尔-巴尼-帕尔的军队横扫下埃及，驱逐埃塞俄比亚人。他努塔蒙向南逃亡，但亚述军乘胜追击，围困底比斯，将城内洗劫一空。底比斯贵族或被杀，或被俘。先知那鸿（Nahum）将底比斯称作挪亚们（即阿蒙之城），"她的婴孩在各市口上也被摔死。人（亚述）为她的尊贵人拈阄，她所有的大人都被链子锁着"。[①] 底比斯的荣耀自此再未恢复。城内财物被运往尼尼微。埃及的埃塞俄比亚政权最终瓦解，尼哥之子萨姆提克被任命为法老，统治成为亚述诸侯国的埃及。

巴勒斯坦和小亚细亚海岸的众诸侯王发现无法寻求埃及的帮助，只能逆来顺受，故不再密谋对抗亚述。阿尔瓦德、塔尔苏斯、推罗、塔巴尔等国王纷纷向阿淑尔-巴尼-帕尔进贡。但阿尔瓦德王被罢黜，由他的儿子继位。当时，最让人意想不到的是吕底亚王巨吉斯（Gyges，希腊传奇人物）派遣使者前来尼尼微。辛梅里安人于公元前676年击败弗里吉亚的弥达斯后，就不停地骚扰吕底亚，于是吕底亚王请求亚述支援。至于亚述是否支援吕底亚在塔巴尔对抗辛梅里安人，这不得而知。但从后来吕底亚王并未向亚述进贡一事来看，说明亚述未能派出援军，吕底亚王是借助了小亚细亚西南部的卡里亚（Caria）诸国雇佣军之力。西里西亚的

---

① *Nahum*, iii, 8-11.

希腊人、塞浦路斯的亚加亚人和腓尼基人依然对亚述效忠。

公元前665年，埃兰突袭阿卡德，制造动乱。亚述军队在杜-利鲁将他们击退，然后逼近苏萨。埃兰人在乌拉河畔的战役中惨败，国王泰乌曼（Teumman）被杀，国王乌他古（Urtagu）之子登基为埃兰王。从此，亚述统治埃兰。

然而，最让人意想不到和引起哗然的是巴比伦王沙玛什-舒姆-乌金的背叛。巴比伦与亚述和平共处了十五年，却一朝叛变。毫无疑问，埃-萨吉拉的祭司一派与此次叛变脱不了干系。再加上当时巴比伦连年收成欠佳，遭受严重饥荒，对沙玛什-舒姆-乌金打击很大。祭司称米罗达十分愤怒，也许是因为巴比伦未能摆脱亚述的桎梏，神降罪于人民。

巴比伦慷慨地利用神殿财富收买盟军。沙玛什-舒姆-乌金赢得了巴比伦几位总督、迦勒底人、阿拉米人、埃兰人以及巴勒斯坦和叙利亚许多小国国王的支持，就连埃及和利比亚也表示愿助一臂之力。然而阿淑尔-巴尼-帕对此毫不知情，直到巴比伦王沙玛什-舒姆-乌金打算贿赂忠诚的乌尔总督，乌尔总督将实情告知其在埃雷克的上级，这位上级又立刻通禀阿淑尔-巴尼-帕尔巴比伦这一阴谋诡计。这个消息传到尼尼微犹如晴天霹雳。亚述王内心悲愤交加，后来他写文痛诉“不忠不义的王兄”不念旧情，忘恩负义，“口蜜腹剑——嘴上说着好话，肚子里却装满阴谋”。

公元前652年，沙玛什-舒姆-乌金禁止阿淑尔-巴尼-帕尔向巴比伦城的主神进献祭品，成为两国交恶的导火索。随后，沙玛什-舒姆-乌金宣布独立。

战争一触即发。乌尔和埃雷克被迦勒底人攻占，埃兰军队前来支援巴比伦王，但很快由于国内政局不稳而撤军。亚述军队横扫巴比伦，率先制服了南部的迦勒底人，后来又围困巴比伦这座贸易大都城三年。最终，巴比伦由于粮食殆尽而投降。当亚述大军踏进巴比伦城门之时，骇人听闻的一幕发生了。国王沙玛什-舒姆-乌金将自己锁在宫殿之中，放火焚烧，火焰将他的妻儿、奴隶以及所有财富吞噬得一干二净。公元前647年，阿淑尔-巴尼-帕尔任命坎达拉努①（Kandalanu）为巴比伦王，统治巴比伦直至公元前626年去世。

埃兰也因此受到严厉惩罚。亚述军队攻陷苏萨后肆意烧杀劫掠，埃兰这个不幸的王国损失惨重。据相关记载，亚述大获全胜后，修复了一千六百三十五年前被埃兰夺走的娜娜神像，并送回苏美尔古城埃雷克。埃兰军最后毫无抵抗之力，国家变成了束手就擒的猎物，很快就被米底人和波斯人乘机吞并。因此，

---

① 指托勒密王朝的坎拉达努斯。

阿淑尔-巴尼-帕尔摧毁埃兰这个中介国，相当于间接加强了亚述敌军之力，最终导致在他去世二十年后，亚述帝国被这些人推翻。

巴比伦的西部盟友也遭到打击。也许就是此时犹大的玛拿西被带到巴比伦（《历代志下》33：2），后得到宽恕。西北部的米底和马纳也被征服，与奄奄一息的乌拉尔图王国结成了一个新的联盟。

埃及王萨姆提克摆脱了亚述的统治，得到盟友吕底亚王巨吉斯的卡里亚雇佣军的支援，向南扩张势力。萨姆提克通过远嫁王室血统的公主与埃塞俄比亚联姻。由于巨吉斯支援萨姆提克，导致兵力削弱，后被辛梅里安人击溃后屠杀。他的儿子阿尔杜斯（Ardys）向亚述请求帮助，阿淑尔-巴尼-帕尔派遣一支军队前往西里西亚。约公元前645年，亚述与吕底亚合力消灭了辛梅里安人的王国。

有关阿淑尔-巴尼-帕尔的记载截至公元前640年。关于他最后十四年的统治情况，语焉不详，我们无从知晓，但可以推测出国内安稳和平。这位伟大君主公然信奉女神崇拜，明显开始放纵，无所作为。以萨尔丹那帕勒斯[①]（Sardanapalus）之名，阿淑尔-巴尼-帕尔秉承了好色的东方君主的传统，讲究排场，生活奢靡。米底起义叛变后，他葬身在烈火熊熊的宫殿中。然而，萨尔丹那帕勒斯的传说显然不止来源于一位君主的故事，因为在阿淑尔-巴尼-帕尔长眠墓地近二十年后，尼尼微才沦陷。

在《圣经》中，阿淑尔-巴尼-帕尔被称为“尊大的亚斯那巴”，他似乎正是那位平定了巴比伦、埃兰及“撒马利亚城”其他殖民者的君主。[②] 他在尼尼微建了一座装饰奢华的宏伟宫殿。殿内的雕塑是亚述人最精致的艺术品，且主题多样，包括战场和打猎场景的描绘及隆重的宫廷和庙宇仪式，逼真且精美细腻，写实而又别具一格。这般的独具匠心，让亚述的艺术在古代艺术成就中脱颖而出，位居前列。

阿淑尔-巴尼-帕尔夸耀自己受到杰出的父亲以撒哈顿的导师般的全面教育。他的宫殿中有一个宏伟的图书馆，馆藏有上千个泥简，记载和翻译了巴比伦的典籍。这位具有文化涵养的君主出于学术热情，收存了巴比伦的创世故事、吉尔伽美什和埃塔纳的传说及其他远古时期的宗教和文学作品。如今大英博物馆的大部分文学泥简都出土于阿淑尔-巴尼-帕尔的图书馆。

---

① 萨尔丹那帕勒斯：一位传说中的亚述君主，荒淫无度，遭到民众反叛，最终自焚于宫殿中。——译注

② *Ezra*, iv, 10.

关于阿淑尔-巴尼-帕尔的两个儿子的统治，亚述史料都没有记载。其中一个儿子阿淑尔-埃提尔-伊兰尼（Ashur-etil-ilani）显然统治亚述至少六年，修建了一座小宫殿，重建了凯尔奇的尼波神庙。后由他的兄弟阿淑尔-巴尼-帕的另一个儿子西恩-沙里-施昆（Sin-shar-ishkun）继位。西恩-沙里-施昆应该是死在了尼尼微。

阿淑尔-巴尼-帕去世一年后，那波帕拉萨尔（Nabopolassar），可能是迦勒底人，在巴比伦称王。据巴比伦传说，他本是一名亚述大将，被派往南边镇压渡海而来的入侵者。最初那波帕拉萨尔只统治巴比伦和波尔西帕。在他的儿子尼布甲尼撒迎娶了米底王的女儿后，他跟米底结成了进攻和防御联盟，势力大增。他加强巴比伦防御，重建被阿淑尔-巴尼-帕尔损毁的米罗达神殿，随后向亚述发起进攻，成功击败亚述及其美索不达米亚的盟军。

约公元前606年，尼尼微沦陷，西恩-沙里-施昆或许如他的王叔沙玛什-舒姆-乌金，以及传说中的萨尔丹那帕勒斯一样，在宫殿内自焚而死。然而，现在还不确定是斯基泰人还是米底人成功围攻了伟大的亚述都城尼尼微。“祸哉，这流人血的城，充满谎诈和强暴。”那鸿哭道，“……河闸开放，宫殿冲没……你们抢掠金银吧……万军之耶和华说，我与你为敌。”[①]

希罗多德称，当基亚克萨雷斯（Cyaxares）带领一支米底军队击败亚述军，围攻尼尼微时，斯基泰人侵占了米底。基亚克萨雷斯发起围攻，进行对抗，最终却战败。随后，斯基泰人横扫亚述和美索不达米亚，直击埃及三角洲边境。埃及王萨姆提克用一大笔可观的财富赎回王国。然而，最终基亚克萨雷斯在宴会上杀了斯基泰人的首领，然后围攻并占领了尼尼微。

亚述帝国彻底土崩瓦解。未遭杀戮的贵族和祭司毫无疑问都逃往巴比伦，有些甚至逃到了巴勒斯坦和埃及。

尼哥，埃及第二十六王朝的第二位法老，毫不犹豫地利用了亚述帝国坍塌的机会。公元前609年，他带领一支军队和舰队作战，收回埃及丧失已久的亚洲领地，还占领了加沙和阿斯卡隆。此时，玛拿西的孙子约西亚（Josiah）统治犹大王国。“约西亚年间，埃及王法老尼哥上到幼发拉底河攻击亚述王。约西亚王去抵挡他。埃及王遇见约西亚在米吉多，就杀了他。”[②] 随后，他的儿子约哈斯继位。仅三个月就被尼哥罢黜，改立约西亚的另一个儿子以利亚敬（Eliakim）

---

① *Nahum*, iii, ii.

② *2 Kings*, xxiii, 29.

为王，“改名约雅敬（Jehoiakim）”。[1] 为了向法老进贡，人民赋税沉重。

尼哥向着幼发拉底河北征时遇到一支由王子尼布甲尼撒[2]率领的巴比伦军队。公元前605年（《耶利米》16：2），埃及人在迦基米施被击退。

公元前604年，那波帕拉萨尔去世。历史上赫赫有名的尼布甲尼撒二世继承巴比伦王位。他可称得上是巴比伦最伟大的国王之一，在位时间超过五十年。希罗多德描述的那座城就是尼布甲尼撒二世所建，还修砌了城的外墙，圈出一大片土地，让敌军无法攻破。米罗达神殿也被装饰得前所未有的富丽堂皇。这位威严无比的国王建造了宏伟宫殿和空中花园，他毫无疑问吸引了大批从尼尼微逃来的手艺精湛的匠人。他还重建了其他城市的庙宇，给祭司慷慨献礼。巴比伦从各地征召战俘，雇佣他们清理沟渠或种植农业。

巴比伦的贸易和工业十分繁荣。尼布甲尼撒的士兵迅速报复了抢劫过路商旅的四处流浪的迁移民族。在迦基米施惨败后，“埃及王不再从他国中出来。因为巴比伦王将埃及王所管之地，从埃及小河直到幼发拉底河都夺去了”。[3] 犹大王约雅敬一直效忠于尼哥，直到沦为尼布甲尼撒的阶下囚。“用铜链锁着他，要将他带到巴比伦去”。[4] 后来约雅敬又被送回耶路撒冷。“约雅敬服事他（尼布甲尼撒）三年，然后背叛他”。[5]

迦勒底人、叙利亚人、莫阿布人（Moabites）以及阿蒙人（Ammonites）联手侵扰犹大边境。对犹大王而言，巴比伦政权似乎早已倒塌。巴比伦王尼布甲尼撒往西一路横扫入侵者。约雅敬死后，他年仅八岁的孩子约雅斤（Jehoiachan）继位。尼布甲尼撒围攻耶路撒冷，年幼的犹大王约雅斤投降，被掳到巴比伦，“又将耶路撒冷的众民和众首领，并所有大能的勇士，共一万人，连一切木匠、铁匠都掳了去。除了国中极贫穷的人以外，没有剩下的”。[6] 尼布甲尼撒将他们掳去作兵丁或工匠。

之后，西底家（Zedekiah）登上犹大王位成为亚述诸侯王。他效忠亚述好几年，后来与推罗、西顿、莫阿布、以东以及阿蒙勾结拥护埃及的领主地位。埃及第二十六王朝第四任国王法老合弗拉（Hophra，阿普列斯）积极采取行动支

---

① *2 Kings*, 33-35.

② 相比“Nebuchadnezzar”，尼布甲尼撒拼写为“Nebuchadrezzar”更为正确。

③ *2 Kings*, xxiv, 7.

④ *2 Chronicles*, xxxvii, 6.

⑤ *2 Kings*, xxiv, 1.

⑥ *2 Kings*, xxiv, 8-15.

持西底家谋反，于是“西底家背叛巴比伦王”。[1]

尼布甲尼撒带领一支强大的军队穿过美索不达米亚，在奥龙特斯河的利比拉（Riblah）兵分几路，一路前往犹大王国，攻占拉吉城（Lachish）和亚西加（Azekah）。耶路撒冷坚持抵抗了约十八个月。然后“城里出现大饥荒，百姓都没有粮食。城被攻破，所有兵丁在夜间从靠近王的花园的两墙之间的门出城逃跑”。西底家也试图逃跑，但被抓住带到当时正在哈麦斯的利比拉的巴比伦王尼布甲尼撒面前。

> 巴比伦王在西底家眼前杀了他的众子……并且剜了西底家的眼睛，用铜链锁着他，带到巴比伦去，将他囚在监里，直到他死的日子。[2]

大部分犹大人被流放到巴比伦，成为雇农；一些则成功翻身，身居要职；其余的跟随耶利米逃往埃及。

耶路撒冷被洗劫一空，十分荒凉。亚述军队“用火焚烧耶和华的殿和王宫，又焚烧耶路撒冷的房屋”，并且“拆毁耶路撒冷四围的城墙”。耶利米哀悼：

> 先前满有人民的城，现在何竟独坐。先前在列国中为大的，现在竟如寡妇。先前在诸省中为王后的，现在成为进贡的。她夜间痛哭，泪流满腮。在一切所亲爱的中间没有一个安慰她的。她的朋友都以诡诈待她，成为她的仇敌。犹大因遭遇苦难，又因多服劳苦就迁到外邦。她住在列国中，寻不着安息。追逼她的都在狭窄之地将她追上……耶路撒冷在困苦窘迫之时，就追想古时一切的乐境……[3]

推罗被围困，但最终未被占领。于是推罗王与尼布甲尼撒签订了和平协议。

亚美-马杜克（Amel-Marduk，《圣经》中称为以未米罗达）继位，成为下一任巴比伦王，在位仅两年多一点。他将约雅斤从牢里释放，并让其住在皇宫里。[4] 波洛修斯提到亚美-马杜克花天酒地，后被妹婿涅里格利沙尔（Nergal-shar-utsur）杀害。然后涅里格利沙尔（前559—前556）登基为王，在位也仅两年时间。他的儿子拉巴施-马杜克（Labashi-Marduk）统治巴比伦九个月，后被祭司罢黜。再后来，巴比伦的一位王子那布-尼德（Nabu-na-id，也叫那布尼杜斯）继位，是巴比伦最后一位独立君主。他的儿子伯沙撒（Belshazzar）在他统治后期作摄政王。

---

① *Jeremiah*, lii, 3.

② *Jeremiah*, lii, 4-11.

③ *The Laminations of Jeremiah*, i, 1-7.

④ *Jeremiah*, lii, 31-34.

那布-尼德（前556—前540）统治时积极组织修建庙宇。他完整重建了西帕尔的太阳神沙玛什神庙，并在统治末期重建了位于哈兰的月神西恩的神庙，该神庙原先被米底人毁坏。

那布-尼德将乌尔、埃雷克、拉尔萨和埃利都的神都带到埃-萨吉拉，这种宗教革新让他极不受巴比伦人欢迎。米罗达及其祭司对此极为不满，因为那布-尼德此举威胁到主神的威望。巴比伦覆灭后，有一篇铭文是这样写的：米罗达“凝视四方……寻找正义君王，一个称心的君主来接手……他召来了居鲁士”。

居鲁士本是疆土缩减后的安善的埃兰行省的一个小国王，安善后被波斯人占领。他自称是阿契美尼德人（Achaemenian）——带有几分神秘色彩的阿卡美尼什家族［Akhamanish，古希腊阿契美尼斯（Achaemenes）家族］的后裔。阿卡美尼什家族是一个类似于雅利安-印第安的摩奴（Aryo-Indian Manu）和日耳曼·曼努斯（Germanic Mannus）的波斯家族。据说阿卡美尼什由一只鹰喂食，且童年时期受其保护。这只神鹰能预兆新生的统治者。也许神鹰只是一个远古图腾，而阿契美尼德人是远古鹰族部落的后人。正如我们所知，鹰守护着吉尔伽美什，就像秃鹫守护着雅利安-印第安的沙昆塔拉（Aryo-Indian Shakuntala），鸽子守护着塞米拉米斯一样。居鲁士出生和幼年的传说与阿卡德的萨尔贡、印度的卡尔纳和克里希那（Krishna）类似。

居鲁士承认米底王阿斯提阿格斯（Astyages）的领主地位。但他起义打败了阿斯提阿格斯，并将他囚禁。随后他宣布成为米底人和波斯人的王，他们与印欧语系的人属于同宗。阿斯提阿格斯的父亲是基亚克萨雷斯，巴比伦那波帕拉萨尔的盟友。这个强大的国王居鲁士攻陷尼尼微后，占领了亚述帝国北部，向西继续扩张到小亚细亚，直至吕底亚王国边境。他还吞并了乌拉尔图（亚美尼亚）。辛梅里安政权倒坍后，吕底亚就吞并了弗里吉亚，它野心勃勃的国王阿律阿铁斯（Alyattes）向米底发起战争。最后，由于巴比伦王尼布甲尼撒和西里西亚王叙恩涅喜斯（Syennesis）的调解，公元前585年米底和吕底亚握手言和，阿斯提阿格斯与吕底亚王的一个女儿成婚。

居鲁士打败米底王基亚克萨雷斯后，吕底亚王克洛伊索斯就跟埃及王阿玛西斯（Amasis）和巴比伦王那布-尼德结成盟军反抗他。那布-尼德一开始对居鲁士十分友好，但居鲁士攻击基亚克萨雷斯之后，向巴比伦进军，反对那布-尼德继承王位，或者是想为父亲的盟友尼布甲尼撒的一位后裔赢得巴比伦王位。米底王朝覆灭之后，那布-尼德才着手恢复哈兰的月神庙。

居鲁士向西攻打吕底亚王克洛伊索斯时，有趣但喜欢作乐的埃及王阿玛西斯还未来得及支援吕底亚，吕底亚便战败了。克洛伊索斯（前547—前546）被推翻，居鲁士夺取了他的王国。然后，居鲁士成为小亚细亚的最高统治者，开始攻打巴比伦。公元前539年，居鲁士在俄庇斯打败巴比伦王伯沙撒，随后西帕尔也沦陷。居鲁士麾下大将戈布拉士（Gobryas）进军巴比伦时，伯沙撒笃定自己能安然无恙。结果，在坦木兹月的一天夜里——

> 伯沙撒王为他的一千大臣设摆盛筵，与这一千人对面饮酒。伯沙撒欢饮之间，吩咐人将他父（或作祖，下同）尼布甲尼撒从耶路撒冷殿中所掠的金银器皿拿来，王与大臣、皇后、妃嫔好用这器皿饮酒……他们饮酒，赞美金、银、铜、铁、木、石所造的神……当夜，迦勒底王伯沙撒被杀。[①]

当月的第十六天，当戈布拉士的围攻部队进入巴比伦时，城内的盟友早已将城门打开。有人认为是犹大人协助了居鲁士，但更可能的是米罗达的祭司们与“万王之王”居鲁士，这位伟大的阿契美尼德人早已达成秘密协议。

几天后，居鲁士抵达巴比伦。伯沙撒被杀，但那布-尼德还活着，被贬到卡尔曼尼亚（Carmania）。尽管遭到外敌入侵，巴比伦却井然有序，波斯士兵毫不松懈地维护治安，没有烧杀抢劫。居鲁士被祭司视为救星，受到欢迎。然后他在埃-萨吉拉“接手”贝尔-米罗达，被称为“世界之王、巴比伦之王、苏美尔与阿卡德之王、四方之王”。

居鲁士任命他的儿子冈比西斯（Cambyses）为巴比伦总督。尽管冈比西斯信奉拜火教阿胡拉-玛兹达和太阳神密斯拉，但他似乎早已安抚了祭司。就任后，他下令入侵埃及。因为他一时兴起屠杀了一头埃及阿庇斯圣牛，后人称他为疯子。不过在他看来，他或许做了一件虔诚的事：将公牛献给了密斯拉。

犹太人也十分欢迎居鲁士，他们渴望回到故土。

> 我们曾在巴比伦的河边坐下，一追想锡安就哭了。我们把琴挂在那里的柳树上。因为在那里，掳掠我们的要我们唱歌，抢夺我们的要我们作乐，说，给我们唱一首锡安歌吧。我们怎能在外邦唱耶和华的歌呢。耶路撒冷啊，我若忘记你，情愿我的右手忘记技巧。我若不记念你，若不看耶路撒冷过于我所最喜乐的，情愿我的舌头贴于上膛。[②]

居鲁士听着俘虏的哭泣，起了恻隐之心。

---

① *Daniel*, v, i et seq.

② *Psalms*, cxxxvii, 1-6.

波斯王居鲁士元年，耶和华为要应验藉耶利米口所说的话，就激动波斯王塞鲁士的心，使他下诏通告全国，说，波斯王居鲁士如此说，耶和华天上的神，已将天下万国赐给我。又嘱咐我在犹大的耶路撒冷，为他建造殿宇。在你们中间凡作他子民的，可以上犹大的耶路撒冷，在耶路撒冷重建耶和华以色列神的殿（只有他是神）。愿神与这人同在。①

公元前538年，当第一批被释放的犹大人看到故土的山丘时，他们泪流满面，加紧步伐飞奔到锡安山。五十年后，以斯拉（Ezra）又领着另一支信徒回到犹大王国。公元前445年，尼希米（Nehemiah）承诺重建耶路撒冷。

波斯人发展了巴比伦的贸易，波斯文化得以广泛传播。他们的宗教注入了新的教义，他们的神祇也被赋予主神的特性。拜火教神阿胡拉-玛兹达地位上升，声望与贝尔-米罗达相当——或许是因为他曾经与阿淑尔在一起。女神阿娜希塔（Anahita）吸收了尼娜、伊什塔尔、萨尔帕尼图以及其他巴比伦“母神”的特点。

还有一位名叫“塞米拉米斯”的人也显赫一时。她是冈比西斯的妻子和妹妹。冈比西斯死后，她嫁给了大流士一世（Darius Ⅰ）——正如居鲁士，他也声称自己是阿契美尼斯人。大流士击败了一位王位觊觎者，同意正统波斯人肃清阿胡拉-玛兹达教中巴比伦革新的部分。随后巴比伦无数次起义都被镇压。米罗达祭司明显丧失了在朝廷中的威望。希罗多德说，大流士密谋从埃-萨吉拉庙宇中带走一尊“十二腕尺高，全身铸金”的贝尔神像，但又害怕“触碰它”。当巴比伦人得知大流士的儿子薛西斯（Xerxes，前485—前465）在希腊的恶行之后，起兵叛乱。为了惩罚巴比伦的叛乱，薛西斯掠夺神庙，并将其部分摧毁。“他杀了阻止他挪动神像的祭司，强行将神像带走。”② 巴比伦没了国王，交由一位总督管理。在苏萨宫殿被焚毁后，波斯君主入住巴比伦，巴比伦逐渐恢复了一些旧时的荣耀。大流士二世（Darius Ⅱ）死于巴比伦，继承人阿尔塔薛西斯二世（Artaxerxes Ⅱ）提倡信奉阿奈提斯女神。

公元前331年，波斯最后一位君主大流士三世（Darius Ⅲ）被亚历山大大帝推翻。巴比伦如同当初迎来居鲁士一般，迎来了这位马其顿征服者。亚历山大深深地为占星家和祭司（后人称为“迦勒底人”）的智慧与成就折服。他把贝尔-米罗达迁移到令人叹为观止的万神庙中，其中已驻有埃及的阿蒙、麦尔卡特和耶和华。亚历山大赞叹巴比伦的悠久历史和富丽堂皇，决心将巴比伦作为他

---

① *Ezra*, i, 1-3.

② *Herodotus*, i, 183; *Strabo*, xvi, 1, 5; *Arrian*, vii, 17.

世界帝国的都城。在那里，亚历山大接待了东至印度，西至高卢千里迢迢而来的各国大使。他勘测了巴比伦的沟渠，计划大范围建造施工。一万多人连续两月重建装修了六百零七英尺高的米罗达神庙。巴比伦似乎即将荣享历史上无与伦比的辉煌。然而，在参加一次宴会后，亚历山大便得了重病，并于公元前323年6月的一天夜里死在了金碧辉煌的宫殿中。

可以想象巴比伦的祭司和占星者有多么悲痛。因为在这位伟大征服者生命的最后时刻，他们一直在找寻“空气中的征兆”，记录风、影、月、星和行星，从中寻找迹象，却未寻得丝毫吉兆。他们从未放弃重现巴比伦往日雄风的希望，然而随着这位年轻帝王在风华正茂的年纪（三十三岁）死去，他们也跟着死心了。人们为亚历山大、也为巴比伦默哀了整整四天四夜。

塞琉西帝国（Seleucidae）统治下的巴比伦古城已经衰败。塞琉古一世（Seleucus I）曾是巴比伦的总督。亚历山大帝国灭亡后，他又重新征服了巴比伦。古罗马历史学家斯特拉波[1]（Strabo）写道：“没人继续接手亚历山大在巴比伦未完成的事业”——米罗达神庙的重建，“其他工作也被搁置，整座城市都被荒废，一半是因为波斯人的作践，一半是因为岁月的磨蚀和希腊人的漠视，特别是在塞琉古·尼卡特（Seleucus Nicator）加固了底格里斯河塞流科亚（Seleukeia）的防御之后”。[2]

塞琉古把大部分巴比伦住民征募到塞流科亚这座暗含其名讳的城市。留下来的住民仍继续信奉米罗达和神庙中的其他神。但巴比伦神庙的墙壁已经坍塌，摇摇欲坠。巴比伦已经大厦将倾，希伯来先知的预言得以应验：

> 鹈鹕，箭猪，却要得为业。猫头鹰，乌鸦，要住在其间……以东人要召贵胄来治国，那里却无一个。首领也都归于无有。以东的宫殿要长荆棘，保障要长蒺藜和刺草。要作野狗的住处，鸵鸟的居所。旷野的走兽，要和豺狼相遇。野山羊，要与伴偶对叫。夜间的怪物，必在那里栖身，自找安歇之处。[3]

---

① 斯特拉波：古罗马地理学家、历史学家。约公元前64或前63年生于小亚细亚的阿马西亚，约公元23年去世。曾在亚历山大城图书馆任职。著有《历史学》（四十三卷）和《地理学》（十七卷）。——译注

② *Strabo*, xvi, 1-5.

③ *Isaiah*, xxiiv, 11-14.

术 语 表

A

Aa	阿尔
Abed-nebo	亚伯-尼波
Abed-nego	亚伯-尼歌
Abel-beth-maachah	亚伯-伯-玛迦
Abeshu	阿倍舒
Abibaal	阿比巴尔
Abijah	亚比雅
Abydos	阿比多斯城
Achaeans	亚加亚人
Achaemenes	阿契美尼斯
Achaemenian	阿契美尼德人
Achlame	阿克拉姆人
Actaeon	亚克托安
Adab	阿达布
Adad	阿达德
Adad-aplu-iddina	阿达德-阿普拉-伊地那
Adad-nirari	阿达德-尼拉瑞
Adad-Ramman	阿达德-拉曼
Adad-shum-utsur	阿达德-舒姆-乌苏尔
Adam	亚当
Adapa	阿达帕
Adasi	阿达斯
Addu	阿杜
Adon	阿多

Adonis	阿多尼斯
Adram-melech	亚得-米勒
Aelian	艾利安
Afghans	阿富汗
Agamemnon	阿伽门农
Aga-azaga	阿伽-阿扎伽
Ages of the Universe	宇宙年龄说
agglutinative language	黏着语
Agni	阿格尼
Agum Ⅱ	阿古姆二世
Agum the Great	阿古姆大帝
Agusi	阿古西
Ahab	亚哈
Ahaz	亚哈斯
Ahaziah	亚哈谢
Ahijah	亚希雅
Aholah	阿荷拉
Aholibah	阿荷利巴
Ahura	阿胡拉
Ahura Mazda	阿胡拉・玛兹达
air of life	生命之气
Akhimiti	阿卡米提
Akhenaton	阿肯那顿
Akhamanish	阿卡美尼什
Akhaivasha	阿凯瓦沙人
Akhiababa	阿哈阿巴巴
Akhuni	阿胡尼
Akkad	阿卡德
Akkadians	阿卡德人
Akki	阿奇
Aku	阿库
Akurgal	阿库加尔

Alban	奥尔本
Aleppo	阿勒颇
Allatu	阿拉图
Allala bird	阿拉拉鸟
Alexander the Great	亚历山大大帝
Alyattes	阿律阿铁斯
Alu	阿鲁
Ama	阿玛
Amarudu	阿玛鲁杜
Amaruduk	阿玛鲁杜克
Amasis	阿玛西斯
Amaziah	亚玛谢
Amedu	阿美杜
Amel-Marduk	亚美-马杜克
Amenemhet	阿门内姆哈特
Amenhotep Ⅱ	阿蒙霍特普二世
Amenhotep Ⅲ	阿蒙霍特普三世
Amenhotep Ⅳ	阿蒙霍特普四世
Amorites	亚摩利
Amma-ana-ki	艾玛-阿娜-库
Ammon	亚扪人
Ammon	阿蒙
Ammiditana	阿米蒂塔纳
Ammizaduga	安米赞杜加
Ammonites	阿蒙人
Ammurapi-ilu	阿莫拉比-伊鲁
Amphitrite	安菲特律特
Amraphel	暗拉非
Amorites	亚摩利人
Amos	阿摩司
Amrita	甘露
Amurru	阿穆路

Amraphel	暗拉非
ana	阿纳
Anahita	阿娜希塔
Anaitis	阿奈提斯
Anam-melech	亚拿-米勒
Anatu	安那图
Anau	安诺
Ancient Egyptians	古埃及人
Andalusians	安达卢西亚人
Andrew Lang	安德鲁·朗格
Andromeda	安德洛墨达
Aner	亚乃
Anga	应伽国
Angerboda	安格尔伯达
Anglo-Saxon	盎格鲁-撒克逊人
Angus	安格斯
Animism	万物有灵论
Anita	安妮塔
Anshar	安沙尔
Anshan	安善
Antenor	安忒诺耳
Anthat	安萨特
Anu	安努
Anunaki	阿努纳奇
Apep	阿佩普
Aphek	亚弗
Aphrodite	阿佛洛狄忒
Apil-Sin	阿皮尔-辛
Apis	阿庇斯
Apis bull	阿庇斯神牛
Apollo	阿波罗
Apsaras	阿布沙罗斯

Apsu	阿普苏
Apsu-Rishtu	阿普苏-日什图
Arabian	阿拉伯的
Arabia Deserta	《阿拉伯沙漠》
Arabs	阿拉伯人
Arad-Ea	阿拉德-埃阿
Aramaean	阿拉米人
Arame	阿瑞美
Arbela	阿贝拉
Ardat Lili	阿黛特·莉莉
Ares（Mars）	战神玛尔斯
Ardys	阿尔杜斯
Argistis Ⅰ	阿尔吉什蒂一世
Argistis Ⅱ	阿尔吉什蒂二世
Argyllshire	阿盖尔郡
Aribi	亚利比
Arik-den-ilu	阿里克-丹-伊鲁
Arimi	阿瑞米人
Arioch	埃里阿库
Aristophanes	阿里斯托芬
Armenians	亚美尼亚人
Arnold	阿诺德
Arpad	亚珥拔
Artashshumara	阿塔什舒马拉
Artatama	阿塔塔玛
Artaxerxes Ⅱ	阿尔塔薛西斯二世
Artemis	阿耳忒弥斯
Nun-ura	努瑞
Aruru	阿鲁鲁
Arvad	阿尔瓦德
Aryans	雅利安人
Arza	亚杂

Asa	亚撒
Asar-Hapi	亚沙里-哈皮
Ascalon	阿斯卡隆
Ascalaphus	阿斯卡拉福斯
Ashir	阿诗尔
Ashdod	亚实突
Ashtoreth	阿什脱雷思
Ashur	阿舒尔
Ashur	阿淑尔
Ashur-bani-pal	阿淑尔-巴尼-帕尔
Ashur-bel-kala	阿淑尔-贝尔-卡拉
Ashur-bel-nish-eshu	阿淑尔-贝尔-尼什-伊舒
Ashur-dan	阿淑尔-丹
Ashur-danin-apli	阿淑尔-丹宁-阿普利
Ashur-etil-ilani	阿淑尔-埃提尔-伊兰尼
Ashuritu	阿舒瑞图
Ashur-nadin-akhe	阿淑尔-那丁-阿海
Ashur-natsir-pal Ⅰ	阿淑尔-纳西尔-帕尔一世
Ashur-nirari	阿淑尔-尼拉瑞
Ashur-resh-ishi Ⅰ	阿淑尔-莱什-伊什一世
Ashur-dan Ⅲ	阿淑尔-丹三世
Ashur-uballit	阿淑尔-乌巴里特
Asia Minor	小亚细亚
Asiatics	亚洲佬
Askalon	阿斯卡伦
Asnapper	亚斯那巴
Asoka tree	无忧树
Asoka	阿育王
Asshur	阿斯舒尔
Assoros	阿索罗斯
Assur-bani-apli	阿淑尔-巴尼-阿普利
Assyria	亚述

Asura fire	阿修罗火
Astarte	阿施塔特
Atargatis	阿塔加蒂斯
Ate	阿特
Athar	阿塔神
Atheh	阿瑟女神
Athena	雅典娜
Athenians	雅典人
Atlas	阿特拉斯
Aton religion	阿托恩宗教
Astyages	阿斯提阿格斯
Athaliah	亚他利雅
Athapascan	阿萨巴斯卡语
Attis	阿提斯
Aushar	奥沙尔
Avilion	魔法谷
Axe Age	斧时代
Axerdes	亚薛德斯
Aza	阿扎
Azag-Bau	阿扎格-巴乌
Azariah	亚撒利雅
Azekah	亚西加
Azuri	阿祖瑞

B

Baal	巴力
Baal-dagon	巴力-大衮
Baal worship	巴力崇拜
Baau	鲍
Babbar	巴巴尔
Babel	巴别塔
Babylonia	巴比伦

Babylonian Chronicle	《巴比伦编年史》
Bactria	巴克特里亚
Bagdatti	巴达提
Baghdad	巴格达
Bara	巴拉
barbarians	野蛮人
Barque of Aton	阿托恩船
Basra	巴士拉
Bast	巴斯特
Bash	巴珊
Baasha	巴沙
Bata	巴塔
Balder	巴德尔
Balikh	巴利克
Balkan Peninsula	巴尔干半岛
Ba-neb-Tettu	巴-内布-特图
Banjamin	班杰明
Baragulla	巴拉古拉
Bashan	巴珊
Basques	巴斯克人
Bau	巴乌
Bau-akh-iddina	巴乌-阿克-伊地那
Bedouins	贝都因人
Bel	贝尔
Bel-Enlil	贝尔-恩利尔
Bel-kap-kapu	贝尔-卡普-卡布
Beli	贝利
Belit-sheri	贝利特-雪莉
Bel-ibni	贝尔-尼
Bel-kudur-utsur	贝尔-库杜尔-乌苏尔
Bel-Merodach	贝尔-米罗达
Bel-nirari	贝尔-尼拉瑞

Belshazzar	伯沙撒
Bel-shum-iddin	贝尔-舒姆-伊丁
Beth-dagon	伯-大衮
Beltis	贝尔提斯
Belus	柏罗斯
Beltu	贝图
Bengali	孟加拉人
Ben-hadad	便-哈达
Ben-hadad Ⅱ	便-哈达二世
Ben-Hadad Ⅲ	便-哈达三世
Ben Jonson	本·琼生
Beowulf	《贝奥武夫》
Berosus	波洛修斯
Bethel	圣所
Beth-shemesh	伯示麦
Bethel	伯特利
Bhima	怖军
Bishru	比什如
Bit-Adini	比特-阿迪尼
Bit-Jakin	比特-加金
Bith	比斯
Black Annis	黑安妮丝
Black Sea	黑海
Blake	布雷克
Boann	波安
Bocchoris of Sais	波克霍利斯
Boghaz-Köi	博阿兹-柯伊城
Boghaz-Keui	波伽兹-奎
Boyne	博伊奈河
Book of the Dead	《亡灵书》
Book of Omens	《预言书》
Brahma	梵天

Brand	布兰德
Breasted	布雷斯特德
Bronze Age	青铜时代
Brown race	棕色人种
British Isles	不列颠群岛
Brittany	布列塔尼
Bubastis	布巴斯提斯
Bubu	布布
Buddha	佛陀
buffer states	缓冲国
Bunutakhtunila	布努塔克图尼拉
Buriats	布里亚特人
Burnaburiash Ⅰ	布尔那布瑞亚什一世
Burns	彭斯
Burnunta-sa	博奴塔-沙
Burrows	巴罗斯
Bushmen	布什曼人
Buzur-Kurgala	巴祖-卡尔格拉

C

Caesar	恺撒
Cailleach Bheur	布欧尔
Cain	该隐
Calah	卡拉赫
Calydon	卡吕冬
Cambridge	剑桥
Cambyses	冈比西斯
Campbell Thompson	坎贝尔·汤普森
Canaanites	迦南人
Cappadocia	卡帕多西亚
Carchemish	迦基米施地区
Carlyle	卡莱尔

Caria	卡里亚
Carmel	迦密
Carmania	卡尔曼尼亚
Caspian Sea	里海
Castor	卡斯托尔
Caucasus	高加索
Celtic	凯尔特的
Central Asian areas	中亚地区
Central Asian civilization	中亚文明
Cessair	塞西尔
Chaldee	迦勒底
Chaldaea	卡尔迪亚王国
Chebar	迦巴鲁
Chedor-laomer	基大-老玛
Chios	希俄斯
Chota Nagpur	焦达纳格布尔
Chuber	恰伯
Chumbaba	恰巴巴
Churl	车尔
Cilicia	西里西亚
Cimmerians	辛梅里安人
Cinyras	辛瑞斯
Commagene	科马根
Copper Age	铜器时代
Coptic	科普特派
Cossaei	考塞人
Crete	克里特
Crete	克里特岛
Croesus	克洛伊索斯
Cromhineach	克若姆赫尼齐
Cromarty	克罗默蒂
Cronos	克罗诺斯

Crose	格罗斯
Cuthah	古他城
Cush	古实
Cushites	古实人
Cyaxares	基亚克萨雷斯
Cybele	西布莉
Cyrus	居鲁士
Cythera	塞西拉岛
Cypris	塞普瑞斯
Cytherea	赛希莉亚

D

Daban canal	大阪运河
Dadu	达杜
Daevas	德弗
Dagda	达格达
Dagan	达甘
Dagon	大衮
Daityas	达伊提耶
Damascius	达马希乌斯
Damascus	大马士革
Damayanti	达摩衍蒂
Damik-ilishu	达米科-伊利舒
Damkina	达姆金娜
Damu	达穆
Danaoi	达奈人
Danavas	檀那婆
Danauna	达那那
Dante Gabriel Rossetti	但丁·加百利·罗塞蒂
Danu	达努
Daonus	道诺斯
Daos	道斯

Dardura	达度阿
Dardanui	达尔达诺人
Darius Ⅰ	大流士一世
Darius Ⅱ	大流士二世
Darius Ⅲ	大流士三世
Dasa	达沙
Dasyu	达湿由
Day of Brahma	梵天之日
Delitzsch	戴利奇
Delta of the Nile	尼罗河三角洲
Demeter	德墨忒耳
De Morgan	德摩根
Derceto	德塞特
Deucalion	丢卡利翁
Dhuspas	户帕斯
Diarmid	迪尔米德
Dietrich von Bern	迪特里希·凡·贝恩
Dietrich	迪特里希
Dilbat	迪尔巴特
Diodorus	迪奥多罗斯
Dodona	多多纳
Doughty	道蒂
drac	德拉克
Dravidians	达罗毗荼人
Dr. Myers	迈尔斯博士
Dr. Farnell	法内尔博士
Dr. Garstang	加斯唐博士
Dr. Haddon	哈登博士
Dr. Johnson	约翰逊博士
Dr. Koldewey	科尔德威博士
Dudu	杜度
Dumu-zi-abzu	杜姆-兹-阿布祖

Dumuzida	杜姆兹达
Dumu-zi	杜姆-兹
Dura	杜拉
Dur-balat	迪尔-巴拉特
Durga	杜尔迦
Durga fortnight	杜尔伽节
Dur-ilu	杜-利鲁
Dur-Sharrukin	杜-尔舍鲁金
Dushyanta	杜师亚塔

E

Ea	埃阿
Ea-bani	埃阿-巴尼
Ea-gamil	埃阿-伽米尔
E-anna	伊-安纳
Eannatum	安纳吐姆
Ea-Oannes	埃阿-俄安内
earth-lion	地狮
Ecke	艾克
Eddic	《埃达》
Edom	以东人
Edon	以东
Egyptians	埃及人
Eileithyia	爱勒提亚
Eildon	伊耳敦
E-kur	埃-库尔
Elam	埃兰
Elath	以拉他
Elah	以拉
Eliakim	以利亚敬
Elijah	以利亚
Elisha	以利沙

El-Khidr	埃尔-希德尔
Ellil-nadin-apli	恩利尔-那丁-阿普利
Elliot Smith	埃利奥特・史密斯
Eltekeh	伊利提基
Emims	以米人
Emutbalum	埃穆特巴鲁姆
Enannatum Ⅰ	安纳吐姆一世
Eneti	埃涅托伊人
Engur	恩古拉
Enki	恩奇
Enlil	恩利尔
Enlil-bani	恩利尔-巴尼
En-Mersi	恩-美尔西
Enneads	九柱神
Ennugi	恩努济
En-reshtu	恩-睿斯图
Enti	恩提
En-we-dur-an-ki	恩威-杜尔安奇
Erech（Uruk）	埃雷克
Eresh-ki-gal	厄里西-基-加勒
Eridu	埃利都
Eri-Eaku	埃里-伊阿库
Eros（Cupid）	厄洛斯（丘比特）
Ephod	以弗得
Ephraim	以法莲
eponym list	名祖名录
E-sagila	埃-萨吉拉
Esau	以扫
Esther	以斯帖
Etana	埃塔纳
Eternal Bliss	永恒极乐
Eternal Land	永恒之地

Ethelweard	埃塞尔维尔德
Euphrates	幼发拉底河
Evans	伊万斯
Ezekiel	以西结
Ezra	以斯拉

F

Fenish	菲尼士人
Ferdinand	斐迪南
Fimbul	芬布尔
Finn	芬恩
Finn-mac-Coul	芬恩-麦克-库尔
Finns	芬兰人
Fintan	芬坦
Flinders Petrie	弗林德斯·佩特里
Fomorians	弗魔里人
Frey	弗雷
Freyja	弗雷娅
Frigg	弗丽嘉
Frode	弗罗泽
Frost giants	冰霜巨人
furlong	弗隆

G

Gabriel	加百利
Gadi	加尼
Gadites	迦得人
Gaga	加嘉
Galilee	加利利
Gallu	伽卢
Gandash	甘达什
Ganga	恒河

Garstang	加斯坦
Garuda	迦楼罗
Gashan-ki	伽姗-金
Gaul	高卢
Gaza	加沙
Geba	迦巴
Gentle Annie	温柔的安妮
George Bertin	乔治·伯廷
Germ Theory	微生物理论
Germ Theory Anticipated	预见微生物理论
Gevar	吉瓦
Gewar	基瓦
Gibbethon	基比顿
Gibil	吉比尔
Gilead	基列
Gilgamesh	吉尔伽美什
Gilgamos	吉尔伽摩斯
Gilu-khipa	吉鲁-吉帕
Girru	吉鲁
Gish Bar	吉什·巴尔
Gishzida	吉什兹达
Giza	吉萨人
Gjõll	哥勒
Gobryas	戈布拉士
Golden calf	金牛犊
Golden Calf Worship	金牛崇拜
Gomorrah	蛾摩拉
Goyyim	戈印
Gozen	歌散
Grecian Age	古希腊时代
Grendel	格伦德尔
Gula	古拉

Gungunu	根古努
Gutium	库提姆
Gyges	吉斯

H

Hadad	哈达德
Hades	冥府
Hadrach	哈得拉
hag-demon	鬼婆
Halah	哈腊
Ham	含
Haman	哈曼
Hamath	哈麦斯
Hamites	哈姆族人
Hammurabi	汉谟拉比
Hammurabi Code	汉谟拉比法典
Hanno	汉诺
Hapi	哈皮
Harper	哈勃
Harran	哈兰
Hasen	哈森
Hathor	哈索尔
Hathor-Sekhet	哈索尔-塞克特
Hattusil Ⅱ	哈图西里二世
Hazael	哈薛
Hazor	夏琐
Hebrew Jah	希伯来耶和华
Hebrides	赫布里底群岛
Hector	赫克托
Hehu	希户
Hehut	希户特
Heimdal	海姆达尔

Heliopolis	赫里奥波利斯
Helios	赫利俄斯
Her-ap-she-ta	何阿赦塔
Herdesher	何德舍尔
Her-Ka	赫尔-卡
Hermes	赫尔墨斯
Hermod	赫尔莫德
Hermopolis	赫尔莫波利斯
Herodotus	希罗多德
Herschel	赫歇尔
Hesiod	赫西俄德
Heth	赫人
Hewitt	休伊特
Hezekiah	希西家
Hezion	希旬
Hidimva	希底姆瓦
Hierapolis	希拉波利斯
Himavat	喜马瓦特
Hindu Kush	兴都库什山脉
Hindus	印度人
Hipparcho-Ptolemy star list	希帕乔-托勒密星表
Hipparchus	希帕克
Hippocrene	赫利孔灵泉
Hiram	希兰王
Hit	赫特
Hittite	赫梯
Hobah	何把
Hophra	合弗拉
Horites	何利人
Horus	何露斯
Horus Age	何露斯时代
Hoshea	何细亚

Hother	霍瑟
Hotherus	霍德尔
Hraesvelgur	赫拉斯瓦尔格
Hrothgar	赫罗斯加
Hungary	匈牙利
Hyakinthos	雅辛托斯
Hyksos	希克索斯人
Hyksos Age	希克索斯王朝时代

I

Ianias	伊安阿斯
Ian	伊安
Iberians	伊比利亚人
Idun	伊敦
Igigi	伊吉吉
Ijon	以云
Iku	伊库
Ili	伊利
Illipi	艾立普人
Illyrian	伊利里亚人
Ilu	伊卢
Ilu-bi-di	易鲁-比底
Ilu-ma-ilu	伊鲁马-伊鲁
Imgurbe	伊姆古尔贝
Immerum	伊美如姆
Imogen	伊莫金
Indian Shiva	印度的湿婆
Indra	因陀罗
Indrani	因陀罗尼
Ion	伊翁
Ionians	爱奥尼亚人
Iranian	伊朗人

Iranian plateau	伊朗高原
Iranzu	伊纳祖
Irkalla	伊尔卡拉
Isaac	以撒
Isaiah	以赛亚
Ishbi-Urra	伊什比-乌拉
Ishpuinis	依思普尼斯
Ishtar	伊什塔尔
Ishullanu	伊述拉努
Isis	伊希斯
Israelites	以色列人
Itamara	易他玛拉

J

Jabesh	雅比
Jack and Jill	杰克和吉尔
Jacob	雅各
Jah	耶和华
Jaif	杰夫
Janaka	阇拿迦王
Janoah	亚挪
Japheth	雅弗
Jarl	亚尔
Jastrow	贾斯特罗
Jehoahaz	约哈斯
Jehoiachan	约雅斤
Jehoiada	耶何耶大
Jehoiakim	约雅敬
Jehoram	约兰
Jehoshabeath	约示巴
Jehoshaphat	约沙法
Jensen	延森

Jeremiah	耶利米
Jeremiah Curtin	据乞米亚可丁
Jeroboam	耶罗波安
Jeshanah	耶沙拿
Jezebel	耶洗别
Jezreel	耶斯列
Joash	约阿施
Job	约伯
John Barleycorn	约翰·巴雷库恩
Jordan	约旦
Jormungandr	耶梦加得
Josiah	约西亚
Jotham	约坦
Jupiter	朱庇特
Jupiter	木星
Jupiter-Belus	朱庇特-柏罗斯

K

Kadashman-Kharbe	卡达什曼-哈尔伯
Kadashman-turgu	卡达什曼-图古尔
Kadesh	卡迭石
Kakkub Aban Kha-urud	卡库布-阿班-卡-乌尔德
Kakkub Urud	卡库布·乌尔德
Kali	卡莉
Kalkhi	卡尔胡
Kallima-Sin	卡利玛-辛
Kama	伽摩
Kandalanu	坎达拉努
Kara-indash Ⅰ	卡拉-因达什一世
Karakhardash	卡拉克哈尔达什
Karashtu	卡拉什图
Karduniash	卡尔杜尼亚什

Kar-Esarhaddon	卡尔-以撒哈顿
Kar-Tukulti-Ninip	卡尔-图库尔提-尼尼普
Karun	卡伦河
Kashiari	喀什艾瑞
Kashtiliash Ⅱ	卡什提里亚什二世
Kassite	加喜特人
Kassite Age	加喜特王朝时期
Kati	凯提
Kaurava	考拉瓦
Keats	济慈
Kedesh	基低斯
Keftiu	克弗悌乌
Keilah	基伊拉
Kekui	库克
Kekuit	卡乌凯特
Kengi	肯基
Kerh	胡
Kerhet	哈乌赫特
Keshaf	卡沙夫
Khabar	卡巴尔
Khaldia	卡尔迪亚
Khaldinas	卡尔迪纳
Khaldis	卡尔迪斯
Khani	哈尼
Kharri	哈利
Khatti	哈梯
Kheber	科柏尔
Khepera	凯佩拉
Kheta	赫塔人
Khian	基安
Khi-dimme-azaga	基-迪姆-阿兹加
Khnumu	克赫努姆

Khonsu	孔苏
Khufu	胡夫
Khur-batila	库厄-巴提拉
Kiannib	基安尼布
Ki-gulla	凯-古拉
Kikia	吉吉阿
King Hezekiah	希西家王
King Mursil	穆尔西里国王
King Ninus	尼努斯国王
King of Anga	应伽王
King Shantanu	福身王
Kingu	金古
King Zambia	赞比亚王
Kish	基什
Kishar	基沙尔
Kisurra	基苏拉
Kittu	克特图
Kiuri	基乌里
Kiyara	凯亚瑞
Kneph	圣灵
Knossos	克诺索斯
Krishna	克里希那
Krita Yuga	克里达纪由伽
Kubera	库贝拉
Kudur-Mabug	库多-玛布格
Kullani	库拉尼
Kulummite	克鲁米特
Kunhild	昆希尔特
Ku-pu	库普
Kurds	库尔德人
Kurigalzu Ⅱ	库瑞噶尔祖二世
Kurigalzu Ⅲ	库瑞噶尔祖三世

Kuski-banda	库斯卡-班达
Kutu	库图
Kuvera	库维拉

L

Labartu	拉巴尔图
Labashi-Marduk	拉巴施-马杜克
La Belle Dame sans Merci	无情的女人
Lachmu	拉赫穆
Lachamu	拉哈穆
Lachish	拉吉城
Lachum	拉赫
Ladon	拉冬
Ladru	拉得茹
Lady of the Lake	《湖上夫人》
Lagash	拉格什
Lake Moeris	摩里斯湖
Lake Urmia	乌尔米湖
Lake Van	凡湖
Lakshmana	拉克什曼
Lakshmi	拉克希米
lamassu	拉玛苏
land of Armenia	亚拉腊地
Land of the Pitris	彼特利斯之地
Land of the Young	青春之地
Land of Yomi	黄泉之地
Lane	莱恩
Larak	拉勒克
Larsa	拉尔萨
Late Palaeolithic Age	旧石器时代后期
Laurin	劳林
Laws of Manu	《摩奴法典》

Lebanon	黎巴嫩
Leicestershire	莱斯特郡
Leviticus	《利未记》
Libanus	利巴纳斯
Libyans	利比亚人
Lida	丽达
Lila	里拉
Lilith	莉莉丝
Lilithu	莉莉斯
Lilu	利鲁
Linos	里诺斯
Lochlann	洛克兰
Lokasenna	洛基的争辩
Loki	洛基
lord of the anunnaki	阿奴纳奇之神
lost ten tribes	消失十支派
Lot	洛特
Lower Egypt	下埃及
Lucian	琉善
Lucife	路西法
Lugal-ida	鲁格-利达
Lugal-zaggisi	卢伽尔-扎吉西
Lukhaia	卢卡伊亚
Luli	努尼
Lulubu	鲁鲁布人
Lullume	卢卢米
Lumashi	卢玛什
Lutipris	鲁提普瑞斯
Lycia	利西亚
Lycians	利西亚人
Lydia	吕底亚

M

Ma	玛
Macalister	麦卡里斯特
Madia	玛代
Magyars	马扎尔人
Mahabharata	《摩诃婆罗多》
Maha-Yuga	马哈-由迦
Mala Lith	马拉·利特
Malatia	马拉提亚
Malayan	马来亚人
Malaya	玛拉雅
Malvolio	马伏里奥
Mama	玛玛
Mamitum	玛米图姆
Mami	玛米
Manasseh	玛拿西
Manassites	玛拿西人
Mandapala	满大啪啦
Manetho	曼尼索
Manishtusu	玛尼什图苏
Mannai	马纳人
Manu	摩奴
Marad	马洛德
Marduk-aplu-iddin	马杜克-阿普鲁-伊丁
Marduk-balatsu-ikbi	马杜克-巴拉苏-伊克比
Marduk-bel-usate	马杜克-贝尔-塞特
Marduk-nadin-akhe	马杜克-那丁-阿海
Marduk-zakir-shum	马杜克-扎基尔-舒姆
Marduk	马杜克
Mari	马里
marriage-by-auction	婚姻拍卖
Mars	火星

Mars	玛尔斯
Maruts	马尔殊
Masa	玛莎人
Mashi	麦士山
Mashi	玛什
Mashti	玛希提
Mashtu	玛什图
Mashu	玛舒
Maspero	马斯佩罗
Mati-ilu	玛提-伊鲁
Mattienoi	马蒂埃尼
Mattiuza	马提乌扎
Matun	马顿
Maurasar	毛拉萨尔
Mautinel	毛提尼尔
Max Mailer	马克思 · 梅勒
May Day	五朔节
Medes	米底人
Median	梅迪安
Mediterranean race	地中海人种
Mediterranean	地中海
Medusa	美杜莎
Meg	梅格
Meli-shipak	美里-什帕克
Melkarth	麦尔卡特
Memphis	孟菲斯
Menahem	梅纳哈姆
Menaka	门娜卡
Mendes	门德斯
Meneptah	美尼普塔
Menuas	玛瑙斯
Meraser	马拉萨
Mercurius	墨丘利

Mermer	梅尔梅尔
Merodach	米罗达
Merodash Baladan Ⅲ	麦若达赫-巴拉丹三世
Meshach	米煞
Mesharu	麦萨鲁
Meshech	米设人
Mesopotamia	美索不达米亚
Metella	梅特拉
Meyer	迈耶
Micah	弥迦
Michael Drayton	迈克尔·德雷顿
Michael Scott	迈克尔·斯科特
Midas	弥达斯
Middle Empire	中王国时期
Milid	米里德
Milton	弥尔顿
mina	迈纳
Minch	明奇海峡
Minerva	密涅瓦
Misraim	米斯莱穆
Mita	米塔
Mitanni Kingdom	米坦尼王国
Mithra	密斯拉
Mitra	密特拉
Mizpah	米斯巴
Mizraim	麦西
Moabites	莫阿布人
Moccus	莫库斯
Modgudar	莫度度
Mohammed	穆罕默德
Moloch	摩洛克
Monan	莫南
Mongolian	蒙古人的

Mongols	蒙古人
Monotheism	一神论
Mons Meg	蒙斯·梅格
moon chambers	月亮宫
Mordecai	末底改
Moschoi	穆斯基人
Moulton	莫尔顿
Mount Hermon	赫尔蒙山
Mount Meru	须弥山
Mount Oeta	欧伊铁山
Mulla	穆拉
Mummu-Tiamat	提亚玛特
Mummu	穆木
Musas	穆萨斯
Mushezib-Merodach	穆塞吉布-米罗达
Muski-phrygians	穆士奇-弗里吉亚人
Muski	穆士奇人
Musri	穆斯里
Mutallu	穆瓦塔里
Mutsri	穆特瑞
Mut	穆特
Mykenae	迈锡尼

N

Na'zi-mar-ut'tash	那兹-玛-鲁塔什
Nabonassar	纳巴那沙
Nabopolassar	那波帕拉萨尔
Nabu-aplu-iddin	那布-阿普鲁-伊丁
Nabu-dan	那布-丹
Nabu-mukin-apli	那布-穆金-阿普利
Nabu-nadin-zeri	那布-那丁-泽瑞
Nabu-na-id	那布-尼德
Nabu-natsir	那布-纳西尔

Nabu-shum-ukin	那布–舒姆–乌金
Nabu-ushabshi	那布–乌萨布什
Nadab	拿答
Nadimmud	努迪穆德
Nadushu-namir	那杜舒–纳米尔
Nahua tribes	纳瓦人部落
Nahum	那鸿
Nairi	奈瑞国
nakhiru	那卡如
Naki'a	纳齐亚
Nakshatra	纳沙特拉
Nala	那拉
Namar	纳马尔
Namri	纳瑞人
Namtaru	纳姆塔鲁
Namtar	纳姆塔
Narnar	纳纳
Nana	娜娜
Nanizak	纳尼扎克
Nannar	南纳
Napata	那帕塔
Naphtali	拿弗他利
Naqbu	那曲布
Naram Sin	纳拉姆·辛
Narayana	那罗延
Nasatyau	那撒提奥
Nata	纳塔
Naubandha	诺阪德
Nazibugash	纳兹伯伽什
Nebo	尼波
Nebuchadnezzar	尼布甲尼撒
Nebuchadrezzar Ⅰ	尼布甲尼撒一世
Necho	尼哥

Neheb-kau	内赫贝 –考
Nehemiah	尼希米
Neith	尼斯
Nekhebit	内克比特
Nepthys	内普特斯
Neptune	尼普顿
Nereids	涅瑞伊德斯
Nergal-shar-utsur	涅里格利沙尔
Nergal	尼格尔
Newcastle	纽卡斯尔
Newton	牛顿
Nibiru	尼必鲁
nickers	尼克尔
Nidaba	尼达巴
Nifelhel	尼福尔
Niffer	尼费尔
Nile	尼罗河
Nimrod	宁录
Nimrud	尼姆鲁德
Nina	尼娜
Nineveh	尼尼微
Nin-gala	宁–伽勒
Nin-Girsu	宁–吉尔苏
Ninip-apil-esharia	尼尼普–阿皮尔–伊莎瑞亚
Ninip	尼尼普
Nin-ki	宁基
Ninni	妮妮
Nin-shach	宁–沙什
Nin-sun	宁–桑
Nintu	宁图
Nin-Uruwa	宁–乌努瓦
Ninus	尼努斯
Ninyas	宁亚斯

Nin	宁
Nippur	尼普尔
Nira	尼拉
Nirig	尼瑞格
Nishadha	妮莎德哈
Nishtun	尼苏通
Nisroch	尼斯洛
Nitocris	尼托克里丝
Nitsir	尼塞尔
Njord	涅尔德
Noah	挪亚
Noatun	诺欧通
Norn	诺伦三女神
North Syria	北叙利亚
Nrig	尼里格
Nubians	努比亚人
Nudimmud	努迪穆德
Nuerat	纽瑞特
Nusku	努斯库
Nut	努特
Nu	努

O

Oannes	俄安内
Obadiah	俄巴底
Odin	奥丁
Oeneus	俄纽斯
Omri Dynasty	暗利王朝
Omri	暗利
Onnes	昂内斯
Opis	俄庇斯
Orion	俄里翁
Ormuzd	欧马兹特

Orontes	奥龙特斯河
Osiris-Seb	奥西里斯-赛博
Osiris-Sokar	奥西里斯-索卡尔
Osiris	奥西里斯
Ossetes	奥塞梯人

P

pagutu	帕古图
Palastu	帕拉斯图
Palestine	巴勒斯坦
Pan	潘
Pandava	班度
Pantheons	万神殿
Pantibibla	潘蒂比博拉
Paphos	帕福斯
Papremis	帕普雷米斯
Pap-sukal	帕普-苏凯尔
Papyri	莎草纸
Paradise Lost	《失乐园》
Parbhàvati	帕哈瓦提
Park	帕克
Parnassus	帕纳塞斯山
Parthian	帕提亚
Partholon	巴索隆
Pashe	帕什王朝
Pass of Yomi	黄泉之路
Pastorella	帕斯特罗拉
Patesi	帕特西
Patriarch	族长
Paul	保罗
Pegasus	飞马座
Pekah	比加
Pekahiah	比加辖

Pelasgians	佩拉斯基人
Pennant	彭南特
Penrith	彭丽斯
Perizzite	比利洗人
Persephone	珀尔塞福涅
Perseus	珀尔修斯
Persian Gulf	波斯湾
Persians	波斯人
Persia	波斯
Pharaohs	法老
Philistines	非利士人
phoebus	福玻斯
Phoenician coast	腓尼基海岸
Phoenician period	腓尼基时期
Phoenicians	腓尼基人
Phoenicia	腓尼基
Phrygian	弗里吉亚
Phut	弗
Picts	皮克特人
Pir-napishtim	毕尔-纳比斯汀
Pisces	双鱼座
Pisiris	皮西利斯
Pitripati	皮垂帕蒂
plain of Mamre	幔利平原
Pleione	蒲雷妮
Pliny	普林尼
Plutarch	普鲁塔克
Pollux	波吕杜克斯
Poor Robin's Almanack	《穷查理年鉴》
Poseidon	波塞冬
post-Vedic Aryans	后吠陀-雅利安人
pre-Dynastic ancestors	前王朝时期的祖先
pre-Dynastic Egyptians	史前埃及人

pre-Dynastic Egypt	史前埃及
pre-Dynastic inhabitants	史前居民
Princess Pritha	普瑞赛公主
Prithivi	波哩提毗
Psamtik	萨姆提克
Ptah-Osiris	卜塔-奥西里斯
Ptah	卜塔
Pteria	普泰里亚
Pul	普勒
Pulu	普鲁
Pumpelly	庞佩利
Punjab	旁遮普
Punt（Somaliland）	蓬特（索马里兰）
Putakhi	普塔奇
Put	普茨
Pyrrha	皮拉

Q

Qarqar	卡加尔
Qummukh	昆姆

R

Ra	拉
Ramah	拉玛
Ramayana	《罗摩衍那》
Rameses Ⅱ	拉美西斯二世
Rameses Ⅲ	拉美西斯三世
Rameses Ⅷ	拉美西斯八世
Ramman	拉曼
Ramoth	拉末
Raphia	拉菲亚
Ra-Tum	拉-图姆
Ravana	罗波那

Rebekah	利百加
Rehoboam	罗波安
Remaliah	利玛利
Remi	雷米
Rem	雷姆
Reubenites	流便人
Rezeph	利色
Rezin	利汛
Rhea	瑞亚
Ribhus	瑞布斯
Riblah	利比拉
Ridgeay	里奇伟
Rigveda	《梨俱吠陀》
Rig	里格
Rim Sin	瑞姆·辛
Rim-Anum	瑞姆-安努姆
Rimman	拉姆曼
Rimmon	临门
rishi	瑞师
Risley	里斯利
Ritti Merodach	瑞缇·米罗达
Robert Brown, junr.	小罗伯特·布朗
Rohini	罗希尼
Rudras	陀罗们
Rudra	楼陀罗神
Rusas	鲁萨

S

Saba	塞巴
Sabitu	撒比涂
Sachi	沙琪
Sahya	塞亚
Sais	塞易斯

Sa-kalama	萨-卡拉玛
Salkeld	索尔克尔德
Samaria	撒马利亚
Sammu-rammat	萨穆-拉玛特
Samsi	瑟姆西
Samson	大力士参孙
Samsuditana	萨姆苏蒂塔纳
Samsu-iluna	萨姆苏-伊卢纳
Samunu	萨姆努
Sandan	山段
Sandes	桑德斯
Sandon	桑敦
Sanskrit	梵语
Sarah	萨拉
Saraswati	萨拉斯沃蒂
Sardana-palus	萨尔丹那-帕勒斯
Sardinia	撒丁岛
Sargon	萨尔贡
Sargon Ⅰ	萨尔贡一世
Sargo Ⅱ	萨尔贡二世
Saroi	萨罗伊
Sarrabanu	萨拉巴鲁
Sattuari	萨图艾瑞
Saturnus	萨图尔努斯
Saturn	萨图恩
satyrs	萨梯
Satyr	萨堤尔
Saul	扫罗
Saushatar	索沙塔
Saxo	萨克索
Scandinavia	斯堪的纳维亚
Sceaf of Scyld	麦束之子希尔德

Scottish Gunna	苏格兰贡纳岛
Scott	司各特
Scyldings	斯塞尔丁
Scyld	希尔德
Scythians	斯基泰人
sea god Njord	海神尼约德
Sealand Dynasty	海地王朝
Seals	西尔斯
Sebek	塞贝克
Sekhet	塞克特
Seleucid	塞琉古
Seleucus Ⅰ	塞琉古一世
Seleucus Nicator	塞琉古·尼卡特
Seleukeia	塞流科亚
Semites	闪米特人
Semitic language	闪族语
Sennacherib	西拿基立
Sepharvaim	西法瓦音
Sergi	塞尔吉
Seriphos	塞里福斯岛
Sesostris	塞索斯特里斯
Set	赛特
Seti Ⅰ	塞提一世
Seven Sleepers	艾弗所之七圣童
Shabaka	沙巴卡
Shabi	萨比
Shaddufs	沙杜夫
Shadrach	沙得拉
Shakalsha	沙卡尔沙人
Shakespeare	莎士比亚
Shakuntala	夏琨塔拉
Shallum	沙龙
Shalmaneser Ⅴ	撒缦以色五世

Shamash-Adad	沙玛什-阿达德
Shamash-Shum-ukin	沙玛什-舒姆-乌金
Shamash	沙玛什
Shamshi-Adad Ⅶ	沙姆希-阿达德七世
Shapia	萨皮亚
Shar Apsi	沙尔-阿普斯
Shar Kishshate	沙尔-基什沙特
Shardana	莎达娜人
Sharduris Ⅰ	萨尔杜里一世
Sharduris Ⅲ	萨尔杜里三世
Sharezer	沙利色
Sharrukin	舍鲁金
Sharru	萨卢
Shatt el Hai	海姆河
Shatt el Kar	卡尔河
Shatt en Nil	尼罗河
Shatt-el-Arab	阿拉伯河
Shatt-el-Hai	沙特-埃尔-哈伊
Shatt-el-Kai	沙特-埃尔-卡伊
Shaushka	莎乌什卡
Shaushkash	莎乌什卡什
Shaushka	沙什卡
Shawur	沙吾尔
Sheaf	赛夫
Shechem	示剑
Shedu	舍杜
Shekels	锡克尔
shekel	锡克尔
Shem	闪
Sheshonk	示撒
Shimti-Shilkhak	席木提-西克哈克
Shinar	希纳尔
Shitala	喜塔腊

Shiva	湿婆
Shony	肖尼
Shunari	舒蓓瑞人
Shuqamuna	舒卡穆纳
Shurippak	苏鲁巴克
Shurruppak	施鲁帕克
Shuruppak	舒鲁帕克
Shutu	舒兹
Shu	舒
Sidon	西顿
Siegfried	齐格弗里德
Sige	西格
Silili	斯立莉
Simira	冼米拉
Simmas	西蒙斯
Sin	西恩
Sinai	西奈
Singirli	辛格尔里
Sinidinabal	希尼底那巴尔
Sin-ikisha	西恩-伊基沙
Sin-magir	西恩-玛吉尔
Sin-muballit	西恩-穆巴里特
Sin-shar-ishkum	西恩-沙里-施昆
Sippar	西帕尔
Sippara	西巴拉
Sir Arthur Evans	亚瑟・埃文斯爵士
Sirius	天狼星
Sita	悉多
Skirnismal	《斯基尼尔之歌》
Skobeleff	斯科别列夫
Sodom	索多玛
Sokar	索卡尔神
solar chamber	太阳宫

Soma drink	苏麻液
Sophocles	索福克勒斯
Sri	斯里
stele of victory	胜利石碑
Stellio	斯德里欧
Strabo	斯特拉波
Stratford Church	斯特拉特福教堂
Stymphalus	斯廷法罗斯湖
Subbiluliuma	苏比路里乌玛
Subbi-luliuma	苏庇-努里乌马
Sukhi	苏希
Sulili	苏利利
Sumeria	苏美尔
Sumerians	苏美尔人
Sumerian	苏美尔的
Sumerian culture	苏美尔文化
Sumerian mythologies	苏美尔神话
Sumerian period	苏美尔时期
Sumu-la-ilu	苏姆-拉-伊鲁
sun-barque	太阳船
Surpanakha	首哩薄那迦
Suru	苏鲁
Surya	苏利耶
Susa	苏萨
Sutarna	苏塔尔纳
Sutarna Ⅱ	苏塔尔纳二世
Sutekh	苏泰克
Suti	苏图
Svipdag	斯韦丹
Swans	斯万
Sword Age	剑时代
Syennesis	叙恩涅喜斯

Syria	叙利亚
Syro-Cappadocian	叙利亚-卡帕多西亚

T

Tatar	鞑靼
Tammuz	塔穆兹
Taurus	金牛座
Talmud	《塔木德》
Tarku	塔尔库
Taghairm ceremony	坦格罕仪式
talent	塔兰特
Tarsus	塔苏斯城
Tarku-dimme	塔尔库-蒂姆
Tarsus	塔尔苏斯
Tabal	塔巴尔
Tabrimon	他伯利们
Taharka	塔哈尔卡
Talents	他连得
Tanutamon	他努塔蒙
Tartan	珥探
Tashmit	塔什米特
Tello	特洛
Tefnut	泰芙努特
Tempest	《暴风雨》
the Tell-el-Amarna letter	艾尔-阿玛尔纳书信
Tello	特略
Temple of the High Head	高头寺
Tel-abib	提勒-亚毕
Terah	塔拉
Teshub	特舒卜
Teshup	特舒普
Tela	特拉城

Telassar	提拉撒
Temple school	寺学
ten tribes	十支派
Teumman	泰乌曼
the Eye of Ra	拉之眼
the King Daonus or Daos of Berosus	波洛修斯的道诺斯王
the Western Saxons	西撒克逊人
the Dordogne valley	多尔多涅河谷
the Shatt-el-Arab	阿拉伯河
the Tigris and Euphrates	两河流域
the Persian Empire	波斯帝国
the artisan god Ptah	造物神卜塔
the *Vedic* Indra	《吠陀经》中的因陀罗
the river Ganges	恒河
the Ashmolean Museum	牛津阿什莫尔博物馆
the deities of Mendes	门德斯诸神
Thor	托尔
Thoth	透特
Theocritus	忒俄克里托斯
the Indian Rakshasas	印度的罗刹
the Mongolian Buriats	蒙古的布里亚特人
the Scottish Highlands	苏格兰高地
the Celestial Court	天庭
the Egyptian Bast	巴斯特
Thralls	萨尔
the Adityas	阿底多群神
the battle of Hastings	黑斯廷斯战役
Thebes	底比斯
The Chaos Mother	混沌之母
the Dawpara Age	达夫帕拉时代
the Gorgons	蛇发三姐妹
the Kali or Wicked Age	卡里纪或邪恶的时代

the King of Elam	埃兰国王
the Krita or Perfect Age	克里达纪或完美时代
Theodoric	西奥多里克
theory of cosmic periods	宇宙周期论
the Pleistocene Age	更新世时代
the Sea of Death	死亡之海
the Treta Age	特雷达纪
the valley of Nemea	尼米亚山谷
the Voluspa	《瓦洛斯帕》
the Well of Life	生命井
the world-serpent	世界之蛇
Thomas	托马斯
Thorkill	托克尔
the Black Age	黑暗时代
the Campbells	坎贝尔人
the celestial mountain	天山
the great city of Brahma	梵天的伟大城市
the Great Mother goddess	大母神
the Khabiri	卡贝瑞
the Lesser Chariot	来塞战车
the Mitannians	米坦尼人
the Pelasgians	皮拉斯基人
the Pleiades	昴宿星团
the Shubari tribes	舒蓓瑞部落
Third Dynasty of Kish	基什第三王朝
Thistle	西斯尔
Thjasse	萨瑟
Thothmes Ⅰ	图特摩斯一世
Thothmes Ⅲ	图特摩斯三世
the City of Damdamusa	达姆达莫萨城
the City of Kinabu	肯纳布城
the Dynasty of Jehu	耶户王朝

tthe king of the Mannai	马纳王
the river Araxes	阿拉克斯河
the river of Orontes	奥龙特斯河
the State of Uratu	乌拉尔图城邦
the State of Damascus	大马士革城邦
the Tanite Dynasty	塔尼泰王朝
Thrace	色雷斯
Thraco-Phygian	色雷斯-弗里吉亚人
Tirnanog	提尔纳诺
Titlacahuan	蒂特拉卡万
Tigris	底格里斯河
Tigris and the Euphrates	底格里斯河与幼发拉底河
Tritons	特里同
Tiawath	提亚马斯
Tiamat	提亚玛特
Tiawath	塔特
Tidal	提达
Tikshi	塔喀什
Tiy	缇
Tiana	蒂亚纳
Tibni	提比尼
Tiglath-pileser Ⅰ	提格拉特-帕拉沙尔一世
Tiglath-pileser Ⅳ	提格拉特-帕拉沙尔四世
Tirzah	得撒
Touch Iron	触铁
Transmigration of Souls	灵魂转世
Trygaeus	特里伽俄斯
Tutu	图图
Turks	土耳其人
Turkestan	土耳其斯坦
Turkish	土耳其的
Tum	图姆

Tudhula	图德胡拉
Tukulti-Ninip Ⅰ	图库尔提-尼尼普一世
Tukulyi-Ninip Ⅱ	图库尔提-尼尼普二世
Tunip	图尼普
Tushratta	图什拉塔
Turushpa	图孺沙帕
Tursha	图尔沙人
Twin Aswins	双胞胎阿思文
Tyr	提尔
Tyrolese	蒂罗尔

U

Uazit	尤阿兹
Ukinzer	乌金泽
Ullusunu	乌鲁苏努
Umildish	乌米底什
Umbara Tutu	乌巴拉·图图
Umma	乌玛
Umman Manda	乌曼曼达
Unas	乌纳斯
Upper Egypt	上埃及
Up-bearer	斟酒人
Upahhir-belu	乌帕哈尔-伯努
Urtagu	乌他古
Ural-Altaic stock	乌拉尔-阿尔泰种族
Ur	乌尔
Uri	乌里
Ura	乌拉
Ur-Nina	乌尔-尼纳
Urukagina	乌鲁卡基那
Urumush	乌鲁木什

Ursa Minor	小熊星座
Ushpia	阿什匹阿
Utu	乌图

V

Varuna	伐楼拿
Vayu	伐由
Vasolt	瓦绍尔特
Vala	瓦拉
Valhalla	瓦尔哈拉殿堂
Vedic mythologies	吠陀神话
Venus	金星
Venus	维纳斯
Veraldar nagli	维拉达尔·纳格利
Vishnu	毗湿奴
Vritra	弗栗多
viceroys	总督
Viswamitra	维斯瓦米塔
Vyasa	毗耶娑

W

Wallace	华莱士
Warad-Sin	瓦拉德-辛
Western Asian plains	西亚平原
Western Asia	西亚
William of Malmesbury	马姆斯伯里的威廉
William of Normandy	诺曼底公爵威廉一世
William Wordsworth	华兹华斯
Wind Age	风时代
Wolf Age	狼时代

Y

Ya-Daganu	雅-大港
Yama	阎摩
Yami	阎美
Yaum-ilu	邱姆-伊卢
Yima	伊摩
Yimeh	伊妹
Yngve	英韦
Ynglings	英韦人
Yojanas	由旬
Yugas	由伽

Z

Zamama	扎玛玛
Zabium	扎比姆
Zamama-shum-iddin	扎巴巴-舒姆-伊丁
Zamzummims	散送冥人
Zab	扎卜河
Zabibi	扎比比
Zabdanu	赞丹奴
Zachariah	撒迦利亚
Zanki	赞基
Zeus	宙斯
Zerpanitum	萨尔帕尼图
Zedekiah	西底家
Zikirtu	泽卡尔
Zimri	心利
Zohar	佐哈尔
Zuzims	苏西人
Zu Bird	祖鸟
Zuzu	祖祖